ANNA SMITH

WAHRNEHMUNG UND DARSTELLUNG DES UNENDLICHEN

SCHLEIERMACHERS INDIVIDUALITÄTSDENKEN IM KONTEXT DER FRÜHROMANTIK

MARBURGER THEOLOGISCHE STUDIEN

144

begründet von

Hans Graß und Werner Georg Kümmel

herausgegeben von

Friedhelm Hartenstein und Michael Moxter

ANNA SMITH

Wahrnehmung und Darstellung des Unendlichen

Schleiermachers Individualitätsdenken
im Kontext der Frühromantik

EVANGELISCHE VERLAGSANSTALT
Leipzig 2024

Bibliografische Information der Deutschen Bibliothek

Die Deutsche Bibliothek verzeichnet diese Publikation in der Deutschen Nationalbibliografie; detaillierte bibliografische Daten sind im Internet über http://dnb.ddb.de abrufbar.

ISBN: 978-3-374-07799-1

© by Evangelische Verlagsanstalt Leipzig 2024
Printed in Germany

INHALTSVERZEICHNIS

Vorwort.. IX

I. Hinführung... 1
   1. Semantische Anfrage... 1
   2. Semantik und Sozialkultur: Verhältnisbestimmungen............................ 5
   3. Individualität und Theologie in Korrespondenz.................................... 7
   4. Die Frage nach Möglichkeiten der Verhältnisbestimmungen
      von Reden und Monologen... 9
   5. Ein Blick auf den Kontext: Ist Schleiermacher ein Frühromantiker?...... 11
   6. Individualität als Konzept?.. 12
   7. Zur Vorgehensweise der Untersuchung... 16

II. Zwischen Wahrnehmung und Darstellung
Bildung von Individualität bei Friedrich Schleiermacher und Friedrich Schlegel......... 19
   1. Individualität und Äußerung im Verhältnis... 19
      1.1 Die Religion: ein Individuum, das sich ausspricht?........................ 20
      1.2 Zwischenschritt.. 29
      1.3 Die Poesie: das ausgesprochen Allgemeine................................... 31
      1.4 Zwischenschritt.. 40
      1.5 Individualität als Möglichkeit unter Individuen............................. 42
      1.6 Erstes Zwischenergebnis... 50
   2. Voraussetzungen antwortender Individualität.................................... 51
      2.1 Annäherung an den Gegenstand der Rede................................... 51
      2.2 Zwischenschritt.. 61
      2.3 Poesie: eine Frage nach Objektivität.. 62
      2.4 Zwischenschritt.. 65
      2.5 Selbstprüfung als Anfrage... 67
      2.6 Zweites Zwischenergebnis.. 75
   3. Von der Bildungskraft antwortender Individualität............................. 76
      3.1 Selbstbildung als Kraft der Religion.. 77
      3.2 Zwischenschritt.. 87
      3.3 Auf dem Weg zur Bildung der Poesie... 87
      3.4 Zwischenschritt.. 98
      3.5 Eine Welt in bestimmter Ansicht und Darstellung........................ 100
      3.6 Drittes Zwischenergebnis... 109
   4. Die Notwendigkeit des Anderen... 110
      4.1 Mitteilung als Möglichkeit der Selbstvergewisserung
          bei dem Anderen... 112
      4.2 Zwischenschritt... 122

4.3 Poesie und Gemeinschaft im Verhältnis.................................... 123
    4.3.1 Ein Exkurs zu Schlegels Rezeption
    von Schillers Idee der ästhetischen Erziehung..................... 128
4.4 Zwischenschritt... 130
4.5 Bildungs-Aussicht.. 133
4.6 Viertes Zwischenergebnis.. 141
5. Verständigung zwischen Vielfalt und Einheit................................ 142
   5.1 Eine Vielfalt: die Religionen als Bildungsgemeinschaft.............. 143
   5.2 Zwischenschritt... 151
   5.3 Die flüchtige Einheit als Möglichkeit der Poesie..................... 152
   5.4 Zwischenschritt... 155
   5.5 Ewige Jugend? Zwischen Ideal und Realität......................... 156
   5.6 Fünftes Zwischenergebnis.. 161

III. Wahrnehmung und Darstellung im Kontext ihrer Entstehung
Bildung von Individualität in der Frühromantik............................... 165
   1. Epoche? Zur Verwendung eines Begriffs................................. 165
      1.1 Eingang und Ausgang der Frühromantik?........................... 170
      1.2 Ein „Erfahrungsraum"?... 173
      1.3 Raum unter Räumen: Erfahrungsdimensionen der Frühromantik... 176
      1.4 Die Frühromantik als „Denkraum".................................. 182
   2. (Früh-)romantische Ästhetik.. 190
      2.1 Das Schöne: Grundbedingung der Freiheit?........................ 190
      2.2 Der unendliche Weg zur Harmonie.................................. 193
      2.3 Ironie als Kunstmittel.. 197
      2.4 Genialische Fragmentarität?... 198
         2.4.1 Der Witz: ein Fragment....................................... 199
         2.4.2 Gewitzte Fragmentarität...................................... 205
      2.5 Eine Wende zur bewussten Selbstdarstellung...................... 208
   3. Perfektibilität: die Idee eines unendlichen Progresses.................. 211
      3.1 Die unendliche Perfektibilität bei Friedrich Schlegel............. 215
      3.2 Die unendliche Vervollkommnung des frommen
      (Selbst-)Bewusstseins bei Friedrich Schleiermacher.............. 222

IV. (K)ein Abschluss
Weiterführende Überlegungen... 231
   1. Unerfindliche Erfindsamkeit.. 231
   2. Vollendete Fragmentarität... 233
   3. Erinnernde Aussicht.. 235
   4. Sichtbar verborgen.. 237
   5. Ausgesprochene Unaussprechlichkeit..................................... 242
   6. (K)ein Abschluss.. 245

Literaturverzeichnis... 247

Verzeichnis der Siglen.. 257

Namensregister.. 259

VORWORT

Die vorliegende Studie ist eine überarbeitete Fassung meiner Dissertation, die als solche 2022 vom Fachbereich Ev. Theologie an der Fakultät für Geisteswissenschaften der Universität Hamburg angenommen wurde. Sie ist im Rahmen der Zeit entstanden, in der ich (2017–2022) als wissenschaftliche Mitarbeiterin an besagtem Fachbereich arbeiten und forschen durfte.

Dass dieses Projekt von seiner ersten Idee zur Wirklichkeit werden konnte, verdanke ich den Menschen, die mich durch diese Zeit getragen haben: mit ihrem Humor, ihrer Fähigkeit zur Inspiration, ihrer unermüdlichen Geduld und ihrer Freude, mit der sie bereit waren, mit mir immer wieder in den Diskurs zu gehen.

An erster Stelle zu nennen ist hier der Name meines Doktorvaters Michael Moxter, der vor einigen Jahren das Wagnis auf sich genommen hat, mich mit seiner starken Ermutigung auf den Weg dieses Projektes zu bringen und es zu betreuen. Ihm danke ich für so vieles und nicht zuletzt für sein Erstgutachten, vor allem aber für sein Vertrauen und seine Zeit, zu den vielen anregenden Gesprächen, die wir führen konnten. Christoph Seibert schulde ich großen Dank für seine Art Theologie zu denken und in den Diskurs zu bringen, für seine tragende langjährige Unterstützung auf meinem akademischen Weg, für die Übernahme des Zweitgutachtens und seine wohlwollende Durchführung des Promotionsverfahrens.

Dem Fachbereich Ev. Theologie der Universität Hamburg möchte ich meinen Dank aussprechen, der mich in seiner Vielstimmigkeit in meinem theologischen Werden geprägt hat, an dem ich immer neue Denkanstöße und die besten Gefährten auf dieser langen Fahrt gefunden habe.

Ein weiterer Dank gilt Friedhelm Hartenstein und Michael Moxter als den Herausgebern der Reihe *Marburger Theologische Studien* nicht nur für die Aufnahme und Publikation dieser Studie, sondern auch für die aufmerksame und liebenswürdige Freundlichkeit, mit der sie diese Veröffentlichung begleitet haben.

Mein letzter Dank, aber nicht mein letzter Gedanke gilt den Menschen, die mich durch meinen Alltag tragen und die auch das Entstehen dieser Arbeit auf ihre je eigene Weise unterstützt und ermöglicht haben. Etwa indem sie darauf bestanden haben, dass es arbeitsfreie Tage geben muss, und nicht zuletzt indem sie in all den Jahren ihren unerschütterlichen Glauben daran bewahrt haben, dass einmal fertig werden würde, was mir gerade jetzt nur noch unfertiger erscheinen kann als am Anfang.

Boostedt, im Herbst 2024　　　　　　　　　　　　　　　　　　　　　　　Anna Smith

I. HINFÜHRUNG

1. Semantische Anfrage

Das sicherste Mittel unverständlich oder vielmehr mißverständlich zu sein, ist, wenn man die Worte in ihrem ursprünglichen Sinne braucht; besonders Worte aus den alten Sprachen.[1]

Diese hingeworfene und gleichwohl scharfsichtige Bemerkung Friedrich Schlegels kann als schattenrissartige Skizze der Problematik gelesen werden, vor die sich ein Subjekt gestellt sieht, das sich einem anderen verständlich machen möchte: Es findet sich immer bereits in die Bedeutung der Worte verstrickt, während es damit befasst ist, diesen Worten eigene Bedeutung zu verleihen. Die implizite Forderung, auf die Worte und ihren Bedeutungsgehalt zu achten, ehe bzw. indem man sie sich zu eigen macht, wird bei Schlegel zur Grundlage einer gelungenen Mitteilung erklärt.

Wenn ich mich in dieser Untersuchung dem Thema Individualität zuwende, geht es dabei in der Tat zentral um ein Wort *aus der alten Sprache*, dessen vielschichtiger Gebrauch den genauen Blick herausfordert. Der Artikel, den das *Historische Wörterbuch der Philosophie* dem Begriff widmet, umfasst ganze vierunddreißig Seiten, auf denen Theo Kobusch, Ludger Oeing-Hanhoff und Tilman Borsche dessen Entwicklung nachzeichnen. Inhaltliche Bestimmtheit sieht Kobusch den Ausdruck ἄτομά der von Cicero mit dem Begriff *individua* übersetzt wird, gewinnen, wenn Demokrit ihn nutzt, um die kleinsten Grundbestandteile des Ganzen zu benennen, die sich der sinnlichen Wahrnehmung entziehen. Kobusch verweist weiter auf die aristotelische Philosophie, in der diese kleinste *Einheit* sodann „zu einem in einer uneinheitlichen, variablen Terminologie […] faßbaren Hauptgegenstand" wird. Das Individuum ist hier dasjenige „konkrete[] Einzelwesen", das als „das letzte ganzheitliche […] Wesen […] als solches […] substantiell ist und insofern dem nicht-substantiellen Allgemeinen gegenübersteht".[2] Individuen sind bei Aristoteles als die ersten Substanzen den zweiten Substanzen (Arten und Gattungen) ontologisch vorgeordnet.[3] Mit dieser Bestimmung ist die Debatte um das Verhältnis des Individuums zum Allgemeinen angerissen. Wenn Kobusch paradigmatisch darauf verweist, dass Plotin gegenüber der aristotelischen Lehre den

---

[1] KA II, 168: AthF Nr. 19: Fr. Schlegel. Im Hinblick auf die Fragmente des Athenäums verweise ich zusätzlich jeweils auf den Autor, denn in der Kritischen Friedrich-Schlegel-Ausgabe (KA) Bd. II stehen die Fragmente der verschiedenen Autoren des *Athenäums* zusammen.

[2] Artikel: *Individuum, Individualität*: Kobusch/Oeing-Hanhoff/Borsche, in: HWPh, Bd. 4 (1976), Sp. 300-. Im Folgenden verwende ich innerhalb dieser Untersuchung Abkürzungen des Verzeichnisses, das Siegfried M. Schwerter zusammengestellt hat: DERS., Internationales Abkürzungsverzeichnis für Theologie und Grenzgebiete (2014). Abkürzungen, die darüber hinaus verwendet werden, sind im Anhang in einem Siglen-Verzeichnis dargestellt.

[3] Vgl. Artikel: *Individuum, Individualität*: Kobusch/Oeing-Hanhoff/Borsche, in: HWPh, Bd. 4 (1976): Abschnitt I: Kobusch.

Vorrang des Allgemeinen gegenüber dem Individuellen betont, wirft dies auch Licht auf die Diskrepanzen, die in diesem Themenfeld ausgetragen werden.[4]

In der Scholastik konstatiert Oening-Hanhoff sowohl eine Anknüpfung an die aristotelische Tradition als auch eine Verstärkung der Bedeutung des Individualitätsbegriffs als Bezeichnung unteilbarer Einzelheit: insofern als unter dem Ausdruck nicht allein „eine nur dem Wesen höherer Seienden zukommende Unteilbarkeit" verstanden wird, sondern vielmehr „die faktische Ungeteiltheit des Seienden in sich und […] seine Verschiedenheit von anderen".[5] Mit diesem Verständnis verbindet sich der Gedanke, dass die Möglichkeit der Teilbarkeit von Organismen die Rede von verschiedenen Entwicklungsstufen eines Individuums zulässt, die sich an dem Potential dieser Teilbarkeit bemessen. Oening-Hanhoff unterstreicht mit dem Verweis auf Probleme und Unterbestimmungen ethischer Debatten des 20. Jahrhunderts den Umstand, dass Thomas von Aquin die menschliche Individuation ausdrücklich an die Entwicklung der Personalität binden konnte, die wiederum mit der Ausbildung der Vernunft einhergehe.[6] Damit werde der Mensch gegenüber anderen Individuen in eine Sonderposition eingerückt. Zugleich tritt die Frage in den Blick, was die Substanz eines Seienden qualitativ auszeichnet, das mit dem Begriff Individuum bestimmt werden kann.

In diesem Punkt sieht Tilman Borsche Leibniz eine Neujustierung vornehmen. Zwar knüpfe Leibniz an die aristotelische Tradition an, indessen eröffne er neue Perspektiven des Individualitätsbegriffs, indem er zum einen Individuen nicht länger unter Allgemeinbegriffe zu subsumieren suche, sondern das Allgemeine im Individuum verorte.[7] Dazu bestimme Leibniz das Verhältnis von Begriff und Substanz neu, indem er den Individualitätsbegriff als die vollständige Darstellung der individuellen Substanz (bzw. der Monade) entwickelt.[8] Als Einzelheit umfasst die Monade zugleich eine Vielfalt (von Affektionen und Beziehungen). Deren sich stetig fortsetzender Veränderungsprozess, in dem die Monade sich selbsttätig zeigt, – Leibniz nutzt, um diesen Punkt zu unterstreichen, den Begriff der Entelechie[9] – ist auf ein inneres Prinzip („*principe interne*") der Monaden zurückzuführen, da solche sich nach Leibniz äußeren Einflüssen ebenso wie jeder Einblicknahme vollständig entziehen.[10] Diese Prämisse bildet die Grundlage für die im Hinblick auf die Monade prominent gewordene Aussage: „Les Monades n'ont point de fenêtres"[11]. Die einschlägige Prägnanz dieses Satzes bzw. seiner Interpretation als Verweis auf die Unaussprechlichkeit des Individuellen, zeitigt eine weitreichende Wirksamkeit, die exemplarisch bei Goethe lesbar wird, wenn er 1780 an Lavater schreibt:

---

[4] Vgl. aaO.: Abschnitt I.: Kobusch.

[5] AaO.: Abschnitt II: Oening-Hanhoff. Diese ontologische Definition von Individualität findet sich etwa bei Thomas von Aquin (vgl. DERS., Summa theologiae: Prima Pars 1, Quaestio 29, Artikiculus 4).

[6] Vgl. Artikel: *Individualität*, in: HWPh, Bd. 4 (1976): Abschnitt II: Oening-Hanhoff.

[7] Vgl. aaO.: Abschnitt III: Borsche.

[8] Vgl. ebd.

[9] LEIBNIZ, Discours de métaphysique, la monadologie, principes de la nature et de la grâce fondés en raison/Monadologie und andere metaphysische Schriften, Deutsch-Französisch (2002), 116f/117f: Monadologie (1714): §18.

[10] Vgl. aaO. 110–119: §§1–19. Zitat siehe 114/115: §11.

[11] AaO. 112/113: §7.

„Habe ich dir das Wort *Individuum est ineffabile* woraus ich eine Welt ableite, schon geschrieben?"[12] Borsche hebt den Umstand hervor, dass sich Individualität in diesem Zitat ebenso als „zentrales Thema" wie als „Geheimnis" zeigt, das seine Bedeutung für das Selbstverständnis des Menschen wie für das Gottesverständnis entfaltet.[13] Auch die Frage nach der Bestimmung des Verhältnisses von Mensch und Gott ist jetzt untrennbar mit der Wahrnehmung und Darstellung des Individuums verbunden.

[J]etzt in diesem, jetzt in jenem Individuum sein Ein und Alles suchen und finden, und alle übrigen absichtlich vergessen: das kann nur ein Geist, der gleichsam eine Mehrheit von Geistern, und ein ganzes System von Personen in sich enthält, und in dessen Innern das Universum, welches, wie man sagt, in jeder Monade keimen soll, ausgewachsen, und reif geworden ist[14].

Mit dem Thema rückt zugleich *das Individuum* als Begriff im Sprachgebrauch in den Vordergrund. Das *Goethe-Wörterbuch* widmet ihm einen Artikel, der ebenso die vielfältigen Bereiche aufzeigt, in denen das Wort zum Ende des 18. Jh. hin Anwendung finden kann: die Spanne reicht von der Bezeichnung von Einzelwesen über den Verweis auf spezifische Eigenarten bis zur Benennung bestimmter historischer Persönlichkeiten. Darüber hinaus unterstreicht der Artikel die ambivalente Stellung des Begriffs im Sprachgebrauch: *Individualität* stellt einen inkommensurablen Wert dar und indiziert dazu die problematische Stellung eines Subjekts, das sich vereinzelt, von seiner umgebenden Welt isoliert wahrnimmt.[15] Indem das *Geheimnis* bzw. *das Unaussprechliche* des Individuums zum prägnanten Ausgangspunkt der Überlegungen wird, verlangt die Frage nach der Möglichkeit der Vermittlung zwischen den Individuen bzw. das Verhältnis des Individuums zum Allgemeinen mit neuer Intensität nach Bearbeitung. Borsche nimmt hier insbesondere den sprachtheoretischen Ansatz, den Wilhelm von Humboldt im Eingang des 19. Jh. entwickelt, in den Blick, den er mit Hegels Arbeit an einem dialektischen System in Verbindung setzt.[16] Borsche resümiert, mit Hegel sei die Diskussion um einen Begriff von Individualität zu einem Schluss gekommen, indem

---

[12] GOETHE, Briefe: Historisch-kritische Ausgabe, Bd. 4/1 (2020), 136–138, 138 (Hervorhebung im Original): Johann Wolfgang Goethe an Johann Caspar Lavater: Ostheim am 21. September 1780. Borsche verweist darauf, dass der Ursprung dieses Satzes, den Goethe als Zitat einführt, bislang ungeklärt ist und äußert dazu die Vermutung, man könne es als säkularisierte Form des bekannten Wortes „deus est ineffabile" lesen. (Vgl. Artikel: *Individuum, Individualität*: Kobusch/Oeing-Hanhoff/Borsche, in: HWPh, Bd. 4 [1976]: Abschnitt III.2: Borsche). Indessen kann an die sich hier andeutende Säkularisierungsthese aus theologischer Perspektive die Frage herangetragen werden, ob sie nicht den Blick auf die Möglichkeit einer reichhaltigeren Beschreibung dessen, was sich in diesem Goethe-Zitat zeigt, verstellt. Denn indem Goethe das Wort „individuum est ineffabile" einführt, gewinnt diese Formulierung ihren besonderen Bedeutungsgehalt ja gerade durch die theologische Tradition, in der sie steht. Das Individuum wird mit ihr sakralisiert. Die Frage, in welches Verhältnis Gott und Individuum dabei zueinander treten, ist damit noch ebenso wenig beantwortet, wie die damit einhergehende Frage, welche Wirkung dieser Umgang mit dem Individualitätsbegriff auf den Gottesbegriff ausüben kann bzw. ob und wie eine Grenze der Sakralisierung des Individuums im Gegenüber zu Gott gedacht werden muss.

[13] Artikel: *Individuum, Individualität*: Kobusch/Oeing-Hanhoff/Borsche, in: HWPh, Bd. 4 (1976): Abschnitt III. 2: Borsche.

[14] KA II, 185: AthF Nr. 121: Fr. Schlegel.

[15] Vgl. Artikel: *Individualität*: Hamacher, in: GWb, Bd. 4 (2004), Sp. 1520-.

[16] Artikel: *Individuum, Individualität*: Kobusch/Oeing-Hanhoff/Borsche, in: HWPh, Bd. 4 (1976): Abschnitt III.3: Borsche.

dieser das Individuum als Bewusstsein definiert habe, das als solches über sich selbst und mithin über „*freie*" Individualität verfügt. Dabei sei „das *Faktum*" der Individualität insbesondere im Hinblick auf den Menschen unabweisbar als „Thema der Philosophie" von bleibender Aktualität. Borsche betont darüber hinaus, dass ‚dieses Faktum' dazu stets „im *Verhältnis*" zu seinem „ebenso faktisch aufgenommenen Anderen, dem jeweiligen Allgemeinen" (der Autor bezieht sich mit letzterem Begriff auf die Geschichte ebenso wie auf die Gesellschaft) „betrachtet und beurteilt" werde.[17]

Indem er sich auf die allgegenwärtige Präsenz dieser Voraussetzung bezieht, nutzt auch Arnulf von Scheliha auf die Gegenwart bezugnehmend den Begriff der *Individualitätskultur*.[18] Er stützt damit nicht allein die Stellung der Individualität als *Leitbegriff*[19], sondern rückt zudem den Begriff und ein kulturell geprägtes Selbstverständnis in einen Zusammenhang ein. Dieser kann mit Blick auf Norbert Elias unterstrichen werden, der „die dem einzelnen Sprecher vorgegebenen" Worte als Impulsgeber betrachtet, „die die Denkweise und die Handlungen der in ihrem Bereich heranwachsenden Menschen entscheidend" mitbestimmen. Elias fokussiert im Besonderen die wechselwirksame Beziehung der Begriffe *Individuum* und *Gesellschaft*.[20] Exemplarisch lässt sich seine These an dem werbewirksamen Einsatz des Labels *Individualität* bei der Vermarktung von Produkten erproben.[21] Das Versprechen individueller Selbstverwirklichung, mit dem der Verbraucher umworben wird, tritt dabei in Spannung einerseits zu der Endlichkeit des Produkts andererseits zu der Endlichkeit des konsumierenden Subjekts. An das in diesem Beispiel zu Tage tretende Wechselverhältnis von Freiheit und Endlichkeit kann nicht zuletzt die theologische Rückfrage an das Verhältnis von Freiheitsbegriff und Gottesverständnis anknüpfen.

Manfred Frank wiederum stellt *Individualität* als Sachverhalt zur Diskussion, indem er ihn als einen derjenigen nennt, mit dem wir uns jederzeit vertraut *glauben*, stehe er doch für jenen Gegenstand in der Welt, für den wir uns selbst halten.[22] Dass die Debatte um die inhaltliche Bestimmung des Begriffs nicht als abgeschlossen betrachtet werden kann, zeigt sich auch, wenn Martin Schwab die Überlegungen Peter F. Strawsons wieder aufnimmt, die dieser in seinem Versuch deskriptiver Metaphysik formuliert, der in den fünfziger Jahren erstmals erschien. In der Tradition von Thomas von Aquin stellt Strawson hier die menschliche Individuation als die Entwicklung einer Person dar,

---

[17] Warum er im Hinblick auf das Individuum hier den nach den vorausgehenden Erläuterungen doch diskussionswürdigen Begriff des *Faktums* einführt, wird von Borsche nicht erläutert: vgl. ebd.
[18] Vgl. VON SCHELIHA, Moderner Individualismus als politisches Problem, in: Gräb/Charbonnier (Hgg.), Individualität (2012), 351–371.
[19] Vgl. MOXTER, Das Individuum und seine Geschichte, in: Deuser/Wendel (Hgg.), Dialektik der Freiheit (2012), 11–30, 29.
[20] ELIAS, Die Gesellschaft der Individuen (1987), 9. Indem Elias von der Prämisse einer unhintergehbaren Verbindung von Sprache und Denken ausgeht, bewegt er sich in der Tradition Ludwig Wittgensteins, der diesen Ansatz für das 20. Jh. prominent formuliert.
[21] Das Beispiel ist angelehnt an Ausführungen Jörg Dierkens. Vgl. DERS., Riskiertes Selbstsein, in: Gräb/Charbonnier (Hgg.), Individualität (2012), 329–350, 340.
[22] Vgl. FRANK, Subjektivität und Individualität, in: ders., Selbstbewußtsein und Selbsterkenntnis (1991), 9–49, 9 (Hervorhebung: AS).

indem er sie als einen Sonderfall von Einzelheit definiert: als Einzelwesen, das Identität in Zeit und Raum besitzt und anhand bestimmter Kriterien von einem Einzelding unterschieden werden kann.[23] Schwab formuliert an diese Überlegungen anknüpfend die Frage nach dem Selbstverständnis eines Individuums als Frage nach der Identität der Person. Dabei dient ihm der analytische Zugang Strawsons einerseits zur Präzisierung im Blick auf die Unterscheidung von Einzelding und Einzelwesen. Andererseits wird er ihm zum Anlass kritischer Nachfrage nach den Kriterien, die diese Unterscheidung leiten können.[24] So gewinnt mit Schwab ein weiteres unabgeschlossenes Konfliktfeld, das ich weiter oben im Blick auf die Frage nach den leitenden Kriterien zur Definition einer Person bereits angerissen habe, schärfere Konturen. Denn die These, dass die leitenden Identitätskriterien in Frage gestellt werden können, steht unter der Voraussetzung einer möglichen Veränderung derselben.[25] Das Problem, das damit im Hinblick auf den Individualitätsbegriff erneut im Raum steht, ist das seiner Unterbestimmtheit und die damit einhergehenden Konsequenzen. Anders gesagt, kann die Anfrage an die Individualität also nicht durch die Ontologie gelöst werden. Denn auch wenn die ontologische Grundlage einer Rede vom Individuum, wie sich gezeigt hat, durchaus mit Recht angefragt werden kann, stehen der Begriff und die sich mit ihm verbindenden Wahrnehmungen dennoch im Raum. Dies gibt mE. Anlass, eine andere Perspektive der Annäherung an das, was gesagt sein kann, wenn von Individualität die Rede ist, zu wählen.

2. Semantik und Sozialkultur: Verhältnisbestimmungen

Niklas Luhmann begreift die Semantik der Individualität in ihrer Gesamtheit als Korrelat langfristiger soziokultureller Entwicklungen.[26] Auf dieser Ebene konstatiert der Autor einen *Umbau* zur aktiven Selbstreferenz, den er im Zeitraum vom 17. bis zum 19. Jh. ansiedelt.[27] Im Zuge dessen sieht er gerade jene in Zeit und Raum identifizierbare Einheit, als dessen Sonderfall ich oben die Person eingeführt habe, in Frage gestellt, werde diese Einheit doch nun nicht länger als gegeben wahrgenommen. Mit Frank gesprochen, heißt das: „Es gibt keinen festen Kern, keine fixe Identität eines Individuums."[28] Hier zeigt sich mE. eine Transformation im Verständnis von Individualität und der daraus erwachsenden Herausforderung des Subjekts, das sich als Individuum zu verstehen sucht, während es den festen Bezugsrahmen nicht länger vorfindet, um sich selbst in ein Verhältnis zum Allgemeinen zu setzen. Anne Käfer bleibt

---

[23] Vgl. STRAWSON, Individuals (1984).
[24] Vgl. SCHWAB, Einzelding und Selbsterzeugung, in: Frank/Haverkamp (Hgg.), Poetik und Hermeneutik, Bd. XIII: Individualität (1988), 35–75, 39f.
[25] Michael Moxter sucht in seinem Aufsatz *Das Individuum und seine Geschichte* zu zeigen, dass mit dem erfahrungsbedingten Wandel der Wahrnehmung einer Gesellschaft als der Voraussetzung ihrer Theorien die Theorien selbst einem Wandel unterworfen sind. Dies gelte nicht zuletzt auch für die Theorie der Individualität: vgl. MOXTER, Das Individuum und seine Geschichte, in: Deuser/Wendel (Hgg.), Dialektik der Freiheit (2012), 11–30, 19.
[26] Vgl. LUHMANN, Gesellschaftsstruktur und Semantik, Bd. I (1993), 7.
[27] Vgl. aaO. 166.
[28] FRANK, Selbstbewußtsein und Selbsterkenntnis (1991), 41.

mE. für diese Herausforderung und die in ihr liegende Problematik blind, da sie, indem sie Schleiermachers Ästhetik im Verhältnis zu Kants Kritik der Urteilskraft diskutiert, als Herms-Schülerin das Allgemeine in ihrer Interpretation stets als gegeben voraussetzt.[29] Luhmann indessen führt auf die Idee einer nicht gegebenen Einheit die Vorstellung zurück, der Einzelne könne diese Einheit selbst hervorbringen. Er stellt fest:

> Der Mensch konnte dann schließlich gedacht werden als das, was sich unter den Bedingungen des Milieus, der Zufälle und sozialer Einwirkungen durch Reaktion auf sich selbst in einem Lebenslauf zur Individualität *bildet*.[30]

Dass der Begriff *Individuum* im 18. Jh. mit neuer und dazu ambivalenter Prägnanz im Sprachgebrauch hervortritt, zeigt sich also verflochten mit den Brüchen, auf die Luhmann auf sozial-kultureller Ebene verweist und die er mit einem sich neuformierenden Selbstverständnis verbindet, dessen Wirksamkeit bis in die Gegenwart hinein wahrgenommen werden kann. Charles Taylor konstatiert gar: „the Enlightenment and Romanticism with its accompanying expressive conception of man, have made us what we are"[31]. Damit markiert der Autor „these great events" (gemeint sind wiederum Aufklärung und Romantik) als entscheidende Impulsgeber, deren Wirkung *unser* kulturelles Leben („cultural life") und Selbstverständnis („our self-conception") ebenso wie unsere moralischen Einstellungen („moral outlooks") nachhaltig geprägt habe.[32] Ob diese Wertung in ihrer Zuspitzung zutrifft, darf hier dahin gestellt bleiben. Indessen gewinnt der Ausgang des 18. Jh. bzw. der Übergang in das 19. Jh., an dem sich die Frühromantik ansiedelt, vor diesem Hintergrund besonderes Interesse. Hans Dierkes führt die Wirksamkeit des so bezeichneten Zeitraums auf eine wirklichkeits-produzierende Eigenschaft zurück.[33]

> Indem sie [sc. die Frühromantik] nämlich den geschichtlichen Freiheits- resp. Wirklichkeitsstatus dieser neuen Welt, dessen ontologische Kategorien *Handlung, Möglichkeit, Werden, Unendlichkeit, Individualität*, aber auch *Sein* heißen, emphatisch bejaht, verstärkt sie ihn auch nach einer Art sich selbst erfüllender Prophetie [...].[34]

---

[29] Vgl. KÄFER, *Die wahre Ausübung der Kunst ist religiös* (2006), 289ff: besonders 292: Käfer stellt an dieser Stelle die These auf, Schleiermacher, Schlegel, Schiller und Kant stimmten darüber ein, „daß die Schönheit eines Gegenstandes nicht im Belieben des Betrachters" liege, sondern, „vielmehr eine allgemeine" sei. Indessen unterstreicht gerade Kant in seiner *Kritik der Urteilskraft*, die Käfer als Grundlage für Schleiermacher, Schlegels und Schillers Überlegungen betrachtet, die Diskrepanz zwischen dem Urteil des Einzelnen und seinem Einspruch auf Allgemeine Gültigkeit. Vgl. AA V, 259: KdU, 216: §8. In dieser Untersuchung beschäftige ich mich im Abschnitt III.2.1 eingehend mit Kants Überlegungen zum ästhetischen Urteil: vgl. hier 190ff.

[30] LUHMANN, Gesellschaftsstruktur und Semantik, Bd. I (1993), 218 (Hervorhebung im Original).

[31] TAYLOR, Sources of the self (1931), 393.

[32] Vgl. ebd.

[33] DIERKES, Die problematische Poesie, in: Selge (Hg.), Internationaler Schleiermacher-Kongreß Berlin 1984: Schleiermacher –Archiv, Fischer u. a. (Hgg.), Bd. I, Teilband 1 (1985), 61–98, 63.

[34] Ebd. (Hervorhebungen im Original).

3. Individualität und Theologie in Korrespondenz

Dass das sich neuformierende Individualitätsverständnis in wirkungsvolle Korrespondenz mit der Theologie treten kann, zeigt sich bei Friedrich D. E. Schleiermacher. Gunther Wenz unterstreicht die Bedeutung von dessen Persönlichkeit, indem er ebenso wie Ulrich Barth Schleiermacher als den Theologen bezeichnet, mit dem der moderne Protestantismus zum Bewusstsein seiner selbst gekommen sei.[35] Andererseits schließt Wenz an die Kritik der Dialektischen Theologie an, indem er anführt, Schleiermacher habe dem gläubigen Subjekt eine unangemessene Vorrangstellung gegenüber der Heiligen Schrift eingeräumt, da sich seine theologische Lehre, die sich selbst als Entwicklung des frommen Selbstbewusstseins verstanden wissen will, ganz an das fromme Subjekt bindet. Überdies werde dabei die fromme Gemütsbewegung, mithin der Glaube, im Subjekt immer schon vorausgesetzt, woraus die Gefahr erzeugt werde, dessen Genese aus dem Blick zu verlieren.[36] Indessen sieht Wenz auch, dass das Primat der Individualität bereits innerhalb der *Reden über die Religion*[37] als gebrochen wahrgenommen werden kann, wenn etwa in der vierten Rede von Schleiermacher ausdrücklich auf die Notwendigkeit der Gemeinschaft für die Bildung des Individuums zur Religion verwiesen wird.

---

[35] Vgl. WENZ, Neuzeitliches Christentum als Religion der Individualität, in: Frank/Haverkamp (Hgg.), Poetik und Hermeneutik, Bd. XIII: Individualität (1988), 123–131,127. Mit dieser Position zeigt sich Wenz in der Tradition Wolfhart Pannenberg. Der Blick Pannenbergs auf Schleiermacher wird explizit in: DERS., Problemgeschichte der neueren evangelischen Theologie in Deutschlands (1997). Hier schreibt Pannenberg Schleiermacher die „Neubegründung der Theologie als Theorie der Subjektivität" zu. „Die Wendung zu einer Neubegründung der Theologie auf dem Boden des allgemein Menschlichen" sei bei diesem Autor „das zentrale Thema seiner Lebensarbeit". Pannenberg folgert: „Darauf beruht die klassische Bedeutung von Schleiermachers Denken für die neuere Theologiegeschichte" (aaO. 46). Ulrich Barth hat die Einsicht formuliert: die „selbstbezüglich erkenntniskritische Einstellung" sei ein unverzichtbares „Element" der „theologischen Problemstellungen und -lösungen" Schleiermachers. „Wenn nicht alles täuscht hat er sich darin auch von keinem seiner theologischen Nachfahren übertreffen lassen, bis auf den heutigen Tag." (DERS., Christentum und Selbstbewußtsein [1983], 119). Einen neuen Versuch, den Religionsbegriff Schleiermachers zu beleuchten, hat Christian König unternommen: Vgl. DERS., Unendlich gebildet (2016). Die Verwendung des Begriffs der Religionstheologie lese ich dabei als Versuch, den Begriff der Religionstheorie im Hinblick auf die Reden zu vermeiden, der er in der Vergangenheit immer wieder in Frage gestellt worden ist (vgl. in der Hinführung zu dieser Untersuchung unter I.6: 13ff). König spricht im Blick auf Schleiermacher zuletzt explizit von „theoretische[r] Bescheidenheit" (aaO. 465 [Einfügung: AS]). Diese Einschätzung führt den Autor schließlich zu einer subjektivitätstheoretischen Deutung der Reden. Dabei wird die Frage nach dem Verhältnis von Religion und Individualitätsverständnis zwar mit verhandelt (König interpretiert die „religionstheologische[s] Individuationsprinzip" [351: Einfügung: AS]) das Thema steht aber nicht im Zentrum der Debatte. Auch wird der Diskurs nicht über das Feld der *Religionstheologie* hinausgeführt.

[36] Vgl. ebd.

[37] Schleiermachers *Reden* zitiere ich in dieser Untersuchung nach der KGA I/2. Die Ausgabe der *Reden* von 1799 wird in den nachfolgenden Fußnoten unter der Sigle *Re*KGA I/2 geführt. Die daraufffolgenden arabischen Zahlangaben beziehen sich auf die Paginierung besagter Ausgabe, die in der KGA jeweils am rechten Seitenrand angegeben ist. Wird auf eine spätere Auflage verwiesen, erfolgt die Angabe des Erscheinungsdatums in der Fußnote. Die Rechtschreibung innerhalb der Zitate aus den Quellen um die Jahrhundertwende 17./1800 weicht in weiten Teilen deutlich von der gegenwärtigen Rechtschreibung ab. Ich habe darauf nur in solchen Fällen mit einem sic. im Zitat reagiert, wo es mir notwendig schien, deutlich zu machen, dass keine Tippfehler vorliegen.

Bei keiner Art zu denken und zu empfinden hat der Mensch ein so lebhaftes Gefühl von seiner gänzlichen Unfähigkeit, ihren Gegenstand jemals zu erschöpfen, als bei der Religion. Sein Sinn für sie ist nicht sobald aufgegangen, als er auch ihre Unendlichkeit und seine Schranken fühlt; er ist sich bewußt, nur einen kleinen Teil zu umspannen und was er nicht unmittelbar erreichen kann, will er wenigstens durch ein fremdes *Medium* wahrnehmen. Darum interessiert ihn jede Äußerung derselben, und seine Ergänzung suchend, lauscht er auf jeden Ton, den er für den ihrigen erkennt.[38]

Das Individuum, das in diesem Zitat zur Darstellung kommt, zeigt sich damit schon bei einem flüchtigen Blick als eines, das nachhaltig die Aufmerksamkeit herauszufordern vermag.[39] Wenz verweist dazu noch innerhalb seines Aufsatzes auf die *Monologen*[40], die zweite Frühschrift Schleiermachers, zeitlich 1800 in unmittelbarer Nachbarschaft zu den *Reden* entstanden, die er 1799 in Potsdam schrieb. Im Hinblick auf diesen Text unterstreicht Wenz die Bedeutung, die darin der „ewige[n] Gemeinschaft der Geister" und ihrem „Einfluß aufeinander" zugemessen wird.[41] Damit stellt Wenz die Wechselbeziehung von Individuen und Gemeinschaft insbesondere im Blick auf spätere Entwürfe als Kontinuum in Schleiermachers Denken heraus. Er lässt die Gelegenheit indessen ungenutzt, bei dem genauen Wortlaut dieses frühen Textes und der Frage nach seinem näheren Verhältnis zu den *Reden* zu verweilen. Bereits der erste Monolog (aus dem das Zitat entnommen ist) kann mE. darüber hinaus durchaus Anlass zu Rückfragen geben, denn Schleiermacher betrachtet hier in der beschriebenen Wechselwirkung der „Geister" zugleich die „hohe Harmonie der Freiheit".[42] Wie aber ist diese Freiheit ins Verhältnis zu dem Einfluss der Geister aufeinander zu denken? Der Begriff der Freiheit wird sodann in den folgenden Monologen an zentralen Stellen in Variationen immer wieder eingespielt. Dabei tritt er – zumindest auf den ersten Blick – in Widerspruch zu der insbesondere in den *Reden* markierten Grenze des Individuums. Noch mit den letzten Worten jubelt das sprechende Ich im fünften Monolog emphatisch: „dem Bewußtsein der innern Freiheit und ihres Handelns entsprießt ewige Jugend und Freude"[43].

So scheinen sich im Hinblick auf die Darstellungen von Individualität bei Schleiermacher zwei Linien zu kreuzen. Während auf der einen Seite in den *Monologen* der Gedanke der Selbstbestimmung bzw. der Selbstbildung besonders prägnant hervortritt, der Luhmann zufolge den neuzeitlichen Begriff der Individualität auszeichnet, sieht sich diese *Freiheit* im Gegenlicht der *Reden* auf dem Gebiet der Religion mit einer unüberwindbaren Grenze konfrontiert. Damit ist die eingangs gestellte Frage nach dem Verhältnis von Endlichkeit und Freiheit im Verständnis von Individualität

---

[38] ReKGA I/2, 179 (Hervorhebung: AS). Beachtenswert ist hier mE. der Begriff des Mediums, mit dem die Relevanz der Darstellung von Individualität durch ein vermittelndes Element bereits artikuliert wird.
[39] Vgl. hierzu bei WENZ, Neuzeitliches Christentum als Religion der Individualität, in: Frank/Haverkamp (Hgg.), Poetik und Hermeneutik, Bd. XIII: Individualität (1988), 123–131, 128ff.; sowie ReKGA I/2, 178f. Die dort formulierten Überlegungen zeigen sich überdies durch ihre Wiederaufnahme in den ersten 6 Artikeln der Glaubenslehre als Kontinuum in Schleiermachers Denken.
[40] Schleiermachers *Monologen* zitiere ich in dieser Untersuchung nach KGA I/3. Dabei wird die Ausgabe der *Monologen* von 1800 in den nachfolgenden Fußnoten unter der Sigle *Mo*KGA I/3 geführt. Wird auf eine spätere Auflage verwiesen, erfolgt die Angabe des Erscheinungsdatums in der Fußnote.
[41] *Mo*KGA I/3, 10. Vgl. dazu WENZ, Neuzeitliches Christentum als Religion der Individualität, in: Frank/Haverkamp (Hgg.), Poetik und Hermeneutik, Bd. XIII: Individualität (1988), 123–131, 129.
[42] *Mo*KGA I/3, 10.
[43] AaO. 61.

(und damit die theologische Frage nach der Relation von Selbstverhältnis und Gottesverhältnis) konkret an die *Reden* und die *Monologen* gerichtet.

4. Die Frage nach Möglichkeiten der Verhältnisbestimmungen von Reden und Monologen

Ein Blick in die Sekundärliteratur zeigt, dass es üblich geworden ist, bei der Untersuchung der frühen Arbeiten Schleiermachers den Schwerpunkt auf diese beiden Texte zu legen (ebenso wie auf die Vertrauten Briefe über die Lucinde[44]). Voran geht dabei Wilhelm Dilthey, der die These einer kontinuierlichen Entwicklung im Denken Schleiermachers verfolgt. So bemerkt er im Blick auf die *Reden* im Einzelnen, die „Ausführung" des Autors sei hier „weder reif noch folgerichtig".[45] Ihnen gegenüber sieht Dilthey die *Monologen* hervortreten als das „Ergebnis der inneren selbstbewußten Entwicklung eines großen Charakters". Ihm bietet diese Schrift den „*Ertrag*" von Schleiermachers „*wissenschaftlichen Welt- und Lebensansicht* für die sittliche Frage".[46] Die Entwicklung der Idee zu diesem Text zeichnet er nach bis in Schleiermachers Zeit in Schlobitten.[47]

Dagegen markiert Sarah Schmidt für die gegenwärtige Schleiermacherforschung den Umstand, dass die Schrift Auszüge bietet, die „eher erbaulich als aufschlussreich" ausfallen. Ihr besonderes Augenmerk liegt dabei auf den „Stellen, in denen Schleiermacher die Vermittlung von äußerer und innerer Welt beschreibt".[48] Im Vergleich zu Schleiermachers späteren Ethikvorlesungen, fehle in den *Monologen* eine „*schulgerechte* Rückführung" des dargestellten Verhältnisses von Natur und Vernunft.[49] Eine Bemerkung, deren Richtigkeit sich nicht von der Hand weisen lässt, die allerdings hermeneutisch wenig weiterführend ist. Im Blick auf die Entstehung des Textes wird

---

[44] KGA I/3, 139–216: Vertraute Briefe über Friedrich Schlegels Lucinde (1800). Diese Schrift nimmt etwa Hegel zum Anlass, ihren Autor nicht ohne Schärfe als „Nachtreter" Friedrich Schlegels zu bezeichnen (vgl. HEGEL, Sämtliche Werke, Bd. 7 [1952], 243: Grundlinien der Philosophie des Rechts oder Naturrecht und Staatswissenschaft im Grundrisse [1820], §164. Zusatz [Zitat siehe aaO. 245.]. Anmerkung: Dieser Zusatz fehlt in der Ausgabe: HEGEL, Gesammelte Werke, Bd. 14, Teilbd. 1 (2009). Vgl. aaO. 147f.).

[45] Vgl. DILTHEY, Leben Schleiermachers, Erster Band (1870), besonders 260ff, Zitat siehe 416.

[46] AaO. 450 (Hervorhebungen im Original).

[47] Vgl. aaO. 448. Dilthey bezieht sich in seiner Einschätzung auf einen Text Schleiermachers, den er im Anhang seines Werkes veröffentlich (vgl. aaO.: Denkmäler, 46ff; vgl. auch KGA I/1, 391ff: Über den Wert des Lebens [1792/93]) Der Blick kann indessen mE. sogar noch weiter zurückgehen. Bereits in seinem kurzen Text *Die Wasserfahrt*, der gegenwärtig auf ca. 1786 datiert wird, nutzt Schleiermacher die Form des Monologs für sich. Ohne dass der Autor dabei explizit die eigene Bildung in den Fokus rückt, wird hier doch mE. bereits der Gedanke lesbar, dass das Ergebnis der Bildung in der Darstellung fruchtbar werden kann: „Wenn ich in der Weltweisheit und tiefem Nachdenken über alles um mich her mich vergnüge und über alles forsch wo meine Kräfte hinlangen so ist sie es, der Urquell alles Guten, die meine Seele dazu tüchtig machte […]. Was ist wohl nächst dem Preis der Gottheit mehr meine Schuldigkeit, als meine Gedanken meinen Freunden mitzuteilen" (KGA, Abt. I: Bd. 14 (2003), 3–5 [Zitat siehe 3]: Die Wasserfahrt [1786]).

[48] S. SCHMIDT, Die Konstruktion des Endlichen (2005), 75.

[49] AaO. 77 (Hervorhebung im Original).

notiert: „Obwohl man einzelne Grundgedanken der Monologen in den Gedankenheften ab 1798 finden kann, sind die *Monologen* kein Werk, das Schleiermacher lange vor Niederschrift in literarischen Skizzen und Vorarbeiten vorbereitete."[50] S. Schmidt entwickelt diesen Gedanken sowohl im Blick auf die kurze Entstehungszeit der Monologe wie auch auf Schleiermachers eigene Bemerkung gegenüber der Freundin Henriette Herz, nichts sei ihm je „so unvermuthet entstanden"[51]. In dem zitierten Brief blickt der Autor auf den schöpferischen Entstehungsprozess der *Monologen* zurück und sieht dabei mit dem „Entwerfen des Planes" das Einsetzen eines eigendynamischen Wachstums einhergehen: „daß auf einmal die Sache, so, wie sie jetzt ist vor mir stand".[52]

Zur Interpretation des Verhältnisses von *Reden* und *Monologen* zeigt Schmidt zwei Wege auf: So könne man die *Monologen* mit den *Reden* lesen, jedoch ebenso gut „die *Monologen* als Weiterentwicklung des philosophischen Standpunktes verstehen und von den *Monologen* aus gegen die *Reden* argumentieren" und zwar insofern, als hier „ein ethisches Modell" vorgestellt werde, dessen Dynamik nicht mehr auf die universalisierende Leistung der Religion angewiesen" sei.[53] Mit ihrer Einschätzung nimmt Schmidt Bezug auf Schleiermachers Überlegungen im Hinblick auf die Möglichkeit eines höchsten Willens im Verhältnis zu der freien Selbstbestimmung des Subjekts, deren Betonung sich nach Schmidt „beinahe wie eine moderne Religionskritik" lesen lässt.[54] (Eine Erläuterung, wie es zu diesem „beinahe"-Urteil kommt, bleibt Schmidt indessen schuldig.)

Wie S. Schmidt betrachtet auch Wilhelm Gräb die *Monologen* gewissermaßen als *Vorarbeit* zu Schleiermachers späterer Philosophischen Ethik.[55] Brent W. Sockness liest den Text als „an ethical companion of sorts to his famous speeches *On Religion*"[56]. Damit werden *Reden* und *Monologen* wiederum einerseits miteinander ins Gespräch gebracht, andererseits aber auch erneut voneinander differenziert, indem der eine Text der Ethik, der andere implizit der Theologie zugeordnet wird. Jedoch ist immer wieder auf den Zusammenhang zwischen Schleiermachers theologischem Denken und seinen ethischen Entwürfen verwiesen worden.[57] Schleiermacher selbst beschreibt die Aufgabe der Bildung eines Individuums als die Arbeit an der Entstehung eines kunstreichen

---

[50] AaO. 71.
[51] KGA V/6, 151: Schleiermacher an Henriette Herz: Stolp, Donnerstag 16.09.1802.
[52] AaO. 151f.
[53] S. SCHMIDT, Die Konstruktion des Endlichen (2005), 80.
[54] Ebd. (siehe dort Fußnote 56).
[55] GRÄB, Individualität als Manifestation eines Selbstgefühls, in: Gräb/Charbonnier (Hgg.), Individualität (2012), 267–291.
[56] SOCKNESS, The Forgotten Moralist, in: The Harvard Theological Review, Vol. 96, No. 3 (Jul. 2003), 317–348, 335. Sockness bringt dazu Schleiermachers Monologe ins Gespräch mit Charles Taylor, indem er die These aufstellt, dieser Text repräsentiere „a signal instance" dessen, was Taylor als den romantischen Impuls zum Expressivismus charakterisiert hat (SOCKNESS, Schleiermacher and the Ethics of Authenticity, in: Journal of Religion Ethics, Volume 32, Issue 3 [2004], 477–517, 479).
[57] Vgl. etwa SCHWEIKER, Consciousness and the Good, in: Theology Today, Vol 56, Issue 2, 1999, 180–196 (hier besonders 191). Vgl. außerdem CROSSLEY, The Religious Ethics implicit in Schleiermacher´rs doctrine of creation, Journal of Religious Ethics 2006, 585–608.

Ganzen.⁵⁸ Die Frage, die sich im Hinblick auf die *Reden* und *Monologen* stellt, ist mithin, ob und inwiefern die Darstellungen von Individualität, die der Autor darin darbietet, ebenfalls als ein solches Ganzes betrachtet werden können.

Bereits im Blick auf die äußere Form der beiden Texte fordert ihr paralleler, jeweils in fünf Abschnitten gestalteter Aufbau mE. die Aufmerksamkeit heraus. Es handelt sich jeweils um Formen der Rede, einerseits nach innen andererseits nach außen gerichtet, wobei zwei unterschiedliche Themen behandelt werden, die sich jedoch am Ort des Individuums miteinander verbinden. Diese Beobachtungen geben Anlass zur Rückfrage nicht zuletzt an die Darstellung des Individuums. Diese Rückfrage darf den Blick auf den Kontext solcher Darstellung indessen nicht unterlassen.

5. Ein Blick auf den Kontext: Ist Schleiermacher ein Frühromantiker?

Gerade der Umstand, dass der Freiheitsbegriff insbesondere in den *Monologen* von Schleiermacher derart positiv besetzt werden kann, verstärkt die Neigung, diesen Autor mit Kurt Nowak der Frühromantik zuzuordnen. Sie wird von letzterem als „Bewegung"⁵⁹ innerhalb der Epoche der Romantik⁶⁰ interpretiert, deren Teilnehmer sich als literarisch und philosophische Gruppierung zusammenfinden. Als solche umfasst sie eine im Grunde relativ kleine Gruppe von Schriftstellern, Philosophen, Theologen und Naturwissenschaftlern. Schleiermacher wird zu ihrem festeren Kreis gerechnet, ebenso die Brüder Friedrich und August Wilhelm Schlegel und Friedrich von Hardenberg (Novalis).⁶¹ Mit Friedrich Schlegel verbindet Schleiermacher ab 1797 für eine begrenzte Zeitspanne eine enge Freundschaft, die bereits im Januar 1798 zu einer Wohngemeinschaft geworden ist. Andreas Arndt beschreibt die Begegnung dieser beiden gar als „etwas Erotisches – im Sinne des platonischen Eros, der affektiv auf den dialektischen Weg zur Idee des Schönen führt, in der das Wahre, Schöne und Gute konvergieren". Es sei, „wie alle Zeugnisse beleg[t]en, intellektuell etwas wie Liebe auf den ersten Blick" gewesen.⁶² Allerdings nutzt Arndt diesen Auftakt, der die Spekulation anregen muss, nicht, um die Untersuchung der Beziehung Schlegels und Schleiermachers auf dieser Ebene fortzusetzen. Er belässt es vielmehr bei der sich in der Forschung zunehmend durchsetzenden These einer wechselseitigen Beziehung der Gedankenwelt beider, die auch im Werk ihren Niederschlag findet.⁶³ Indessen kann dazu notiert werden, dass beide Autoren sich auch insofern in den Kreis der Frühromantiker einreihen, als beiden die *Liebe* ebenso wie die *Ästhetik* als diejenigen *Dimensionen* gelten,

---

⁵⁸ Vgl. *MoKGA* I/3, 38.
⁵⁹ NOWAK, Schleiermacher und die Frühromantik (1986), 44.
⁶⁰ Nowaks Verständnis der Frühromantik ist nicht selbstverständlich. Die Frühromantik wird andernorts als Phase der Epoche der Romantik dargestellt: vgl. SCHANZE, Romantik-Handbuch (1994). Ich nehme diese Diskrepanz im zweiten Teil der Untersuchung zum Anlass, den Epochenbegriff explizit zu befragen.
⁶¹ Vgl. NOWAK, Schleiermacher und die Frühromantik (1986), 43.
⁶² ARNDT, Eine literarische Ehe, in: ders. (Hg.), Wissenschaft und Geselligkeit (2009), 3–14, 4f.
⁶³ Arndt bezeugt dies im Anschluss an die Untersuchungen von Josef Körner insbesondere für die Dialektik (vgl. aaO. insbesondere 13f).

an denen absolute Freiheit oder freie Absolutheit in ihrem Sein wirklich und gegenwärtig angeschaut werden können.[64] Dierkes differenziert in seinen Ausführungen darüber hinaus innerhalb der romantischen Schule zwei Möglichkeiten, Freiheit zu denken. Die erste besteht darin, die Existenz der Freiheit im Verein mit der Aufgabe zu postulieren, dieselbe zu bewahren bzw. zu erweitern, ohne den Anspruch auf eine Totalität dieser Freiheit zu legen. Die zweite Möglichkeit hingegen radikalisiert den Anspruch der Freiheit und eröffnet eine Erwartungshaltung, auf deren Vollendung in der Welt, in der universalen Wandlung derselben zu einem Kunstwerk. Dierkes verweist zu letzterem Modell auf Friedrich Schlegel[65] und seine dahingehenden Ansprüche in seinem *116. Athenäums-Fragment*[66]. Schleiermacher hingegen versteht er als Vertreter der ersten Möglichkeit und findet darin seine Stellung als kritischer Zeitgenosse der frühromantischen Denker ebenso begründet wie den Bruch mit Friedrich Schlegel.[67] Ernst Behler wiederum betrachtet den Unterschied beider Denker anhand ihrer jeweiligen „Theorie" bzw. „Konzeption der Individualität".[68] Er stellt die These auf, gegenüber Schleiermacher, der seine Überlegungen von der „systematische[n] Einheit des Universums"[69] ableite, indem er das Individuum allein als „Ausdruck des Unendlichen"[70] begreife, betrachte Schlegel das Individuum als das „ursprünglich Gegebene"[71]. So sei es für Schlegel schwerer, eine Einheit zu denken, die das Individuum in sich aufnimmt.[72] Beide Interpretationen weisen mE. in dieselbe Richtung: Schlegel tritt dabei als derjenige in den Blick, der den Differenz-Gedanken im Hinblick auf das Verhältnis von Individualität und Allgemeinheit zugunsten eines Freiheitsbegriffs verstärkt – und zwar auf eine Weise, die eine Vermittlung zwischen dem Allgemeinen und dem Individuum erschwert.

6. Individualität als Konzept?

Eine erste Rückfrage muss indessen, so meine ich, bereits lauten, ob es insbesondere im Hinblick auf Schlegels und Schleiermachers frühe Schriften angemessen ist, mit

---

[64] Vgl. DIERKES, Die problematische Poesie, in: Selge (Hg.), Internationaler Schleiermacher-Kongreß Berlin 1984: Schleiermacher –Archiv, Fischer u. a. (Hgg.), Bd. I, Teilband 1 (1985), 61–98, 64f.

[65] Die nachfolgende Untersuchung baut auf der Theorie Franz Norbert Mennemeiers auf, der in Bezug auf den Begriff der Poesie im Werk Fr. Schlegels eine kontinuierliche Entwicklung konstatiert, die im Gespräch über die Poesie zur Vollendung kommt (vgl. MENNEMEIER, Friedrich Schlegels Poesiebegriff [1971], besonders 313ff).

[66] Vgl. KA II, 182f: AthF Nr. 116: Fr. Schlegel.

[67] Vgl. DIERKES, Die problematische Poesie, in: Selge (Hg.), Internationaler Schleiermacher-Kongreß Berlin 1984: Schleiermacher –Archiv, Fischer u. a. (Hgg.), Bd. I, Teilband 1 (1985), 61–98, 64f.

[68] BEHLER, Die Konzeption der Individualität in der Frühromantik, in: Hoffman/Majetschak (Hgg.), Denken der Individualität (1995), 121–150, 143.

[69] AaO. 148.

[70] AaO. 149.

[71] AaO. 148.

[72] Vgl. aaO. 149.

Behler von einer *Theorie* bzw. *Konzeption von Individualität* zu sprechen.[73] Wenn das Begriffsfeld *Individualität* bei beiden Autoren auch breit zu belegen ist, eine ausgearbeitete *Theorie der Individualität* wird doch weder vorgelegt noch beansprucht. Schleiermachers *Reden* und *Monologen*[74] können kaum eigentlich als theoretische Schriften verbucht werden.[75] In den *Monologen* verzichtet der Autor gar gänzlich (und dies bewusst) auf eine Entwicklung der leitenden Prinzipien. Gegenüber dem Freund Carl Gustav von Brinckmann führt er im Hinblick auf diesen Umstand an, es sei ihm von Anfang an „klar" gewesen, dass solches nicht Teil eines Selbstgespräches sein könne. Denn etwas derartiges dürfe doch nur darin bestehen, „daß man sich nach der Beziehung der Grundsätze auf das Einzelne fragt und sich der Anschauung des Einzelnen nach den Grundsätzen bewußt wird". Von dieser Idee allein sei er darum ausgegangen, betont Schleiermacher, mit dem Ziel, „Interesse an der Reflexion" und die „Tiefe des Eindruks" zu bezeugen. Denn dies seien doch „die beiden einzigen möglichen Quellen eines Monologs".[76] Wiederholt bringt Schleiermacher in diesem Zusammenhang in dem zitierten Brief die Rede auf die Hast, mit der er die Monologe zu Papier gebracht hat, und unterstreicht damit den Umstand, dass das ‚Ganze' aus dem Inneren *hervorgetreten* ist und sich damit im einzelnen theoretischen Vor- (und Nach-) Überlegungen geradezu entzieht.[77] So bemerkt der Autor, indem er dem Freund die Schrift zur Lektüre zukommen lässt:

Ich bitte Dich bei diesem kleinen Werkchen, welches – zu meiner Schande gestehe ich es – in nicht ganz 4 Wochen entstanden ist, mit der Sprache im Einzelnen nicht zu sehr zu krittln weil ich nicht Zeit gehabt habe zu der Gelaßenheit zu kommen die zu dieser lezten Feile erfordert wird: wie sie Dich aber im Ganzen afficiren wird möchte ich wol wißen. Laß dich also hübsch mit mir darüber ein [...].[78]

Brinckmann seinerseits lässt sich „darüber ein", hält sich aber auch mit Kritik an der Sprache nicht zurück:

---

[73] Auch S. Schmidts Verweis auf „ein ethisches Modell" der *Monologen* legt den Gedanken an eine in sich geschlossene theoretische Konzeption nahe. Ein Anspruch den Schleiermacher indessen, wie Schmidt anmerkt, in diesem Text nicht weiteres halten kann (vgl. S. SCHMIDT, Die Konstruktion des Endlichen [2005], Zitat siehe 80). Schmidt steht mit ihrer Einschätzung nicht allein. U. Barth schreibt im Hinblick auf die Monologen Schleiermachers von einem „Individualitätskonzept" (vgl. DERS., Das Individualitätskonzept der *Monologen*. Schleiermachers ethischer Beitrag zur Romantik, in: ders., Aufgeklärter Protestantismus (2004), 291–327). Neben diese Überlegungen stellt Barth seine Ausführungen über die „Religionstheorie" der *Reden über die Religion* (vgl. DERS., Die Religionstheorie der *Reden*. Schleiermachers theologisches Modernisierungsprogramm, in: aaO. 259–289). Ebenso weisen Manke Jiangs Überlegungen in besagter Hinsicht in die Richtung, die U. Barth und S. Schmidt einschlagen: vgl. JIANG, Religion und Individualität bei Schleiermacher, Berlin/Boston 2020.

[74] Auf beide Schriften bezieht sich Behler hier im Besonderen, wenn er Schleiermacher interpretiert (vgl. BEHLER, Die Konzeption der Individualität in der Frühromantik, in: Hoffman/Majetschak [Hgg.]), Denken der Individualität [1995], 121–150).

[75] Sockness stellt im Hinblick auf die *Monologen* fest, in diesem Text würden Medium und Botschaft miteinander verschwimmen Von dieser Beobachtung ausgehend entwickelt er sodann seine Untersuchung zur besonderen Stellung der *Monologen* in der Romantik (vgl. SOCKNESS, Schleiermacher and the Ethics of Authenticity, in: Journal of Religion Ethics, Volume 32, Issue 3 [2004], 477–517, 479).

[76] KGA V/4: 50–53, 51: Schleiermacher an Carl Gustav von Brinckmann, Berlin am 27.05.1800.

[77] Vgl. ebd.

[78] KGA V/3: 313–317, 316 (Hervorhebung im Original): Schleiermacher an Carl Gustav von Brinckmann, Berlin, Montag, 23.12.1799 bis Sonnabend, 4.1.1800.

> Die Eigenart des Styls in diesen Monologen ist von dem in der Religion[79] u*nd* in allen Deinen Briefen so verschieden, daß er mir ganz sonderbar aufgefallen ist, u*nd* ganz sprech ich dich von dem Vorwurf nicht frei, ihn unnöthiger Weise verkünstelt zu haben. [...] Aber daß die Monologen beinahe sämtlich in *Jamben* geschrieben sind, u*nd* zwar so merkwürdig, daß man ganze Seiten mit der unbedeutendsten Veränderung skandieren kann, [...] davon ist Dir selbst vielleicht gar nichts bewußt.[80]

Schleiermacher erwidert darauf, der lyrische Stil sei durchaus bewusst gewählt, denn „ein Monolog [...] [sei] offenbar eine Annäherung an das lyrische". Und wenn er dem Freund auch gestehen kann, „der Jambe" sei letztlich „stärker gewesen" und habe sich dabei zuweilen etwas „unbändig auf[ge]führt", so rechtfertigt er sich doch andererseits mit dem Argument: „daß so etwas bei uns schon etwas dik aufgetragen werden muß, wenn die *Leute* nur ein weniges davon hören sollen".[81]

Damit zeigt sich Schleiermacher auf der Suche nach einer besonderen Form der Sprache gegenüber dem, was er selbst mit einem Seitenblick auf seine *Reden* als „rhetorische [...] Prosa" bezeichnet. Dabei entwirft er eine Form, die wir im Anschluss an seine Ausführung als *lyrische Prosa* bezeichnen können. So nähert sich der Autor der Poesie im Stil einerseits an. Auf der anderen Seite formuliert Schleiermacher gegenüber Brinckmann die Einsicht, dass ihm „die Poesie ein für allemal versagt" sei. Daran anschließend bekundet er den Wunsch, „es in allen Formen der Prosa mit der Zeit zu einer gewißen Form der Vollkommenheit [...] bringen" zu können.[82]

Friedrich Schlegel, der nicht mit derartigen Vorbehalten gegenüber der eigenen kreativen Kraft zu ringen hat, zeigt sich dagegen auch auf dem Gebiet der Poesie in seiner Produktivität nicht eingeschränkt. So bietet er mit seinen frühen Schriften selbst verschiedene Formen der Prosa und Poesie dar, die ihrerseits gewisse Schwierigkeiten im Hinblick auf ein theoretisches Interesse eröffnen. Denn auch Schlegel nimmt darin keine systematische Entwicklung seiner Prinzipien vor. Insbesondere die große Zahl der Fragmente, die er gemeinsam mit seinem Bruder August Wilhelm (und nicht zuletzt auch in Zusammenarbeit mit Schleiermacher, der eigene Fragmente beisteuert,) in der Zeitschrift *Athenäum* versammelt, stellt eine Vielfalt von Einfällen vor, deren Zusammenstellung die Idee einer systematischen Darstellung auf eindrückliche Weise problematisiert. In einem seiner Fragmente äußert Schlegel: „Es ist gleich tödlich für den Geist, ein System zu haben, und keins zu haben. Er wird sich also wohl entschließen müssen, beides zu verbinden."[83]

---

[79] Brinckmann bezieht sich damit auf die *Reden über die Religion*, wie sich aus dem Kontext des Briefes erschließt.

[80] KGA V/4, 15 (Hervorhebungen im Original): Carl Gustav von Brinckmann an Friedrich Schleiermacher, Hamburg, Dienstag 29.04- Freitag 23.05. 1800.

[81] AaO. 52 (Hervorhebung im Original; Einfügungen: AS): Schleiermacher an Carl Gustav von Brinckmann, Berlin am 27.05.1800.

[82] Ebd.

[83] KA II, 173: AthF Nr. 53: Fr. Schlegel. In den *Philosophischen Lehrjahren* findet sich das Zitat in abgewandelter Form wieder. Dort heißt es: „Wer ein System hat, ist so gut geistig verloren, als wer keins hat. Man muß eben beides verbinden" (KA XVIII, 87: PhilF Nr. 689). Im Blick auf den Kontext einer solchen Aussage, ist es interessant, dass Friedrich von Hardenberg (Novalis) seinerseits einen Satz wie diesen formulieren kann: „Das eigentliche Philosophische System muss Freyheit und Unendlichkeit, oder, um es auffallend auszudrücken, Systemlosigkeit, in ein System gebracht, seyn." (HKA, 288f:

Wird an Texte, deren Inhalt sich auf diese Weise einem konzeptionellen Zugriff entzieht, ein theoretisches Interesse herangetragen, stellt sich die Frage nach der Legitimität und Produktivität einer solchen Herangehensweise. Neben der Möglichkeit, gewissermaßen nachträglich eine Theorie in die Texte einzutragen, öffnet sich der Weg, Bedeutungen in den Blick zu nehmen, die Individualität (bzw. das semantische Feld, das diesen Begriff umgibt,) innerhalb der Darstellungen entfaltet. Mit der Wahl solch eines hermeneutisch orientierten Ansatzes für die Untersuchung, erübrigt sich zumindest für diese Untersuchung die Frage, ob es *Individualität* jenseits eines Begriffs und seines Bedeutungsgehaltes tatsächlich geben kann, oder ob es sich um eine fiktiv konstruierte Größe handelt. Hervor tritt demgegenüber der Umstand, dass besagte Größe ihren entscheidenden Einfluss entfaltet, indem sie einen festen Platz in der Gedanken- und Sprach-Welt der Autoren erobert, denen ich mich in der Untersuchung zuwende. Denn auf dieser Ebene zeigt sich: indem die Individualität als eine Kategorie, die die Wirklichkeit bestimmt, dargestellt und rezipiert wird, entsteht zugleich ein Bewusstsein, in dem Individualität eine wirklichkeitsbestimmende Bedeutung gewinnt.[84]

Hegel fordert im Hinblick auf eine Darstellung, sie müsse „der Einsicht in die Natur des Spekulativen getreu, die dialektische Form behalten und [dürfe] nichts hereinnehmen, als insofern es begriffen wird und der Begriff ist"[85]. Indessen konnte bereits festgestellt werden, dass Schleiermacher und Schlegel mit ihren frühen Texten solch einer Forderung bewusst Widerstand leisten, indem sie den Leser nicht selten mit Bildern anstelle von Begriffen konfrontieren, die über sich selbst hinausweisen und den *Betrachter* damit in das Gebiet der freien Reflexion und auf diesem Weg in den Bereich hineinführen, indem Ästhetik und ästhetische Theorie gleichsam miteinander verwachsen. In seiner *Kritik der* (ästhetischen) *Urteilskraft* bemüht sich Kant um die Frage nach dem Urteil, das im Hinblick auf *das Schöne* und *das Erhabene* zustande kommen kann. Seiner Überlegung folgend ist ein solches Urteil deshalb von dem Erkenntnisurteil zu unterscheiden, weil im Blick auf das Schöne der Geschmack und mit ihm der einzelne Mensch *ins Spiel* kommt: Er findet sich einerseits vor die Herausforderung gestellt, sich mitteilen zu müssen und andererseits mit dem Anspruch konfrontiert, die allgemeine Gültigkeit seines Urteils zu behaupten. Damit zeigt sich im ästhetischen Urteil stets nicht zuletzt das seiner selbst bewusste bzw. das sich seiner selbst bewusstwerdende Individuum. Dass damit auch der Begriff Darstellungsform dieses *Werdens* ist, hat

---

Philosophische Studien der Jahre 1995/96 [Fichte Studien]: Begriffsentwicklungen). Vgl. dazu die Äußerungen Wilhelm H. Wackenroders aus dem Jahr 1799: „Wer ein *System glaubt,* hat die allgemeine Liebe aus seinem Herzen verdrängt! Erträglicher noch ist Intoleranz des Gefühls, als Intoleranz des Verstandes; – *Aberglaube* besser als *Systemglaube.*" (WACKENRODER, Sämtliche Werke und Briefe [1991], 89 [Hervorhebungen im Original]: Einige Worte über Allgemeinheit, Menschenliebe und Toleranz in der Kunst).

[84] Ich knüpfe damit an den oben mit Dierkes eingeführten Gedankengang an: vgl. DIERKES, Die problematische Poesie, in: Selge (Hg.), Internationaler Schleiermacher-Kongreß Berlin 1984: Schleiermacher –Archiv, Fischer u. a. (Hgg.), Bd. I, Teilband 1 (1985), 61–98.

[85] HEGEL, Gesammelte Werke, Bd. 9 (1980), 46 (Einfügung: AS): System der Wissenschaften: Erster Teil: Die Phänomenologie des Geistes (1807): Vorrede.

wiederum auch Hegel mE. durchaus im Blick. So kann er den Darstellungsbegriff explizit operativ verwenden.

Indem der Begriff das eigene Selbst des Gegenstandes ist, das sich als *sein Werden* darstellt, ist es nicht ein ruhendes Subjekt, das unbewegt Acczidenzen [sic.] trägt, sondern der sich bewegende und seine Bestimmungen in sich zurücknehmende Begriff.[86]

Andererseits kann der *schöne Gegenstand* seinerseits auf dasjenige Individuum hin befragt werden, das ihn hervorgebracht hat, wenn die Perspektive von der Rezeptions- auf die Produktionsästhetik wechselt. Die Frage, die in der nachfolgenden Untersuchung Bearbeitung findet, richtet sich darum einerseits auf die die Darstellung von Individualität und andererseits auf die sich in literarischen Formen und religiösen Symbolen zeigende Wahrnehmung dieser Größe, ihrer Genese wie ihrer Rezeption.

7. Zur Vorgehensweise der Untersuchung

Die vorliegende Untersuchung wird in zwei Arbeitsschritten vollzogen. In einem ersten Schritt wird eine Analyse von der äußeren Struktur im Hinblick auf das Verhältnis von *Reden* und *Monologen* durchgeführt, die auf den Inhalt der Texte hinführt. Die Fragestellung lautet, ob und inwiefern sich die beiden Texte über die äußerlich sichtbaren Parallelen hinaus insbesondere im Blick auf die Frage nach dem Verhältnis von Endlichkeit und Freiheit in der Wahrnehmung und Darstellung von Individualität zueinander in ein fruchtbares Verhältnis setzen lassen. Im Anschluss an die von Dierkes und Behler markierte Differenz hinsichtlich des Freiheitsverständnisses zwischen Friedrich Schlegel und Friedrich Schleiermacher wird diese Untersuchung durchgängig von der Perspektive auf Schlegel begleitet, mit dem Ziel, einen Dialog zwischen zwei Ansätzen, Individualität zu thematisieren, – und das heißt im Blick auf obige Ausführungen, auf zwei Antworten im Hinblick auf die Frage, was das Person-Sein als solches qualifiziert, – zu ermöglichen.[87] Ziel ist es, einerseits den Blick für Schleiermachers Wahrnehmung und Darstellung von Individualität neu zu schärfen. Andererseits soll der Vergleich eine Positionierung Schleiermachers in der Konstellation[88] der frühromantischen Denker erleichtern.

---

[86] AaO. 42 (Hervorhebungen im Original).

[87] Einen ähnlichen Ansatz verfolgte Hans Stock bereits in seiner Dissertation (DERS., Friedrich Schlegel und Schleiermacher [1930]), in der er der Beziehung von Schleiermacher und Fr. Schlegel nachzugehen suchte. Nowak kritisiert seine Arbeit jedoch unter anderem deshalb, weil bei ihrer Durchführung die leitende Annahme einer Dominanz der Selbstanschauung bei Schleiermacher keine Überprüfung gefunden, sondern vielmehr die Untersuchung selbst in ihrem Ausgang vorherbestimmt habe. Vgl. NOWAK, Schleiermacher und die Frühromantik (1986), 32. Die Priorität, die Stock den *Monologen* zuerkennt, und die ihn darin leitet, die *Reden* aus ihrer Voraussetzung zu interpretieren, steht einerseits im Widerspruch zu ihrer zeitlichen Entstehung, andererseits zu der bereits in der theologischen Forschung verbreiteten Einsicht einer Kontinuität. Derselben soll die Untersuchung im Hinblick auf den in den beiden frühen Schriften entfalteten Begriff der Individualität nachgehen.

[88] Der Begriff der Konstellation wird übernommen von HENRICH, Konstellationen (1991). Dieser nutzt denselben, den er als Forschungstitel wählt, um darauf zu verweisen, dass „Erschließungsleistungen des Denkens nicht schlechthin von denen ausgehen, die sie erbracht haben, und daß sie auch von ihnen

Die Gliederung des ersten Teils orientiert sich an den fünf Abschnitten, die die beiden Schriften Schleiermachers, die im Fokus des Interesses stehen sollen, vorgeben. Die auf diesem Weg gewonnenen Perspektiven auf die Frage nach dem Individuum werden im zweiten Schritt der Untersuchung in den historischen Kontext und den soziokulturellen Rahmen ihrer Zeit eingerückt. In einem abschließenden Schritt wird diskutiert, welchen Einfluss der gewonnene Blickwinkel auf den gegenwärtigen theologischen Diskurs haben kann und welchen Beitrag die Auseinandersetzung mit den Wurzeln einer Individualitätskultur, deren Krisenanfälligkeit sich auf politischer Ebene zunehmend erweist, zu einem gegenwärtigen Selbstverständnis leisten kann.

---

nicht durchaus beherrscht werden können". Vielmehr gebe der in Konstellationen erschlossene „Denkraum" den Debattenteilnehmern Aufgaben vor, die unabweisbar „und in vieler Weise informell bestimmend" seien, „wenn sie auch im Ausgang von ihm ihrem Denken eine ihnen eigentümliche Orientierung" gäben. (AaO. 20.)

II. ZWISCHEN WAHRNEHMUNG UND DARSTELLUNG

Bildung von Individualität bei Friedrich Schleiermacher und Friedrich Schlegel

Das allgemeine Vorhaben dieser Untersuchung liegt darin definiert, Strategien freizulegen, die in der Frühromantik zur Darstellung von Individualität Anwendung finden. Der Blick der Untersuchung bleibt in der Durchführung dieses Vorhabens durchgängig im Besonderen an der Beziehung der Gedankenwelten von Friedrich Schleiermacher und Friedrich Schlegel orientiert. Während ersterer unter der Perspektive der Korrespondenz des frühromantischen Verständnisses von Individualität mit der Theologie betrachtet wird, ist Schlegel nicht zuletzt in seiner zentralen Position im Fokus, die ihm (gemeinsam mit seinem Bruder August Wilhelm Schlegel, Ludwig Tieck und Wilhelm H. Wackenroder) zugewiesen wird, wenn es um die Bearbeitung der Frage nach den Anfängen der Romantik als einer von der herrschenden Literatur „sezessionistischen Bewegung" geht.[89]

In diesem ersten großen Untersuchungsabschnitt werden die *Reden* und die *Monologen* Schleiermachers zum Gegenstand der Analyse. Dabei werden Aufbau und Argumentation der jeweils fünf Abschnitte beider Texte in der vorgegebenen Abfolge betrachtet. In die Mitte dieser Analyseschritte stelle ich jeweils den Blick auf Schlegel. Denn seine Darstellung und Wahrnehmung von Individualität soll derjenigen Schleiermachers nicht allein gegenübertreten. Vielmehr suche ich durch den unterbrechenden Perspektivwechsels den Blick für die wechselseitige Anreicherung der Gedankengänge dieser beiden Autoren zu erweitern.

1. Individualität und Äußerung im Verhältnis

Dem oben dargestellten Vorhaben gemäß, muss an der ersten Stelle dieses Untersuchungsabschnitts eine Analyse der ersten *Rede* Schleiermachers über die Religion stehen. Der Autor hat sie als *Apologie* (ἀπολογία) überschrieben und gibt damit bereits einen Ausblick auf das Anliegen, das hier verfolgt werden soll. Und richtig beginnt Schleiermacher, indem er sein Handeln und damit sein Reden rechtfertigt bzw. indem er es verteidigt, um den Wortsinn des griechischen Titels weiter auszuschöpfen.

---

[89] Vgl. RIBBAT, Poesie und Polemik, in: ders. (Hg.), Romantik (1979), 85–79, 61/62 (Zitat 62). Dabei verortet Ribbat im Anschluss an Rudolf Haym bei Tieck und Wackeroder die Entstehung einer romantischen Poesie, bei den Brüdern Schlegel hingegen die Entstehung einer romantischen Kritik und Theorie. Indem er allerdings bewusst von einer Bewegung spricht, anstatt wie noch Haym vor ihm von einer romantischen Schule, geht Ribbat auf die Einsicht ein, dass „eine Differenzierung zwischen Lehrern und Schülern [...] offensichtlich bei dieser Assoziation fast gleichaltriger Schriftsteller unangebracht" ist (aaO. 62).

1.1 Die Religion: ein Individuum, das sich ausspricht?

Der Redner eröffnet, indem er von seinem Anliegen ausgehend, den Blick auf seine Adressaten richtend, die Frage darauf beantwortet, wie sein Vorhaben über die Religion auf sie (*die Gebildeten unter ihren Verächtern*) wirken möge. Als ein unerwartetes Unternehmen müsse das seine ihnen sicher erscheinen noch dazu von ihm; jemandem „gerade von denen, welche sich über das Gemeine erhoben haben, und von der Weisheit des Jahrhunderts durchdrungen sind"[90]. Zudem könne die Aussicht auf Erfolg gerade dieses Unternehmens keinesfalls günstig beurteilt werden. In einem Universum, von Gebildeten erschaffen, sei neben den sogenannten *anderen Hausgöttern*[91], namentlich *Menschheit*, *Kunst*, *Vaterland* und *Wissenschaft*, kein Platz mehr für die Religion. Damit ist ein Ziel der Rede benannt: Gerade diesen Platz gilt es für die Religion zu verteidigen. Im Zuge dessen wird nun in einem ersten Schritt der Gedanke in den Vordergrund gerückt, dass der Mensch keinesfalls alles in seinem Leben allein sich selbst verdankt, sondern vielmehr der Kraft eines *Anderen*, das sich seiner Verfügung schlechterdings entzieht. Ein (neuerdings) *fremdes* Bedürfnis wird mit dieser Wahrnehmung verknüpft und mit ihr gemeinsam in Erinnerung gerufen.

> Es ist Euch gelungen das irdische Leben so reich und vielseitig zu machen, daß Ihr der Ewigkeit nicht mehr bedürfet, und nachdem Ihr Euch selbst ein Universum geschaffen habt, seid Ihr überhoben, an dasjenige zu denken, welches Euch schuf.[92]

Dabei ist ein Erweis dieser Behauptung in der Rede selbst angelegt. Denn Schleiermacher gibt an, sein Reden rühre gerade nicht aus einer freien Entscheidung her, sie sei ihm vielmehr, trotz allem, was gegen sie spräche, eine Notwendigkeit „die [...] [ihn] göttlich beherrsch[e]"[93].

Erst nachdem dieser Art ein Einblick in die Motivation der Rede eröffnet wurde, gibt der Autor mehr über sich selbst preis, indem er sich seinen Lesern als einer der *Virtuosen* der Religion vorstellt, von denen er indessen wohl weiß, dass sie von seinen Adressaten verachtet werden. Dieser Stand, so hebt er jedoch hervor, sei ihm selbst nichts anderes als eine bloße Zufälligkeit, denn mit jenen, die ihm sonst angehörten, führe er keine gemeinsame *Sprache*, was er *wolle* liege so gut als vollkommen außerhalb ihres Gesichtskreises und ebenso unterscheide sich seine Ansicht über die Stellung der Religion in der Welt von der ihren.[94] Darum auch sei ihm das Lob seiner Standesgenossen verwehrt; seine Rede nicht die eines Virtuosen der Religion, sondern die eines Menschen, ihr Inhalt nichts anderes als die „Mysterien der Menschheit"[95].

Es ist zu beobachten, wie Schleiermacher sich hier geschickt der Sprache seiner Adressaten bedient, womit er zugleich einen (Sprach-) Raum eröffnet, in dem sich, der

---

[90] ReKGA I/2, 1.
[91] Vgl. aaO. 2.
[92] Ebd. Bereits hier zeigt sich mE., dass der Begriff des Universums von Schleiermacher als metaphysischer Begriff angelegt ist. Darauf verweist auch: U. BARTH, Was heißt *Anschauung des Universums?*, in: ders., Kritischer Religionsdiskurs (2014), 222–243.
[93] ReKGA I/2, 3 (Einfügungen: AS).
[94] Vgl. aaO. 4.
[95] AaO. 5.

Anlage des Begriffs *Menschheit* nach, jeder Mensch wiederfinden soll. Der Vorgang, in dem das *totum pro parte* als rhetorische Figur zum Einsatz kommt, lässt sich buchstäblich als eine Vereinnahmung lesen. Der Frage nach den Darstellungsmöglichkeiten eines Individuums als derjenigen besonderen Einzelheit, die ein Selbstverständnis markiert[96], kann an dieser Stelle nachgegangen werden, indem das Augenmerk sich darauf richtet, was den Einzelnen bislang nach den Ausführungen Schleiermachers konstituiert: Dabei sind die Begriffe *Sprache*, *Wille* und *Weltansicht* als Hinweise auf inhaltliche Merkmale besonders hervorgetreten. Einen weiteren Begriff zur näheren Bestimmung seiner eigenen Einzelheit gibt Schleiermacher, indem er im Folgenden vom Akt seiner Rede als einer *unwiderstehlichen Notwendigkeit* seiner *Natur* spricht: „[E]s ist ein göttlicher Beruf, es ist das was meine Stelle im Universum bestimmt und mich zu dem Wesen macht, welches ich bin"[97]. Deutlich vermittelt sich der Eindruck, jeder Mensch müsse eine solche Natur besitzen; gar der Gedanke einer Berufung als einer Gewalt, die über den einzelnen Menschen hinaus geht und der sich der Mensch nicht zu entziehen vermag, scheint auf und verbindet sich dabei auf eigentümliche Weise mit dem für Schleiermacher in der Folge so zentralen Begriff des Universums.[98] Der Ausdruck *göttlicher Beruf* tritt jedoch nach seiner ersten Nennung hinter einer allgemeiner gefassteren Lehre von der Natur zurück, welche die Notwendigkeit tilgt, auf sich selbst zu verweisen.

Der Redner legt nun eine, seine weitere Argumentation tragende, Darstellung der Welt vor, indem er in ihr zwei ursprüngliche alles bestimmende Kräfte definiert; die Kräfte des *Aneignens* und *Abstoßens*.[99] Diese beiden Kräfte benennt er als die „Urkräfte der

---

[96] Vgl. FRANK, Selbstbewußtsein und Selbsterkenntnis (1991), 9.

[97] *Re*KGA I/2, 5. Bekanntermaßen findet sich der Begriff *Beruf* in der Glaubenslehre Schleiermachers an zentraler Position wieder. Mit der hier implizit beschriebenen göttlichen Inspiration als Initiator der Rede selbst wird der Argumentationspunkt zentral, den Sokrates in Platons *Ion* anführt, um die Befähigung seines Gesprächspartners zur Verherrlichung des Homers durch den Vortrag von dessen Versen zu begründen. Anlass für das Gespräch ist Ions Angabe, über diese besondere Fähigkeit nur im Hinblick auf den Dichter Homer zu verfügen. Sokrates folgert, es könne sich also nicht um erlernte Kunst handeln (vgl. hierzu besonders PLATON, Ion, 536c).

[98] Ein Begriff, den Schleiermacher kaum zufällig, sondern vielmehr bezogen auf seine Adressaten innerhalb des frühromantischen Kreises wählt. So teilt er ihn etwa mit Friedrich Schlegel: vgl. KA II, 184; 260: AthF Nr. 121: Fr. Schlegel; Id Nr. 44.

[99] Vgl. *Re*KGA I/2, 6. Die KGA vermerkt dazu in einer Anmerkung auf derselben Seite als Variante des *Aneignens* den Begriff des *Anneigens* (aaO. 7/Seite 191). Mit der KGA folge ich in dieser Untersuchung der ersten Variante, um an den Umstand zu betonen, dass Schleiermachers Beschreibung sich an organische Naturvorgänge anlehnen. Ein Eindruck, der sich bestätigt, da sich etwa im Aufsatz von Carl H. Schulz im Kontext seiner Theorie von Krankheit und Gesundheit eine auffallend parallel verlaufende Beschreibung dessen, was Schulz ebenfalls als *Bildungsprozess* definiert, findet: „Dieses ist im Wesentlichen beim Menschen ähnlich wie bei den Thieren, und in beiden wird der fortgehende Fluß des Bildungsprocesses durch den aufeinander folgenden Wechsel von Ansetzen junger und Abwerfen alter Theile, von *Aneignen* der Nahrung und *Abstoßen* des Verbrauchten, von Erneuerung der lebendigen Substanz und von Einschrumpfen des Abgelebten, kurz durch die beständige Wiederholung von Leben und Sterben der einzelnen Theile des Körpers erhalten." (SCHULZ, Zur Kritik der Krankheits- und Genesungstheorien, in: Ruge/Echtermeyer (Hgg.), Hallische Jahrbücher für deutsche Wissenschaft und Kunst, Zweiter Jahrgang, 31. Mai/No. 130 (1839), Sp. 1032–1038, 1036 [Hervorhebung: AS]). Es ist zu beobachten, dass Schleiermacher diese Darstellung der Natur innerhalb seiner Glaubenslehre wiederum aufnimmt, indem er dort das Leben als einen prozessual gedachten Wechsel des Subjekts zwischen Internalisierung und Externalisierung betrachtet: KGA I/13.1, 19ff; besonders 25: §3: DcG².

Natur"¹⁰⁰ und führt aus, jedes (einzelne) Ding habe nur dadurch sein bestimmtes Dasein, dass es diese beiden Kräfte, „das durstige an sich ziehen und das rege und lebendige Selbst verbreiten, auf eine eigenthümliche Art vereinigt und festhält"¹⁰¹. Dieses Prinzip, zunächst allein auf die körperliche Natur und die Natur der Dinge angewandt, erweitert Schleiermacher sodann auf die sogenannte *geistige Natur*. Synonym ist die Rede von der *menschlichen Seele*, die auch als Bezeichnung des Menschen Geltung beansprucht. Der Begriff wird soweit ausdifferenziert, dass sich darin einerseits die innere Eigentümlichkeit des Daseins und andererseits die vorübergehende Handlung verbinden.¹⁰² Die Dimension der seelischen Struktur ist hier also offenbar nicht Naturalismus, sondern leistet vielmehr bereits eine genauere Darstellung des einzelnen Menschen. Schleiermacher dient seine Prämisse im Anschluss als Grundlage, um zwei Extreme der menschlichen Natur herauszuarbeiten: Einerseits benennt er den Menschen, der auf den beständigen Genuss ausgerichtet, vornehmlich von der Kraft der *Aneignung* getrieben die einzelnen Dinge anstrebt, die sich ihm darbieten, seinen Durst zu stillen, indem er sie ergreift.¹⁰³ Diesem steht andererseits derjenige gegenüber, der von einem beständigen Sehnen getrieben wird, das eigene innere „Selbst von innen heraus immer weiter auszudehnen, alles damit zu durchdringen, allen davon mitzutheilen, und selbst nie erschöpft zu werden"¹⁰⁴. Jener andere muss den Genuss des Einzelnen verachten; „er übersieht die einzelnen Dinge und Erscheinungen, eben weil er sie durchdringt"¹⁰⁵. Allerdings ist es, wie bereits weiter oben beschrieben, keinesfalls so, dass ein Mensch in seinem ganzen Wesen allein von einer Kraft bestimmt wird. Die Argumentation bleibt vielmehr konsequent: die gesamte Natur und so auch jede menschliche Seele wird von Schleiermacher von beiden Kräften bestimmt beschrieben, gleichsam als verwirklichte Möglichkeit einer unendlichen Bandbreite der Variation ihrer Verhältnisse. Die dargestellten Extreme bilden demnach, bildlich gesprochen, die beiden einander gegenüberliegenden äußersten Punkte einer Geraden. Dem Autor geht es bei dieser Skizze allerdings nicht allein um die Feststellung eines Zustandes. Er formuliert im Anschluss seiner Darstellung eine Form der Vollkommenheit der intellektuellen Welt, die nicht allein darin besteht, dass

> alle mögliche [sic.] Verbindungen dieser beiden Kräfte zwischen den beiden entgegengesetzten Enden [...] nicht nur wirklich in der Menschheit vorhanden seien, sondern auch ein allgemeines Band des Bewußtseins sie alle umschlinge, so daß jeder Einzelne, ohnerachtet er nichts anderes sein kann als was er sein muß, dennoch jeden anderen ebenso deutlich erkenne als sich selbst, und alle einzelne Darstellungen der Menschheit vollkommen begreife¹⁰⁶.

---

¹⁰⁰ *ReKGA* I/2, 6.
¹⁰¹ Ebd.
¹⁰² Vgl. ebd.
¹⁰³ Vgl. *ReKGA* I/2, 7.
¹⁰⁴ Ebd. Dabei transportiert der Begriff des Sehnens, den ich hier bewusst einführe, auch das Moment der Unbestimmtheit, indem das Sehnen als Infinitiv wie in seinem reflexiven Gebrauch durch kein Objekt bestimmt ist (vgl. Artikel: *Sehnen, verb.,* in: ¹DWb, Bd. 16 [1905], Sp. 151, Z. 19). In diesem Sinn kommt dem Sehnen für den einen wie den anderen Menschentypus, wie er hier dargestellt ist, Bedeutung zu.
¹⁰⁵ *ReKGA* I/2, 7.
¹⁰⁶ *ReKGA* I/2, 7/8.

Die Idee, einer vollendeten Verschränkung eines individuellen Bewusstseins mit einem Sinn für das Allgemeine, die sich hier zeigt, setzt sich in Schleiermachers Denken wirkungsvoll fort.[107] Dabei bleiben diesem vollkommenen Zustand vorläufige Entwicklungsstufen vorgelagert. Die Pointe liegt indessen darin, dass der Einzelne seiner Natur, die ihn auf eben jener Geraden der Kräfteverhältnisse positioniert, ehe er sich selbst positionieren könnte, keinesfalls ganz ausgeliefert ist. Es gebe, führt der Autor aus, vielmehr „einen gewißen Punkt, wo ein fast vollkommenes Gleichgewicht beide [Kräfte] vereinige[]". Dieser Punkt werde „weit öfter" überschätzt, „als daß er zu niedrig gewürdigt würde", indem er meist „nur [als] ein Zauberwerk der mit den Idealen der Menschen spielenden Natur, und nur selten [als] das Resultat einer angestrengt durchgeführten Selbstbildung" Betrachtung fände.[108]

Selbstbildung ist demnach der Weg, auf dem die eigenen Kräfte gewissermaßen neu zueinander ins Verhältnis gesetzt werden können. Ist es einmal mit der Mischung der Kräfte im einzelnen Menschen an diesen Punkt gekommen, so ist das Verhältnis, das diese Kräfte zueinander einnehmen, nach der Darstellung, die Schleiermacher hier einbringt, *zur Ruhe gebracht*;[109] ein Zustand der durchaus zumindest einen entscheidenden Nachteil in sich birgt, über den der Lesende unterrichtet wird: Er besteht nicht etwa für den einzelnen Menschen selbst, sondern für diejenigen, denen er gewissermaßen vor Augen steht. Denn die einzelnen Kräfte sind in ihm nun für das gemeine Auge nicht mehr sichtbar. Auf diese *Sichtbarkeit* aber, oder – ausblickend auf das nun Folgende formuliert – auf die Mittelbarkeit[110] kommt es an, damit sich das beschrieben intellektuelle Ziel verwirklichen kann. Die Wahrnehmung verbleibt also doch nicht in sich selbst. Im *Blickwechsel* mit dem Anderen kommt es zu der für die Entwicklung des Einzelnen bereits hier entscheidenden Wechselwirkung. Denn Schleiermacher führt im Anschluss an das bisher Gesagte nun den Charakter ein, der für seine erste Rede in vielerlei Hinsicht zentrale Bedeutung gewinnt: Den bzw. die von der Gottheit gesandten Mittler, eingesetzt zu „Dolmetschern ihres Willens und ihrer Werke, und zu Mittlern desjenigen, was sonst ewig geschieden geblieben wäre"[111]. Der Gesandte als Dolmetscher scheint demnach gewissermaßen ein Vermittler zwischen sprechenden Akteuren zu sein; ein Sprachvermittler, dessen Weg „durch ein allmächtiges Wort"[112] geebnet worden ist. In ihm bzw. in Menschen dieser Art ist die Mischung der beiden Naturkräfte mitnichten im Ruhezustand, die Rede ist hier indessen von einer *fruchtbaren* Verbindung. Solchen *Mittlern* „genügt es nicht, eine rohe Masse irdischer Dinge gleichsam zerstörend zu verschlingen, sondern sie müßen etwas vor sich hinstellen, es in eine kleine Welt, die das Gepräge ihres Geistes trägt, ordnen und gestalten"[113].

---

[107] Vgl. dazu etwa in der Glaubenslehre: KGA I/13.1, 80: DcG², §10.
[108] *Re*KGA I/2, 9 (Einfügung: AS).
[109] Vgl. ebd.
[110] Oder *Mit-Teilbarkeit* im Wortfeld des Textes verbleibend.
[111] *Re*KGA I/2, 10.
[112] Ebd.
[113] Ebd.

Damit treten nun Sprache und Darstellung im Hinblick auf die Rolle des Mittlers selbst zueinander in Beziehung.[114] Die (Auf-)Gabe eines solchen *Dolmetschers* ist es, sich im Wort *zu zeigen*, um jenen, deren Kräfte bislang in einem weniger ertragreichen Verhältnis stehen, eine neue Perspektive und damit neue Möglichkeiten zu eröffnen. „[S]ie söhnen […] [sie] aus mit der Erde und mit […] [ihrem] Platz auf derselben"[115]. Indem bereits an dieser Stelle von einer Versöhnung gesprochen wird, ist ein Leitfaden der Rede eingezogen. Die Argumentationslinie ist deutlich gelegt. Langfristig führt die neu gewonnene Ansicht den Menschen zu einer neuen Form dessen, was ich an dieser Stelle vorläufig als *Lebenshaltung* benennen möchte.

Schleiermachers Blick gilt zu gleichen Teilen zwei Arten von Menschen. Einerseits betrachtet er denjenigen, dessen unendliche Sehnsucht ihn bislang an der Tat hindern musste und der nun den Blick auf die einzelnen Möglichkeiten der Tat zu lenken vermag. Andererseits fokussiert er den beständig von dem Trieb der Aneignung bestimmten Menschen, dessen vereinzeltes auf den Genuss ausgerichtetes Treiben nun von dem Ausblick auf das Unendliche unterbrochen wird. Auf beiden Seiten nimmt er die Veränderung wahr. Als Mittler der besonderen Art gerät an dieser Stelle nun innerhalb der *Reden* erstmals der Künstler als einer in den Blick, dem „zu seinem Streben nach Ausdehnung und Durchdringung auch jene mystische und schöpferische Sinnlichkeit, die allem Inneren auch ein äußeres Dasein zu geben"[116] sucht, gegeben ist. Ihm ist es möglich „das Himmlische und Ewige […] als einen Gegenstand des Genusses und der Vereinigung"[117] darzustellen. „So strebt er, den schlafenden Keim der besseren Menschheit zu weken [sic.]"[118].

An dieser Stelle ist festzuhalten, dass Schleiermacher bislang sein Reden von der Religion in keiner Weise weitergehend begründet hat. Vielmehr hat sich die Religion selbst als Grundlage seiner Perspektive erwiesen. Freilich nicht unangekündigt, denn dass wir es mit einem *Virtuosen der Religion* zu tun bekommen würden, wurde eingangs klargestellt, allerdings unter der Ankündigung, nicht wie solche, sondern *wie ein Mensch von den Mysterien der Menschheit* reden zu wollen. Tatsächlich hat der Redner nunmehr rhetorisch eine *mittelbare* Verbindung zwischen dem Willen der Gottheit und dem Anliegen der Menschheit hergestellt und sich dem Leser dabei implizit selbst als *Mittler* oder *Dolmetscher* anempfohlen. Unterstrichen wird abschließend noch einmal die Notwendigkeit dieses Mittleramtes. Diese wäre erst dann aufgehoben, wären alle

---

[114] Indem der die Mittlerfigur hier zwar einerseits als herausragende Persönlichkeit, andererseits aber auch an zentraler Position im menschlichen Bildungsprozess angesiedelt wird, kann in Bezug auf Schleiermacher ein interner Zusammenhang zwischen Medientheorie und Anthropologie festgestellt werden. Vgl. dazu MOXTER, Anthropologie in systematisch-theologischer Perspektive, in: van Oorschot (Hg.), Mensch (2018), 141–183, 149. Der Mittler scheint an dieser Stelle nicht allein zwischen Gott und Mensch zu vermitteln, sondern, indem er grundlegende Vermittlungsarbeit in Bezug auf die beiden Naturen des Menschen zu leisten vermag, eine entscheidende Position innerhalb des Selbstbildungsprozesses einzunehmen.
[115] *Re*KGA I/2, 11 (Einfügungen: AS).
[116] Ebd.
[117] AaO. 12.
[118] Ebd.

Menschen „von Gott gelehrt"[119]. Was es mit dieser durch vielfarbige Wortbilder geschmückten Formulierung auf sich hat, lässt sich am ehesten in dem Satz fassen, der sich mit dem Stand des *Dolmetschers* verbindet. „Das leiseste Wort würde verstanden, da jezt [sic.] die deutlichsten Äußerungen der Misdeutung [sic.] nicht entgehen."[120] Wer voraus blickt, könnte in diesen Worten bereits Gedanken der Hermeneutik ahnen, die Schleiermacher in späteren Jahren ausgestalten wird.[121] Allerdings muss beachtet werden, dass es dem Autor hier nach eigener Aussage (noch?) nicht um die Kunst „zu reden und zu verstehen"[122] im allgemeinen Sinne, sondern im Besonderen um die „Mittheilung heiliger Gedanken und Gefühle"[123] geht. (Zu diskutieren wäre allerdings, inwieweit das eine das andere umfasst.) Um diese Art der *Mitteilung* zu ermöglichen, wäre es jedoch wiederum nötig, dass diejenigen, „zwischen denen solche Mittheilung statt finden könnte"[124] einander nahe wären. Damit ist innerhalb der *Reden* erstmals der Gedanke geäußert, dass Mitteilung durchaus nicht ohne Umstände zwischen allen Menschen möglich ist, dass es vielmehr des richtigen Gesprächspartners bedarf. Diesen erstrebenswerten Zustand sieht der Autor jedoch keinesfalls gegeben. Potentielle Gesprächspartner seien weit *im Weltenraum* verstreut, dass „wohl nie einer den anderen antrifft.

Weise freilich: denn um so mehr richtet sich die ganze Sehnsucht nach Mittheilung und Geselligkeit allein auf diejenigen, die ihrer am meisten bedürfen, um so unaufhaltsamer wirkt sie dahin, sich die Mittgenoßen selbst zu verschaffen, die ihr fehlen. Ebendieser Gewalt liege ich unter, ebendiese Natur ist auch mein Beruf [...].[125]

So ist die implizit bereits getroffene Aussage nun explizit ausgesprochen. Der Redner hat dem Leser sein Selbstverständnis als Mittler bekannt als einer, der Religion mitteilen muss. Dass er sich gerade auf diesen *Gegenstand* der Rede versteht, erweist sich im Zirkelschluss seiner Argumentation. Denn er nimmt nun auf seine Lebenserfahrungen mit der Religion Bezug, um anschließend festzustellen: „so liegt die Sache der Religion, und so selten ist sie, daß, wer von ihr etwas ausspricht, muß es nothwendig gehabt haben, denn er hat es nirgends gehört"[126]. Ein Irrtum in dieser Angelegenheit ist demnach

---

[119] AaO. 13.
[120] Ebd.
[121] Vgl. KGA II/4, 119: Hermeneutik (1819). Diese Interpretation, die den Mittler oder Dolmetscher als Hermeneuten verstehen kann, folgt Manuel Bauer, der sich mit ihr auch deutlich gegen Jochen Hörisch positioniert: Vgl. BAUER, Schlegel und Schleiermacher, in: ZNThG, Chapman/Graf/Vial (Hgg.), Jr.: 19 (2012)/2, 309–341 (besonders ab 233ff).
[122] KGA II/4, 120: Hermeneutik 1819.
[123] ReKGA I/2, 13.
[124] AaO. 14.
[125] Ebd. Dieser Gedanke ist von Schleiermacher bereits früher geäußert worden, im Rahmen seiner ebenfalls anonym veröffentlichten Schrift *Versuch einer Theorie des geselligen Betragens* (1799), in: KGA I/2, 163–184. Schleiermacher beschreibt das Zustandekommen solcher „Gesellschaft" (der Begriff kann in diesem Zusammenhang als Synonym für den Begriff der Geselligkeit gelesen werden) als eines das einer wie auch immer gearteten Vermittlungsleistung durch eine dritte Kraft bedarf. Als solche kann der Zufall auftreten, die gemeinschaftliche Willkür oder die Willkür eines Einzelnen (vgl. aaO. 182). Dazu ausführlich gearbeitet hat OBERDORFER, Geselligkeit und Realisierung von Sittlichkeit (1995).
[126] ReKGA I/2, 15.

ausgeschlossen. Eine andere Form der Überprüfung dieser Aussage allerdings ebenso. Religion erweist ihre Echtheit, indem sie den, der von ihr durchdrungen ist, zur Rede drängt.[127]

An diesem Punkt kann die Verteidigung des Redevorgangs selbst für abgeschlossen betrachtet werden. Schleiermacher wendet sich nunmehr einer anderen Frage zu. „Wenn ich so von ihr durchdrungen, endlich reden und ein Zeugniß von ihr ablegen muß, an wen soll ich mich damit wenden [...]?"[128]

Der Gedanke, dass sich auch ein Mittler nicht jedem beliebigen Menschen mitzuteilen vermag, dass er vielmehr ebenso wie jeder andere den richtigen Gesprächspartner nötig hat, ist weiter oben bereits eingeführt worden. Die *Verteidigung* gilt nunmehr den Adressaten der Rede selbst. „[A]n wen soll ich mich damit wenden als an Euch? Wo anders wären Hörer für meine Rede?"[129] Was die Adressaten der Rede hier erfahren, kann mit Recht zunächst klassisch als *captatio benevolentiae* bezeichnet werden. Keinesfalls, erklärt der Autor implizit, gilt den Menschen, an die er sich wendet, seine blinde Vorliebe. Vielmehr seien sie allein fähig und würdig, dass ihr Sinn aufgeregt werde für heilige und göttliche Dinge.

Es folgt eine stark polemische Positionierung sowohl gegen andere europäische Nationen (mit spitzer Zunge spricht der Autor von den Franken).[130] Im väterlichen Land allein seien jene für das Gelingen des Vorhabens notwendige Voraussetzungen gegeben: „hier fehlt es weder an weiser Mäßigung noch an stiller Betrachtung"[131]. Auf diese Anlagen wird im Hinblick auf die Möglichkeit der Entwicklung eines Individualitätsbewusstseins zurückzukommen sein.

In einem zweiten Schritt gilt es Schleiermacher, die Religion den Gebildeten anzuempfehlen, als etwas, mit dem sich eine Beschäftigung als lohnend erweist. Offenbar fürchtet der Autor der Reden, dass er nebst seinem Anliegen an bildungsferne Schichten verwiesen werden könnte mit der Aussage, diesen allein stehe die *Tracht* der Religion (noch) zu Gesicht. Zwar sei es durchaus recht, mit den *Ungebildeten* über die Religion zu sprechen, gleich wie über Sittlichkeit, Recht und Freiheit und sie so dem Streben nach Besserem entgegen zu heben. (Dabei wirkt diese Reihung, in der die Freiheit, die andernorts von Schleiermacher im Kontext des Bildungsgedankens so hoch angesetzt wird, nun an letzter Stelle zu stehen kommt, durchaus bewusst gewählt, was zu Anfragen an den Autor Anlass geben könnte.) Doch sei es nicht sein Anliegen, erklärt Schleiermacher, allein einzelne Empfindungen aufzuregen, einzelne Vorstellungen zu rechtfertigen oder zu bestreiten.

[I]n die innerste Tiefen möchte ich Euch geleiten, aus denen Sie zuerst das Gemüth anspricht; zeigen möchte ich Euch, aus welchen Anlagen der Menschheit sie hervorgeht, und wie sie zu dem gehört was

---

[127] Hier beginnt sich bereits derjenige Zug in Schleiermachers Denken abzuzeichnen, der unter dem Stichwort *Mystizismus* vielstimmige Kritik gefunden hat. In diese Stimmen ein fügt sich unter anderem auch Hans Stock (s. Anm. 87 in dieser Untersuchung: 16).
[128] *ReKGA* I/2, 15/16.
[129] AaO. 16.
[130] AaO. 17.
[131] AaO. 18.

Euch das Höchste und Theuerste ist [...]. Könnet Ihr mir im Ernst zumuthen zu glauben, daß diejenigen, die sich täglich am mühsamsten mit dem Irdischen abquälen, am vorzüglichsten dazu geeignet seien, so vertraut mit dem Himmlischen zu werden?[132]

Es ist kaum noch notwendig, deutlicher auszusprechen, dass den Anforderungen dieser Rede allein die *Gebildeten* genügen können, mag dies nun als explizite Abwertung der *Ungebildeten* gelesen werden oder vielmehr als geschickte Aufwertung, die einerseits die Adressaten selbst erfahren, und andererseits mit ihnen und durch sie der Gegenstand der Rede, der bis hierher als *heiliger* „Instinkt"[133], als teuerste und höchste Anlage der Menschheit bezeichnet worden ist. Damit ist nun nicht allein der Adressatenkreis über die direkt Angesprochenen hinaus auf die Menschheit ausgeweitet, sondern auch das Anliegen des Redners. Der dieser Art beworbene Gegenstand der Rede jedoch hat bislang von den Angeredeten vor allem Verachtung erfahren, dessen zeigt sich Schleiermacher wohl bewusst. Die bisherigen Ausführungen über die Natur der Menschen sind dieser Verachtung in Ton und Inhalt noch nicht gegenübergetreten. Der Autor der Reden indessen sucht das Interesse seiner Adressaten für seine Angelegenheit zu wecken, indem er an ihre Verachtung anknüpft. So fordert er sie dazu heraus, in ihrer Verachtung nur recht vollkommen zu sein, und diskutiert daran anknüpfend die Frage, was die Religion nach der Meinung ihrer Verächter im Kern auszeichnet.[134] Die Verachtung selbst wird auf diesem (Um-)Weg zuletzt auf einen Irrtum zurückgeführt: eine Verachtung sei es, die sich allein auf Unkenntnis der Religion selbst gründe.

Schleiermacher erlaubt es sich mit diesem Urteil nun, gegenüber seinen Adressaten explizit als Lehrer bzw. der obigen Ankündigung folgend, als Mittler aufzutreten und damit seine eigene Position gegenüber der ihren aufzuwerten. Einen *doppelten Standpunkt*[135] gelte es zu definieren, der in Bezug auf ein Werk des menschlichen Geistes eingenommen werden kann. Einmal könne man dieses Werk von seiner Mitte her als Produkt eines notwendigen Strebens der menschlichen Natur betrachten, oder von seinen Grenzen in seiner bestimmten Gestalt als Erzeugnis von Zeit und Geschichte. Gerieten aber unter dem ersten Blickwinkel etwa diejenigen Vorstellungen, die allgemein mit der Religion identifiziert würden (hier namentlich diejenige von einem ewigen Wesen und einer anderen Welt), in die Kritik, so gelte es doch zu beachten, dass sie in ihrer Vielfalt Produkte des menschlichen Geistes darstellten; zuletzt immer auf jenes als notwendig benannte Streben gegründet. Sei der Blick andererseits auf die bestimmten Gestalten der Religion, ihre Lehrgebäude, gerichtet, und befinde dieselben für hohl, so müsse doch wiederum die einzelne Religion auf ihren gemeinschaftlichen Inhalt hin befragt werden, um sich über sie ein besonderes Urteil erlauben zu können.[136] Eines gilt dabei für Schleiermacher grundsätzlich: „Ihr müßt Euren Begriff [...] aus dem Einzelnen rechtfertigen"[137]. Dieser alles bestimmenden Herangehensweise, die sich überdies mit

[132] AaO. 19/20 (Einfügung: AS).
[133] AaO. 19.
[134] AaO. 21.
[135] AaO. 22.
[136] Vgl. aaO. 22ff.
[137] AaO. 24.

dem besonderen Interesse dieser Untersuchung für die Wahrnehmung des Einzelnen (bzw. des Individuums) im Allgemeinen verbindet, muss bereits an dieser Stelle Beachtung geschenkt werden.

Dennoch, indem der Redner seinen Adressaten damit ein grundlegend falsches Vorgehen in der Frage nach der Religion attestiert hat, begründet er nun sein Verständnis für das Urteil, das sich gegen die bekannten „Gebäude der Religion"[138] richtet:

> In allen diesen Systemen, die Ihr verachtet, habt Ihr also die Religion nicht gefunden und nicht finden können, weil sie nicht da ist, und wenn Euch gezeigt würde, daß sie anderswo wäre, so wäret Ihr immer noch fähig sie zu finden und zu ehren.[139]

Schleiermacher verweist seine Leser sowohl im bestimmten wie im allgemeinen Fall der Ideen und Produkte, die bislang mit der Religion identifiziert worden sind, um ihrerseits Ziel der Kritik zu werden, darauf, dass diese auf einen geistigen Stoff gegründet sind, den er als ein notwendiges Produkt „der menschlichen Natur"[140] einführt. Es bleibt zu notieren, dass der Autor damit, wenngleich er in seiner Begriffswahl einen körperlichen Bezug herstellt, indem er vom *Trieb* oder vom heiligen *Instinkt* spricht, den Menschen doch als geistige Natur im Blick behält, die in die Welt verpflanzt ist, um fortan den Kräften dieser Welt unterworfen zu sein.[141] Entsprechend mögen die *natürlichen* Begrifflichkeiten diesem Umstand Rechnung tragen. Doch bleibt der Geist in der Natur, wie es insbesondere in Hinblick auf die Religion deutlich wird, die treibende Kraft.

> [D]enn ohne ihn hätten Sie [sic. die religiösen Ideen] gar nicht entstehen können; aber wer es nicht versteht ihn [sc. den geistigen Stoff] zu entbinden, der behält […], wie genau er auch alles durchsuche, immer nur die todte kalte Maße in den Händen […][142].

Hier also liegt der Zielpunkt, der Ort, an dem die Religion gefunden werden kann. Es ist der Ort, an dem der *Geist* (noch) lebendig ist. Den einzelnen *gottbegeisterten* Menschen gilt es in seinen Äußerungen und Handlungen aufzusuchen. Diese ihrerseits sieht Schleiermacher begleitet durch einzelne Andeutungen und Stimmungen, die gleichsam für Funken gelten, geschlagen, „wenn eine heilige Seele vom Universum berührt wird"[143]. Besagter Mensch äußert und handelt demgemäß, so lässt sich aus der Rede folgern, auf andere Art und Weise als jener, der die Religion, entsprechend dieser vorläufigen Definition, (noch) nicht hat. Bei dem Einzelnen also, bei dem Individuum, und allein hier soll die Religion gesucht und gefunden werden. Hier, erklärt Schleiermacher, liege ihr ureigenes Gebiet: weder Recht noch Sittlichkeit dürften anders als aus sich selbst gerechtfertigt werden, ebenso die Religion. Damit sucht sich der Redner in diesem Punkt deutlich gegen Kant abzugrenzen, der Moral und Glaube miteinander verbindet,

---

[138] AaO. 25.
[139] AaO. 26/27.
[140] AaO. 22.
[141] Vgl. ebd. u. aaO. 6.
[142] AaO. 27 (Einfügungen: AS). Zu beachten ist auch: Bereits an dieser Stelle wird der Geist mit dem Leben identifiziert; der Ort, an dem er fehlt, mit dem Tod.
[143] Vgl. aaO. 30.

indem er die Bedingung „unter welcher dieser Zweck[144] mit allen gesammten Zwecken zusammenhängt und dadurch praktische Gültigkeit habe" in dem „moralischen Glauben" verortet, der kurz gesagt darin besteht, „daß ein Gott und eine künftige Welt sei".[145] Dass die Religion im Sinne der Pragmatisten in irgendeiner Form von praktischem Nutzen sein sollte, dagegen will sich Schleiermacher verwahren. So setzt er in der Rede hinzu,

> daß es auch die größte Verachtung gegen die Religion beweiset, sie in ein anderes Gebiet verpflanzen zu wollen, daß sie da diene und arbeite. [...] Daß doch diejenigen, die so auf den Nuzen ausgehen, und denen doch am Ende auch Sittlichkeit und Recht um eines andern Vortheils willen da sind, daß sie doch lieber selbst untergehen möchten in diesem ewigen Kreislauf eines allgemeinen Nuzens, in welchem sie alles Gute untergehen laßen, und von dem kein Mensch, der selbst etwas für sich sein will, ein gesundes Wort versteht[146].

Somit ist zuletzt die vorläufige Definition der Religion parallel bezogen auf eine bestimmte und bestimmende Anlage des Menschen. Sie gleiche dem Menschen, der selbst etwas für sich sein und dabei keinem fremden Zweck unterworfen sein wolle. Mithin ist es jene Anlage zur Vereinzelung, welche die Religion mit dem Menschen teilt. Daran anknüpfend wird sie benannt als „die Freie und Sorglose"[147]. Etwas Eigenes will sie sein, im Einzelnen allein kann sie aufgesucht werden. Dabei ist sie offenkundig dazu im Stande, den Einzelnen auf eigene Weise zu bestimmen. Äußerung und Tat des einzelnen Menschen verweisen demnach auf Äußerung und Tat der Religion, die dem Menschen bzw. dem menschlichen Geist etwas Notwendiges ist. Worin sich diese Notwendigkeit näher begründet, bleibt bislang abzuwarten. Am Schluss der ersten Rede, die sich in mehrerlei Hinsicht als eine *Rede über die Rede* erwiesen hat, und so mit Helmut Schanze durch und durch als Werk der Rhetorik definiert werden kann[148], erhält der Lesende eine zusammenfassende Bestätigung der ersten Beobachtungen dieser Untersuchung im Hinblick auf die Absicht des Redners, sowie Schleiermachers vorläufige Antwort auf die Frage, wo die Religion im Einzelnen aufzusuchen ist.

> Daß sie [sc. die Religion] aus dem Innern jeder beßern Seele nothwendig von selbst entspringt, daß ihr eine eigene Provinz im Gemüthe angehört, in welcher sie unumschränkt herrscht, daß sie es würdig ist durch ihre innerste Kraft die Edelsten und Vortrefflichsten zu bewegen und von ihnen ihrem inneren Wesen nach gekannt zu werden, das ist es, was ich behaupte, und was ich ihr gern sichern möchte [...].[149]

1.2 Zwischenschritt

Hinsichtlich der Frage dieser Untersuchung nach der Wahrnehmung und Darstellung des Individuums ist hier festzuhalten, dass Schleiermacher 1. die Vereinzelung insofern als eine Notwendigkeit darstellt, als er sie auf eine Anlage des einzelnen Subjekts selbst

---

[144] Im Kontext steht der Bezug zu dem Zweck der moralischen Handlung.
[145] AA III, 536 (Einfügung: AS): KdrV².
[146] *Re*KGA I/2, 35/36.
[147] *Re*KGA I/2, 36.
[148] Vgl. SCHANZE, Romantische Rhetorik, in: ders. (Hg.), Handbuch der Romantik (1994), 336–350, 336. Zugleich beginnt sich hier offenbar die Rede über die Rede mit der Kunst des Verstehens auf eigentümliche Weise zu verbinden.
[149] *Re*KGA I/2, 37.

zurückführt. Dabei ist der Begriff des Einzelnen indessen hier keinesfalls auf den Menschen begrenzt, sondern bezeichnet vielmehr auch die Religion.[150] Ebenso war die Rede zuletzt von einem Willen zur Vereinzelung, der den Menschen ebenso wie die Religion zu bestimmen vermag. Jene Anlage zur Vereinzelung verbindet sich 2. mit der These Schleiermachers, jeder Begriff (einschließlich derjenige von der Religion) müsse aus der Betrachtung des Einzelnen gewonnen werden.[151] Dem Einzelnen kommt nach dieser Argumentation also offenbar eine Art primäre Bedeutung zu. Die Religion ist jedoch überdies als *gute* Anlage des Menschen eingeführt, da sie ihren Beitrag zu leisten vermag, wenn es darum geht, den Menschen zum Besseren zu heben.[152] Diese Einführung steht 3. in Beziehung zu dem allgemeinen Anspruch, den der Autor trotz der Betonung des Einzelnen in seiner Darstellung für seine Aussagen insgesamt zu behaupten sucht. Der Begriff des *heiligen Instinktes*, mit dem die Anlage zur Religion im Menschen gekennzeichnet wird, verbindet sich mit der Ankündigung des Vorhabens im Eingang, es solle im Folgenden von den *heiligen Mysterien der Menschheit* die Rede sein. Auf diesem Weg verknüpft Schleiermacher sein Anliegen, noch ehe er es als etwas Besonderes kennzeichnet, mit einer allgemeinen Perspektive und stellt auf diese Weise eine wechselwirksame Verschränkung des Allgemeinen mit dem Besonderen, der Vielfalt mit dem Einzelnen, dar. Dieselbe Verschränkung spiegelt sich in der Selbstdarstellung des Redners, wenn er seine in Sprache, Wille und Weltansicht bestimmte Perspektive als Angehöriger der *Religions-Virtuosen* mit der Perspektive auf die Menschheit im Allgemeinen verbindet. Die Wortwahl, die diesem großen Gesichtskreis entspricht, wird zugeschnitten auf das besondere Anliegen des Autors, der selbst als Einzelner sichtbar wird, indem er sein Anliegen als etwas ihm eigenes und also einzelnes herausarbeitet. Der Vorgang, der dabei 4. in den Blick rückt, kommt der Feststellung einer Notwendigkeit[153] des Mikroskopierens gleich. Das Auge wird durch die Argumentation selbst gezielt auf die Wahrnehmung des Einzelnen hingelenkt, indem die Überzeugungsmittel zunächst darauf verwandt werden, dem Leser die Notwendigkeit der Mikroperspektive darzulegen. An dieser Stelle bleibt 5. festzuhalten, dass die Verknüpfung der Rede (*oratio*) bzw. der Darstellung mit der Möglichkeit des Sehens (*visio*) bzw. der Wahrnehmung gewissermaßen vor Augen gebracht wird. Der Redner selbst will mE. in dieser kunstvollen Darstellungsform *gesehen* und *verstanden* werden, indem er zugleich die Möglichkeit der Einsichtnahme in den Prozess der Individuation als Potential der äußeren Darstellung thematisiert. Dass der Autor seinen Namen nicht nennt, kann dabei nicht zuletzt als Indiz dafür gelesen werden, dass die Darstellung allein für sich sprechen kann und soll.

---

[150] Ebenso wie jeden anderen möglichen *Gegenstand* der Betrachtung.
[151] Vgl. *Re*KGA I/2, 24.
[152] Vgl. *Re*KGA I/2, 19.
[153] Die Wortwahl entspricht der Verbindung von Freiheit und Notwendigkeit in der Darstellung einer Anlage, der mit dem Willen entsprochen werden kann.

1.3 Die Poesie: das ausgesprochen Allgemeine

Der Ankündigung der Einleitung gemäß, ist es an dieser Stelle geboten, von dem ersten Text-Feld des Untersuchungsinteresses zurückzutreten, um den geistigen Weggefährten Friedrich Schleiermachers, Friedrich Schlegel, in den Blick zu nehmen. Dabei gilt es nicht zuletzt, die Frage zu bearbeiten, wie das zentrale (Selbst-) Verständnis des jungen Berliner Theologen gewissermaßen in der Außenperspektive wahrgenommen wird.

Zunächst muss damit natürlich die Rezension der *Reden über die Religion* in den Blick geraten, die Schlegel Mitte Mai 1799 für das *Athenäum* schrieb.[154] Schlegel beurteilt darin das Buch des Freundes als „unendlich subjektiv"[155], weshalb es schwerlich möglich sei, anders als subjektiv darüber zu reden, und nicht dazu geraten werden könne, es anders als subjektiv zu betrachten.

Willst du das Buch nun so subjektiv ansehn, wie ich Dir auf den äußersten Fall vorschlage, so betrachte die Religion des Verfassers bloß als den Brennpunkt in seinem Innersten, wo die Strahlen alles Großen und Schönen, was er etwa in andern Sphären noch haben und kennen mag, zusammenfallen.[156]

So gibt Schlegel bereits die Begründung für die nun folgende Aussage:

Darum darf es dich nicht wundern, daß er diese andern angebornen Eigenheiten des Menschen, die Poesie, die Philosophie oder Moral bisweilen ziemlich übel und nicht mit der gehörigen Religiosität zu behandeln scheint [...].[157]

Einerseits kann Schlegel die Vortrefflichkeit des rhetorischen Stils, die der Redner an den Tag legt, mit warmen Worten loben. Andererseits betrachtet er die in den so gestalteten Äußerungen über die Religion hervortretende Subjektivität, als eine „Begrenzung des Geistes", worin in seinen Augen der stärkste Mangel der *Reden* begründet liegt, da ihr Autor zugleich mit dem Anspruch auftrete, universale Aussagen treffen zu können.[158] Bereits in dem kurzen Zitat ist dazu die Relevanz der Poesie für Schlegels Überlegungen hervorgetreten, die er vor der Philosophie und der Moral anführt. Es bleibt an dieser Stelle indessen erst zu ahnen, dass die Poesie in der Frage nach der Möglichkeit universaler Äußerungen nach Schlegels Auffassung eine entscheidende Rolle einzunehmen vermag. So zeigt er sich in seiner Kritik der *Reden* sehr darauf bedacht, in diesem Text zumindest Anlagen zur Poesie zu suchen. Und er findet sie nach seinem Dafürhalten dann auch: „versteht sich unbewußte"[159].

Schlegels zwiegespaltenes Verhältnis zu den *Reden* tritt umso deutlicher hervor, wenn in dieser Rezension zugleich das Interesse an der Religion wahrgenommen wird, wie sie Schleiermacher entfaltet: „gewiß [sei] seit langer Zeit über diesen Gegenstand aller Gegenstände nicht größer und herrlicher [...] geredet worden"[160]. Dieses Interesse ist

---

[154] Vgl. KA II, LXXXV.
[155] KA II, 275–281, 275: AthN: Über Schleiermachers Reden (1799).
[156] AaO. 278.
[157] Ebd.
[158] AaO. 276.
[159] AaO. 278.
[160] AaO. 275 (Einfügung: AS).

für Schlegel dieser Zeit und in diesem Sinne neu. Eichner verweist auf das System von Philosophie, Ethik und Poesie, das sich in den frühen Schriften Schlegels in seiner Kontrastierung an die kantische Begriffsdreiheit des Wahren, Guten und Schönen anlehnt. Was sich in der Rezension der *Reden* zeigt, scheint soweit mit Eichners Beobachtung übereinzustimmen. Schlegel ist hier nicht geneigt, die Poesie gegen die Religion auszutauschen. Vielmehr sucht er in den *Ideen*, in denen sich der Einfluss Schleiermachers deutlich äußert, die Religion in sein bestehendes System zu integrieren.[161] Interesse erregen muss dabei Schlegels Bemühung, gewissermaßen eine Rangfolge unter den Vieren (Moral, Philosophie, Religion, Poesie) zu entwerfen. Einmal findet er in der Vereinigung von Philosophie und Poesie die Religion[162], dann wieder stellt er die Religion als das Höchste und erste Element der Bildung vor[163], und ordnet ihr an anderer Stelle die Moral entschieden unter[164]. Ob damit, wie Eichner mutmaßt, der Versuch unternommen wird, Schleiermacher zu übertrumpfen[165], oder sich hier vielmehr jener Gedanke offenbart, den Schleiermacher so entschieden abzuweisen sucht; nämlich die Moral in der Religion gewissermaßen zu verankern. Deutlicher wird, dass mit einer systematischen Anwendung des Religionsbegriffs bei Schlegel nicht zu rechnen ist. In der zeitlich auf die *Ideen* folgenden Arbeit, dem *Gespräch über die Poesie*, tritt dann auch die Religion wieder ganz hinter den großen Begriff der Poesie zurück. Wie nahe dieser seinerseits an das Religionsverständnis Schleiermachers anschließt, wie es sich bisher in der Ausführung der ersten Rede gezeigt hat, kommt etwa in einem der 1797 erstmals erschienenen *Lyceums-Fragmente* zur Sprache, indem er dort die „Poesie [...] eine republikanische Rede" nennt: „eine Rede, die ihr eignes Gesetz und ihr eigener Zweck ist, wo alle Teile freie Bürger sind, und mitstimmen dürfen".[166] Wobei die Religion mit Schleiermacher bislang nicht als Rede bestimmt werden konnte. Allerdings war bereits festzustellen, dass die Religion ihrem Anspruch, etwas für sich zu sein, eine lebendige Darstellung zu geben sucht, die ihren Zweck in sich selbst trägt. Die Untersuchung vor diesem Hintergrund auf das Poesieverständnis Schlegels zu richten, um seine Kritik an Schleiermachers Religionsverständnis nachvollziehen zu können, erscheint angemessen. Eine solche Herangehensweise liegt dazu im Interesse des Untersuchungsanliegens, da deutlich geworden ist, dass sich Schleiermachers Religionsbegriff, auf das Engste mit einer bestimmten Wahrnehmung und Darstellung des Einzelnen verbindet. Der Wert, der dem Einzelnen im Prozess des Erkenntnisgewinns in Bezug auf das Ganze zugemessen wird, bildet bislang eine Gegenstimme zu der von Schlegel gesuchten universalen Perspektive jenseits einer Vereinzelung (bzw. Subjektivität), die sich mit seiner Idee von *einer* Poesie verbindet, die somit ebenfalls im Hinblick auf ihre Rolle im

---

[161] Vgl. aaO. LXXXVII. Vgl. außerdem auch Behler, der in den IDEEN Schlegels ebenfalls eine Zuwendung „zu einer eigentümlichen Religiosität des mystischen Pantheismus" ausgedrückt findet. (BEHLER, Klassische Ironie. Romantische Ironie. Tragische Ironie [1972], 69).
[162] Vgl. KA II, 260/26: Id Nr. 46.
[163] Vgl. aaO. 257: Id Nr. 14.
[164] Vgl. aaO. 263: Id Nr. 73.
[165] Vgl. aaO. LXXXVII.
[166] AaO. 155: LycF Nr. 65.

Prozess einer bestimmten Verhältnisbestimmung des Einzelnen zu dem Allgemeinen oder Ganzen hin in den Blick genommen werden muss.

Die erste der *Reden* bearbeitet primär die Frage nach den Gründen, die für eine Beschäftigung mit dem Gegenstand *Religion* sprechen können. Analog zu diesem Vorgang gilt es nunmehr die Frage an Schlegel zu richten, welche Gründe es für ein *Gespräch über die Poesie* geben kann.

Schleiermacher rechtfertigt sein Reden über die Religion bereits in der ersten Rede aus der menschlichen Natur heraus, der er einen *heiligen Instinkt* ebenso wie die Anlage zur Vereinzelung unterstellt. Friedrich Schlegel seinerseits schlägt bereits in seinem Aufsatz *Über das Studium der griechischen Poesie*[167] (1795 in Dresden geschrieben, 1797 als Buch erschienen[168]) einen sehr ähnlichen Ton in Bezug auf die Poesie an. Auch er legt seinen Ausführungen über die Poesie eine Anschauung der menschlichen Natur zugrunde. Sie unterscheidet sich insofern von derjenigen Schleiermachers, als an dieser Stelle nichts von den beiden Kräften des *Abstoßens* und *Aneignens* zu lesen ist.[169] Schlegel führt stattdessen einen doppelten Naturbegriff ein, indem er einerseits den Menschen an sich als eine Natur definiert, andererseits festhält, dieselbe sei durch zwei wesentliche Elemente bestimmt, benannt als Freiheit (unter diesem Begriff ist der Verstand benannt) und Natur (worunter mit Schlegel die [natürliche] Neigung bzw. der Trieb verstanden werden kann).[170]

„Der Mensch ist eine aus seinem reinen Selbst und einem fremdartigen Wesen gemischte Natur."[171]

Schlegel nennt als *den Feind* des Menschen, der nicht nur außer ihm, sondern auch in seinem Mittelpunkt Wurzeln getrieben habe, „die ihm entgegengesetzte Natur".[172] Gemeint ist damit in Hinblick auf den eingeführten doppelten Naturbegriff der natürliche Trieb innerhalb des Menschen, der dort auf den Verstand trifft, welcher dieser Darstellung folgend als das *reine Selbst* des Menschen zu begreifen ist.

Hier zeigt sich bereits eine deutliche Nähe Schlegels zu Schleiermacher, der den Begriff der menschlichen Seele einführt, um den Vorgang der Vereinigung der Welt (Schlegel würde wohl stattdessen zumindest zu dem Zeitpunkt, zu dem er den *Studienaufsatz* verfasst, den Begriff der Natur bevorzugen) mit dem in sie hinein „verpflanzten" Geist zu kennzeichnen.[173] Schlegels Darstellung des Menschen ist mit anderen Worten also ebenso auf die notwendige Vereinigung jener zwei Seiten hin

---

[167] Diesen Aufsatz führe ich im Folgenden im Text kurz unter dem Titel *Studienaufsatz*. In den Fußnoten steht für ihn die Sigle StdA.

[168] Vgl. SCHLEGEL, Kritische Schriften (1964), 655 (Anmerkungen von W. Rasch). Die Vorrede bezieht sich auf das Ganze des von Schlegel geplanten aber nicht weiter geführten Werkes *Die Griechen und die Römer*. Vgl. ebd.

[169] Vgl. in dieser Untersuchung im Abschnitt II.1.1: 20ff. Vgl. dazu bei Schleiermacher *ReKGA* I/2, 6.

[170] Letzterer Begriff muss irritieren, da einerseits von der menschlichen Natur, andererseits vom Element der Natur innerhalb der menschlichen Natur zu lesen ist. Ich folge mit diesen Begriffen hier allerdings der Wortwahl Schlegels (vgl. auch KA I, 229f: StdA).

[171] KA I, 230: StdA.

[172] Vgl. KA I, 230: StdA. Zitat siehe ebd.

[173] Vgl. *ReKGA* I/2, 6ff. Vgl. PLATON, Timaios 30b.

angelegt. Es ist bereits sichtbar geworden, dass auch bei Schleiermacher der Geist, obgleich nun den Gesetzen der Welt unterworfen, die leitende Position in der menschlichen Seele innehat. So ist der Trieb zur Religion als ein geistiger definiert und als solcher in dem Vorgang des In-die-Welt-Kommens eines Geistes hin angelegt. Der diesen Umstand kennzeichnende Begriff des *heiligen Instinktes* kann die dem Menschen eigene Notwendigkeit zur Bildung (der Religion) ebenso betonen wie als Ausdruck solcher Einigung von *Welt* und *Geist* in der *menschlichen Seele* gelesen werden. Schlegel wiederum unterstreicht seinerseits, dass der Mensch der Bildungs-Notwendigkeit in seinem Tun nicht zu entkommen vermag.

Der Mensch kann nicht tätig sein, ohne sich zu bilden. Bildung ist der eigentliche Inhalt jedes menschlichen Lebens, und der wahre Gegenstand der höheren Geschichte, welche in dem Veränderlichen das Notwendige aufsucht.[174]

Wie Schleiermacher findet Schlegel dabei den Ort der Bildung im Gemüt, jedoch gilt überdies: „Nur das Gemüt, das vom Schicksal hinlänglich durchgearbeitet worden ist, erreicht, das seltene Glück, selbstständig sein zu können."[175] Schlegel rechnet dabei, das ist weiter oben bereits angeklungen, nicht allein innerhalb des Menschen mit einer Wechselwirkung von Neigung und Verstand. Dazu ist die *fremde Macht* des Schicksals eingeführt; mithin also eine äußere Notwendigkeit benannt, die mit der Freiheit in eine „Wechselbestimmung"[176] tritt. Es wird deutlich, dass der Mensch nach Schlegels Verständnis nicht allein aktiv tätig ist, sondern auch passiv *leidet*. Das heißt im Hinblick auf die Bildung, er bildet und wird zugleich gebildet. Die Voraussetzung dafür, dass es den Bildungsprozess überhaupt geben kann, bleibt jedoch „die bildende Kraft", die ihrerseits das Vermögen besitzt, sich die „Gabe der bildenden anzueignen [...]. [D. h.] [s]ie muss *frei* sein".[177] Diese Feststellung schließt an das oben dargestellte Verständnis Schlegels an, das dem Verstand gegenüber der natürlichen Neigung das entscheidende Übergewicht zumisst, indem dieser als das *reine* Selbst des Menschen bezeichnet wird. Demgemäß ist die „*Bildung* oder Entwicklung der Freiheit [...] die notwendige Folge alles menschlichen Tuns und Leidens, das endliche Resultat jeder Wechselwirkung der Freiheit und der Natur"[178].

Im Hinblick auf Schlegel stellt sich nun darüber hinaus explizit die Frage nach dem Anfang dieser Wechselbeziehung als dem Anfang der Bildung selbst. Es ist gewissermaßen die Frage danach, welche Kraft den Menschen zuerst bestimmt, die Natur oder die Freiheit. Denn für Schlegel kann es keinen Zweifel daran geben, dass eine „der menschlichen Bildung den ersten bestimmenden Anstoß geben"[179] muss. Aus der Erfahrung zieht er die Lehre, die Praxis gehe der Bildung voran, und seine Antwort auf die vorliegende Frage leitet er aus eben dieser Erfahrung ab.

---

[174] KA I, 131: StdA.
[175] AaO. 230.
[176] KA I, 230: StdA.
[177] Ebd. 230 (Hervorhebung im Original; Einfügung: AS).
[178] Ebd. (Hervorhebung im Original).
[179] Ebd.

„Nur auf Natur kann Kunst folgen, nur auf natürliche Bildung kann die künstliche folgen."[180] Dieses Zitat gibt auch Aufschluss über den Sinn, den Schlegel dem für das gegenwärtige Ohr (, das nicht nur eine Differenz zwischen Kunst und Handwerk kennt, sondern auch das Gekünstelte als das *Nicht-echte* unter Verdacht stellen kann,) durchaus missverständlichen Begriffs des Künstlichen beilegt. Hier wird der Begriff sogleich mit dem Begriff der Kunst verknüpft, sodass deutlich wird, dass Schlegel mit ihm ein artifizielles Bildungsverständnis einführt. Ich werde daher im Folgenden den Begriff der ästhetischen Bildung an Stelle des von Schlegel verwandten Begriffs der künstlichen Bildung setzen, um Missverständnisse auf diesem Gebiet vorzubeugen, dahingehend, Bildung sei für Schlegel etwas dem Wesen des Menschen Fremdes.

Mit seiner Antwort hat Schlegel zugleich den Begriff der Freiheit mit dem der Kunst verbunden. Denn die ästhetische Bildung ist jene, bei der der Verstand als *lenkendes Prinzip* auftritt. Sie gilt ihm somit zugleich als der Weg zur Freiheit. Diese führende Rolle vermag der Verstand allerdings erst dann einzunehmen, wenn die natürliche Neigung ihrerseits ihr Recht auf diese Position eingebüßt hat. (An anderer Stelle ist auch von der „Tierheit" die Rede, die im Menschen in einem Mischungsverhältnis zur sog. „Gottheit" steht, die letztlich die Oberhand gewinnen muss.[181]) Dass diese Entwicklung sich wiederum mit größter Wahrscheinlichkeit einstellt, folgt für Schlegel aus dem Umstand, dass der Naturtrieb im Menschen sich „zwar [als] ein mächtiger Beweger, aber [als] ein blinder Führer"[182] erweist. Bewährt sich demnach der Naturtrieb in der Erfahrung in seiner Rolle nicht, ist zu erwarten, dass der Verstand, gewissermaßen als zweiter Anteilseigner, seinen Platz einnimmt. So ist es nun die ästhetische Bildung, die

wenigstens zu einer richtigen Gesetzgebung, dauerhafter Vervollkommnung und endlichen vollständigen Befriedigung führen [kann]: weil dieselbe Kraft, welche das Ziel des Ganzen bestimmt, hier zugleich auch die Richtung der Laufbahn festlegt, die einzelne Teile lenkt und ordnet[183].

Die Brücke, die für Schlegel Bildung und Kunst miteinander verbindet, ist somit überschritten. Die Frage, die an dieser Stelle jedoch bleibt, ist indessen die Frage danach, welche Rolle die Poesie bei diesem Übergang selbst spielt.

Dass der Weg der ästhetischen Bildung für Schlegel zugleich der Weg der Poesie ist, beginnt sich bereits in seiner Wertung der „ursprünglichen Barbarei des Reims" (mithin einer Sprache, die einer bestimmten Ordnung folgt) als Kennzeichen der „ursprünglichen Künstlichkeit unserer ästhetischen Bildung" abzuzeichnen.[184] Tatsächlich erscheint die Kunst-Sprache, die sich *dem Schönen* günstig zeigt, hier als vorläufige Definition dessen, was die Poesie nach Schlegels Verständnis ist, anzubieten.[185] Damit wäre Poesie ihrerseits nichts anderes als der bestimmte äußere

---

[180] AaO. 231.
[181] AaO. 230. Dieses Mischungsverhältnis steht im Kontext des *Studienaufsatzes* als Synonym für ähnliche Begriffspaare, die die Gesamt-Natur des Menschen als Mischverhältnis beschreiben: Freiheit und Natur; Verstand und Neigung.
[182] Ebd (Einfügungen: AS).
[183] AaO. 232.
[184] AaO. 233.
[185] Vgl. aaO. 234.

Ausdruck einer ästhetischen Bildung. Aufzumerken ist, da wiederum deutlich wird, dass Schlegels Akzent, wenn es um solchen Ausdruck geht, offenbar ganz auf der (poetischen) Sprache liegt. Wenige Jahre später, als er die *Lucinde* gestaltet, die im selben Jahr wie die *Reden* und ebenso wie diese in Berlin erscheint, sind seine Protagonisten bemerkenswerter Weise keine Dichter, sondern Maler. Doch auch der Maler Julius, der Ich-Erzähler der *Lucinde*, durchläuft einen Bildungsprozess, in dessen Verlauf seine Bilder in dem Maße an Bildung gewinnen, in dem sich seine eigene Bildung vollendet. Der Höhepunkt der Bildungsmöglichkeit ist für Julius erreicht, indem er in Lucinde eine Partnerin findet, die ihre Eignung nicht zuletzt darin beweist, dass sie Julius auf eine bislang ungekannte Weise zur Gesprächspartnerin wird. Die in gegenseitiger Erzählung entdeckte Vergangenheit öffnet Julius nach dessen (Selbst-) Darstellung zum ersten Mal den Blick auf sein Leben als *eine gebildete Geschichte*.[186] Darüber hinaus finden Julius und Lucinde in ihrer Liebe zu der Musik, eine neue Sprache, ja im gemeinsamen Gesang vereinigen sich die Stimmen zu einem Gespräch, dass die Grenzen der Sprache selbst zu transzendieren scheint.[187] Gemeinsamer Orientierungspunkt im Bildungsprozess ist diesen beiden in Kontinuität zur bisherigen Definition der ästhetischen Bildung die Liebe zum *Schönen*.[188]

Ist also Poesie damit definiert als die Kunst der (Selbst-)Wahrnehmung und Darstellung einer Einheit bzw. des Lebens als strukturiertes[189] Ganzes, und in diesem Sinne zwar in besonderer Weise mit dem gesprochenen Wort verknüpft, allerdings darauf nicht beschränkt[190], so ist die Poesie bzw. diese Kunst zugleich Weg und Ziel der Bildung; die *Sehnsucht* des einzelnen Menschen nach dieser Einheit, die über jede Vereinzelung hinausweist, der notwendige Anfang der Bildung selbst. Der Anfang der Religion in jeder *menschlichen Seele*, auf den Schleiermacher verweist, nimmt sich mehr als ähnlich aus. Schlegel und Schleiermacher verwenden, indem sie von der Anlage des Menschen zur Bildung sprechen, darüber hinaus einhellig den Begriff des Instinktes.[191] Dazu kann in dem von Schlegel entfalteten Verständnis der Poesie wie bereits in der ersten der *Reden* mE. eine deutliche Durchdringung im Verhältnis von Selbstwahrnehmung und Selbstdarstellung konstatiert werden. Diese Wechselbeziehung wird in der *Lucinde* von dem Protagonist Julius konkret zum Thema gemacht, indem er auf den Gewinn Bezug nimmt, den seine Bildung dadurch erfährt, dass seine Selbstwahrnehmung in Lucinde ihr Gegenüber findet. Der Roman seinerseits ist damit

---

[186] Vgl. KA V, 53: Luc.
[187] Vgl. aaO. 54: Luc. Dies Verständnis der Musik als Sprache findet einen Anknüpfungspunkt in der Musiktheorie des Barock. Vgl. DOCKHORN, Epoche, Fuge und *Imitatio*, in: ders., Macht und Wirkung der Rhetorik (1968), 105–124.
[188] Vgl. KA V, 52: Luc.
[189] Mit Schlegel wäre der Begriff der Gesetzmäßigkeit synonym anwendbar.
[190] Eine solche Definition speist sich aus den bisherigen Beobachtungen und findet sich zudem im Gespräch über die Poesie wieder, das Schlegel im Anschluss an die Ideen verfasst: „Jede Kunst und jede Wissenschaft die durch die Rede wirkt, wenn sie als Kunst um ihrer selbst willen geübt wird, und wenn sie den höchsten Gipfel erreicht, erscheint als Poesie. [...] Und jede, die auch nicht in den Worten der Sprache ihr Wesen treibt, hat einen unsichtbaren Geist, und der ist Poesie." (KA II, 304).
[191] Vgl KA I, 262: StudA. Vgl. dazu *ReKGA* I/2, 19.

ebenso Darstellung des Bildungsprozesses wie er zur Selbstwahrnehmung im Dialog herausfordert. Der Titel, der zugleich der Name der vollkommenen Geliebten Lucinde ist, kann auch als direkte Anrede der implizierten Gesprächspartnerin[192] gelesen werden. Der Dialogpartner (Schlegel/Julius) seinerseits zeigt und entzieht sich dem Leser zugleich, indem er seine Bildung bei dem anderen bzw. der anderen mit der Eröffnung des Gesprächs fortsetzt. Anders gesagt, der Bildungsprozess kann in seiner Darstellung als unabgeschlossen wahrgenommen werden.

Stellt der Autor der *Lucinde* ein Bild vor Augen, wie Bildung im Einzelnen fruchtbar werden kann, so liegt andererseits in dem *Studienaufsatz*, der diesem Text vorangeht, eine Krisendiagnose vor bzw. ein Kontrastbild, das Schlegel im Hinblick auf seine Gegenwart und die darin wirksame öffentliche Empfänglichkeit entwirft. Hier markiert er einen bislang *ungesättigten Mangel*, der sowohl als Ursache wie Wirkung der *Charakterlosigkeit*, dessen, was die *unstete Kraft* in der von ihm sog. *modernen Poesie* hervorbringt, betrachtet werden kann. *Charakterlosigkeit* lässt sich mit Schlegel auch als eine Gesetzlosigkeit oder Strukturlosigkeit poetischer Werke übersetzen, die er als Verweis auf einen Mangel im Hinblick auf das Verständnis der Menschheit als Einheit liest.[193] Was mithin *noch* fehlt, ist der Blick auf die Zusammenwirkung einzelner Kräfte im Bildungsprozess, wie sie in der *Lucinde* zu betrachten sind. „Nichts", schreibt Schlegel,

widerspricht dem Charakter und selbst dem Begriffe des Menschen so sehr, als die Idee einer völlig isolierten Kraft, welche durch sich und in sich allein wirken könnte. Niemand wird wohl leugnen, daß derjenige Mensch wenigstens, den wir kennen, nur in einer Welt existieren könne.[194]

Dabei ist der Begriff *Welt* für Schlegel gefüllt mit der Idee von Wirkung und Gegenwirkung, kurz, mit einer Wechselwirkung zwischen eigener und fremder Bildungstätigkeit. Dies wurde weiter oben bereits am Begriff des Schicksals in der von Schlegel angewandten Form deutlich. Der Bildungsvorgang ist demgemäß dargestellt als ein Bilden und Gebildet-Werden.[195] Parallelen zu diesem Bildungsverständnis sind bei Schleiermacher in der ersten Rede sichtbar geworden. Weiterhin kann festgehalten werden, dass beide Autoren in diesem Prozess die Notwendigkeit eines Anschauungsobjektes sehen. Dies Anschauungsobjekt ist mit Schlegel allerdings (wenig überraschend) nicht als Religion zu bezeichnen, sondern vielmehr als „die Poesie selbst"[196]. Noch im *Gespräch über die Poesie* bringt er in den Worten des Andreas (einem der Gesprächsteilnehmer) erneut den Gedanken ein, den er bereits im *Studienaufsatz*

---

[192] Die Gestalt der Lucinde und die Darstellung ihrer Beziehung mit Julius darf mit guten Gründen mit Dorothea Veit (Schlegels Geliebten und späterer Ehefrau) und ihrer Beziehung zu Friedrich Schlegel in Verbindung gebracht werden. Noch vor der Veröffentlichung der Lucinde äußert Dorothea Veit ihre diesbezüglichen Bedenken gegenüber dem gemeinsamen Freund des Paares Schleiermacher: „daß das Innerste so herausgewendet [sic] werden soll – was mir so heilig war, so heimlich". Doch weiter schreibt sie: „Ich denke aber wieder: alle Schmerzen werden vergehen, mit meinem Leben, und das Leben auch mit, und alles was vergeht, sollte man nicht so hoch achten, daß man ein Werk <drum> unterließe das *Ewig* seyn wird." (KA XXIV, 266: Dorothea Veit an Schleiermacher: Berlin, 8. April 1799).

[193] Vgl. KA I, 219ff: StudA.

[194] AaO. 229.

[195] Vgl. ebd.

[196] KA II, 293: GüdP; vgl. dazu KA I, 275f: StdA.

entwickelt: Als solche lasse sich die Poesie in der ersten Masse der hellenischen Dichtkunst *erblicken*, alles was darauffolge, sei allenfalls ein Nachhall, Ahndung, Annährung und Rückkehr zu dieser auf das höchste entwickelten Poesie.[197] Vertreten wird die Vorstellung einer objektiven mithin allgemein gültigen Grundlage ästhetischer Bildung. In der Bildung des Einzelnen bzw. seinem Werk kann mittels des einsehbaren *Vorbildes* immerhin eine Annäherung an den vollkommenen Ursprungszustand zur Darstellung kommen. Sowohl im *Studienaufsatz* wie in dem wenige Jahre später veröffentlichten *Gespräch über die Poesie* steht insbesondere eine Person paradigmatisch für diese Vorbildrolle: Goethe, der nach Schlegel dem *Urbild* der griechischen Poesie vollendet gefolgt ist. Die Aufgabe für die Dichter seiner Nation ist damit für den Verfasser des *Studienaufsatzes* eindeutig definiert: an ihnen liege es, Goethe im Gebrauch der Mittel der Nachahmung auf dem Weg zurück zu diesem vollkommenen Zustand zu folgen.[198] Anfang und Ziel scheinen also in eins gesetzt. Zugleich ist eine Annährung an Schleiermachers Verständnis des *Mittlers*, den Schlegel später innerhalb seiner *Ideen* konkret aufnimmt, sichtbar. Dieser Mittler kann auch hier insofern als Dolmetscher im Sinne Schleiermachers betrachtet werden, als es Schlegel um die Herstellung einer gemeinsamen Verständigungsebene geht. Wesentlich für die Mittlerrolle, wie Schlegel sie Goethe zuweist, ist primär die entwickelte Fähigkeit zu der möglichst vollständigen Entäußerung eines allgemeinen Bewusstseins: eine schlechthinnige Objektivität, gewonnen durch die Orientierung an *der Methode*.[199] Ausführlicher wird dieser Punkt im folgenden zweiten Kapitel dieses Untersuchungsabschnitts entwickelt, indem die Frage in den Blick genommen wird, was Schlegel unter dem Begriff der objektiven Poesie zu fassen sucht. An dieser Stelle soll es genügen, festzuhalten, dass sich im Hinblick auf Schlegel eine Wechselwirkung zwischen *Sehen* (verbunden mit einer Zunahme an Bildung) und einem *Gesehen-Werden* andeutet, die ihrerseits bestimmt ist durch die Entäußerung des Eigenen in der (ästhetischen) Darstellung.

Damit steht wiederum die Frage nach der Notwendigkeit eines Gesprächs über die Poesie im Raum. Mit Schlegel wurde die Poesie bisher als Anfang, Fortgang und Ziel eines notwendigen menschlichen Bildungsprozesses beschrieben, den der Mensch bzw. die Menschheit unter der Bedingung eines Wechselverhältnisses von Freiheit und Natur durchlaufen muss. Dabei konnte festgestellt werden, dass diese Darstellung des Menschen als Individuum derjenigen Schleiermachers durchaus nahesteht. Zwar rückt Schlegel zur Kennzeichnung seines Gedankenganges andere Begrifflichkeiten in den Vordergrund, jedoch findet sich bei Schleiermacher eine ähnliche Verhältnisbestimmung in der *menschlichen Seele*. Das „durstige" *Aneignen* benennt deutlich eine Dominanz des Sinnlichen oder Natur-Getriebenen im Einzelnen, während der Antrieb desjenigen, der alles Einzelne mit seinem Blick übersieht, der „alles mit Vernunft und Freiheit erfüllen" will und so immer auf das Unendliche „geht", eine menschliche Natur kennzeichnet, die,

---

[197] Vgl. KA I, 275, 276: StudA.
[198] Vgl. KA II, 303: GüdP.
[199] Vgl. aaO. 260: Id Nr. 44.

in Schlegels Worten gesprochen, primär durch den Verstand bestimmt wird.[200] Freilich verzichtet Schlegel im *Studienaufsatz* darauf, den Einigungsprozess von *Verstand* und *Natur* (mit dem späteren Schleiermacher müssten wir stattdessen von *Vernunft* und *Natur* sprechen)[201] am einzelnen Menschen zu betrachten, er verbleibt bei dem allgemeinen Begriff der Menschheit.[202] Mit der Überlegung indessen, dass besagter Einigungsprozess seinen Zweck in sich selbst trägt, steht Schlegel Schleiermacher nicht nach, ebenso wenig wie in seiner Überzeugung, dass der Keim solcher Bildung als *Sehnsucht* oder *Instinkt* im Wesen des Menschen liegt. Mit Formulierungen dieser Art rücken beide Autoren den Beginn des Bildungsprozesses in den Bereich des Unverfügbaren, während die Selbstbildung an sich alsdann der eigenen Freiheit unterliegt, die wir bei Schlegel zudem in einem Wechselverhältnis zu äußerer Notwendigkeit beschrieben gefunden haben. Schleiermacher hebt dabei den Aspekt der Unverfügbarkeit im Anfang stärker hervor, indem er die göttliche Initiation dieses Prozesses bzw. die *Berufung* in der ersten Rede betont, womit sowohl eine Aussage hinsichtlich der Motivation des Autors zur Rede getroffen ist als auch eine Aussage im Blick auf die gesamte Menschheit bzw. jeden einzelnen Menschen. Die Religion ist so bislang beschrieben als allgemeine Größe, der jeder Mensch mit einer in seinem Inneren angelegten Empfänglichkeit oder offenen Wahrnehmung begegnet. Dagegen stellt sich im Blick auf Schlegel die Frage, ob die Poesie (bzw. das Schöne) – bei der es sich nach der bisherigen Untersuchung ebenfalls um eine dem Einzelnen übergeordnete Größe handelt – so beschaffen ist, dass sie unabhängig vom menschlichen Verstand selbst Bestand hat, oder ob sie vielmehr etwas ist, das der menschliche Verstand seiner Sehnsucht entsprechend durch und für sich selbst hervorbringt. Dass der ästhetischen Bildung auf dem Weg zur Poesie ein gewisser sicherer Erfolg in Aussicht gestellt ist, indem sich der Mensch, bestimmte objektive Gesetze und Regeln befolgend, an ein allgemeines Vorbild anlehnen kann, verstärkt den Eindruck, dass Letzteres zutrifft.[203] Das Ergebnis der Mühe solcher Nachahmung ist als poetisches Wirken auf den ersten Blick greifbarer als Schleiermachers Idee eines gebildeten Bewusstsein, in dessen Inneres niemand von außen einzudringen vermag und dessen Ursprung sich in beständiger Differenz der Darstellung zuletzt gänzlich entzieht. Solche unüberbrückbare Differenz ist Schlegel eindeutig nicht willkommen. Diese Haltung bestätigt sich in seiner Reaktion auf den Begriff des „Unendlichen", den nicht

---

[200] *ReKGA* I/2, 6ff.
[201] Es bleibt an dieser Stelle anzumerken, dass Friedrich Schlegel auf eine analytische Ausdifferenzierung der Begriffe *Verstand* und *Vernunft* verzichtet.
[202] Auch Peter Grove interpretiert Schleiermachers Ethik als eine Kulturtheorie: als eine fortschreitende Einigung von Vernunft und Natur, die ein Einssein von Natur und Vernunft im menschlichen Organismus voraussetzt (vgl. GROVE, Gefühl und Selbstbewusstsein, in: Cappelørn u. a. [Hgg.], Schleiermacher und Kierkegaard [2006], 107–123, besonders 110). Grove schließt mit diesem Interpretationsansatz an Albert Reble und Gunter Scholtz an: vgl. REBLE, Schleiermachers Kulturphilosophie (1935); SCHOLTZ, Ethik als Theorie der modernen Kultur, in: ders., Ethik und Hermeneutik (1995), 35–64.
[203] Zu der Möglichkeit einer allgemeinen Theorie der Poesie vgl. auch KA II, 310: GüdP. An dieser Stelle werden Wunsch und Möglichkeit im Hinblick auf eine Schule der Poesie diskutiert.

allein Schleiermacher innerhalb seiner *Reden* verwendet[204], sondern auch Friedrich Heinrich Jacobi, auf dessen Werk *Woldemar* Schlegel mit einer Rezension Bezug nimmt. Darin befindet er eben diesen Begriff für „unfruchtbar"[205]. Eine direkte Begründung für seine Bewertung gibt der Rezensent dazu zwar nicht, jedoch knüpft er daran seine Einschätzung an: der *eingebildete* Genuss des Unendlichen sei so „undarstellbar [...] als es selbst".[206]

An dieser Stelle ist der zentrale Punkt zu markieren, dass für Schlegel in eben solcher Undarstellbarkeit einen entscheidenden Mangel sieht. Dazu legt der Autor der (ästhetischen) Bildung ein Bildungssystem zu Grunde, das ein Wechselverhältnis einzelner Kräfte nicht ausschließt: die Poesie behauptet darin keine Alleinstellung, wie es Ihrem Wesen mit Schlegel auch nicht entspricht, Einzelnes in unvermittelter Differenz nebeneinander stehen zu lassen. Dagegen sticht Schleiermachers Betonung jenes Willens *etwas für sich zu sein* hervor, den er mit seiner ersten Rede im Hinblick auf die Religion ebenso betont wie im Blick auf den einzelnen Menschen. Tritt dazu in den Blick, wie sehr sich die Begriffe von Religion und Poesie in Schlegels Denken auf den ersten Blick miteinander verflechten, wird an diesen Punkten eine erste Fährte zu seinem Urteil über die *Reden* sichtbar, wie er es etwa gegenüber seiner Schwägerin Caroline äußert: „Religion ist freilich nicht viel darin"[207].

1.4 Zwischenschritt

Ein Unterschied oder vielmehr zwei verschiedene Schwerpunkte, die die Darstellungen des Individuums und seines Bildungsprozesses Schlegels und Schleiermachers jeweils kennzeichnen, beginnen sich an diesem Punkt abzuzeichnen. Es zeigt sich, dass Schlegels Konzentration weniger darauf liegt, eine besondere Entwicklung am Ort des Einzelnen nachzuvollziehen. Diese Perspektive sucht indessen Schleiermacher in Hinblick auf das Wechselverhältnis jener beiden Kräfte von *Anziehen (Aneignen)* und *Wiederstreben (Abstoßen)* einzunehmen. Während es dem Theologen mit seinem damit entworfenen Bild der *menschlichen Natur* bereits in den *Reden* möglich ist, aus einer allgemeinen Bestimmung des Menschen heraus eine Überleitung zu einer besonderen Darstellung des Einzelnen zu finden und dabei selbst als ein eben solch Einzelner aufzutreten, bleibt Schlegel mit seinen Ausführungen hinter dieser Möglichkeit gewissermaßen zurück. Von seiner Warte aus betrachtet, ist sein Anspruch indessen nicht geringer, sondern vielmehr anders gesetzt. Der Akzent liegt weniger auf dem Einzelnen als auf dem Allgemeinen. Wie ich weiter oben gezeigt habe, betrachtet Schlegel den in den *Reden* erhobenen Anspruch auf Universalität geradezu als eine zeichenhafte Begrenzung des Geistes.[208] Da er selbst eine universale Perspektive anstrebt, ist damit offenbar weniger der erhobene Anspruch als vielmehr seine

---

[204] Als solcher wurde er bereits innerhalb der ersten Rede eingeführt. Vgl. *ReKGA* I/2, 10f.
[205] KA II, 67: Rezension von F. H. Jacobis Roman *Woldemar* (1796).
[206] Ebd.
[207] Vgl. KA XXIV, 230f: Friedrich Schlegel an Caroline Schlegel in Berlin, 19. Februar 1799.
[208] Vgl. KA II, 276: AthN Über Schleiermachers Reden (1799).

unzureichende Umsetzung Gegenstand der Kritik. Gleichwohl ist bereits eine große Nähe im Bildungsverständnis der beiden Autoren sichtbar geworden. Denn es geht Schleiermacher wie Schlegel um ein Bildungsprogramm, bei dem es letztlich darauf ankommt, dass der Einzelne selbst aus eigenem Verlangen in ein Verhältnis zu dem Allgemeinen eintritt und dieses Verhältnis zur Darstellung bringt, um den einmal initiierten Prozess der Bildung weiterzuführen.

Die sich bei aller Einigkeit dennoch unterschiedlich gewichteten Schwerpunkte in der Ausformulierung der Bildungsidee sind den Freunden auch durchaus bewusst. Ihrem Briefwechsel in dieser Zeit ist zu entnehmen, dass hier eine Grundlage für eine erste Verstimmung zu suchen ist. Anlass zur Auseinandersetzung findet sich im kritischen Umgang Schlegels mit den *Reden*[209] ebenso wie im kritischen Umgang Schleiermachers mit den *Ideen*, die, wie Schlegel dem Freund gesteht, „*von Dir* oder vielmehr von deinen Reden *ab*"[210] gehen. „Was in den Ideen in näherer Beziehung auf Deine Reden scheint als das übrige, ist eigentlich weder an Dich noch gegen Dich; sondern nur wie die Schwaben sagen, aus Gelegenheit Deiner."[211]

Dabei wird im Blick auf die von beiden Autoren im Bildungsprozess für unabdingbar bezeugte Möglichkeit des Gesprächs in dieser Beziehung nun die Grenze der Mitteilung sichtbar, indem sie primär als Quelle neuer Missverständnisse vor Augen tritt. Schlegel befindet gegen Schleiermacher:

Es ist immer ein und dasselbe, was ich über Dich zu klagen habe. Da ich zuletzt mit Dir über Dich sprach sprach ich eben davon, von Deinem Voraussetzen des Nichts, von deinem Unglauben, von dem Mangel an Sinn und Liebe *im Einzelnen*, der mich oft so geschmerzt hat."[212]

Geradezu versöhnlich hingegen klingt demgegenüber Schlegels Reaktion auf die kurz nach den *Reden* erscheinenden *Monologen*.

Du hast mich sehr freudig überrascht und nun komme ich mich [sic.] eigentlich selbst etwas lächerlich vor, daß ich ein Buch dreymal hintereinander durchgelesen habe was ich zuvor mehrere Wochen auf der Stube gehabt habe, ohne auch nur einen Blick hinein zu thun. Aber du glaubst nicht, wie sehr mich der blaugrüne Umschlag abschreckte."[213]

Tatsächlich zeigt sich diese Schrift, was Schlegel angeht, geeignet, den Missklang im Einvernehmen der Freunde zu bereinigen und das gegenseitige Verständnis auf einen neuen Weg zu bringen. So schreibt er in dem bereits oben zitierten Brief an den Freund im Hinblick auf diesen Text, in ihm sei

---

[209] Vgl. KA XXIV, 296: Friedrich Schlegel an Schleiermacher in Berlin gegen Ende Juni oder Anfang Juli 1799. Allerdings erweist sich im Brief ebenso deutlich, dass das Missverstehen der Freunde hier Tieferes berührt als allein das angesprochene literarische Projekt der *Reden*.
[210] KA XXV, 6: Friedrich Schlegel an Friedrich Schleiermacher in Berlin: Jena Freitag 20. September 1799.
[211] AaO. 5f.
[212] KA XXV, 7: Friedrich Schlegel an Friedrich Schleiermacher in Berlin, Jena, Anfang Oktober 1799.
[213] KA XXV, 86: Friedrich Schlegel und Dorothea Veit an Schleiermacher in Berlin: Jena, Anfang April 1800.

„durch das Ganze oder auch den Geist anderer Stellen [...] eigentl[ich] [sic.] das völlig gelöst, was [...] [ihn] in dem letzten Winter am empfindlichsten gekränkt [...] [habe]". Er schließt: „Ich verstehe es nun, wie es gemeynt war, und es ist nicht mehr"[214].

Auch darum scheint es nun geraten, dem im Eingang angekündigten Vorhaben nachzukommen und den ersten der *Monologen* näher in den Blick zu nehmen, die Schlegel und Schleiermacher ausdrücklich in der unmittelbaren Nachbarschaft der *Reden* ansiedeln.[215] Langfristig gilt es unter Berücksichtigung von Form und Inhalt die Frage zu bearbeiten, wie nahe sich *Reden* und *Monologen* im Ganzen stehen und warum Schlegel seine Sicht auf das Vorhaben der Bildung (wie auf sich selbst) nun gerade in den *Monologen* so viel leichter zu verorten vermag. Fürs Erste werde ich indessen, der Vorgehensweise dieser Untersuchung entsprechend, diese Frage an dem einzelnen Text bearbeiten. Wie nahe stehen sich also die erste der *Reden* und der erste der *Monologen*?

1.5 Individualität als Möglichkeit unter Individuen

Im Eingang der Analyse des ersten Monologs (betitelt als *Die Reflexion*[216]), darf der Umstand nicht unbemerkt bleiben, dass den *Monologen* ein Auftakt vorausgeschickt wird. In der Vorrede eröffnet der Autor einen Blick auf die Motivation, mit der er dieses Selbst-Gespräch der Anschauung offenlegt. Die Lesenden sind aufgefordert, sich als Empfänger einer *köstlichen Gabe* zu begreifen, die den Blick in „ein freies offenes Wesen"[217] gewährt. Dass Schlegel, der unter diejenigen Adressaten gerechnet werden darf, die dem Verfasser dabei primär vor Augen standen, die Monologe mit eben diesem Verständnis entgegennimmt, bezeugt er selbst, indem er dem Freund nach der Lektüre des Textes schreibt: „Du hast mir eine schöne Gabe gegeben"[218].

Schleiermacher bietet mE. mit diesem Vorwort nicht zuletzt einen inhaltlichen Anschluss an die erste der *Reden*, in der die Rolle des *Mittlers* als die eines *Dolmetschers* eingeführt worden ist, dessen Aufgabe primär darin definiert liegt, sich seines Wesens (im Wort) zu (ent)äußern, um durch sein anschauliches Beispiel den Bildungsprozess der Menschheit zu fördern.[219] Beinahe beiläufig nutzt Schleiermacher dabei das Wort *frei*,

---

[214] Ebd.
[215] KGA V/3, 434: F. D. E. Schleiermacher an C. G. v. Brinckmann, Berlin 22.03.1800: „Deinem Wunsche gemäß schicke ich Dir mein zweites Kind, welches dem Tadel kluger Menschen, daß es ein mystisches Galimathias ist, leicht noch mehr ausgesetzt sein dürfte als das erste [...]. Das principium individui ist das mystischste im Gebiet der Philosophie und wo sich alles Alles so unmittelbar daran anknüpft hat das Ganze allerdings ein mystisches Ansehen bekommen müßen. [...] [S]iehe die Reden und die Monologen nur so an, als wenn Jemand in einem ordentliches Konzert zu geben gedenkt sich vorher und ehe die Zuhörer recht versammelt sind etwas auf seine eigene Hand fantasirt."
[216] Damit begibt sich Schleiermacher hier sprachlich in eine große Nähe zu dem Freund und dessen Definition der Poesie: Vgl. dessen Rede von der poetischen Reflexion in: KA II, 182f (besonders 182): 116. AthF.
[217] *Mo*KGA I/3, 5.
[218] KA XXV, 86: Friedrich Schlegel und Dorothea Veit an Schleiermacher in Berlin, Jena, Anfang April 1800.
[219] Vgl. *Re*KGA I/2, 10. Oliver Heller interpretiert die *Monologen* in seiner Dissertation insgesamt als Erzählung der Bildung von Individualität. Vgl. DERS., Die Bildung des Selbstbestimmten Lebens (2011), 103. Kritisch betrachtet werden kann hier mE. indessen im Blick auf die zahlreichen Bezüge, die

dem auch Schlegel im Vorgang der Bildung des Einzelnen hohe Bedeutung beimisst. Als *frei* versteht sich das Ich, das hier spricht, nicht zuletzt darum, weil es sich dem lesenden Gegenüber selbst darstellen kann. Die Begegnung zwischen dem Lesenden und diesem monologisierenden Ich wird durch diese Handlung des Sich-Auftuns für den Anderen auf eigentümliche Weise intim. Das ist ein Umstand, der in der Anrede besonders augenfällig wird, die ganz selbstverständlich in der zweiten Person Singular erfolgt: „Nimm hin die Gabe, der Du das Denken meines Geistes verstehen magst!"[220] Diese Anrede kann einerseits als rhetorische Eröffnung gelesen werden. Der Autor *macht* seinen Text durch die Wahl der ästhetischen Form zu einer persönlichen Selbsthingabe gegenüber dem Lesenden. In diesem Sinn brauchen die Monologe ihre Vorrede, während die Reden ohne eine solche auskommen können. Andererseits kann die Anrede auch als Verweis auf einen im Prozess der Selbstäußerung imaginierten, dem Autor auf besondere Weise vertrauten Adressatenkreis dieses Werkes, in den Blick genommen werden. Darüber hinaus zeigt sich, dass Schleiermacher erneut unter derselben Prämisse agiert, die er mit der ersten Rede über die Religion eingeführt hat. Sie besagt, dass nicht jeder Mensch jeden auf gleiche Weise zu verstehen bzw. jeder sich jedem auf gleiche Weise verständlich zu machen vermag.

Der erste Monolog eröffnet sodann, indem das sprechende Ich der Notwendigkeit einer (Selbst-Hin-)Gabe in ihrer textgebundenen Darstellungsform, die es seinen Lesern zuvor angekündigt hat, nachzukommen beginnt. Selbstbildung ist dabei auch hier als innere Anlage des Menschen und zugleich als Aufgabe definiert, die für das einzelne Subjekt darin besteht, sich selbst als *Darstellung der Menschheit* zu begreifen.[221] Zugleich wird die Möglichkeit thematisiert, „das Höchste und Innerste unseres Wesens"[222] im Spiegel der äußeren Welt wahrzunehmen. Dass es hierbei indessen um mehr geht als allein um eine Möglichkeit, darüber lässt der Autor seine Adressaten nicht im Unklaren. Solche Anschauung ist ihm zugleich Aufforderung des *tiefsten Gefühls*. Freilich zeigt sich im Folgenden: Es liegt ebenso im Bereich der menschlichen Möglichkeiten, diese Aufforderung nicht zu beachten, indem die Stimme dieses *Gefühls* (der entscheidende Impulsgeber) überhört wird.[223]

Wie im Eingang der ersten Rede fühlt sich das sprechende Ich auch hier, so ist zu lesen, dazu genötigt, sein Unterfangen und damit zugleich seine Prämisse zu begründen, wonach der Mensch selbst zu (s)einem Bildungsweg gewissermaßen *gedrungen* ist. Da er nichts kennt als allein sein Dasein in der Zeit, gelten alle seine Bemühungen den Maßeinteilungen seines Lebens und damit eben jener Zeit, die als beständiges Werden und Vergehen erlebt wird. Doch solche Wahrnehmung sei eigentlich nichts anderes als eine Verwechslung von Ursache und Wirkung. Menschen, die diesem Missverständnis unterlägen, nähmen allein „den zurückgeworfenen Strahl ihrer Thätigkeit für ihr eigenes

---

Schleiermacher innerhalb dieser Schrift auf seine eigene Biographie einbringt, Hellers Wertung dieser *Erzählung* als *Modell-Erzählung* (vgl. ebd.)

[220] *Mo*KGA I/3, 5.
[221] Vgl. *Re*KGA I/2, 8.
[222] *Mo*KGA I/3, 6.
[223] Vgl. ebd.

Thun, die äußeren Berührungspunkte ihrer Kraft mit dem was sie nicht ist für ihr innerstes Wesen"[224]. Diese Wahrnehmung verbinde sich notwendig mit einem Gefühl von Fremdbestimmung. Es sei, als „ziehe eine unsichtbare Hand den Faden seines Lebens fort, und drehe ihn jezt loser jezt fester zusammen, und weiter sei nichts"[225]. Die *Aufforderung*, auf die es Schleiermacher ankommt, nimmt er in jeder einzelnen Handlung wahr.

Der Moment, in dem du die Bahn des Lebens theilst und durchschneidest, soll kein Theil des zeitlichen Lebens sein: anders sollst du ihn ansehn, und deiner unmittelbaren Beziehung mit dem Ewigen und Unendlichen dich bewußt werden; und überall wo du willst, kannst du einen solchen Moment haben.[226]

Diese Möglichkeit ist näher bestimmt als die „Andeutung der Gottheit in mir"[227], die Einladung zu einem Dasein außerhalb der Zeit. Solche Formulierungen erinnern in ihrer Prägnanz stark an Schlegels Darstellung der menschlichen Natur als ein Mischungsverhältnis von „Gottheit" und „Tierheit", die weiter oben Gegenstand der Untersuchung war.[228] Der theologische Verdacht, der sich, konfrontiert mit solchen Formulierungen, leicht auf eine Vernachlässigung oder gar Ausklammerung der Differenz zwischen Schöpfer und Geschöpf richtet, soll fürs Erste hinter der Frage zurückgestellt bleiben, wie sich Schleiermachers (und Schlegels) Darstellungen im weiteren Verlauf präsentieren.

Auch der Text des ersten Monologs liest sich als starker Appell dahingehend, einen bestimmten (neuen) Blickwinkel einzunehmen: ein neues Bild anzusehen. Wie aber kann dieser Anforderung Folge geleistet werden? Das Ich, das hier spricht, gibt darauf die Antwort. *Dem Strom der Zeit* (der Vergänglichkeit) *zu entsteigen*, indem das eigene endliche Leben bewusst mit dem Ewigen verknüpft wird, ist nur demjenigen möglich, der in sich etwas kennt, das der Zeit nicht angehört. Dieses *etwas* wird hier bezeichnet als das „innere Wesen des Geistes".[229] Es bleibt abzuwarten, ob dieses *Bild* im Verlauf des Textes eine stärkere inhaltliche Entwicklung erfährt. Der erste Monolog bietet primär eine Problemanzeige: ein Mensch vermag gewissermaßen an sich selbst vorbeizusehen, indem er „statt sich anzuschaun nur immer von fern und nahe her ein Bild des Lebens und eines Wechsels sich zusammenholt"[230]. Ein solcher Blick könne allerdings, so lautet der Einwand, nichts anderes finden als ein Werk, das in der Zeit gebildet wird: etwa in dem Umfang angesammelten Wissens. Mit einem Selbstbild aber, das im Hinblick auf solch zeitliche Umrisse entworfen werde, müsse sich der Mensch selbst zum äußeren Gegenstand unter anderen werden.

Die Art und Weise, mit der Selbstwahrnehmung und Selbstdarstellung hier wiederum zueinander ins Verhältnis gesetzt werden, ist im Kontext dieser Untersuchung im Blick auf Schleiermacher wie auf Schlegel bereits vertraut. Das *innere Wesen des Geistes* wird so

---

[224] AaO. 7.
[225] AaO. 27f.
[226] AaO. 7.
[227] Ebd.
[228] KA II, 230: StudA. Vgl. auch aaO. 210: AthF. Nr. 262.
[229] *Mo*KGA I/3, 8.
[230] Ebd.

zuvorderst negativ bestimmt, analog dem Vorgehen der ersten Rede über die Religion, die zunächst den Menschen in der Disharmonie seiner Kräfte ins Auge fasst. Hier nun wird der Leser von den Worten des Monologs aus der *Sklaverei* in das „heilige Gebiet der Freiheit"[231] geführt. Schleiermacher argumentiert dabei implizit unter der Prämisse, dass der Mensch durch sein Selbst-Bild gestimmt, diesem gleich wird. Darum muss er sich durch äußere Verhältnisse bestimmt wahrnehmen, wenn seine Selbstanschauung ihm dieses *Bild* von äußeren Verhältnissen vorhält. Im Umkehrschluss ist damit gesagt, dass der Mensch sich in seiner Anschauung selbst nicht äußerlich werden darf.

Nur sein innerstes Handeln, in dem sein wahres Wesen besteht, ist frei, und wenn ich dieses betrachte, fühle ich mich auf dem heiligen Boden der Freiheit, und fern von allen unwürdigen Schranken.[232]

Den Weg in dieses Gebiet der Freiheit sieht Schleiermacher indessen mit einer grundlegenden Differenzierungsleistung verbunden.

Nur für den giebts Freiheit und Unendlichkeit, der weiß was Welt ist und was Mensch, der klar das große Räthsel, wie beide zu scheiden sind und wie sie ineinander wirken, sich gelöst; ein Räthsel, in deßen alten Finsternißen tausend noch untergehn [...].[233]

Tatsächlich werden hier scheinbar mit großer Leichtigkeit Mensch und Welt mit einem Satz in eins gesetzt. Auf welcher Grundlage kann Schleiermacher so vorgehen? Die ursprüngliche Tat, „das was ich als Welt erkenne"[234], wird im Folgenden als das Werk des Geistes eingestuft. Auf diese Weise, führt der Verfasser aus, werde die Welt dem Geist sein selbstgeschaffener Spiegel.[235] Die daran anschließende rhetorische Frage, ob es einen Leib wohl ohne den Geist geben könne, führt auf dem eingeschlagenen Weg fort zu der Aussage, es gebe auch den Leib allein, insofern der Geist ihn brauche und sich seiner bewusst sei. Insofern ist das Selbstbewusstsein des Subjekts wie bereits an früherer Stelle als der schlechthin weltbestimmende Faktor eingeführt. Nicht etwa der Leib oder die Welt selbst werden in Abhängigkeit vom Geist gestellt, die Aussage erscheint schlichter, dafür aber nicht weniger herausfordernd: Es gibt für den Menschen nur solches, dessen er sich bewusst ist, und dies in jener Form, in der er sich dessen bewusst ist. Auf eine solche *Welt* kann folglich kein Körper unmittelbar Einfluss nehmen, sondern allein das, was der Sprecher uns als den Lesern hier als die *Gemeinschaft der Geister* einführt. Mit diesem Begriff ist nichts anderes gekennzeichnet als die Gegenwart des Bewusstseins des bzw. der Anderen.

Hier, und nur hier ist der Nothwendigkeit Gebiet. Mein Thun ist frei, nicht so mein Wirken in der Welt, das folgt ewigen Gesezen. Es stößt die Freiheit an der Freiheit sich, und was geschieht, trägt der Beschränkung und Gemeinschaft Zeichen.[236]

So ist die Frage nach der Beziehung von Welt und Mensch hier beantwortet. Die Welt, in der sich das Bewusstsein erkennt, ist außer ihm gesetzt und insofern nicht sein Werk

---

[231] AaO. 9.
[232] Ebd.
[233] Ebd.
[234] Ebd.
[235] Ebd.
[236] AaO. 10.

als das Bewusstsein diese gänzlich bestimmen könnte. Die von Schleiermacher beschriebene Freiheit besteht in der Möglichkeit solch eines gebildeten Bewusstseins selbst. Mit dieser Stellung wird der Rang der dieser Freiheit als der erste und höchste Rang verteidigt: Notwendig ist damit nicht das Tun (das Bewusstsein selbst), allerdings doch sein *Wiederschein* nach außen. Das heißt: wessen der Einzelne sich bewusst ist, das trägt er notwendig als sein (Welt-) Bild in die Gemeinschaft der anderen *Geister* hinein. Auf diese Weise sieht Schleiermacher das Individuum *schöpferisch* an der Entstehung einer intersubjektiven Weltanschauung bzw. eines intersubjektiven Bewusstseins beteiligt.[237] Das so beschriebene *innere Wesen des Geistes*, das Bewusstsein des Einzelnen, ist mithin jene Größe, die die vorüberfließenden zeitlichen Momente zu einer Einheit verbindet, indem es sie transzendiert.

Im Innern ist Alles Eins, ein jedes Handeln ist Ergänzung nur zum andern, in jedem ist das andere auch enthalten. Drum hebt auch weit über das Endliche, das in bestimmter Folge und festen Schranken sich übersehen läßt, die Selbstanschauung mich hinaus.[238]

Anhand dieser Ausführung wird die Komplexität der Vereinzelungs- (bzw. der Individualitäts-)Problematik deutlich. Denn sie betrifft einerseits den einzelnen Menschen, der sich seiner Vereinzelung bewusstwird, andererseits aber ebenso dessen gesamte Wahrnehmung und somit auch seine *Welt*. Darunter verstehe ich hier, was von Schleiermacher als solche beschrieben wird. Diese Welt wird dem Menschen entweder als eine unzusammenhängende Anhäufung von Einzelheiten zugänglich, oder aber als Einheit, in der er sich selbst als Einzel-Teil findet. Welches Welt-Bild für das werdende Bewusstsein sichtbar wird, hängt also letztlich davon ab, wieweit die Bildung dieses Bewusstseins fortgeschritten ist. Mit dem Autor der Monologe bedeutet das auch, dass es davon abhängt, wieweit der Einzelne seinen Bezug zum Ewigen entwickelt hat. In solchen Überlegungen wird mE. die Verbindung zwischen dem Bild-Begriff und dem Bildungsverständnis Schleiermachers sichtbar, die die Bedeutung von Darstellung und Wahrnehmung für den Bildungsprozess unterstreicht. Denn es wird deutlich, dass sich bildliche Wahrnehmung und Darstellung im Prozess der Individuation gewissermaßen beständig wechselseitig anreichern. An dieser Stelle ergibt sich bereits aus der Darstellung des Problems (, die bei Schlegel in ähnlicher Form zu beobachten war, wenn auch primär in Bezug auf das poetische Werk) eine ungeheure Vielfalt von Einzelheiten. Schlegel seinerseits kann gar die Frage stellen:

Kann man etwas anderes charakterisieren als Individuen? Ist, was sich auf einem gewissen gegebenen Standpunkte nicht weiter multiplizieren läßt, nicht ebenso gut eine historische Einheit, als was sich nicht weiter dividieren läßt? Sind nicht alle Systeme Individuen, wie alle Individuen auch wenigstens im Keime

---

[237] Vgl. ebd.
[238] AaO. 12. Interessanterweise wird bei Kant „die Zusammenfassung von Vielheit in die Einheit nicht des Gedankens, sondern der Anschauung" (was die Raum- wie die Zeiterfahrung angeht) im Hinblick auf die Erfahrung des Erhabenen als „eine subjektive Bewegung der Einbildungskraft" beschrieben „wodurch sie dem innern Sinn Gewalt antut, die desto merklicher sein muß, je größer das Quantum ist, welches die Einbildungskraft in eine Anschauung zusammenfaßt". (AA V, 259: KdU, §27). Was Kant hier im Blick hat, ist der Moment, in dem das Bewusstsein im Hinblick auf das Erhabene scheitert, jedoch in diesem Scheitern zugleich seine vornehmste Fähigkeit aufdeckt, die „allen Maßstab der Sinnlichkeit" „übertrifft" (aaO. 255: §26): dieses Unendliche „als ein Ganzes auch nur denken zu können" (aaO. 254: §26).

und der Tendenz nach Systeme? Ist nicht alle reale Einheit historisch? Gibt es nicht Individuen, die ganze Systeme von Individuen in sich enthalten?[239]

Solange etwas nur Eigenständigkeit hat, d. h. nicht allein „Mittel zum Zweck" ist, kann es mit Schlegel also als „Individuum, [als] personifizierte Idee", betrachtet werden.[240] Die Ansätze zur Lösung des Vereinzelung-Problems verweisen bislang auch nicht auf die gänzliche Auflösung von Einzelheit, sondern vielmehr auf eine Art Neu-Konstitution, indem ein anderer Blickwinkel auf das Einzelne eingenommen wird. Es gilt, in Schlegels Wort gesprochen: Es „ist keine Idee isoliert, sondern sie ist was sie ist, nur unter allen Ideen"[241].

Die *Gemeinschaft der Geister* ist bei Schleiermacher als Begriff bereits eingeführt. Im Text des ersten Monologs findet sie sich nun wieder. Dabei zeigt sich, dass diese sog. Geister in ihrer Gemeinschaft nichts anderes als die *Menschheit* sind, auf die Schleiermacher bereits in seiner ersten Rede über die Religion so selbstverständlich Bezug nehmen kann wie Schlegel.

Und war mein Thun darauf gerichtet, die Menschheit in mir zu bestimmen, in irgend einer endlichen Gestalt und festen Zügen sie darzustellen, und so selbst werdend Welt zugleich zu bilden, indem ich der Gemeinschaft freier Geister ein eigenes und freies Handeln darbot: es bleibt daßelbe dem darauf gewandten Blik, ob nun unmittelbar etwas daraus entstand, das gleich mir selbst als Welt begegnet oder, ob mein Handeln gleich dem Handeln eines Andern sich verband, ob nicht.[242]

Mit diesen Worten wird erneut der von Schleiermacher prägnant geführte Mittlergedanke präsent. Doch nicht allein damit knüpft der Autor der *Monologen* an seine erste Rede über die Religion an. Auch die darin einander entgegengesetzten Problem-Charaktere einerseits geprägt durch die Kraft des *Abstoßens* andererseits durch die Kraft des *Aneignens* werden hier neu beschrieben. Der eine Charakter ist deutlich erkennbar in dem, der „sich vertiefen mag in tausend Irrgängen der Betrachtung, sinnend und denkend"[243]. Der andere Charakter tritt im Monolog als derjenige hervor, der „mit seinem äußern Thun und äußern Denken auch alles Einzeln nur und endlich"[244] sehen kann. Beide sind aufgeführt als Beispiele für das Misslingen der Bildung. Während der eine sich im Allgemeinen verliert, fehlt dem anderen in seiner Vereinzelung der Zugang zu eben dieser Größe. Die Argumentation wird dazu getragen von dem Gedanken einer Wechselwirkung zwischen dem Einzelnen und dem Allgemeinen: die Bildung des

---

[239] KA II, 20: AthF Nr. 242.
[240] KA II, 265: Id Nr. 95 (Einfügung: AS).
[241] Ebd.
[242] *Mo*KGA I/3, 11. Zu der Idee einer Gemeinschaft der freien Geister vgl. bei LEIBNIZ, Discours de métaphysique, la monadologie, principes de la nature et de la grâce fondés en raison/ Monadologie und andere metaphysische Schriften, Französisch-Deutsch (2002). In seinem *Discours de métaphysique* (1686) legt Leibniz den Gedanken dar, dass Geister, die sich unter den Substanzen durch ihr reflexionsfähiges Erkenntnisvermögen (vgl. aaO. 98/99) auszeichnen, im Besonderen darum vervollkommnungsfähig sind, weil sie einander nicht hindern, sondern im Gegenteil füreinander zur Gemeinschaft (bzw. zu „de la plus parfaite republique [sic.]") werden (aaO. 102/203), die dem höchsten Zweck dient, Gott und das Universum zum Ausdruck zu bringen (vgl. aaO. 100/101). Den Begriff der *Republik* nimmt wiederum auch Schleiermacher in seinen Reden auf, um die vollkommene Geselligkeit zu bezeichnen (vgl. *Re*KGA I/2, 184 und in dieser Untersuchung, 113ff: Abschnitt II.4.1).
[243] AaO. 12.
[244] AaO. 12.

Individuums ist zugleich eine Standortbestimmung im Gebiet der Menschheit und trägt darum letztlich zu der allgemeinen Bildung der Menschheit bei. Konnte bei Schlegel bislang lediglich die Bildungsidee von Wirkung und Gegenwirkung identifiziert werden, erscheint es im Sinne Schleiermachers nicht unangemessen gar von Bildungsverantwortung zu sprechen. Die Aufgabe, die formuliert wird, lässt in dieser Hinsicht kaum Zweifel gelten.

> Bewege Alles in der Welt, und richte aus, was du vermagst; gib dich hin dem Gefühl deiner angebohrnen Schranken, bearbeite jedes Mittel der geistigen Gemeinschaft; stelle dar dein Eigentühmliches, und zeichne mit deinem Geist alles was dich umgibt; arbeite an den heiligen Werken der Menschheit, ziehe an die befreundeten Geister: aber immer schaue in dich selbst, wiße was du tust, und in welcher Gestalt dein Handeln einhergeht.[245]

Der Religionsbegriff fällt weiterhin nicht. Es kann der Aufmerksamkeit allerdings nicht entgehen, dass das Individuum, das sich in diesem Monolog darstellt, über jene Voraussetzung verfügt, die Schleiermacher in seiner ersten Rede über die Religion als diejenige benannt hat, die für den Prozess einer für die Menschheit gewinnbringenden Selbstbildung notwendig sind: Die Religion als ein Bewusstsein für das Unendliche oder Allgemeine in einem Verhältnis zu dem Bewusstsein der eigenen Einzigkeit.

Bereits die Einführung in die Idee der Freiheit war auf das Engste verknüpft mit dem Begriff der Ewigkeit als der Möglichkeit, der Zeitlichkeit selbst zu entkommen. Es kann hier markiert werden, dass es unangemessen wäre, diese Begriffe bei Schleiermacher mit der Idee eines im biologischen Sinne unendlichen Lebens zu verbinden. Mit keinem Wort war bisher die Rede davon, der Mensch könne der Zeit und damit seinem steten Wandel selbst in Gänze entkommen. Die Welt des Menschen wurde durch das sprechende Ich im ersten Monolog als je eigenes Selbstbewusstsein identifiziert. Demgemäß kann der Mensch sich selbst in dieser Welt niemals zu einem endlichen äußeren Objekt werden, da der Gegenstand der Betrachtung kein anderer ist als die Betrachtung selbst, die so auch nur in sich selbst zugrunde gehen kann. Der Bezug auf den Tod bzw. auf die Angst vor dem Tod ist damit wenn auch nicht direkt so doch indirekt hergestellt und zugleich gedeutet als die Angst, aus dem Welt- Zusammenhang gerissen zu werden, oder anders gesagt, diesen Zusammenhang zu verlieren.[246] Es gibt

---

[245] AaO. 13.

[246] Dies ist eine Interpretation, die Luhmanns Gedanken im Hinblick auf die Problematik der Individualität zu bestätigen scheint, wenn er auf das Bewusstsein verweist, das sich aus dem Umstand entwickelt, dass die „Einheit des Menschen" nicht mehr „als gegeben" wahrgenommen, „sondern als sich selbst herstellend" begriffen wird". Stabilität werde damit im Hinblick auf die Personalität zu etwas, das erst errungen werden muss. (vgl. LUHMANN, Gesellschaftsstruktur und Semantik, Bd. 1 [1993]: Zitat siehe aaO. 218). Das hier problematisierte Thema eines Stabilitätsbedürfnisses des einzelnen Menschen im Hinblick auf seine Welt, das nach Befriedigung verlangt, wird von Arnold Gehlen als eine anthropologische Grundprämisse betrachtet, die in der Institutionalisierung kultureller Formen als Handlungsformen Bearbeitung findet (vgl. GEHLEN, Urmensch und Spätkultur [1956]). Damit sind explizit religiöse Kultpraktiken im Blick (vgl. aaO. 78ff). Durch auf Dauer gestellte „Verhaltensformen aktiver Gegenseitigkeit" sieht Gehlen die Möglichkeit geboten, „einen sozialen Zusammenhang herzustellen und festzuhalten (vgl. aaO. 42ff [Zitat siehe 45]). Das Bedürfnis nach Stabilität zeigt sich also in der Erfahrung der Vereinzelung begründet, die der Menschen bearbeitet, indem er sich aktiv um die Bildung eines Zusammenhanges bemüht. Mit Gehlen ist damit eine Außenperspektive auf die Bildung religiöser Praxis

dabei mE. durchaus die Möglichkeit, den Text so zu lesen, dass Schleiermacher eben dieser Angst hier mit der Formel begegnet: Der Mensch müsse niemals fürchten, aus diesem Zusammenhang zu fallen, wenn er sich selbst als denjenigen erkenne, der diesen Zusammenhang in seinem Sein, das sich als Bewusst-Sein versteht, hervorbringt. Schleiermacher beendet seinen ersten Monolog mit der durchaus optimistischen Aussage, eine Unsterblichkeit dieser Art sei also bereits in der Zeit möglich.[247] Dabei bleibt indessen, meine ich, der Kontext solcher Aussagen zu beachten, in dem der Autor das Wechselverhältnis von Selbstdarstellung und Selbstwahrnehmung beschreibt. Im Hinblick darauf ist die Selbstwahrnehmung des Einzelnen ständig mitbestimmt durch die Wahrnehmung des Anderen, dem gegenüber das Ich sich darstellt. Es spricht in diesem Fall wenig für die Annahme, dass dieses Ich seine Angst vor seiner Endlichkeit in einer Art Optimismus absoluter Eigenmächtigkeit hier tatsächlich ein für alle Mal überwunden weiß. Naheliegender ist mE. die Überlegung, dass wir es mit einer Darstellung bewusster Sehnsucht nach Ewigkeit zu tun haben, in der sich das Bewusstsein in einer Suchbewegung zeigt, in der es nach der unendlichen Größe *greift* ohne allerdings vorauszusetzen, dass damit etwas anderes gewonnen wäre als der Beginn eines Lebens, das sich nicht mehr an der Zeit, sondern an der Ewigkeit orientiert. Das sprechende Ich unterstreicht damit am Ende seines ersten Monologs seine Eingangsthese.

Der Moment, in dem du die Bahn des Lebens theilst und durchschneidest, soll kein Theil des zeitlichen Lebens sein: anders sollst du ihn ansehen und deiner unmittelbaren Beziehung mit dem Ewigen und Unendlichen dich bewußt werden; und überall wo du willst, kannst du einen solchen Moment haben.[248]

---

zu gewinnen, die mE. eine Ergänzung zu der Innenperspektive bietet, die Schleiermacher insbesondere in seinen Monologen entfaltet. Indem sein literarisches Ich auf die verunsichernde Angst Bezug nimmt, aus dem Zusammenhang der Welt gerissen zu werden, wird das Thema der Vereinzelung, die das Selbstverständnis in seinem Verhältnis zur Umwelt verunsichert, von Schleiermacher in Szene gesetzt. Andernorts macht Gehlen im Kontext die Sorge um Vereinzelung als *Einsamkeit des einzelnen Bewusstseins* explizit zu seinem Thema, das erst im Welterlebnis der Gruppe Erlösung findet (vgl. GEHLEN, Philosophische Ergebnisse und Aussagen [1986], hier besonders 152). Ich verdanke den gedanklichen Anschluss an Arnold Gehlen einem Doktorandenkreis am Fachbereich Evangelische Theologie in Hamburg gleitet von Michael Moxter im Januar 2018. Moxter verweist dazu auf den Umstand, dass Gehlen in seiner Anthropologie „dem darstellenden Handeln einen zentralen Stellenwert einräumt", indem er stets wiederholbaren und damit auf Dauer gestellten Ritus als institutionalisierte stabilisierende Handlung, der seine initiierende Handlung ständig neu imitiert, als Vorstufe zu materiellen Darstellungsformen betrachtet (vgl. MOXTER, Szenische Anthropologie, in: Gräb-Schmidt/Preul [Hgg.], Anthropologie, Marburger Jahrbuch Theologie XXIX [2017], 56–84, 71 [Zitat siehe ebd.]; vgl. hierzu GEHLEN, Urmensch und Spätkultur [1956], 55). Darauf, dass Gehlens Institutionsverständnis eine starke Parallele zu den Überlegungen Émile Durkheims zeigt, macht Karl-Siegbert Rehberg aufmerksam: vgl. Artikel: *Institution*: Rehberg, I. Soziologische Perspektiven, Version 08.06.2022, 09:10 Uhr, in: Staatslexikon[8] online. Émile Durkheim beschreibt den Prozess, in dem sich religiöse Individuen zu einer Institution (einer Kirche) verbinden, als wesentliches Merkmal, anhand dessen die Religion von der Magie zu unterscheiden sei. Letztere kenne keinen Institutionalisierungsprozess (vgl. DURKHEIM, Les formes élémentaires de la vie religieuse [1925], hier besonders 60f).

[247] Vgl. *Mo*KGA I/3, 14.
[248] AaO. 7.

1.6 Erstes Zwischenergebnis

Freiheit als Voraussetzung und Ergebnis des Bildungsvorganges ist mit Schlegel wie mit Schleiermacher als die Möglichkeit zu nennen, die der Einzelne ergreift, indem er sich bewusst in Relation zu seinem Gegenüber setzt. Mit diesem Vorgang findet zugleich das Bedürfnis Bearbeitung, die Vereinzelung des Bewusstseins zeitlich wie räumlich zu überwinden. Im Bildungsvorgang wird die Vielfalt einzelner zeitlicher Erfahrungsmomente im Hinblick auf eine transzendente Größe zu einem Ganzen geordnet, während und indem sich das Subjekt ins Verhältnis zu der „Gemeinschaft der Geister"[249] setzt, womit es zugleich selbst zu einem Teil dieser Gemeinschaft wird. In seinem aktiven Bildungsstreben findet sich das Subjekt in seinem sich entwickelnden Verständnis als Individuum mithin stets verwiesen auf den Anderen, der ihm nicht zuletzt als die Grenze der eigenen Freiheit begegnet.[250] Ausschlaggebend für das Selbsterleben des Einzelnen wird der Umstand, dass die Welt, in der das Individuum seine Wirkungsstätte (mit dem Anderen) findet, ihre Fremdheit verliert: Indem der Geist die Welt in Besitz nimmt, wird sie zu seiner Welt. Die Freiheit als erlebte Einheit von Ich und Welt *wird* im Einzelnen *selbstredend*, wie der erste Monolog Schleiermachers anschaulich vor Augen führt. So durchdringen sich auch hier Wahrnehmung und Darstellung im Prozess der Bildung. Das Bewusstsein, das, indem es der Aufforderung zur Selbstdarstellung nachkommt, der es sich verdankt, immer bereits bei dem Anderen ist, findet ein Entsprechungsverhältnis in dem Anspruch, den Schleiermacher in seiner ersten Rede für die Religion geltend zu machen sucht.[251] Eine Sorge allein bleibt diesem Individuum: „[S]orge dich selbst nicht zu verlieren"[252].

Die Parallelen zwischen Schlegels und Schleiermachers Denken könnten bis hierher kaum augenfälliger sein. Beide beschreiben hinsichtlich der menschlichen Natur einen Einigungsprozess von Sinn und Sinnlichkeit.[253] Dabei liegt Schleiermachers Fokus jedoch deutlich auf der Entwicklung des Subjekts und auch die Perspektive auf den Bildungsprozess bleibt insbesondere im Monolog auf den einzelnen begrenzt. Schlegel indessen zeigt sich auf der Suche nach einer objektiven Perspektive auf die Möglichkeit ästhetischer Bildung. Zu prüfen bleibt, ob sich der Bildungsweg, den Schleiermacher uns vor Augen stellt, als Weg der Nachahmung eines objektiven Vorbildes im Sinne Schlegels erweist. Auch in Bezug auf das namentlich in der ersten Rede über die Religion benannte Mittleramt stand bei Schleiermacher bislang primär die Anlage des Einzelnen zur Bildung des (inneren) Bewusstseins im Mittelpunkt, das sich in seinen Werken darstellt und so für den Anderen sichtbar wird. Der Mittler wurde dabei bislang explizit als ein Individuum beschrieben, das sich dadurch auszeichnet, dass in ihm die Bildung (noch)

---

[249] *Mo*KGA I/3, 10.
[250] Womit wiederum eine Spur aufgedeckt ist, die auf Kant verweist.
[251] Vgl. *Re*KGA I/2, 36.
[252] *Mo*KGA I/3, 14.
[253] Diese Begrifflichkeit wähle ich vorläufig, um damit die sowohl von Schleiermacher wie von Schlegel in Bezug auf die menschliche Natur als Ganze vorgenommene Darstellung zweier Seiten (einer natürlich-sinnlichen und einer verständig-geistigen) aufzunehmen ohne die unterschiedlichen Begrifflichkeiten beider Denker miteinander zu vermengen.

nicht *zur Ruhe gebracht* ist, sondern beständig im Werden begriffen bleibt. Der Unterschied zwischen dem Einzelnen im Werden und einer vollständig ausgebildeten Kultur, wie sie Schlegel im Vorbild der griechischen Poesie zeichnet, ist prägnant. Die sich damit andeutenden Unterschiede gilt es im folgenden Abschnitt dieser Untersuchung näher in den Blick zu nehmen, wobei es nun auch um die Bearbeitung der Frage gehen muss, welches Interesse sich mit den Unterschieden im Hinblick auf Wahrnehmung und Darstellung von Individualität verbindet.

2. Voraussetzungen antwortender Individualität

Ich komme damit, dem Vorhaben meiner Untersuchung gemäß, zu der zweiten Rede über die Religion, in der Schleiermacher nun bereits im Eingang ankündigt, hier nichts anderes als die Frage danach bearbeiten zu wollen, um zu einem neuen Schluss darüber zu kommen, was die Religion sei.[254] Ich orientiere mich auch in diesem Untersuchungsabschnitt an Aufbau und Argumentationsgang der Rede.

2.1 Annäherung an den Gegenstand der Rede

Schleiermacher beginnt sein Vorhaben, indem er zunächst mit Worten das Bild eines Tempels und der heiligen Stille zeichnet. Auf diese Weise initiiert er eine Art körperliche Annäherung an das Heilige.[255] Auch das bezeichnete Ziel der Suche ist ein *corpus*, ein geistiger selbstredend: die *eigentümliche* Gestalt der Religion, die es zu suchen gelte, da sie unkenntlich geworden sei durch eine Vermischung mit mancherlei „Fremdartigen"[256] (ein Umstand, der bereits in der ersten Rede angedeutet worden ist). Der Umstand muss Beachtung finden, dass die Religion, indem sie erneut als etwas Eigentümliches und also Einzelnes benannt wird, durch einen Begriff gekennzeichnet bleibt, der sie dem Allgemeinen bzw. dem Ganzen gegenüberstellt.

> Es ist Euch ja bekannt, wie jezt alles voll ist von harmonischer Ausbildung, und ebendiese hat eine so vollendete und ausgebreitete Geselligkeit und Freundschaft innerhalb der menschlichen Seele gestiftet, daß jezt unter uns keine von ihren Kräften, so gern wir sie auch abgesondert denken, in der That abgesondert handelt, [...] so daß man sich in dieser gebildeten Welt vergeblich nach Handlungen umsieht, die von irgendeinem Vermögen des Geistes, es sei Sinnlichkeit oder Verstand, Sittlichkeit oder Religion, einen treuen Ausdruk abgeben könnte.[257]

Das Zitat enthält neben einer Darstellung eben jener Problematik, die eine Kenntnis von der Religion als Individuum verhindert, eine vorläufige Definition der Religion als ein Vermögen[258] des Geistes. Daran knüpft sich die Frage, worin dies Vermögen besteht. Ehe er darauf eine Antwort gibt, nimmt der Autor jedoch eine thematische Bestimmung des Gegenstandes der Religion vor: dieser sei „das Universum und das Verhältniß des

---

[254] Vgl. *ReKGA* I/2, 38.
[255] Vgl. ebd.
[256] AaO. 40.
[257] Ebd.
[258] *Vermögen* ist ein zweideutiger Begriff, der jedoch eindeutig auf den Bestand einer Möglichkeit verweist, den es zu nutzen gilt.

Menschen zu ihm"[259]. Nicht ihr Gegenstand ist es also, der das individuelle Wesen der Religion ausmacht, da sie an ihm in ihrer Wahrnehmung einem allgemeinen Interesse folgt und sich denselben darum auch mit der Metaphysik und der Moral teilt. Als das eigentümliche der Religion hingegen wird ihre Behandlung dieses allgemeinen Gegenstandes beschrieben. Weder sei es ihre Sache, eine systematisierte Vorstellung der Welt als Ganzer zu entwickeln, noch wolle sie ein System von Pflichten in Bezug auf das Verhältnis des Menschen zum Universum hervorbringen.

Schleiermacher diskutiert an diese Überlegung anknüpfend die Frage, unter welchen Voraussetzungen die Kräfte von Religion, Metaphysik und Moral in einem Zusammenhang gedacht werden könnten. Er kommt zu dem Schluss, dies sei nur möglich, wenn eine der drei Kräfte über die anderen beiden herrschend an die erste Stelle trete, wodurch die dabei untergeordneten ihr eigenständiges Recht verlieren würden.[260] Der Wert der Einzelbetrachtung ist damit im Umkehrschluss nochmals gesteigert. Wird die beschriebene Idee auf ein politisches System übertragen (an die politischen Ideale der Adressaten der Rede angelehnt), weißt sie republikanische Züge auf. Eine Alleinherrschaft wird zugunsten des Rechts des Einzelnen abgelehnt.[261] Jedoch ist zu beobachten, dass Schleiermacher ein Mischungsverhältnis der genannten Kräfte als Notwendigkeit begreift, sobald es um den Vorgang der Mitteilung geht. „Es ist, da alle Mittheilung der Religion nicht anders als rhetorisch sein kann, eine schlaue Gewinnung der Hörenden, sie in so guter Gesellschaft einzuführen."[262]

Damit ist eine weitere Prämisse eingeführt, die für die Mitteilung Geltung beansprucht. Als solche sucht die Religion sich gewissermaßen *per se* ihren Hörer *anzueignen* bzw. ihn für sich einzunehmen. Dass es hier mit dem Begriff der Mitteilung nicht allein um den Akt der Rede geht, wird deutlich, wenn Schleiermacher die *heiligen Schriften* als Beispiel für diese „schikliche Methode"[263] ins Feld führt und dazu im direkten Vergleich neben die *bescheidenen Bücher* stellt „welche vor einiger Zeit in unserem bescheidenen Vaterlande gebräuchlich waren, die unter einem dürftigen Titel wichtige Dinge abhandelten"[264]. Schrift und Rede durchdringen einander in dieser Argumentation

---

[259] *ReKGA* I/2, 41.
[260] Vgl. aaO. 45ff. Einerseits ist hier wiederum eine Argumentation gegen Kant zu erahnen. Andererseits aber verfährt etwa auch Johann Joachim Spalding, in dessen Haus Schleiermacher häufig zu Gast ist, in jener abschließenden Schrift *Religion. Eine Angelegenheit des Menschen* (1798), in der er noch einmal „Grundlinien seines Denkens und seiner Überzeugung" zusammenfasst und die von Schleiermacher in seinen Reden rezipiert wird, bei seiner Darstellung von Religion und Moral nicht unbedingt trennscharf. (SPALDING, Kritische Ausgabe, Erste Abteilung, Bd. 5 [2001], XXI.) Spalding führt aus, dass einer Seele, die Sinn „für den Werth der Moralität hat", trotzdem noch ein wichtiger Antrieb zum Guten fehlen würde, so „ihr das Gefühl der Religion, der große Gedanke von einer heiligen Gottheit fehlte" (aaO. 28). Der „Urheber aller Dinge" ist Spalding darum auch derjenige, der das moralische „Gesetz vorgeschrieben und unsere gemäße Gesinnung gewollt hat" (aaO. 27).
[261] Besonders deutlich wird an diesem Punkt der historische Kontext, in dem die Reden entstehen, wahrnehmbar.
[262] *ReKGA* I/2, 49.
[263] Ebd.
[264] Ebd.

deutlich.²⁶⁵ Dieser Umstand lässt auch Rückschlüsse auf Schleiermachers Entscheidung für eine Verbindung der Rede-Form und ihren rhetorischen Charakteristika mit einem für die Lektüre bestimmten Text zu.²⁶⁶

An dem Punkt der Prüfung solcher Mitteilung angelangt, wird, in Schleiermachers Worten gesprochen, die *Schale gespalten und der Diamant frei gelegt*.²⁶⁷ Die Religion wird als Anschauung und Gefühl des Universums definiert und damit als passiv anmutende Form der Empfänglichkeit dem Begriff des aktiven Handelns gegenübergestellt, unter dem hier ebenso die moralische Handlung wie das bewusste Denken und damit das Gebiet der Moral wie der Metaphysik subsumiert werden.²⁶⁸ Dabei wird der zum Ende des ersten Abschnitts dieser Untersuchung hin problematisierte Begriff der Freiheit nun tragend.

> Die Moral geht vom Bewußtsein der Freiheit aus, deren Reich will sie ins Unendliche erweitern […]; die Religion athmet da, wo die Freiheit selbst schon wieder Natur geworden ist, jenseits des Spiels seiner besonderen Kräfte und seiner Personalität faßt sie den Menschen, und sieht ihn aus dem Gesichtspunkte, wo er sein muß was er ist, er wolle oder wolle nicht.²⁶⁹

Aus dem Zitat folgt, dass die Religion das Bewusstsein der Freiheit und damit ebenso den Bereich der Moral transzendiert. Das Bewusstsein von der Möglichkeit unendlicher Freiheit wird dabei der Moral zugeordnet und dem religiösen Bewusstsein in der Entwicklung des Bewusstseins des einzelnen Subjekts zeitlich vorangestellt. Das religiöse Bewusstsein ist demnach die Einsicht in ein Moment der Notwendigkeit. Insofern entspricht das Bewusstsein endlicher Freiheit, wie Schleiermachers es in seinem ersten Monolog einführt, dieser Darstellung bereits. Zugleich findet sich hier bestätigt, was sich in jenem ersten Text der *Monologen* ebenfalls andeutet: indem der Einzelne²⁷⁰ das Bewusstsein seiner Einzelheit (oder Individualität) überschreitet, kann er sich als Einzelner im Allgemeinen verorten. In der Rede folgt Schleiermacher aus dieser Form des (weiter-)gebildeten Bewusstseins eine neue Wahrnehmung der unendlichen Vielfalt des Einzelnen in *Allem*.

Bemerkenswerter Weise argumentiert Schleiermacher von diesem Potential des Bewusstseins ausgehend allerdings nicht gegen die Moral, sondern bleibt seinem

---

²⁶⁵ Wie fest diese Möglichkeit einer Durchdringung von Schrift und Wort in der Vorstellung Schleiermachers verankert ist, zeigt sich auch, wenn er dem Freund Brinckmann schreiben kann: „Ich glaube daß Jemandem der ein Buch geschrieben hat Nichts angenehmeres begegnen kann als wenn er erfährt daß einige Menschen, von denen er es am liebsten will, ihn mit Wohlgefallen gehört haben" (KGA V/3, 433: Schleiermacher an C. G. von Brinckmann. Berlin, Sonnabend, 22.03.1800).
²⁶⁶ Eine Argumentation, die deutlich gegen Kant und seine Abneigung gegen die Rhetorik als Macht der Überredung wieder die Vernunft gerichtet ist (vgl. dazu AA V, 327: KdU, §53). Die Wertung, die die Rhetorik hier in der Kommunikation zu findet, entspricht dabei dem Urteil Peter Schnyders im Hinblick auf die Bedeutung der Rhetorik bereits in der frühen Romantik (vgl. SCHNYDER, Die Magie der Rhetorik [1999]).
²⁶⁷ Vgl. *ReKGA* I/2, 49f.
²⁶⁸ Vgl. aaO. 50/51.
²⁶⁹ AaO. 51/52f.
²⁷⁰ In den *Reden* verwendet Schleiermacher erstmalig den Begriff der Personalität, der hier offenbar der Kennzeichnung des Menschen als einem Einzelnen dient. Auch Schlegel spricht in Bezug auf den Einzelnen Menschen von der *Person*. So wird etwa in *Lucinde* die kleine Wilhelmine als „die geistreichste Person ihrer Zeit oder ihres Alters" eingeführt (KA V, 14: Luc).

angekündigten Vorhaben treu, indem er die Notwendigkeit der Religion neben den benannten anderen Kräften, zu denen er die Moral rechnet, für die vollständige Bildung des Menschen noch einmal unterstreicht. Der Tadel des Redners richtet sich an die Lesenden.

Oder warum vergißt über alles Wirken nach außen und aufs Universum hin Euere Praxis am Ende eigentlich immer den Menschen selbst zu bilden? Weil Ihr ihn dem Universum entgegensetzt und ihn nicht als einen Theil deßelben und als etwas heiliges aus der Hand der Religion empfangt.[271]

Wie deutlich diese Äußerung als Abwertung eines bestimmten Kunstbegriffs empfunden werden konnte, erschließt sich wenige Zeilen zuvor, wenn Schleiermacher die sog. *Praxis* ohne Umschweife als *Kunst* definiert.[272] Über ein solches Werk werde letztlich *der Mensch* vergessen, so lautet der Vorwurf. In der Tat war bisher zu beobachten, dass für Schlegel die Bildung des Menschen und die Bildung des Kunstwerkes auf eine Weise ineinander verwoben sind, die die Frage nach der Bildung des ästhetischen Werkes, zumal was die Theorie (einer objektiven Poesie) angeht, in den Vordergrund rücken. Dass der Bildungsvorgang indessen nicht ohne äußere Darstellung vonstattengehen kann, diese Einsicht teilt auch Schleiermacher, soviel konnte bereits in der Untersuchung der ersten Rede festgestellt werden. Ebenso ist andererseits im Blick auf Schlegel deutlich geworden, dass es ihm keinesfalls nur um das ästhetische Werk geht, dass das Werk vielmehr nie mehr sein kann, als der Künstler.[273] Schleiermachers Vorwurf kann indessen als erneute Betonung seines Anliegens gelesen werden, das Augenmerk müsse ganz auf dem Einzelnen liegen, und sich so von jeder Werk-Theorie trennen, die das Individuum bzw. hier konkret den einzelnen Menschen als solchen in seiner Bildung nicht berücksichtigen kann. Zu deutlich steht dem Autor die Gefahr vor Augen, „alles in der Gleichförmigkeit eines allgemeinen Begriffs"[274] zu verlieren. Es scheint der Absicht geschuldet, diese Gefahr zu bannen, wenn Schleiermacher noch etwa zwei Jahre später im Briefwechsel mit Friedrich H. C. Schwarz „zwischen der Kunst und dem Leben, dem Werke bilden und dem sich selbst bilden" dringend zu unterscheiden sucht.[275] Schleiermacher geht es hier um nichts weniger als um eine Erläuterung seiner *Reden*. Zwar könne man in den Werken der Künstler eine Kenntnis des „Inneren und Höheren der Menschheit" deutlich ausgedrückt finden, doch sei diese Kenntnis dabei nicht gleichermaßen in der Lebensführung sichtbar.[276] Andere Künstler hingegen, die wenigstens einen „gebildeten Charakter" hätten, zeigten sich nicht dazu in der Lage, „das Beste" von sich „in Kunstwerken auszusprechen".[277] So formuliert Schleiermacher nun die Regel: „je mehr Individualität, je weniger Anlage zur Kunst; je mehr Künstlergabe desto weniger innere Individualität; je schneller das Eine fortschreitet, desto langsamer das andere"[278]. Gerade seinen Freund Schlegel sähe er, schreibt er an Schwarz, beispielhaft scheitern, „das Tiefste aus sich selbst darzustellen". Schleiermacher urteilt: „eben da verläßt ihn [sc. Friedrich Schlegel] sein Künstlertalent".[279] Die Aussage der zweiten Rede zu der Möglichkeit der Selbstbildung lässt an Deutlichkeit kaum zu wünschen übrig, wenn es um den Wert des Einzelnen geht. Zugleich wird

---

[271] ReKGA I/2, 53.
[272] Vgl. ebd.
[273] Vgl. KA V, 57: Luc.
[274] *Re*KGA I/2, 53.
[275] KGA V/5, 77: Schleiermacher an F. H. C. Schwarz, Berlin, Samstag, 28.03.1801.
[276] Ebd.
[277] AaO. 77/78
[278] AaO. 78.
[279] Ebd.

dessen vollständige Erfassung im Begriff abgewehrt, indem Begriffe *per se* ausschließlich auf der Ebene des Allgemeinen verortet werden. So bleibt das Individuum sich zu einem gewissen Grad stets unaussprechlich.[280] Wesentlich für dieses (Selbst-)Verständnis ist dabei die Einsicht, zu der es nach Schleiermacher der Religion bedarf: dass der Einzelne einerseits nur „durch die Bestimmung seiner Gränzen, die aus dem Unendlichen gleichsam herausgeschnitten werden müßen" besteht, während er andererseits nur innerhalb dieser Grenzen seine Möglichkeit zu eigener Unendlichkeit und Bildung findet. Im Anschluss an diese Ausführung benennt er *Mannigfaltigkeit* und *Individualität* als „Symbol" für das „Grundgefühl" jener menschlichen Natur, die sich dieses Umstandes bewusst ist.[281]

Die so eindringlich beschriebene Endlichkeit des Einzelnen betont Schleiermacher auch in anderer Hinsicht: Indem er darauf hinweist, dass die Anschauung ihrerseits nicht von sich selbst, sondern vielmehr von dem ursprünglichen Einfluss des Angeschauten auf den Anschauenden ausgeht. Das, was der Anschauende also *sieht* ist damit *nur* das, was er seiner Natur nach von dieser *Offenbarung*[282] begreifen kann. Im zeitlichen Kontext dieser deutlichen Differenzierung des Einzelnen von dem Ganzen des Universums, in der die Differenzierung von Ich und Welt bereits zu ahnen ist, die in der Untersuchung des ersten Monologs zutage getreten ist, steht die Äußerung, der Idealismus bedürfe zu seiner „gerundeten" Form eben der Religion, mithin eines Bewusstseins um die eigene Endlichkeit, oder wie Schleiermacher es ausdrückt, der Ahndung eines „höhern Realismus".[283] Auf diesen Punkt wird zurückzukommen sein.

Im Anschluss an die Würdigung Spinozas dessen Verhältnis zu dem, was Schleiermacher *das Universum* nennt, beispielhaft hervorgehoben wird, folgt nun erstmals eine vorläufige Definition dessen, was der Redner unter dem Begriff *Religion* verstanden wissen will: „so alles Einzelne als einen Theil des Ganzen, alles Beschränkte als eine Darstellung des Unendlichen hinnehmen, das ist Religion"[284]. Dieses Verständnis trägt eine Einschränkung mit sich, der wir keinesfalls unvorbereitet begegnen: Religion als Geschäft der Anschauung bzw. der Wahrnehmung beginnt und endet im Einzelnen.[285] (In welchem Verhältnis die Darstellung solcher Wahrnehmung für Schleiermacher zu diesem *Geschäft* steht, muss im Folgenden freilich geklärt werden.) Damit bleibt das Wesen der Religion allgemeinen Begriffen entzogen und eine unendliche Vielfalt der Anschauungsmöglichkeiten öffnet sich gleichsam dem Betrachter. Dazu betont der Redner die Einzigartigkeit einer jeden solchen Anschauung. Eine allgemein gültige Lehre kann es von ihr

---

[280] Die Wortwahl lehnt sich an Goethes Formel *Individuum est ineffabile* an: GOETHE, Briefe: Historisch-kritische Ausgabe, Bd. 4/1 (2020), 136–138: Johann Wolfgang Goethe an Johann Caspar Lavater: Ostheim am 21. September 1780.

[281] *Re*KGA I/2, 53.

[282] Denn der Offenbarungsbegriff wird zwar nicht verwendet, doch ist er hier bereits zu erahnen, da die Wahrnehmung der Darstellung so deutlich vorgeordnet wird. Indem er die zweite Rede weiterentwickelt kann Schleiermacher den Begriff dann auch explizit anwenden, indem er den Eindruck, den die Anschauung des Universums hinterlässt als Offenbarung des Weltgeistes beschreiben kann: vgl. *Re*KGA I/2, 108

[283] *Re*KGA I/2, 54. Zitat ebd. Gegenüber Schwarz äußert Schleiermacher: „[d]ie Vereinigung des Idealismus und des Realismus" ist das „worauf mein ganzes Streben gerichtet ist und ich habe darauf nach Vermögen hingedeutet in den Reden und den Monologen". Während er zugleich zugibt: der Grund dazu liege freilich tief und es werde nicht leicht sein „beiden Parteien den Sinn dafür zu öffnen". So habe etwa Fr. Schlegel manches dahingehende bereits geäußert, sei indessen nicht verstanden worden, seine eigene Sache sei in dieser Hinsicht noch gar nicht in Betracht gezogen worden. (Vgl. KGA V/5, 73, Zitat siehe ebd.: Schleiermacher an F. H. C. Schwarz, Berlin, Samstag, 28.03.1801.)

[284] *Re*KGA I/2, 56.

[285] AaO. 58.

demgemäß nicht geben.[286] Inwieweit Schleiermachers Blick für religiöse Vielfalt in einem gegenwärtigen interreligiösen Dialog produktiven Wert entfalten kann, diese Frage muss an dieser Stelle der Untersuchung zurückgestellt werden. Denn es gilt, dem vorliegenden Text folgend mit dem Autor zunächst einen anderen Punkt zu verhandeln, der nicht zuletzt die Frage nach der Darstellung des einzelnen Menschen entscheidend betrifft. Es ist die Frage danach, in welchem Verhältnis die Religion zu den Handlungen des Individuums steht.

Die Begriffe von Freiheit und Endlichkeit wurden bislang ganz auf der Ebene des Bewusstseins verhandelt. Das Bewusstsein der Freiheit, das gemeinsam mit dem Bewusstsein der Endlichkeit die Möglichkeit der Moral begründet, definiert die Religion und damit zugleich das im Bildungsprogress begriffene Individuum. Es mag in diesem Gedankengang begründet liegen, dass Schleiermacher, wenn er die Frage der Handlungsfreiheit bearbeitet, einen neuen Begriff wählt. Er spricht nun über die „Selbstthätigkeit Eures Geistes"[287]. Die hier unternommene Unterscheidung zwischen dem *eigentlichen* und dem *uneigentlichen* Handeln ist fragil, aber durchdacht.[288] Die Religion wird selbst als nicht *eigentlich* handelnd beschrieben. So fällt sie auch als treibende Kraft für jede *eigentliche Handlung* aus. Genaugenommen rät der Autor seinen Lesern nachdrücklich davon ab, die Religion dieser Art zu *missbrauchen*. Auf diese Weise seien in der Vergangenheit sinnlose und unnatürliche Handlungen zustande gekommen, zum Schaden für ihre Urheber ebenso wie für das Verständnis dessen, was die Religion sei.[289] Die Differenzierung innerhalb des Handlungsbegriffs stellt allerdings vor eine interessante Frage im Blick auf den Vorgang der Rede selbst. Kann sie als Akt der (Selbst-)Darstellung des religiösen Bewusstseins als rein religiöse und damit uneigentliche Handlung eingestuft werden?

Bereits in der ersten Rede ist der Redevorgang als eine Art unverfügbare Notwendigkeit eingeführt worden. In der zweiten Rede nun ist die Mitteilung im Allgemeinen jedoch außerdem als rhetorische Handlung gekennzeichnet worden und damit als bewusster Versuch eingestuft, die ‚Hörerschaft' für sich einzunehmen. Die Reden sind damit eingeführt, als eine Mitteilung, die unter dem Einfluss des Willens steht. Damit zeigen sich in der bestehenden Differenz und der dabei unhintergehbaren Beziehung von Wahrnehmung und Darstellung, die in der Frage nach dem Wesen der Religion hervortreten, die zwei Gebiete der Handlung, die Schleiermacher herauszustellen sucht, in besonderer Weise miteinander verflochten.

Nachdem nun der Gegenstand der Religion ebenso wie ihr passives Verhältnis zu diesem herausgearbeitet sind, bleibt Schleiermacher die Aufgabe, das indirekte oder uneigentliche Handeln der Religion einzuordnen, um damit zugleich den Ort zu definieren, von dem die Anschauung der Religion ausgehen kann. Es ist bereits deutlich hervorgetreten, dass die Religion in den Bereich des subjektiven Selbstbewusstseins bzw. des einzelnen in der Welt lebenden Geistes fällt. Nachdem Schleiermacher herausgestellt hat, dass die Wirkung des *Weltgeistes* in denjenigen Gesetzen[290] gesucht werden muss, die das Innere einer jeden Natur bestimmen, kann er Innersten der menschlichen Natur (im Gemüt) denjenigen Ort identifizieren, an dem die Religion aufgesucht werden kann. Zugleich, so erklärt der Redner, ist hier der Ursprung jener

---

[286] Vgl. aaO. 61ff.

[287] AaO. 67.

[288] Vgl. *ReKGA* I/2, 68. Der Begriff der Uneigentlichkeit in Bezug auf die Handlung wird von uns als Gegenüber zu dem von Schleiermacher hier verwendeten Begriff des eigentlichen Handelns zur Differenzierung eingeführt.

[289] Vgl. aaO. 71.

[290] Ich erinnere an dieser Stelle an die Gesetze des *Abstoßens* und *Aneignens*, die Schleiermacher als solche in der ersten Rede eingeführt hat (vgl. aaO. 6).

Begriffe gefunden, „wodurch […] die Natur erst im eigentlichen Sinne Anschauung der Welt wird".[291] Die Außenwelt gewinnt demnach ihre Gestalt erst durch die Vorstellungskraft, wobei wiederum zu betonen ist, dass dabei die Wirkung der Außenwelt auf das Gemüt der Vorstellung vorangestellt bleibt.[292] Demnach muss das Gemüt, wenn es Religion erzeugen und nähren soll, seinerseits in der Welt angeschaut werden.[293] Besagte *Welt* ist nach der Lektüre des ersten Monologs bereits als die *Welt der Geister* vertraut – besser bezeichnet als der Ort, an dem das Gemüt der Kraft der Anziehung folgend dem Anderen begegnet. Ein weiterer Begriff für diese Welt, der sich in den Reden wie in den Monologen findet, ist der der „Menschheit".[294] Nach Schleiermachers Interpretation der Paradiesgeschichte, die er an dieser Stelle seiner zweiten Rede aufgreift, wird der Andere dem einzelnen Menschen die Welt dergestalt, dass der Einzelne erst im Miteinander mit anderen die Fähigkeit zur eigenständigen welterschließenden Begriffsbildung (d. h. die Fähigkeit zur Mitteilung bzw. zur (Selbst-)Darstellung) entwickeln kann.[295] Wiederum richtet sich der Autor hier direkt an seine Leser.

Hier seid auch Ihr in Eurer eigentlichsten und liebsten Heimat […]. Die Menschheit selbst ist Euch eigentlich das Universum, und Ihr rechnet alles andere nur in so fern zu diesem als es mit jener in Beziehung kommt oder sie umgibt. Über diesen Gesichtspunkt will auch ich Euch nicht hinausführen […].[296]

Der eigentümliche Blick, den mit Schleiermacher allein die Religion eröffnet, findet der Sprecher hier in dem eigentümlichen Bewusstsein von der Menschheit bestätigt, das unter dieser *neuen* Perspektive ausgebildet werden kann. Anders als die Moral kennt dieses Bewusstsein keinen Unmut über den Einzelnen, der einem Ideal nicht zu entsprechen vermag, denn es sieht gewissermaßen über ihn hinaus in *eine Weite*, in der alle bestimmten Umrisse schwinden. „Das ist die Harmonie des Universums, das ist die wunderbare und große Einheit in seinem ewigen Kunstwerk"[297], jubelt der Redner. Hier sieht er alle „Räder der Menschheit in ihrem Gange" und mit diesem Anblick konfrontiert, müsse „dieses unübersehliche Ineinandergreifen, wo nichts Bewegendes nur sich allein bewegt, […] mächtig beruhigen".[298] Dass Schleiermacher in diesem Zusammenhang so nachdrücklich von Harmonie sprechen kann, bringt nicht zuletzt ein Vertrauen in die Entwicklung der Menschheit zum Ausdruck, das Schlegels, wie bereits deutlich geworden ist, auf seine Weise teilt.[299] Hervorzuheben ist im Interesse dieser Untersuchung im Blick auf die Beziehung der *Reden* und der *Monologen* an dieser Stelle auch, dass im ersten Monolog das Zusammenwirken der Geister ebenfalls mit dem Begriff der Harmonie gekennzeichnet wird. Dabei kehrt der Blick des einzelnen Ich, das im Monolog spricht, zuletzt wieder auf das eigene

---

[291] AaO. 87.
[292] Hier wird bereits deutlich, dass das werdende Selbstbewusstsein stets auf die Welt verwiesen bleibt, in der es sich vorfindet und die sich ihm durch den sinnlichen Eindruck mitteilt (vgl. dazu etwa *Mo*KGA I/3, 50).
[293] Vgl. *ReKGA* I/2, 88.
[294] AaO. 89. Vgl. außerdem *Mo*KGA I/3, 10.
[295] Vgl. aaO. Bereits Eilert Herms hat auf den stark kommunikationstheoretischen Ansatz Schleiermachers insbesondere in Bezug auf die *Reden* und die *Monologen* verwiesen. Vgl. dazu HERMS, Herkunft, Entfaltung und erste Gestalt des Systems der Wissenschaft bei Schleiermacher (1974).
[296] *ReKGA* I/2, 89/90. Indirekt deutet Schleiermacher hier bereits an, dass es für ihn dabei durchaus noch einen höheren, wenn auch uneinnehmbaren Gesichtspunkt gibt als die Menschheit. Dieser Eindruck wird in der Folge bestätigt.
[297] AaO. 97.
[298] AaO. 96.
[299] Wie bereits im ersten Kapitel deutlich geworden ist, sieht auch Schlegel in seiner Idee der Bildung eine Entwicklung ausgehend aus Disharmonie zur Harmonie voraus.

Selbst zurück und richtet sich also nach innen.³⁰⁰ Ebenso zeigt sich die von Schleiermacher in der zweiten Rede beschriebene *Wanderung im Gebiet der Menschheit* als eine Wechselbewegung, die das einzelne Ich ausgehend aus seinem eigenen Gemüt zu sich selbst zurückführt. Damit wird die Aussage der ersten Rede gewissermaßen als Vorhersage des Prüfungsergebnisses wiederholt. Dieses Ich wird in sich zuletzt alle Bestandteile der Menschheit (in eigentümlicher Mischung) wiederfinden.³⁰¹ Dass Schleiermacher die Gewissheit formulieren kann, dass jeder Einzelne zuletzt eine solche *Wanderung* unternehmen wird, deutet auf die bereits oben hervorgehobene Prämisse hin, die der Verfasser der Reden mit Schlegel teilt. Beide betrachten die Menschheit als eine Menschheit im Werden. Als solche wollen sie dieselbe auch von anderen angesehen wissen.³⁰² Jene Idee einer fortschreitenden Vervollkommnung, die im Folgenden weitergehend ausformuliert wird bis hin zu einem Ausblick auf ein Leben, das ebenso wie im ersten Monolog Schleiermachers als ein *Leben des Geistes*³⁰³ benannt ist,

Vor dem Hintergrund dieser Überlegungen zur Bildung wird Schleiermacher die Geschichte im „eigentlichsten Sinn"³⁰⁴ zum höchsten Gegenstand der Religion und die Freiheit des Menschen zum Gegenstand der Erlösung, denn der Fortschritt der Geschichte und die Bildung des Bewusstseins sind nach dieser Darstellung eins.³⁰⁵ So ist Schleiermacher die Geschichte letztlich nichts anderes als *das erlösende Werk des Geistes* von dem Tod als dem „erste[n] und lezte[n] Feind der Menschheit"³⁰⁶. Eben dieser Punkt gewinnt auch Schlegels Zustimmung, der den *Reden* im Übrigen, wie oben bereits deutlich geworden ist, eher kritisch gegenübersteht und das auch nicht verschweigt. Indessen erklärt er in einem Brief an seine Schwägerin Caroline Schlegel im Blick auf diesen Text, in dem Postulat von der Vernichtung des Todes erkenne er die Religion.³⁰⁷ Dabei kann *Tod* im Kontext der zweiten Rede dem Begriff nach gleichgesetzt werden mit dem Zustand der Bewusstlosigkeit. Die Möglichkeit einer bewusst getroffenen Entscheidung ist Schleiermacher demgegenüber die Möglichkeit des Lebens.³⁰⁸ Dies alles ist Schleiermacher jedoch selbstredend nicht eigentlich dem Antrieb der Religion zuzuschreiben. Denn, wie bereits deutlich geworden ist, handelt die Religion nach dem Maßstab, den der Redner anlegt, eigentlich nicht, sie schaut zu; anders ausgedrückt: sie ist als höchster Zustand des Bewusstseins selbst realisierte Freiheit, die die Notwendigkeit in sich schließt.

Die Verknüpfung des Universums mit dem Begriff der Menschheit ist bis hierher so dicht gewoben, dass der Leser geradezu darauf vorbereitet ist, das eine für das andere zu nehmen. Doch Schleiermacher äußert gegen diese Bereitschaft nun seinerseits einen Vorbehalt. Zwar sei

---

³⁰⁰ Bezugnehmend auf seine Idee einer gemeinschaftlichen Welt-Anschauung, die der Einzelne im Verein mit den Anderen erschafft, schreibt Schleiermacher: „Dies geht, der Tanz der Horen, melodisch und harmonisch nach dem Zeitmaaß; doch Freiheit spielt die Melodie und wählt die Tonart" (*Mo*KGA I/3, 10).

³⁰¹ Vgl. *Re*KGA I/2, 98f.

³⁰² Besonders deutlich zeigt es sich etwa im AthF Nr. 116, dass Schlegel Schleiermachers Idee eines Werdens zu Vollkommenheit teilt (Vgl. KA II, 182/183).

³⁰³ Vgl. *Re*KGA I/2, 103. Vgl. außerdem *Mo*KGA I/3, 14.

³⁰⁴ Was im Kontext so viel heißt, wie in dem zuvor von Schleiermacher definierten Sinn.

³⁰⁵ Vgl. *Re*KGA I/2, 100ff.

³⁰⁶ AaO. 103 (Einfügungen: AS).

³⁰⁷ KA XXIV, 231: Friedrich Schlegel an Caroline Schlegel: Berlin, 19. Februar 1799: „Religion ist [sc. in den *Reden*] […] darin, […] daß jeder Mensch ein Ebenbild Gottes sey und der Tod vernichtet werden soll." Auch Hardenbergs Gedanken gehen im Blick auf die Idee dieses *Lebens*, in die nämliche Richtung. Darauf verweist etwa KA II, 214: AthF Nr. 292: Novalis: „Der Tod ist eine Selbstbesiegung, die wie alles Selbstüberwindung, eine neue leichtere Existenz verschafft."

³⁰⁸ Vgl. *Re*KGA I/2, 103.

die Menschheit die Grenze unseres Gesichtsfeldes, jedoch sei damit keinesfalls zugleich das Ende der Religion erreicht, vielmehr schaue sie von diesem Punkt erst so recht ins Unendliche hinaus. Die Menschheit tritt im Verhältnis zum Universum damit ihrerseits als Individuum hervor, das in dem einzelnen Menschen zur Darstellung gelangt.

Sie [sc. die Menschheit] ist nur ein Mittelglied zwischen dem Einzelnen und dem Einen, ein Ruheplatz auf dem Wege zum Unendlichen, und es müßte noch ein höherer Charakter gefunden werden im Menschen als seine Menschheit um ihn und seine Erscheinung unmittelbar aufs Universum zu beziehen. Nach einer solchen Ahndung von etwas außer und über der Menschheit strebt alle Religion […].[309]

Den Lesenden wird also gewissermaßen eine Verschachtelung von Einzelheiten vor Augen gestellt. Indem eine solche *Schachtel* geöffnet wird, bietet sich dem Auge eine weitere Schachtel dar, deren Anblick herausfordert, auch ihrer Einzelheit auf den Grund zu gehen. Diese *uneigentliche* Tätigkeit lässt sich, einmal begonnen mit Schleiermacher ins Unendliche fortsetzen. So leitet der Redner seine Leser zu jener *Wanderung des Bewusstseins* an, die er darstellt. Vom Individuum ausgehend, richtet sie sich auf das Ganze und führt dabei durch das Gebiet der Menschheit, um zuletzt in das je eigene Bewusstsein zurückzukehren, nun neu bestimmt als Teil des Ganzen als dem Gegenstand der Erfahrung. Der Wert dieser unendlichen *Bildungsbewegung*, der bislang vornehmlich als eine Erweiterung des Gesichtssinns und damit bereits als eine Form neuer sinnlicher Empfänglichkeit vorgestellt wurde, erfährt in einem zweiten Schritt eine nähere Bestimmung, die bereits in der Formel, die Menschheit sei nur in und durch Liebe zu finden[310], vorbereitet ist. Der sinnlichen Vereinzelung muss sich, der bisherigen Argumentation folgend, die sinnliche Vereinnahmung beigesellen. So nimmt Schleiermacher im Ausgang der zweiten Rede diesen Argumentationsstrang erneut auf, indem er die Gefühle der Religion einführt. Dabei setzt er dieselben (*Nächstenliebe*, *Dankbarkeit*, *Mitleid*, *Reue* und *Demut*) als *alte* Bekannte voraus und subsumiert sie unter dem Begriff der *Frömmigkeit*. Mit ihr hat er sodann den zweiten Teil jener durch den neuen Blickwinkel ausgelösten Wirksamkeit, die nicht eigentlich Handlung genannt werden kann, offengelegt, die die Religion im Gefüge des Handlungsprozesses verortet. Vereinfacht kann die Formel also lauten: Tritt die Religion im Gebiet der Sittlichkeit[311] den Handlungsregeln, die die Moral zu geben vermag, an die Seite, schafft sie gegenüber der bestimmten (einzelnen) Tat, auf die sich die Handlung richtet, einen Ausgleich. Denn sie öffnet dazu die Wahrnehmung für das Unendliche. Auf diese Weise rückt die Religion die einzelne Handlung im Bewusstsein des handelnden Individuums in den Kontext des Universums ein und reichert damit zugleich den Gehalt der Handlung an. Darin liegt die Möglichkeit zur Universalität definiert, wie sie Schleiermacher hier benennt. Ihre Grundlage ist eben jener in der ersten Rede eingeführte *Instinkt,* der den Menschen dem Unendlichen sozusagen entgegen treibt.[312] Das Ergebnis dieses Triebes kann bis hierher als vereinzelte und darum vereinzelnde verkörperte Darstellung jener Einheit von Geist und Welt beschrieben werden, mit deren (notwendigen) Äußerlichkeit der Einzelne zugleich eine Offenheit gewinnt, mit der die Vereinzelung anteilig überwunden wird. Die Bedingtheit solcher Offenheit begründet sich indessen auf einer

---

[309] AaO. 104f. Bemerkenswert ist hier außerdem mE., dass das Universum dem Werden der Menschheit offenbar unbewegt gegenübersteht.

[310] Vgl. aaO. 89. *Liebe* wurde in diesem Kontext eingeführt als Synonym für die bereits bekannte Kraft des *Aneignens*, ihr gegenüber wird das *Wiederstreben* (bzw. das *Abstoßen*) gestellt (vgl. aaO. 87).

[311] Vgl. aaO. 111ff.

[312] Vgl. aaO. 112ff. Der Begriff des Instinktes wird in diesem Kontext nun wieder neu aufgenommen präzisierend als Instinkt für das Universum bestimmt (vgl. aaO. 114).

Erfahrung, die sich ihrem Charakter gemäß als subjektive Erfahrung des Unendlichen jeder endlichen Darstellung zuletzt entziehen muss.

So setzt der Mensch dem Endlichen, wozu seine Willkühr ihn hintreibt ein Unendliches, dem zusammenziehenden Streben nach etwas Bestimmten und Vollendetem das erweiternde Schweben im Unbestimmten und Unerschöpflichen an die Seite; so schaft er seiner überflüßigen Kraft einen unendlichen Ausweg und stellt das Gleichgewicht und die Harmonie seines Wesens wieder her [...].[313]

Der Weg zu dem bereits in der ersten Rede vorgezeichneten Bildungsziel: der Harmonie jener beiden Grundkräfte im Einzelnen, ist also mit dem Werden der Religion seiner Darstellung nach auf das engste verbunden. Dass im Ausklang der Rede nun in Kontinuität zum bisher Gesagten in Bezug auf die Religion wiederum nachdrücklich zwischen Form und Inhalt unterschieden wird – denn die Formen (*Dogmen*, *Lehrsätze* und *Begriffe*) der Religion müssten im Einzelnen notwendig verschieden sein, als Ergebnis der Reflexion jener Erfahrung, deren Inhalt oder Gegenstand (das Universum) allein beständig derselbe bleibe – tritt als Präzisierung jener in der ersten Rede eingeführten Distanzierung von bestehenden innerkirchlichen Strukturen und Traditionen an die Seite. Einerseits ist mit dieser Aussage das Moment der Vereinzelung im Moment der Darstellung bzw. ihrer Erfahrungsgrundlage nochmals betont. Andererseits verweist sie als solche auf die Notwendigkeit des in der ersten Rede eingeführten Mittlers zurück, der den Reflexionsvorgang im individuellen Bewusstsein in Bewegung setzt, indem er den Sinn für das Universum bei dem Anderen wirksam anspricht. Der *Mittler* allerdings muss, erklärt Schleiermacher an dieser Stelle, um seine Rolle ausfüllen zu können, über eine eigene Erfahrung des Universums verfügen.[314] Damit ist die allgemeine Möglichkeit der Vermittlung zwischen einzelnen Individuen im Hinblick auf die Religion wiederum eingeschränkt. Diese Prämisse gilt es mE. im Folgenden insbesondere zu beachten, da Schlegels Idee einer objektiven Poesie, wie ich sie bislang herausgearbeitet habe, in eine gegenläufige Richtung weist.[315]

Mit der These, dass es auf der Grundlage unendlicher Erfahrungsmöglichkeiten notwendig eine unendliche Vielzahl bestimmter einzelner Reflexionsformen geben muss, führt der Sprecher der Reden zu seinem nächsten Punkt: der These, dass die Begriffe von Gott und Universum als solche austauschbar sind. Die Antwort auf die Frage, zu welcher Anschauung des Universums der Einzelne gelange, hänge letztlich an nichts anderem als der Richtung, die sein religiöser Sinn, geleitet von seiner Fantasie einschlage. Die Fantasie ist im Kontext als welt-ab-bildende Vorstellungskraft (d. h. als Kraft der Einbildung) eingeführt, deren Stellung im Bildungsprozess mithin kaum hoch

---

[313] AaO. 115.
[314] AaO. 121.
[315] Vgl. aaO. 121ff. In Schlegels *Gespräch über die Poesie* wird die Möglichkeit einer Kunstschule der Poesie diskutiert. Eine Stimme währt diese Möglichkeit entschieden ab. Sie gehört Antonio, der mit seinem Zweifel gleichsam die polemische Gegenstimme zu dem in dieser Hinsicht durch seine Gesprächspartner zum Ausdruck gebrachten Optimismus bildet (Vgl. KA II, 310: GüdP). Über die Figur des Antonio wiederum ist in einem Brief Schlegels an Schleiermacher zu lesen: „im Antonio wirst du nicht ungütig vermerken, daß er einige von deinen polemischen Manieren gleichsam an sich hat" (KA XXV, 53: Friedrich Schlegel an Friedrich Schleiermacher in Berlin [Jena, Ende Januar 1800]).

genug eingeschätzt werden kann.[316] Im Hinblick sowohl auf den ersten Monolog wie auf die erste Rede erweist sich das durch die Einbildungskraft gewonnene Weltbild damit auch hier als eines, das der Mensch in der *Gemeinschaft der Geister* entwickelt. Sodass daraus gefolgert werden kann, dass es als solches ebenso auf diesen Kontext zurückverweist.

Der abschließende Ausblick der zweiten Rede richtet sich auf die Unsterblichkeit. Dies ist für die Untersuchung nun auch unter dem Gesichtspunkt von Interesse, da dieser Abschluss eine deutliche Parallelelen zum Ende des ersten Monologs aufweist. Wurde die Unsterblichkeit dort als jederzeit ergreifbare Möglichkeit der Selbstbetrachtung offengelegt bzw. als lebendiges Bewusstsein, das sein eigenes Ende niemals *erleben* muss, wird der Blick des Bewusstseins hier, seinem Gegenstand gemäß, in das Unendliche hinausgeführt. Todesfurcht wird in dem Wunsch des Einzelnen, bei sich bleiben zu wollen, definiert und als solche bearbeitet. Sie könne sich lösen in der „Hoffnung" auf die Möglichkeit, schließlich in eine höhere Einheit eingehen zu können.

Doch Unsterblichkeit darf kein Wunsch sein, wenn sie nicht erst eine Aufgabe gewesen ist, die Ihr gelöst habt. Mitten in der Endlichkeit Eins werden mit dem Unendlichen und ewig sein in einem Augenblick, das ist die Unsterblichkeit der Religion.[317]

Auch diese Darstellung bezieht sich auf die Möglichkeit einer Verschränkung von Endlichkeit und Unendlichkeit im Selbstbewusstsein eines Individuums.

Schlegel, dem ich mich im folgenden Abschnitt erneut zuwende, lobt in dieser „wichtigsten Rede" wie er sie nennt[318], den Stil, indem er betont, wie groß sie sich doch erhebe „mit immer neuem Anflug"[319]. Bezugnehmend auf die Polemik Schleiermachers gegen die „Unsterblichkeit der Person des Individ.[uums] [sic.]" äußert er dem Freund gegenüber offen seinen Beifall. Sie sei an dieser Stelle „gut und heilsam".[320] Eine Frage für den nächsten Abschnitt der Untersuchung kann mithin lauten, inwiefern diese Darstellung in Schlegels Idee des Einzelnen im Verhältnis zu der Poesie ihre Erwiderung findet.

2.2 Zwischenschritt

Bis hierher sind die Ausführungen Schlegels und Schleiermachers, was den Gegenstand des Untersuchungsinteresses angeht, den ich als Wahrnehmung und Darstellung des Einzelnen definiert habe, durch viele Gemeinsamkeiten miteinander verbunden. Beide kennen den Prozess der Bildung als Notwendigkeit, unter der Bedingung der Konstitution der menschlichen Natur als Einheit von Sinn und Sinnlichkeit, der eine Sehnsucht nach dem Unendlichen wesentlich zu eigen ist. Letztere begreifen die beiden Autoren als die Grundlage für die Initiation des Bildungsprozesses

---

[316] Vgl. *Re*KGA I/2, 129.
[317] AaO. 133.
[318] Vgl. KA XXIV, 247/248: Friedrich Schlegel an Schleiermacher, Berlin, 1.März 1799.
[319] KA II, 277: AthN: Über Schleiermachers Reden (1799).
[320] Vgl. KA XXIV, 247f (Zitat siehe aaO. 247): Friedrich Schlegel an Schleiermacher: Berlin, 1. März 1799. Vgl. dazu auch das bereits in Anm. 307 angeführte Zitat, das dieses Lob aus Schlegels Perspektive weitergehend begründet.

im Einzelnen.[321] Schlegel wie Schleiermacher gilt der als Bildung benannte Prozess, in dem die einander im Einzelnen entgegengesetzten Kräfte gewissermaßen miteinander versöhnt werden, als Annäherung des Individuums an einen höheren Zustand gegenüber dem gegebenen. Diesen Bildungsprozess siedeln sie auf dem Gebiet der menschlichen Natur an. Bis hierher hat sich jedoch eine Betonung der Differenz zwischen dem Einzelnen und dem Allgemeinen bzw. dem Endlichen und dem Unendlichen auf Seiten Schleiermachers abgezeichnet. Seiner Darstellung nach bedarf es eines Bildungsanlasses, der an den Instinkt der *menschlichen Seele* von außen herantritt, dem das Individuum also gewissermaßen passiv ausgesetzt ist.

Der weittragende Begriff, den Schlegel zur Definition des Gegenstandes der Poesie anwendet, war bereits im ersten Kapitel dieses Arbeitsschrittes als *das Schöne* vorgestellt worden – dabei ist das Schöne oder das „*höchste Schöne*"[322] nicht allein als der Gegenstand der Poesie benannt – Gegenstand und Methode fallen, wie sich gezeigt hat, in eins – „denn das Schöne soll sein, und jede Rede, deren Hauptzweck oder Nebenzweck das Schöne ist, ist ganz oder zum Teil Poesie"[323]. Allerdings ist das *höchste Schöne*, um das es Schlegel zu tun ist, so unterstreicht der Autor, „[n]icht etwa das höchste Schöne, über welches sich nichts Schöneres denken ließe; sondern das vollständige Beispiel der unerreichbaren Idee […], das Urbild der Kunst und des Geschmacks"[324]. Der Zweck der Bildung bleibt also notwendig hinter dem Höchsten zurück.[325] Damit ist eine neue Parallele zu Schleiermacher erschlossen, insofern auch für ihn, wie ich gezeigt habe, im Hinblick auf den Einzelnen die Unerreichbarkeit des Unendlichen gilt. Dazu bleibt allerdings die Rolle zu hinterfragen, die das Schöne im Prozess der ästhetischen Bildung bei Schlegel einnimmt. Könnte es darin den Raum ausfüllen, den Schleiermacher als das Universum betrachtet, müsste das Schöne in Bezug auf den Einzelnen aktiv wirksam werden. Die Frage richtet sich also auch auf das Verhältnis von Aktivität und Passivität in Friedrich Schlegels Darstellung der Poesie.

2.3 Poesie: eine Frage nach Objektivität

Im Rückblick – insbesondere auf die zweite der *Reden* – war die deutliche Unterscheidung von Form und Inhalt zu Tage getreten, die Schleiermacher in der Entwicklung seines Religionsverständnisses vornimmt. Die Darstellung des (religiösen)

---

[321] Vgl. zur Verwendung des Begriffs *Sehnsucht* bei Schleiermacher in den Reden etwa *ReKGA* I/2, 132.
[322] KA I, 287: StdA (Hervorhebung im Original).
[323] AaO. 206.
[324] AaO. Keinesfalls zufällig erscheint hier eine verfremdete Verwendung der Definition des Gottesbegriffs, die Anselm von Canterbury im Proslogion im Kontext seines ontologischen Gottesbeweises gibt: „,aliquid quo maius nihil cogitare potest'" (VON CANTERBURY, Monologion. Proslogion, Lateinisch-deutsche Ausgabe [1966], 204: Proslogion, Capitulum II: quod vere sit deus [Hervorhebung im Oroginal]).
[325] Dieser Umstand ist es, der u. a. auch Behler veranlasst in Bezug auf die europäische Romantik insgesamt von der *unendlichen Perfektibilität* zu sprechen. Vgl. BEHLER, Unendliche Perfektibilität (1989). Auch Schlegel verwendet diesen Begriff (vgl. etwa KA I, 214: StdA). Der Bedeutung dieser Formulierung für die Darstellungen der Bildungsaufgabe bei Schlegel und Schleiermacher gehe ich im zweiten großen Abschnitt dieser Untersuchung nach: vgl. 214ff: unter III.3.

Bewusstseins ist das Ergebnis eines Reflexionsprozesses, der die Form (als eine bestimmte Anschauung bzw. Wahrnehmung des Universums) wiedergibt. Kann die Rede somit selbst als Darstellung gelten, die die ihr zugrunde liegende Wahrnehmung bedingt transportiert, darf sie doch nicht mit dieser Wahrnehmung gleichgesetzt werden. Die Rede ist demnach eine aktive oder direkte Handlung, die von der Religion als der passiven oder indirekten Handlung unterschieden werden kann. Eine solche konkrete Differenzierung zwischen der direkten und der indirekten Handlung ist indessen auf Seiten Schlegels nicht zu finden. Poesie wird hier betrachtet als die Kunst selbst und umfasst damit nicht allein die Motivation, sondern auch das Werk[326] bzw. Anfang wie Ziel des unendlichen Bildungsprozesses.

[D]er ästhetische Imperativ ist *absolut*, und da er nie vollkommen erfüllt werden kann, so muß er wenigstens durch die endlose Annährung der künstlichen Bildung immer mehr erreicht werden.[327]

Auch die Vorstellung einer solch unendlichen Annäherung an das Ziel der Bildung verbindet Schlegel dabei mit Schleiermacher. Im Hinblick auf diesen Progress wird indessen deutlich, dass sich Schlegel stärker darum bemüht, ein Durchdringungsverhältnis von Aktivität und Passivität zu umschreiben. Während die Bildung der Poesie einerseits als ein Unternehmen der Werkbildung betrachtet wird, tritt sie andererseits etwa in *Lucinde* als die Idylle des Müßiggangs hervor. Dieser Müßiggang wäre indessen falsch verstanden, würde er als eine Verhinderung des Denkens und Dichtens begriffen. Beides findet gerade in ihm statt.[328] Dennoch scheint dieses müßige Tun, das Schlegel darstellt, in einem eigenartigen Widerspruch zu Schleiermachers Aufruf zu der sog. ‚freien Tat' zu stehen, der insbesondere im ersten Monolog prägnant hervorgetreten ist. Das liegt mE. zunächst einmal in den Begriffen von Tat und Müßiggang begründet, die eine deutliche Unterscheidung nahelegen. Jedoch ist die erste freie Tat, der Beginn des neuen *ewigen Lebens* bei Schleiermacher ebenfalls als Initiation eines stetigen Bewusstseins beschrieben, das in dieser Untersuchung in seiner höchsten Form als Religion benannt werden konnte. Insofern geht es hier also um etwas, das nicht eigentlich Handlung genannt werden will, aber dennoch als beständige Begleiterin der eigentlichen Handlung im Gebiet der Sittlichkeit verortet und als Auftakt für eine neue Form des Handelns innerhalb der Gemeinschaft der Geister beschrieben wird: „warum soll denn nicht äußeres Handeln in der Welt, was es auch sei, zugleich sein können ein inneres Denken des Handelns?"[329] Es geht Schleiermacher mithin um eine Einheit zwischen Bewusstsein

---

[326] Vgl. KA II, 304: GüdP. Dass es hier im Verständnis zwischen Schlegel und Schleiermacher ein Differenzbewusstsein gibt, offenbart sich u. a. in jenem Brief, aus dem ich bereits weiter oben zitiert habe (KA XXV, 86: Friedrich Schlegel und Dorothea Veit an Friedrich Schleiermacher in Berlin, Jena, Anfang April 1800). Hier spricht Schlegel seinem Freund Schleiermacher gegenüber ausdrücklich von *Deinem Kunstverständnis*.

[327] KA II (Hervorhebung im Original), 214: StdA.

[328] Vgl. KA V, 27: Luc. Um diesen passiv-aktiven Zustand des Müßiggangs darzustellen, greift Schlegel im Blick auf den Menschen und seinen Bezug zu der gesamten Menschheit auf ein metaphorisch zu lesendes Bild aus der Botanik zurück. Alle Menschen seien anzusehen wie die „Blüten einer Pflanze oder Blätter einer Blume" (aaO. 12).

[329] *Mo*KGA I/3, 13.

und Handlung, um ein „Thun", das von dem „Wißen um" dieses „Thun" begleitet wird, mithin um bewusstes Tun.[330]

Also kann im Hinblick auf die Möglichkeit der beständigen Selbstbetrachtung des Handelnden im Vollzug seiner Handlung von dem Ideal einer handlungsbegleitenden *Ruhe* gesprochen werden, die, einmal gewonnen, in keiner Situation fehlen darf.[331] Schlegel wiederum hebt diese *Ruhe* in seinen Schilderungen gern über die Alltagssituation hinaus auf einen gesonderten Boden, im Sinne einer Unterbrechung, in der sich das Ich nicht länger in einem Vorgang des Werdens, sondern vielmehr bereits im Zustand der Vollendung wahrzunehmen vermag. In diesem *Blick* findet Schlegel eine Art Verschränkung von Gegenwart und Vergangenheit. „Nur mit Gelassenheit und Sanftmut, in der heiligen Stille echter Passivität kann man sich an sein ganzes Ich erinnern, und die Welt und das Leben anschauen."[332] Von welcher Dauer dieser vollkommene Augen-Blick ist, lässt der Autor allerdings offen und verschafft sich so in seiner Bewusstseinstheorie einen Spielraum, in den das Ich in seinem Bildungsprozess eintritt. Es gilt im weiteren Verlauf der Untersuchung, der Konstitution dieses *Spielraumes* bei Schlegel auf der Spur zu bleiben, um zuletzt die Frage bearbeiten zu können, in welchem Verhältnis besagter *Raum* zu der nicht müßigen Situation steht. Zunächst aber soll es hier gewissermaßen um den Raum-Inhalt gehen.

Die Erinnerung an seine vollkommene Verbindung mit dem Ganzen (der Menschheit), die das Ich nach Schlegels Worten in einer solchen Ruhe-Situation überkommt, darf mE. vor dem Hintergrund der Darstellung jener tiefen beständig unbefriedigten Sehnsucht nicht so verstanden werden, als wäre die Einsamkeit der Vereinzelung damit bereits ein überwundenes Problem. Vielmehr lese ich auch hier den Eintritt in den Reflexionsprozess als Auftakt wie als Ziel des ästhetischen Bildungsprozesses, in dem es um die schrittweise Bearbeitung jener Aufgabe geht, die Schlegel im *Gespräch über die Poesie* u. a. als die Entwicklung einer neuen Mythologie beschreibt. Darunter fasst der Autor einerseits die Leistung eines Bewusstseins (bzw. eines Geistes), das sein Potential ausschöpft, womit es seine Einheit im Rückblick (mithin erinnernd) selbst herzustellen vermag. Auf diesem Weg eröffnet sich auch Schlegel zuletzt eine Perspektive, die sich über das individuelle Bewusstsein hinausgehend auf *das Ganze* richtet. Das Altertum gilt ihm auch auf dieser Ebene als *das* Vorbild.

Alle Gedichte des Altertums schließen sich eines an das andre, bis sich aus immer größern Massen und Gliedern das Ganze bildet; alles greift ineinander, und überall ist ein und derselbe Geist nur anders ausgedrückt.[333]

---

[330] Ebd.

[331] Auch Schleiermacher hebt, wie ich gezeigt habe, primär in den Reden an verschiedenen Stellen hervor, wie förderlich eine gewisse Ruhe der Bewusstseinsbildung oder Selbstbetrachtung ist. Vgl. etwa *Re*KGA I/2, 69.

[332] Ebd.

[333] KA II, 313: GüdP. In diesem Kontext kommt Schlegel auch zu der Aussage: „Mythologie und Poesie, beide sind eins und unzertrennlich" (ebd.).

Das Einzelne (Gedicht) wird damit seinerseits ins Verhältnis zu der allgemeinen Größe aller Gedichte gesetzt, deren Differenz zuletzt in einer Einheit aufgehoben wird. Der Ursprung dieses *einen* großen Gedichts, wie Schlegel es nennt, wird von ihm mit dem Ursprung der Poesie in eins gesetzt und in den Tiefen *eines* Geistes verortet.[334]

2.4 Zwischenschritt

Von den Differenzen in der Wortwahl der Freunde einmal abgesehen[335], ist mE. bis hierher doch zu erkennen, dass Schlegels Vorgehen, mit der er die Einbildungskraft (die Dichtung) des Einzelnen in ein direktes Verhältnis zu der wahrgenommenen Welt setzt, mit Schleiermachers Freiheitsbegriffs, wie er in dieser Untersuchung bislang insbesondere im ersten Monolog hervorgetreten ist, durchaus vergleichbar ist. In der zweiten Rede wurde dazu insbesondere der Bezug zu Wirksamkeit des Universums hergestellt, deren der Mensch bedarf, um selbst in den Bildungsprozess eintreten zu können. Einen solch äußeren Bildungsanlass wiederum kennt auch Schlegel. So zeigt Lothario im *Gespräch über die Poesie* (als einer der Protagonisten des fiktiven Gesprächskreises) sein Erstaunen darüber, dass sich die Poesie aus der Tiefe des Geistes überhaupt ans Licht locken ließe. Solches sei doch ein Wunder. Sein Gegenüber Lodovico bestätigt diese Aussage. Zur Poesie, dem „edelste[n] Zweig der Magie", könne der Mensch sich nicht allein erheben, „aber wo irgend Menschentrieb durch Menschengeist verbunden zusammenwirkt, da regt sich magische Kraft".[336]

Zwar kann Schlegel Schleiermacher einerseits seine *knollige Verliebtheit*[337] in das Universum eingestehen. Doch weitaus stärker tritt in seinen eigenen Ausführungen der Begriff der Poesie bzw. des Schönen und die damit verbundene Sehnsucht[338] hervor, die grundlegend mit dem Eintritt des Individuums in den ästhetischen Bildungsprozess verknüpft ist. Die Poesie ist es, die es für den Menschen, der sich bildet, mit Schlegel in „jede[r] andere[n] selbstständige[n] Gestalt" aufzusuchen gilt, um sie in ihrer „Kraft und Fülle zu fassen, daß die Blüte und der Kern fremder Geister Nahrung und Samen werde für seine eigne Fantasie".[339] In diesem Bestreben, der unendlichen Poesie im Einzelnen ansichtig zu werden, mithin also in der Bemühung darum, nicht bei der Feststellung stehen zu bleiben, dass das Unendliche „undarstellbar ist"[340], findet Schlegel die

---

[334] Vgl. ebd.

[335] Dass diese begrifflichen Differenzen die inhaltliche Verständigung durchaus beeinflussen, wird exemplarisch lesbar, wenn Schleiermacher sich mit dem Freund Brinckmann im Kontext der Lektüre des Gesprächs über die Poesie über seinen Texteindruck verständigt (vgl. KGA V/3, 436: Schleiermacher an C. G. von Brinckmann, Berlin 22.03.1800).

[336] KA II, 310 (Einfügungen: AS): GüdP. Der Begriff der *Magie*, der hier hervortritt, wird von Schlegel als solcher nicht reflektiert. Inhaltlich ist er mE. in die Nähe der Begriffe Geist und Witz zu setzen (vgl. dazu in dieser Untersuchung meine Überlegungen im Abschnitt III.2: 190ff).

[337] Vgl. KA XXIV, 148f: Friedrich Schlegel an Schleiermacher, Dresden Mitte Juli 1798.

[338] Zum Begriff der Sehnsucht vgl. etwa KA I, 253: StdA. Hier benennt Schlegel die „heiße Sehnsucht" des Menschen nach dem Schönen.

[339] KA II, 284: GüdP.

[340] AaO. 67: Rezension von F. H. Jacobis Roman *Woldemar* (1796).

Hinwendung des Menschen zu der Menschheit begründet.[341] An diesem Punkt eröffnet sich auch eine Verbindung zu dem Interesse dieses Autors an der Theorie einer objektiven Poesie. Sie ist ihm die Form, in der alle Darstellung das höchste Maß an Allgemeingültigkeit erreichen kann, die ihrerseits die Voraussetzung dafür bildet, dass alles Einzelne in den größtmöglichen Zusammenhang eines ganzheitlichen Systems integriert werden kann.[342]

In seinem Anliegen, den Zusammenhang durch Verallgemeinerbarkeit herzustellen, muss die Frage an Schlegel im folgenden dritten Kapitel dieses ersten großen Untersuchungsabschnitt also lauten, welcher Wert dem Individuum dabei zukommen kann, dessen Bedeutung in seiner unhintergehbaren und dabei vereinzelnden Erfahrung des Unendlichen von Schleiermacher so nachdrücklich betont wird. Zunächst allerdings gilt es, den Blick von Schlegel zu lösen, um ihn dem zweiten Monolog zuzuwenden und die Untersuchung des inneren Zusammenhanges dieses Textes mit der zweiten Rede dem Vorhaben der Untersuchung gemäß weiterzuführen.

Zuletzt hatte Schleiermacher in der Rolle des Redners seine Leser von dem Ausblick in die Weite des Allgemeinen zu der Anschauung des Einzelnen zurückgeführt: definiert als jener Ort, an dem solche Anschauung zuallererst ihren Ausgang zu nehmen vermag.

Dieses Thema wird nun wieder aufgenommen, indem Schleiermachers literarisches Ich im Monolog für sich zunächst zu dem Schluss kommt, dessen Fehler Wittgenstein später aufgedeckt hat: Während die Fremdheit des Anderen als unüberwindbar betrachtet wird, unter der Prämisse, dass Rückschlüsse auf das Innere ausschließlich über das äußere Handeln möglich und also unsicher bleiben, sieht das monologisierende Ich die Möglichkeit der unverstellten Selbstbetrachtung. „O Schande wer sich selbst nur wie der Fremde den Fremden betrachtet."[343] Solche Selbstbetrachtung, wird hier noch weniger als Möglichkeit aufgeworfen, denn als notwendige Antwort auf die Frage des Menschen danach, was er geworden bzw. wer er ist, der er zuletzt nicht mehr auszuweichen vermag.[344] In Anknüpfung an den ersten Monolog wird das Bild des Knechts dem Bild des Freien gegenübergestellt. Die Selbstbetrachtung ist im Gebiet der Freiheit verortet.[345]

---

[341] Vgl. aaO. 286: GüdP.

[342] Negativ wird diese Möglichkeit der Darstellung im *Studienaufsatz* am Beispiel von Shakespeares Hamlet veranschaulicht (vgl. etwa KA I, 251f: StdA).

[343] *Mo*KGA I/3, 15. Vgl. dazu WITTGENSTEIN, Über Gewißheit (1969): Der Autor markiert hier den Umstand, dass die Grenze der Möglichkeit zur Selbsterkenntnis in dem Satz „daß ich mich (da) nicht irren kann, und daß ich mich *darin* nicht irre" (aaO. 13) zum Ausdruck kommt, da es das Gegenüber (sei es auch das eigene Ich), um der Überzeugung beizustimmen, danach verlangt, dass die Aussage *objektiv* feststellbar ist (vgl. ebd. und dazu aaO. 174). Das Ich ist also noch in der Selbsterkenntnis auf Andere verwiesen.

[344] Vgl. ebd.

[345] Vgl. auch aaO. 16.

2.5 Selbstprüfung als Anfrage

Die Eröffnung dieses zweiten Selbstgesprächs durch eine Frage, bietet mE. inhaltlich Anschluss an die in der zweiten Rede eingeführte Interpretation der Urszene[346], in der Gott dem Menschen als erster fragender Gesprächspartner begegnet, dem gegenüber sich der Mensch nur durch seine im Kontext der Menschheit entwickelte Eigenschaft als Gesprächspartner mit der Fähigkeit zur Antwort als Gegenüber erweisen kann.

Die erste Frage, mit der der Mensch in jener biblischen Szene im Garten durch seinen Schöpfer konfrontiert wird, ist diejenige nach seinem bestimmten Aufenthaltsort: Wo bist du? (Gen 3.9) Der auf diese Frage folgende Dialog im Garten wird durch Adams Selbstverständnis bestimmt, das auf seine Tat zurückverweist. Er, der die verbotene Frucht gekostet hat, hat sich verborgen, da er sich seiner unverhüllten Sichtbarkeit vor Gott bewusst geworden ist und in der Folge eine Furcht vor seinem Gesehen-Werden entwickelt hat. Das Motiv der Scham bleibt unausgesprochen und steht dennoch deutlich im Raum. Das Gespräch zwischen Gott und Mensch führt alsbald zu der entscheidenden Frage Gottes: Warum hast du das getan? (Gen 3.13) Die Antwort des Menschen kann zugleich als eine (Selbst-) Bestimmung des Menschen in seinem Gottesverhältnis gelesen werden.

Die Frage nach dem *Standort* des Menschen lässt sich im Monolog insbesondere mit der zweiten der bisher untersuchten Reden verbinden. Das religiöse Bewusstsein (die Religion) habe ich dort als Standortbewusstsein des Einzelnen im Kontext des Allgemeinen interpretiert. Daraus folgernd wird die zweite Frage der Genesisszene zu der Frage der (Selbst-) Prüfung des zweiten Monologs. Dabei tritt der *Genesis- Frage* hier nun auch das Motiv des *Sich-Verbergen-Wollens* an die Seite. Bezugnehmend auf die Möglichkeit der Selbstkenntnis führt das Ich des Monologs indessen an, dass es der Mensch selbst sei, der sich vor dem eigenen Auge zu verbergen suche. Allein, heißt es dazu, das Urteil könne nicht irren, so der Mensch den Blick wirklich auf sich wende.[347] Als Antrieb dieses Sich-Verbergen-Wollens identifiziert Schleiermacher ein sog. *Vorgefühl* eines selbstverschuldeten Irrtums.[348] Dieses *Gefühl* findet das sprechende Ich in dem individuellen Bewusstsein dafür begründet, dass das eigene Tun nur allzu häufig dem Bewusstsein von der Menschheit nicht entspricht.

Wiederum tritt eine Prämisse in Schleiermachers Denken deutlich hervor: Die Tat und deren *Schau*, das darstellendes Handeln und die bewusste Wahrnehmung, stehen für ihn in einer unhintergehbaren Beziehung zueinander, sodass das Bewusstsein von der Menschheit zugleich die Bedingung der Sittlichkeit selbst verändert, wie es sich im Monolog nun erstmals unmissverständlich formuliert findet: „Ein wahrhaft menschlich Handeln erzeugt das klare Bewußtsein der Menschheit in mir, und dieses Bewußtsein läßt kein anderes als der Menschheit würdiges Handeln zu."[349]

---

[346] Vgl. *ReKGA* I/2 88ff; und in dieser Untersuchung: 51ff: im Abschnitt II.2.1.
[347] Vgl. *MoKGA* I/3, 15f.
[348] Vgl. ebd.
[349] AaO. 16. Werden die *Monologen* im Anschluss an die *Reden* gelesen, kann an diesem Punkt der

In diesem (Selbst-)Bewusstsein folgert Schleiermachers literarisches Ich: „Die Menschheit in sich zu betrachten, und, wenn man sie einmal gefunden, nie den Blik von ihr zu verwenden [sic.]", sei im Übrigen auch „das einzige sichere Mittel, von ihrem [sc. der Menschheit] Heiligen Boden nie sich zu verirren".[350] Das Zitat kann mE. auch als Beleg dafür gelesen werden, dass die beschriebene Aufgabe, einmal angenommen, hier als eine nicht endende betrachtet wird. Allein ihr Anfang ist, schreibt Schleiermacher, geebnet durch einen *einzigen freien Entschluss* „ein Mensch zu sein: wer den einmal gefaßt, wirds immer bleiben; wer aufhört es zu sein, ists nie gewesen"[351].

Diese scharfe These bringt die Frage ins Spiel, ob Subjekte auch außerhalb des Gebietes der *Menschheit* verortet werden könnten, so sie der Bildungsaufgabe nicht gerecht werden. Zwar wird diese Frage im Kontext nicht beantwortet, sie markiert aber ihrerseits den Umstand, dass das Bewusstsein, auf das es Schleiermacher hier ankommt, in keiner Weise *äußerlich* zu erwerben ist. Etwa durch einen Lernvorgang oder durch Gewöhnung. Das sprechende Ich kann den Anfang dieses Bewusstseins daher eine *Offenbarung* nennen, die *von innen* kommt.[352] Die Möglichkeit des *freien Entschlusses* ist erst in der Folge gegeben und betrifft gewissermaßen den Umgang mit dem, was (vor-)gefunden wird. Diese innere Freiheit steht indessen als allgemeines Potential zunächst in keiner Weise (etwa im Hinblick auf etwaige einzelne äußere Faktoren wie sie gesellschaftliche Verhältnisse darstellen können) zur Disposition. Vielmehr bildet sie ihrerseits eine Prämisse der Argumentation. Jedoch ist diese *Freiheit* als Bewusstsein von der Menschheit im Allgemeinen in der vorgenommenen Selbstprüfung erst ein Schritt. Er wird von Schleiermacher der Vernunft beigeordnet, die dem Betrachtenden eine allgemeine Richtung für sein Handeln zu geben vermag. Doch ist dieser ‚Blick der Vernunft' allen Einzelheiten gegenüber gewissermaßen *noch* blind.

Lange genügte es auch mir nur die Vernunft gefunden zu haben, und die Gleichheit des Einen Daseins als das Einzige und Höchste anbetend, glaubte ich es gäbe nur ein Rechtes für jeden Fall, es müße das Handeln in allen daßelbe sein […]; der Mensch, der Einzelne sei nicht ein eigentümlich gebildetes Wesen, sondern ein Element und überall derselbe.[353]

Mit der Perspektive, die das Ich hier einnimmt, hat es die von Schleiermacher beschriebene Gemüts-Bewegung[354] also bereits vollzogen und ist über den Blick auf das Allgemeine zu dem Einzelnen zurückgekehrt. Als solches vermag es nun auch das eigene in der Bildung begriffene Wesen wahrzunehmen, womit im Text zugleich der Schritt zu dem sog. *höheren Dasein*[355] getan ist. Ebenso wie in der zweiten Rede leitet Schleiermacher diese Bewegung wiederum aus der Erfahrung der eigenen Vereinzelung (bzw. der Erfahrung von Individualität) ab. Dort wird die

Untersuchung bereits von dem individuellen Bewusstsein für die Menschheit auf ein bestimmtes Bewusstsein für das *Universum* geschlossen werden.

[350] Ebd.
[351] Ebd.
[352] Vgl. ebd.
[353] AaO. 17.
[354] Im vorangehenden Kapitel habe ich gezeigt, dass diese *Bewegung* insbesondere in der zweiten Rede explizit wird.
[355] Vgl. *MoKGA* I/3, 18. Beachtet werden muss im Übrigen, dass bereits in der ersten der *Reden* jene Möglichkeit der *Erhöhung* des Menschen eingeführt worden ist, gegeben durch jene *höheren Gegenstände* von *Sittlichkei*t, *Recht*, *Freiheit* und *Religion* (vgl. *ReKGA* I/2, 18ff).

vereinzelnde Erfahrung des Unendlichen bis zur Karikatur ausgestaltet. Hier knüpft das sprechende Ich in seiner Selbst-Erfahrung inhaltlich an die Darstellung dieser Problematik an.

[U]nnütz schien mir die Persönlichkeit und die Einheit des fließenden vergänglichen Bewußtseins in mir, und drängte mich etwas Höheres Sittliches zu suchen, deßen Bedeutung sie wäre.[356]

Der Alleinstellung, in der das Ich sich vorfindet, wird damit ein Wert unterstellt, der die Aufgabe jedes Menschen im Gebiet der Sittlichkeit in sich trägt. Es ist die jeweils eigentümliche Ausprägung von Eigenschaften, die den Einzelnen als Teil der Menschheit auszeichnet. Wiederum ist die Argumentation getragen von dem Gedanken einer *höheren* Bestimmung, die, obgleich sie im Inneren ihren Ausgangspunkt findet, doch als Aufgabe (oder Anfrage) von außen an den Einzelnen herangetragen wird. Der Bildungsanlass bleibt dabei unverfügbar. Wird das Selbstverständnis im Folgenden als ein „Werk der Gottheit" benannt, „das einer besonderen Gestalt und Bildung sich zu erfreuen hat"[357], so birgt dies mE. keinen Anlass zu der Annahme, das Ich könne damit jene erste Unverfügbarkeit relativieren. Zwar treten Wille und Übung in der Ausführung als *Eigenkapital* alsbald hinzu, wenn es darum geht, die eigene Trägheit im Hinblick auf die wiederum prozessual beschriebene Aufgabe der Selbstwahrnehmung zu überwinden.[358] Indem sein literarisches Ich den Zweifel an dem Gelingen der Aussonderung des Eigentümlichen aus dem Ganzen der Menschheit als andauernde Selbsterfahrung im Bildungsprozess schildert, markiert Schleiermacher jedoch erneut dessen Unabschließbarkeit. Dazu bleibt die „Furcht zurükzusinken in die alte strafwürdige Beschränktheit auf den engen Kreis der äußeren Persönlichkeit, das Sinnliche verwechselnd mit dem Geistigen"[359] dem monologisierenden Ich beständig gegenwärtig.

Präzisiert werden so zwei verschiedene Aspekte der Selbsterfahrung des Individuums, die sich mit zwei Zeiterfahrungen verbinden. Einerseits richtet sich der Blick auf die mit Furcht besetzte sinnliche Vereinzelung (die als solche bereits Eingangsthema des ersten Monologs gewesen ist), da das Verhältnis zum Allgemeinen noch unterbestimmt ist. Hier ist das Bewusstsein des Subjekts ganz auf die Gegenwart gerichtet. Andererseits wird die in der Zukunft drohende Gefahr gewärtig, die einmal gefundene Einheit wieder aus den Augen zu verlieren. Der ausdrückliche Zweifel, der hier geäußert wird, bildet dabei einen auffälligen Kontrast zu der im obigen Zitat lesbaren Selbstsicherheit, ein Entschluss reiche aus, einmal *Mensch* geworden, dies auch zu bleiben. Demgegenüber entsteht nun das Bild eines Subjekts, das sich der Fragilität seines Selbstverständnisses bewusst zeigt. Darüber hinaus bietet das Zitat Gelegenheit, gerade das Bewusstsein für diese Zerbrechlichkeit als entscheidenden Motor im Bildungsprozess zu verstehen, da eben dieses Bewusstsein das Bedürfnis nach Selbstvergewisserung immer wieder neu initiiert, zu dessen Zweck sich der Einzelne in den Austausch mit dem Anderen zu treten genötigt

---

[356] *Mo*KGA I/3, 18.
[357] Ebd.
[358] Vgl. aaO. 19.
[359] Ebd.

sieht. Das Ich des Monologs hebt in diesem Zusammenhang explizit zwei Faktoren gesondert hervor: die Fantasie und die Freundschaft.

Was die zweite Rede hinsichtlich der Bedeutung, die Schleiermacher der Fantasie als Bildungskraft zuerkennt, bereits offengelegt hat, kann nun wieder aufgenommen werden. Dort hatte der Redner die bestimmten Begriffe (der Religion) als Produkte der Fantasie bzw. der Einbildungskraft, beschrieben, entwickelt im Gespräch mit dem Anderen, mit dem die Reflexion der eigenen Erfahrung vollzogen wird. Schleiermachers literarisches Ich markiert im Monolog nun die Vorstellungskraft als die Möglichkeit, das Ganze[360] (und in seinem Kontext das Eigene) zu *sehen*: „[I]ch denke mich in tausend Bildungen hinein, um desto deutlicher die eigene zu erblicken"[361].

Die Nachfrage richtet sich an dieser Stelle an die Einheit des individuellen Bewusstseins in seinem Gewordensein, die das Ich des Monologs auch als „Geschichte meines Selbst" benennen kann, in der sich alle Einzelheiten der Erfahrung zu einer Einheit verbinden.[362] Das Augenmerk des Monologs liegt hier auf der Entstehung solch einer *Geschichte*, wobei der kommunikative Austausch im Kreis „der Freunde […], die ich gern ins Innere schauen ließ" als zweite entscheidende Voraussetzung prägnant hervortritt. Ihre Meinung, heißt es da, solle nicht überhört werden, „wenn ihre Stimme von dem eignen Urteil abweicht".[363] Wiederum greifen die beiden Kräfte des *Aneignens* und *Abstoßens* – wenn auch ungenannt – dabei sichtbar ineinander, diesem Gedanken dahingehend folgend, dass es gegebenenfalls zu einer Veränderung durch die Aneignung des anderen Urteils hinsichtlich des Eigenen kommen kann. Erneut zeigt sich das sprechende Ich zuversichtlich, zuletzt werde sich das Bewusstsein als ein einheitliches Ganzes offenbaren, aller Widerspruch werde sich als Schein auflösen.[364]

Der Text kann damit mE. gewissermaßen als Ausführung der Bildungsstrategie gelesen werden, die Schleiermacher darin als Weg zur Bearbeitung der Erfahrung der je eigenen Vereinzelung offenlegt. Der Monolog stellt sich als Erzählung von der Überwindung der Erfahrung von Vereinzelung dar. Die Darstellung selbst kann dabei in zweierlei Hinsicht als Schritt in die Beziehung zu dem Anderen gelesen werden. Sofern der Text als „Darbietung" *angenommen wird*, wie Schleiermacher ihn mit seinem Vorwort bezeichnet, tritt einerseits das literarische Ich des Autors zu dem des Lesenden in Beziehung, indem es sich ihm vor Augen stellt. Andererseits wird die Einheit des Individuums mit dem Allgemeinen in der Darstellung für den imaginierenden Leser wie für den Autor durch die Einbildungskraft gewissermaßen erschaffen.

Zwei Möglichkeiten der *Darbietung* werden dem Lesenden an dieser Stelle aufgedeckt, deren Wahl sich von der „großen Trennungslinie der verschiedenen Naturen" (, durch die der einzelne Mensch entweder, so lässt sich im Kontext folgern, dem *Abstoßen* oder dem *Aneignen* zuneigt,) abhängig zeigt. Wie bereits in seiner ersten Rede über die Religion

---

[360] Hier explizit definiert als die Vielfalt der Handlungsoptionen in Bezug auf eine Situation (vgl. ebd.).
[361] Ebd.
[362] Ebd.
[363] Ebd. In der Ausgabe werden diese Ausführungen in der Fußnote explizit als Verweis auf den frühromantischen Kreis eingestuft.
[364] Vgl. *MoKGA* I/3, 19.

nutzt Schleiermacher auch hier den Begriff des *Berufs*, um zu verdeutlichen, dass dem Einzelnen in der Welt eine bestimmte Aufgabe zukommt.[365] Eine Möglichkeit besteht darin, so ist in diesem Monolog zu lesen, die Menschheit in sich darzustellen. Vereinfacht ausgedrückt handelt es sich dabei um einen *inneren Weg*, dem ein *äußerer Weg* gegenübersteht. Letzterer ist, Schleiermacher zufolge, der Weg des Künstlers, der sich all dem, was er außer sich findet, widmet, um es zu kunstreichen Werken zu bilden. Diese Differenzierung bleibt nicht ohne Konsequenzen in der Bewertung der Kunst bildenden Tätigkeit. Schleiermacher merkt kritisch an, die Freude des Künstlers gelte dem Werk als äußerem Gefäß weit mehr als dem Inhalt, den es darbiete.[366] So sucht der Autor an dieser Stelle, eine Unterscheidung zwischen Kunst und Leben, um die er sich, wie ich weiter oben gezeigt habe, auch in der Diskussion der *Monologen* weiter bemüht.[367]

Nur wer noch auf dem niedrigsten Gebiet im Vorhof der Eigenheit sich aufhält, und sich aus Furcht vor der Beschränkung nicht fest bestimmen will, kann beides vereinen wollen, um in beidem Weniges zu leisten [...][368].

Diese Einschätzung, die Überlegungen zu einem doppelten Bildungsbegriff nahelegt, will jedoch kaum dazu passen, dass der Autor der Reden und Monologe bislang stets die Verschränkung von Wahrnehmung und Darstellung im Bildungsprozess betont hat. Langfristig erkennt das sprechende Ich indessen wieder die Möglichkeit einer Vermittlung der beiden beschriebenen Wege. Dieser Übergang allerdings sei „nur der Vollkommenheit zugänglich, die selten der Mensch erreicht"[369]. Schleiermacher legt damit (zumindest vorläufig) eine *Entscheidung*[370] für den einen oder den anderen *Bildungsweg* nahe. Darin hätte ihm Schlegel, der einzig von *einer* ästhetischen Bildung sprechen will, zweifellos nicht beistimmen mögen. Es ist allerdings mE. auffallend, dass diese Unterscheidung von Schleiermacher in einem Text eingeführt wird, der seinen Lesern bereits im Eingang als äußere Darstellung des inneren Bildungsprozesses vorgelegt worden ist. Damit stellt sich die Frage, was an dieser Stelle nun gesagt sein soll: dass sich das literarische Ich des Autors noch „im Vorhof der Eigenheit" befindet und darum eine Darstellungsform der eigenen Wahrnehmung sucht, oder dass dieses Ich bereits jene selten erreichte „Vollkommenheit" für sich in Anspruch nehmen will? Schleiermacher überlässt die Suche nach einer Antwort in dieser Frage dem Leser, indem er sein literarisches Ich die *Entscheidung* gegen die Laufbahn des Künstlers erklären lässt, die aus seiner Veranlagung folgen müsse. Denn, während der Künstler sein Werk in der Einsamkeit bilden könne, sei es hinausgetrieben „in mancherlei Gemeinschaft mit den

---

[365] Vgl. aaO. 19f (Zitat siehe 19); vgl. außerdem *Re*KGA I/2, 5; vgl. dazu in dieser Untersuchung 20ff: Abschnitt II.1.1.
[366] Vgl. aaO. 20.
[367] Vgl. KGA V/5, 78: Schleiermacher an F. H. C. Schwarz: Berlin, Samstag, 28.03.1801. Vgl. dazu in dieser Untersuchung 51ff: Abschnitt II.2.1; und 158ff: Abschnitt II.5.5.
[368] *Mo*KGA I/3, 20.
[369] Ebd. Damit scheint der er in der ersten Rede beschriebene Zustand hier mit neuen Worten aufgenommen zu sein und zugleich in ähnlicher Art als der *Horizont* der Bildungswelt angesiedelt.
[370] Von einer Entscheidung ist hier nur bedingt zu sprechen, da Schleiermacher selbst in erster Linie von einer Veranlagung des Individuums ausgeht, die seinen Bildungsweg bestimmt.

anderen Geistern"[371]. Im Kontext des ersten Monologs allerdings relativiert sich auch diese Aussage wieder. War das sprechende Ich dort doch deutlich in seiner Aussage, dem Menschen bleibe ohne die Gemeinschaft der Geister die Welt selbst verschlossen. Eine vollständige Isolation kann damit auch für den Künstler kaum in Betracht kommen.

Mehr denn je zeigt sich der Text hier an diejenigen Leser adressiert, die Schleiermacher beim Schreiben am deutlichsten vor Augen gestanden haben dürften. Zu ihnen hat nicht zuletzt Friedrich Schlegel gehört. Dieser sucht den Freund nach dem Erscheinen der Reden energisch tiefer „ins Machen und Schreiben [zu] verwickeln",

weil ichs einzusehn glaube, daß die große Wirkung, die Du auf diesem Weg erreichen kannst, nur durch die Fortsetzung durch mehre in einander greifende und einander tragende Werke zu erhalten [ist] [sic.]. [...] Also Mache, Mache, Mache!!![372]

Die Monologe sind also auch als Antwort auf diese Aufforderung zu lesen. Zugleich wird Schleiermacher darin intensiv in der Auseinandersetzung mit der Form seines gegenwärtigen (und künftigen) literarischen *Machens* sichtbar. Auch indem das Ich, das der Autor im Monolog sprechen lässt, die Laufbahn des Künstlers für sich ausschließt, ist Bezug genommen auf einen Diskurs, der im Freundeskreis geführt wird, wie im Anschluss an das Erscheinen der *Monologen* lesbar wird.[373] In diesem Punkt wird im Monolog mE. vor allem deutlich, dass sich das Ich, das sich hier äußert, die Frage nach seinem Selbstverständnis als Künstler sich selbst noch nicht beantworten kann. Eben darum muss es diese Frage zuletzt an die Gemeinschaft herantragen, die durch den Kreis der intendierten Leser repräsentiert ist.

Ich habe gezeigt, dass Schleiermacher in seiner ersten Rede eine grundlegende Darstellung der menschlichen Natur bietet. Dort stellt er den Menschen als unabdingbar durch die beiden Kräfte des *Aneignens* und *Abstoßens* bestimmt dar. Diese Kräfte ihrerseits initiieren ein Wechselverhältnis zwischen den einzelnen Individuen im Prozess der Bildung. Diese Prämisse hat sich für die Argumentation der *Reden* ebenso wie für die der *Monologen* als tragend erwiesen. An dieser Stelle werden im zweiten Monolog nun zwei neue Begriffe eingeführt, die als Synonyme jener beiden genannten Grundkräfte gelesen werden können. Indem das Ich fortfährt, seinen eigenen Bildungsstand zu prüfen, formuliert es die Gewissheit, sowohl über den *Sinn* für das Allgemeine, der den Blick des Einzelnen zu öffnen vermag für „[a]lles was er nicht ist"[374], als auch über die *Liebe* zu verfügen. „Ja Liebe, du anziehende Kraft der Welt!"[375] Sie ergänze die Einheit, wo der Sinn vereinzele. Die Parallelen zu den bisherigen Begriffspaaren (Individualität und Einheit, Wiederstreben und Liebe, Abstoßen und Aneignen[376]) sind mE. deutlich

---

[371] AaO. 21 (Einfügung: AS).
[372] KA XXV, 32: Friedrich Schlegel an Friedrich Schleiermacher in Berlin: Jena, um Montag den 9. Dezember 1799. Vgl. auch aaO. 24: Friedrich Schlegel an Friedrich Schleiermacher in Berlin: Jena, Freitag den 15. November 1799.
[373] Vgl. KGA V/4, 50ff besonders 52: Schleiermacher an Carl Gustav von Brinckmann, Berlin am 27.05.1800.
[374] *Mo*KGA I/3, 21.
[375] AaO. 22.
[376] Vgl. *Re*KGA I/2, 6; 87f.

sichtbar. Der Begriff des Sinns jedoch, der nun eingeführt wird, gewinnt dazu eine Bedeutung im Hinblick auf die intentionale Ausrichtung des Bewusstseins, dahingehend dass *Ich* „mich selbst zu bilden gesonnen bin!"[377] Das Ergebnis des Bildungsprozesses wird sodann jedoch explizit als die Entwicklung von Sinn (für das Allgemeine) und Liebe (für den Einzelnen) beschrieben. In ihrer Ganzheit wird diese Bildung auch als *heiliges Gefühl* benannt, das (ebenso wie jene *Gefühle der Religion*, die in der zweiten Rede unter dem Begriff der Frömmigkeit subsummiert werden,) den allgemeinen Bestimmungen von Gesetz und Pflicht als ein „Kleinod" an die Seite zu treten vermag. Das *heilige Gefühl* bietet auf dem Gebiet der Handlung mithin eine Ergänzung, mit der, so erklärt das sprechende Ich, werde sie verworfen, „das Heilige" selbst verkannt sei. So nennt Schleiermacher im Monolog *Sinn* und *Liebe* als die beiden „höchsten Bedingungen der Sittlichkeit!" Sein literarisches Ich zeigt sich dieser beiden Kräfte zwar sicher, kann an dieser Stelle aber zugleich eingestehen, in seiner eignen Bildung doch noch unvollendet zu sein.[378]

Damit lenkt Schleiermacher den Fokus nun auf den Bildungsweg. Die Argumentation, kann dabei nicht zuletzt als eine Rechtfertigung gegenüber dem impliziten Adressatenkreis dieses Textes gelesen werden. Das sprechende Ich erklärt sich selbst. All sein Tun sei seiner Selbstbildung untergeordnet. Seine Eigenart, sich dabei nicht auf einen Wirkungsbereich beschränken zu können, um sich zu etwas *Ernstem*[379] zu begeben, sei in der Notwendigkeit der Bildung selbst gegründet, die es dazu dränge, beständig von einer Ansicht zur nächsten zu eilen. Immer gelte es dabei, sich neu Entdecktes zunächst im Streit[380] anzueignen, um die eigene Ansicht davon als „wahres Eigenthum"[381] zu erringen. Erst im wiederholten Wechsel von *Betrachtung* und *Gebrauch* könne das Neue schließlich ganz durchdrungen und ergründet werden.[382] Dass sich das Ich zu dieser Art der Erklärung seines Bildungsfortschritts genötigt zeigt, verweist auf einen mE. entscheidenden Punkt. In das Bewusstsein des *Fortschreitens* mischt sich im kommunikativen Austausch immer wieder das Erlebnis von Fremdheit. Das sprechende Ich bearbeitet in diesem Punkt die Begegnung mit dem Unverständnis bzw. dem Missverständnis, mit dem es sich in seinen Handlungen betrachtet und bewertet sieht.

Die Mittler-Figur der ersten Rede transportiert die Idee einer schrittweise zu realisierenden Verständigung – einer Vermittlung also zwischen Individuen. Dieser Idee entspricht die Bemühung, die das Ich nun im Monolog zeigt, sich den Freunden gegenüber verständlich zu machen, mithin das Missverständnis zu bearbeiten, während es zugleich nach Selbstvergewisserung sucht. In der Argumentation macht

---

[377] *Mo*KGA I/3, 22. Zu dem Verb *Gesinnen* verweist das DWb auf dessen Ableitung von sind, sinth (Weg, Reise) und die sich daraus herleitende erste Bedeutung einer körperlichen Bewegung in ihrer langsamen Übertragung auf eine geistige (vgl. Artikel: *Gesinnen, verb.*, in: ¹DWb, Bd. 5 [1897], Sp. 4117, Z. 53).
[378] *Mo*KGA I/3, 22.
[379] Vgl. ebd.
[380] Vgl. aaO. 23.
[381] Vgl. *Mo*KGA I/3, 24.
[382] Vgl. ebd.

Schleiermacher dabei allgemeine Prämissen geltend, um sie sodann auf das Ich-Erleben zu beziehen.

O Jammer, daß des Menschen Wesen so verkannt werden kann, von denen selbst, die wohl es überall zu kennen vermöchten und verdienten! daß doch auch ihrer so viele mit dem äußern Tun das innere Handeln verwechseln, dies wie jenes im Einzelnen aus abgerißenen Stüken zu erkennen meinen, und wo alles übereinstimmt Widersprüche ahnden![383]

Die Art des Fehlurteils, die in diesem Zitat lesbar wird, ist mithin stets gegründet in der Verwechslung von äußerer und innerer Handlung. Wobei es die innere Handlung (die Entwicklung des Bewusstseins) ist, auf die es Schleiermacher, wie sich hier wiederum bestätigt zeigt, wesentlich ankommt. So sei, erklärt das Ich, die äußere Handlung des geliebten Freundes nicht mehr von vorwiegendem Interesse, wenn das Innere, „aus dem es herfließt" bereits verstanden sei. Denn in diesem Fall „weiß [ich] daß es so sein muß wie es ist".[384]

Kann es also unter den Individuen zu einer vollendeten Verständigung kommen? Bis hierher ist im Blick auf diese Frage festzuhalten, dass eine solche Erfahrung zumindest für das Ich des Monologs aussteht, da es sich zu Erklärungen gedrungen sieht. Wie oft, so klagt es, sei seine Liebe „unbegriffen zurückgekehrt!"[385]

Der Bildungsprozess wird hier nicht zuletzt lesbar als eine Entwicklung der eigenen Sprachfähigkeit gegenüber dem Anderen. Die noch nicht überwundene Erfahrung der Differenz wird auch als Erfahrung von Stummheit beschrieben. „[D]es Herzens Sprache wurde nicht vernommen gleich als wäre ich stumm geblieben und Jene meinten auch ich wäre stumm".[386]

Noch deutlicher tritt an dieser Stelle die Möglichkeit hervor, im Prozess der Verständigung und damit auch im Bildungsprozess selbst trotz aller Bemühungen zu scheitern. Dieser Erfahrung wird das „schöne Ideal vollkommener Vereinigung" gegenübergestellt, einer Freundschaft, „die gleich vollendet auf beiden Seiten ist". Zwar steht die Stunde, in der sich diese Aussicht erfüllt, in diesem Text nicht in Frage: „o Allen hat sie früher schon geschlagen!" Es ist dies, erklärt das Ich, allerdings zugleich jene Stunde, in der es Zeit ist, „der Unendlichkeit sich wieder zu geben, und in ihren Schoß zurück zu kehren aus der Welt".[387]

Mit dem letzten Bild ist mE. die Stunde des biologischen Todes umschrieben, die damit der zweiten Rede entsprechend (anders als der mit Furcht besetzte Tod des Geistes) mit einer durchaus positiven Deutung unterlegt ist: ist dies doch auch jene Stunde, in der die Differenz zwischen dem Eigenen und dem Anderen endgültig überwunden ist. Bis dahin sieht sich das Ich, wie sich gezeigt hat, nicht allein durch *Liebe*, sondern auch durch *Sinn* dahingehend bestimmt, dass das Individuum bei sich bleibt, so

---

[383] Ebd.
[384] AaO. 25 (Einfügung: AS).
[385] AaO. 26
[386] Ebd.
[387] *Mo*KGA I/3, 27. Die Erfahrung existentielle Einsamkeit, die Kierkegaard später so prägnant aussprechen wird, ist hier damit mE. im Hintergrund bereits präsent, sie wird von Schleiermacher allerdings durch die Aussicht auf das Ideal gewissermaßen aufgefangen.

dass es nicht zuletzt die eigene Kraft ist, die den Unterschied zwischen dem eigenen Ich und den anderen aufrechterhält. Der Monolog, wie er hier geführt worden ist, ist in gewisser Hinsicht mehr als ein Selbstgespräch. Mit der Einbildungskraft treten die Freunde als Gesprächspartner hinzu, so dass sich auch die Perspektive des Lesers auf das konkrete soziale Konfliktfeld öffnet, das Schleiermachers literarisches Ich hier bearbeitet. Die Verständigung, die dabei im Darstellungsprozess erreicht wird, ist auch insofern eine vorläufige, als sie die Antwort der imaginierten Leser herausfordert.

2.6 Zweites Zwischenergebnis

Im Hinblick auf das Interesse dieser Untersuchung an dem Verhältnis der *Reden* und der *Monologen* konnte bis hierher zwar kein Entsprechungsverhältnis jedoch durchaus ein wechselseitiges Beziehungsverhältnis beider Texte beobachtet werden. Während die erste Rede das allgemeine Vorhaben der *Reden* verteidigt und damit deren Motivation beleuchtet, konnte das Vorgehen des Monologs insofern in Analogie dazu betrachtet werden, als hier die Endlichkeitserfahrung, mit der das Ich im Text konfrontiert, zugleich als Anlass zur Selbstwahrnehmung und mithin als Anlass der Aussprache bzw. der Darstellung (mithin des Monologs) lesbar wird. Während die zweite Rede das *Wesen der Religion* zu ihrem Gegenstand erklärt, der einer Prüfung im Hinblick auf Selbst- und Fremdwahrnehmung unterzogen werden muss, nimmt das Ich im Monolog sein eigenes Wesen als einen solchen Gegenstand der Prüfung. Das Thema beider Texte gründet sich in dem Interesse an einer Bestimmung des Verhältnisses des Individuums zum Allgemeinen. Letzteres kann sowohl unter dem Begriff *Menschheit* verhandelt werden als auch (im Blick auf die *Reden*) unter dem Begriff *Universum*. Die Entwicklung des religiösen Bewusstseins wurde als Möglichkeit der problematisierten Verhältnisbestimmung eingeführt. Dabei hat Schleiermacher die in sich bestimmte Religion insofern ebenfalls als Individuum im Blick, als er argumentiert, dass das individuelle Bewusstsein für das Universum nach seiner eigentümlichen Darstellung verlangt. Darunter fasst der Autor insbesondere die Ausbildung einer individuellen Sprachfähigkeit im Hinblick auf die vereinzelnde Erfahrung des Unendlichen ins Auge. Dieses Thema findet sich auch in den Monologen als die Herausforderung wieder, die innere Entwicklung und Handlungsmotivation gegenüber den Gesprächspartnern (den *Freunden*) verständlich zu machen. Die für Schleiermacher unhintergehbare Prämisse lautet, dass allein die gelingende Mitteilung im Bildungsprozess für die teilnehmenden Gesprächspartner fruchtbar wird. Sind sich die Reden und Monologe in dieser Darstellung der Bildung als Möglichkeit bislang einig, haben die ersten beiden Monologe primär die Herausforderungen der Realisierung dieser Möglichkeit in der Form der Selbstdarbietung eines Individuums vor Augen geführt. Die inhaltliche Beziehung beider Texte Schleiermachers hat sich auch durch die wiederkehrenden Tonfolgen derjenigen Schwerpunkte gezeigt, die die Darstellungen der Bildungsmöglichkeit tragen. Ihr Antrieb, der innerhalb der menschlichen Natur verortet wird, wird in den Reden als *heiliger Instinkt* benannt, in den Monologen als Not-Erfahrung der eigenen Endlichkeit im Ausblick auf das Ideal überwunder Fremdheit in der gelungenen Selbstmitteilung.

Dazu konnten weitere, beide Texte tragende Prämissen aufgedeckt werden. Da sind die beiden Grundkräfte der (menschlichen) Natur – das *Aneignen* und *Abstoßen* auch bezeichnet als *Individualität* und *Widerstreben* bzw. *Liebe* und *Sinn* – deren ausgeglichenes Verhältnis es zu entwickeln gilt. Darüber hinaus wird in beiden Texten die Rolle der Einbildungskraft für die Bildung jener eigenen *Welt* hervorgehoben, die im Kommunikationsprozess zur Mitteilung kommt. Schließlich finden sich in Reden und Monologen Verweise auf die Notwendigkeit verständiger Gesprächspartner für das Gelingen der Selbst-Mitteilung und damit für das Gelingen des Bildungsprozesses. Beide Texte stimmen bis zu diesem Punkt der Untersuchung nicht zuletzt darin inhaltlich überein, dass die Entwicklung des individuellen Bildungspotenzials zugleich als die Möglichkeit der Freiheit betrachtet wird, die es für den Menschen zu ergreifen gilt. Frei wird der Einzelne, indem er entdeckt, dass er *aus sich heraus* bzw. *über seine Vereinzelung hinaus* gehen kann. Indessen ist die vollständige Vereinigung des Individuums mit dem Allgemeinen von Schleiermacher bis hierher als eine unendliche Aussicht beschrieben. Die Erfahrung der Differenz bzw. der Fremdheit als Misslingen der Mitteilung ist mithin auch im fortgesetzten Bildungsprozess beständig neu zu erwarten.[388]

3. Von der Bildungskraft antwortender Individualität

In den vorangehenden Kapiteln dieser Untersuchung ist als gemeinsames Thema der *Reden* und *Monologen* das Bildungspotenzial des einzelnen Menschen hervorgetreten, der sich in seiner Vereinzelung der Teilhabe an einem allgemeinen Ganzen bewusst zu werden vermag. Wie Schlegel betrachtet auch Schleiermacher dieses Potential des einzelnen Menschen als die Möglichkeit der Freiheit, die es wahrzunehmen gelte.[389] Die Grenze dieser Freiheit, die im Blick darauf präzise als endliche Freiheit beschrieben werden kann, wird für Schleiermacher in der Bildungsgemeinschaft *sichtbar*, wo sich der Mensch im Prozess der Mitteilung, in dem sich die Bildung vollzieht, mit dem Problem des Missverständnisses dauerhaft konfrontiert sieht. Die sich darin offenlegende

---

[388] Die Kenntnis des Anderen bleibt bei Schleiermacher eine Vermutung, die auf Rückschluss aus dem Eigenen angewiesen ist und damit zuletzt der Bestätigung durch den Anderen bedarf. Dies hebt insbesondere der zweite der *Monologen* hervor. Eine ähnlich anmutende Argumentation wird von ihm im Versuch über die Schamhaftigkeit im Kontext der *Vertrauten Briefe über die Lucinde* (1800) aufgebaut. Hier geht es ihm um das Miteinander, in dem sich der Einzelne vor die Aufgabe gestellt sieht, die Freiheit des Anderen zu schonen, und sich dabei immer wieder aufs Neue durch seine Tat zu legitimieren. Auf diesem Weg wird die Schamhaftigkeit Schleiermacher zur Tugend. Dierkes verweist in diesem Zusammenhang insbesondere auf die ethische Dimension der Notwendigkeit einer Selbstbeschränkung gegenüber der Freiheit des Anderen als eine wahrhaftige Einschränkung, die der Einzelne in seinem Willen sich gegenüber dem Anderen zu emanzipieren erfährt. Demgegenüber findet der Begriff der Selbstbeschränkung bei Schlegel zwar ebenfalls Aufnahme, jedoch tritt er hier in anderer Konnotation als Ausdruck der Selbstbestimmung auf. (Vgl. KGA I/3, 173: Über die Lucinde – Vertraute Briefe; vgl. auch die Ausführungen von Dierkes, Die problematische Poesie, in: Selge (Hg.), Internationaler Schleiermacher-Kongreß Berlin 1984: Schleiermacher –Archiv, Fischer u. a. (Hgg.), Bd. I, Teilband 1 (1985), 61–98, 74ff; 95. Vgl. dazu bei Schleiermacher: *Re*KGA I/2, 109f. Zum Begriff der Selbstbeschränkung bei Fr. Schlegel vgl. etwa KA II, 149; 151: LycF Nr. 28; LycF Nr. 37).

[389] Vgl. *Mo*KGA I/3, 27.

Unabschließbarkeit des Progresses in der Verständigung zwischen den Individuen, dem Einzelnen und der Menschheit, wird Schleiermacher zur Grundlage, um die Aussicht auf die Vollendung in das Unendliche zu entrücken.[390] Mit seiner zweiten Rede hat er die Möglichkeit zur Selbstverortung des Individuums im Kontext des Allgemeinen in der Anlage des Menschen zur Religion begründet. Damit kann Schleiermacher die Notwendigkeit zur individuellen Darstellung der je eigenen Wahrnehmung des Universums als Wesen der Religion beschreiben und so zuletzt jede landläufig mit der Religion verbundene Vorstellung (zentral die Gottesidee) als die Ausprägung eines individuellen Bewusstseins für das Unendliche identifizieren, das aus einer kontextuell geprägten Vorstellungskraft hervorgeht. Erneut zeigen sich in dieser Darstellung Vielfalt und Einheit miteinander verflochten. Die Vielfalt der Religionen ist an dieser Stelle bereits auf das Wesen der Religion selbst zu beziehen. Da es Schleiermacher in seiner zweiten Rede zunächst um eben dieses *Wesen* nicht aber um die konkrete Einführung bestimmter religiöser Vorstellungen geht, wird der Begriff des Universums als der Versuch lesbar, die universale Perspektive offen zu halten. Eine Vorgehensweise, die indessen Schlegel im Anschluss an seine Lektüre der zweiten Rede zu der spitzen Bemerkung veranlasst: „Etwas mager [...] kam mir Dein Gott vor. Ich hoffe Du wirst an dieser Stelle in der Folge schon tiefer graben"[391]. Es gilt im Folgenden Untersuchungsabschnitt zu beobachten, inwieweit Schleiermacher dieser Aufforderung nachkommt. Bis hierher liegt das Interesse zunächst ganz auf der allgemeinen Möglichkeit und Wirkung einer Bildung von Religion im Hinblick auf die menschliche Natur. Selbiges vertiefend wendet sich Schleiermacher mit seiner dritten Rede der Frage nach den Voraussetzungen zur Bildung der Religion zu.

3.1 Selbstbildung als Kraft der Religion

Im Eingang seiner dritten Rede setzt Schleiermacher neu an, indem er zunächst wiederum Auskunft über den Antrieb zur Rede gibt. Anders als in seiner ersten Rede aber liegt der Fokus nun nicht mehr auf der Verteidigung des Redevorgangs im Hinblick auf seinen gewählten Gegenstand (die Religion), sondern auf dem Religionsverständnis. Mit der ersten Rede wurde die Religion als eine Kraft eingeführt, die ihr eigenes Gebiet innerhalb des Menschen zu behaupten sucht. Auf diese Weise wurde bereits eine Parallele zwischen dem Religionsverständnis des Redners und seinem Verständnis des Menschen als einem Subjekt, das „selbst für sich etwas sein will"[392], aufgedeckt. Der Blick auf diese Parallele wird hier nun weiter ausgebaut. Der Redner führt aus, dass die Religion sich im Menschen (ebenso wie der Mensch) selbst heranbildet. Freie Äußerung und Mitteilung werden von Schleiermacher als Mittel *ihrer* „eignen Kraft" betrachtet.[393]

[W]enn sie alle Vermögen des eignen Gemüths in dem Strom dieser Bewegung zu ihrem Dienst mit fortreißt: so erwartet sie auch daß sie hindurch dringen werde bis ins Innerste eines jeden Individuums

---

[390] Vgl. MoKGA I/3, 27.
[391] KA XXIV, 247: Friedrich Schlegel an Schleiermacher: Berlin, März 1799.
[392] R*e*KGA I/2, 36.
[393] Vgl. aaO. 134. Äußerung und Mitteilung werden dabei gemeinsam als *ein* Mittel beschrieben.

welches in ihrer Atmosphäre athmet, daß jedes homogene Theilchen werde berührt werden, und von derselben Schwingung ergriffen zum Bewußstsein seines Daseins gelangend durch einen antwortenden, verwandten Ton das harrende Ohr des Auffordernden erfreuen werde.[394]

Wiederholt tritt in diesem Zitat die dialogische Struktur des Bildungsvorganges hervor. Der Redner geht dabei soweit, dass er die Religion, die sich im Individuum heranbildet, beschreibt, als handele es sich dabei um ein Subjekt, das ebenso an einer Erwartung von Erfüllung orientiert ist wie ein Mensch. Jedoch verweist er auf eine entscheidende Einschränkung im Handlungsbereich der Religion.

Nur so durch die natürlichen Äußerungen des eignen Lebens will sie [die Religion] das Ähnliche aufregen, und wo ihr das nicht gelingt verschmäht sie stolz jeden fremden Reiz, jedes gewaltthätige Verfahren, beruhigt bei der Überzeugung, die Stunde sei noch nicht da [...].[395]

In diesem Zitat kündigt sich bereits das Argument an, mit dem der Redner den Umstand zu begründen sucht, dass trotz der Eigendynamik der beschriebenen Bildungskraft diese doch die ganze Menschheit (noch) nicht durchdringt. Die Erläuterung, die nachfolgend vorgetragen wird, verknüpft sich eng mit dem bereits früher dargestellten Verständnis des Einzelnen und trägt damit auch zu einer näheren Bestimmung dieses Verständnisses bei.

Da ich selbst nicht weniges an mir vermiße, was zum Ganzen der Menschheit gehört; da so Viele Vieles entbehren: welches Wunder wenn auch die Anzahl derer groß ist, denen die Religion versagt wurde. Und sie muß notwendig groß sein: denn wie kämen wir sonst zu einer Anschauung von ihr selbst und von den Gränzen welche sie nach allen Seiten hinaus den übrigen Anlagen des Menschen absteckt?[396]

Bisher wurde jeder Mensch als eine einzelne Darstellung der Menschheit in einer eigentümlichen Mischung all ihrer Elemente beschrieben. Hier nun kommt Eigentümlichkeit erstmals explizit als Einschränkung des Individuums zur Sprache. Schleiermacher stellt klar: Einer ist nicht Alles. Der einzelne Mensch muss seine Ergänzung notwendig im Anderen suchen.[397] Die Frage, die der Leser sich an dieser Stelle selbst beantworten muss, ist nun freilich, ob der Gedanke solcher Vielfalt, die sich als Beschränkung Einzelner zu Gunsten der Bildung aller darstellt, überzeugen kann. Eine weitere Frage, die an dieser Stelle unbeantwortet bleiben darf, ist, ob Schleiermachers Aussicht auf die *noch* entzogene Möglichkeit einer Vollendung in der Bildung zufrieden stellen kann.

Der Redner schließt an seine Thesen an dieser Stelle weitere Überlegungen hinsichtlich des Mangels an Religion an, die er in der Gesellschaft wahrnimmt, in der er auch seine Adressaten verortet. Eine ausführliche Würdigung erfahren dabei zunächst die widrigen Umstände einer Gegenwart,

[w]o nichts unter allen menschlichen Dingen unerschüttert bleibt; wo jeder gerade das, was seinen Platz in der Welt bestimmt, und ihn an die irdische Ordnung der Dinge feßelt, in jedem Augenblick in Begrif

---

[394] AaO. 134/135.
[395] AaO. 135 (Einfügung: AS).
[396] AaO. 136.
[397] Dieser Gedanke ist seinem Kern nach in dieser Untersuchung keinesfalls neu.

sieht, nicht nur ihm zu entfliehen und sich von einem Andern ergreifen zu laßen, sondern unterzugehen im allgemeinen Strudel[398].

Die Erschütterung der Gesellschaft wird im Zitat mit der Erschütterung des Einzelnen in seinem Selbstverständnis verknüpft und dabei als geradezu physische Destabilisierung veranschaulicht: der Standpunkt des Individuums im Raum der Welt ist verunsichert. Erneut ist damit auch die enge Verbindung des einzelnen Menschen zu *der Menschheit* betont. Dabei nimmt Schleiermacher hier nun nicht, wie an anderer Stelle, eine exponierte Bildungsgemeinschaft, sondern die Gesellschaft als eine allgemeine Größe in den Blick. Die auf das körperliche Erleben bezogene Metaphorik wird weitergeführt, indem die Argumentation bezugnehmend auf die in der zweiten Rede eingeführten Bedingungen zur Bildung der Religion weitergeführt wird: „Wer hat Ruhe und Festigkeit genug um still zu stehen und anzuschauen?"[399] Eine Unruhe innerhalb der Gesellschaft bleibt demnach nicht ohne Folgen für das Individuum, das dieser Gesellschaft angehört. Die Verunsicherung setzt sich in dem inneren Erleben des Einzelnen auf eine Weise fort, dass dieser die Ruhe zu seiner Selbstbetrachtung nicht finden kann.

Wenn der Verweis auf den Einfluss der Gesellschaft auf das Individuum einerseits auf dessen Empfänglichkeit für äußere Einflüsse schließen lässt, so wird andererseits ebenso die Grenze dieser Offenheit betont. Es sei nicht möglich, dem Individuum die Bildung *einzuimpfen* oder *anzubilden*.[400] Solches würde die Möglichkeit einer direkten Einflussnahme auf die Organisation eines eigenständigen Geistes voraussetzen, mithin die Möglichkeit, die Ideen, die dieser hervorbringt, in ihrer Entstehung zu beeinflussen. Dagegen jedoch verwahrt sich Schleiermacher entschieden. Das Innerste des Einzelnen ist ihm ein geschützter Raum: die „geheiligte Werkstätte des Universums"[401], in der die Religion ihren Ausgang nimmt, da sie durch den eigentümlichen Eindruck, den das Universum dem Einzelnen vermittelt, den Anstoß zu ihrer eigentümlichen Bildungsbewegung erhält.

An diesem Punkt wird mE. deutlich, dass der Verfasser der *Reden* um eine Darstellung des Individuums ringt, die sich zwischen den Alternativen einer vollständigen Eigenständigkeit der Individuen[402], die jede Vermittlung ausschließt, und der Lehre von einer Einheit, die jede Vermittlung überflüssig machen würde, bewegt. So zeigt sich Schleiermacher darum bemüht, zu betonen, dass allein die eigenständige Erfahrung zu

---

[398] AaO. 136/137.
[399] AaO. 138.
[400] Vgl. aaO. 138f. Diese These verbindet sich mit der Darstellung der wesentlichen Prämissen des Bildungsprozesses, die Schleiermacher in seinem zweiten Monolog vorstellt: Nur im Wechsel von Anschauung und Gebrauch könne es wahrhaftig zur Aneignung von etwas anderem kommen (vgl. *Mo*KGA I/3, 24).
[401] *Re*KGA I/2, 139f. Die Metapher der „Werkstatt des Universums" bezeichnet hier das Gemüt, darauf verweist der synonyme Gebrauch dieses Begriffs im unmittelbaren Kontext (vgl. ebd.).
[402] Im Sinne einer starken Lesart des Leibniz-Wortes: vgl. LEIBNIZ, Discours de métaphysique, la monadologie, principes de la nature et de la grâce fondés en raison/ Monadologie und andere metaphysische Schriften, Französisch-Deutsch (2002), 112/113: Monadologie (1714), §7. Vgl. außerdem in der Hinführung zu dieser Untersuchung 1ff: Abschnitt I.1.

wahrhaftiger Bildung und damit auch (im Hinblick auf die vorangehende zweite Rede) zur eigenständigen Reflexion, führen kann. Vor diesem Hintergrund müsse etwa Unterricht, der sich über diese Grundprämisse hinwegsetzt, indem er allein Lehrsätze und Meinungen zu transportieren sucht – die *Schatten* der Anschauungen und Gefühle Anderer – für die Bildung des Individuums wirkungsbloß bleiben.[403] Als Gegenentwurf zu einem solchen Unternehmen der *Anbildung* offeriert der Verfasser der Reden hier die Möglichkeit der *Aufregung*, mit der er die Aussage von der Selbstbildung der Religion zu präzisieren sucht: „Das Universum", heißt es da, „bildet sich selbst seine Betrachter und Bewunderer".[404] Die Religion, die aus dem Einzelnen hervorgeht, entfaltet, so könnte man es mit Schleiermacher sagen, als eigenständiges Individuum eine Art unverfügbare Eigendynamik. Denn derjenige, der die Religion durch die Äußerung „seiner eigenen Religion [...] in Andern aufgeregt hat, der hat nun diese nicht mehr in seiner Gewalt sie bei sich fest zu halten: frei ist auch ihre Religion sobald sie lebt und geht ihres eigenen Weges."[405]

Die Religion wird mithin selbst zu einem lebendigen Eindruck, der sich als solcher dem Anderen als Wirkung des Universums auf sein Gemüt mitteilt. Dabei tritt nun wiederum die äußere Notwendigkeit als entscheidender Faktor hinzu. Denn wie die Religion eines Einzelnen als religiöses Bewusstsein sich nach außen darstellt bzw. nach außen *erscheint*

hängt davon ab, wie es von den übrigen begrenzt oder freigelassen wird; nur durch diesen allgemeinen Streit erlangt jedes in jedem eine bestimmte Größe, und dieser wiederum wird nur durch die Gemeinschaft der Einzelnen und durch die Bewegung des Ganzen unterhalten[406].

Diese Wechselwirkung zwischen dem Einzelnen und dem Allgemeinen, der inneren Bildung und der äußeren Notwendigkeit, die Schleiermacher hier erneut darstellt, wird in der Argumentation zur Grundlage dafür, jedes Individuum sowohl als Werk wie auch als Werkzeug des Universums zu verstehen.[407] Im Anschluss an die bereits mit der ersten Rede eingeführte Prämisse, dass jeder Mensch mit der Anlage zur Religion geboren wird, wird nun die These entwickelt, dass diese Anlage in der Gegenwart, auf die der Sprecher hier als solche Bezug nehmen kann, von Kindheit an geradezu eingeschlossen, mithin in ihrer Entwicklung unterdrückt wird. Als erster Grund für diesen Umstand wird die „Wuth des Verstehens", die den Sinn „gar nicht aufkommen läßt"[408] genannt, der zweite

---

[403] Vgl. aaO. 140.

[404] AaO. 143. Den Begriff der *Anbildung* habe ich oben im Anschluss an Schleiermacher eingeführt, der dieses Wortspiel mit dem Begriff der Bildung mE. nutzt, um den Widersinn in dem damit umschriebenen Vorhaben zu unterstreichen, darin liegend „mit dem besten Willen, die Anlagen zur Religion nicht nur [...] aufzuregen, sondern sie auch anzubilden und aufzuregen". Woran der Redner die rhetorische Frage anschließt, wo es denn einen solchen Weg gebe (aaO. 138).

[405] AaO. 142. Indem er so erneut die Unverfügbarkeit des Einzelnen für die Willkür des Anderen betont, tritt Schleiermacher dem *Vorwurf* entgegen, es sei seine Absicht die Religion seinen Adressaten selbst an-zu-bilden (mit dem er im Eingang seiner dritten Rede explizit rechnet), indem er beteuert, er wolle nicht in solcher Weise aus dem Gebiet der Religion heraustreten, sondern vielmehr in diesem verweilen (vgl. ebd.).

[406] AaO. 143.

[407] Vgl. ebd.

[408] AaO. 144.

Grund wird in der von allen Seiten unternommen Anstrengung aufgedeckt, den Menschen an das Endliche zu binden. Als ausschlaggebende Problematik im Hinblick auf die Bildung der Religion ist damit gerade nicht ihre offene Ablehnung in den Formen von Zweifel und Spott benannt, sondern „die Verständigen und praktischen Menschen"[409]. Diese Position wird im Folgenden genauer entwickelt.

In dem Umstand, dass der Mensch in seiner Jugend, ja von Kindheit an, eine Sehnsucht nach dem Wunderbaren und Übernatürlichen trägt, identifiziert Schleiermacher bereits ein Streben nach Höherem. „Eine geheime unverstandene Ahndung treibt sie [sc. die jungen Menschen] über den Reichthum dieser Welt hinaus"[410]. In dieser *Bewegung* zeige sich die erste „Regung der Religion"[411]. Freilich sei es eine Täuschung, das Unendliche als Gegensatz des Endlichen auch außerhalb des Endlichen zu suchen. Beispielhaft benennt der Redner Dichtungen, die das Übernatürliche als ihr Thema wählen. Indessen sei eine solche Täuschung im Beginn der Bildung nur natürlich. Die Eigenart der jugendlichen Fantasie sei zu dulden, um dem Einzelnen die Möglichkeit offen zu halten, selbstständig aus seiner Verirrung den Ausgang (mithin die Religion) zu finden.[412] Das Übel seiner Gegenwart besteht mit Schleiermacher eben darin, dass der jungen Seele ihr Freiraum vorenthalten wird, indem dieser mit nützlichen „Vorbereitungen aufs Leben" gefüllt wird, ehe die Vorstellungskraft eine *leere* und damit vorläufig freie Bild-Fläche für sich nutzbar machen könnte, um eigene Vorstellungen darin zu entwickeln.[413] Das Resümee lautet: „Absicht und Zweck muß in Allem sein, sie müssen immer etwas verrichten"[414]. Ein solches beständig auf Zwecke ausgerichtetes Handeln wird hier zum Gegenbild der betrachtenden Ruhe, die die Religion für sich einfordert. In welchem Zusammenhang das Zweck-Handeln für Schleiermacher zu der weiter oben verworfenen *Wut des Verstehens* steht, zeigt sich, indem er die Zweckorientierung mit der Bemühung eines Verstehens verbindet, im Zuge dessen der Verstand das Objekt ausschließlich nach seinem „Woher und Wozu"[415] befragt. Auf diesem Weg einer allein äußerlichen Betrachtung könne es im Hinblick auf das Objekt der Wahrnehmung nicht zu der Frage kommen, ob und inwiefern es sich bei Selbigem (innerlich) um ein Ganzes handele. Aufzumerken ist im Interesse der Untersuchung an der Darstellung des Individuums, wenn es heißt, die Kunst in der Natur und in den Werken der Menschen sei gerade das, was in sich selbst ein Ganzes bilde. Als ein solches Ganzes betrachtet, dürfe das Einzelne nicht durch seine Zergliederung zerstört werden, wie es die *Wut des Verstehens* der *verständigen Leute* einfordere.[416] Das beschriebene Defizit in der Erziehung junger Menschen, das als entscheidender Hinderungsgrund für die

---

[409] Ebd. Gegen ein in dieser Art zweckgebundenes Handeln an sich äußert auch Schlegel kritische Vorbehalte. Darauf gehe ich im zweiten Abschnitt des dritten Kapitels ein.
[410] AaO. 145.
[411] Ebd.
[412] Vgl. aaO. 145f.
[413] AaO. 148.
[414] *Re*KGA I/2, 148.
[415] AaO. 149.
[416] Vgl. ebd.

Bildung zu der Religion eingeführt worden ist, verweist letztlich also darauf, dass, anders als der Vorgang der Bildung selbst, seine Voraussetzungen dem Einfluss des Willens nicht entzogen sind. So kann auf dieser Ebene Verbesserung angestrebt werden (und soll es auch, Schleiermacher zufolge).

Die oben eingeführten Aspekte können in ihrer Summe als Darstellung einer Lebensführung gelesen werden, die gänzlich auf die Vielfalt einzelner (äußerer) Zwecke ausgerichtet ist. Als solche verleitet sie das Bewusstsein des bildsamen Individuums zu einer Vereinzelung seiner Anschauungsobjekte. Damit werde es, erklärt der Redner, blind für den Zusammenhalt der Einzelheiten und, so kann der Leser schließen, ebenso blind für seine eigene Einheit. Diesem Bildungshindernis an die Seite stellt Schleiermacher die „Schranken des bürgerlichen Lebens"[417]. Sie allerdings sind weniger eine Ergänzung als vielmehr die Folge jenes ersten Problems: Die *Fessel*[418] der Zweckorientierung ist die Grundlage für ein Selbstverständnis, das sich allein aus solchen Handlungen speist, die in ihrer Beziehung zu dem jeweiligen bürgerlichen Stand ihrer Akteure ausschließlich durch ihren äußeren Zweck definiert sind. Der Selbstzweck einer Vorliebe, die über diesen *unfruchtbaren Kreis*[419] hinaus geht, kann hier keine Anerkennung finden und so bezeichnet der Redner besagten *Ort* als gänzlich ungeeignet, um „eine originelle Erscheinung, die ein Phänomen werden könnte für die Religion"[420], hervor zu bringen. Denn hier fehle schlechterdings Alles, was einen freien Ausblick auf diese Welt öffnen könnte, namentlich: *Wissenschaft, Kunst, Liebe, Sitten, Geist* und *Buchstabe*.[421] Im Umkehrschluss ist damit gesagt, dass all diese Gebiete grundsätzlich dazu geeignet wären, den Bildungsprozess zu befördern, da auf ihnen der Zusammenhang des Einzelnen mit dem Ganzen vermittelt werden kann.

> Denn im Universum kann [sc. jedes Ding] nur etwas sein durch die Totalität seiner Wirkungen und Verbindungen; auf diese kommt alles an, und um ihrer inne zu werden, muß man eine Sache nicht von einem Punkt außer ihr, sondern von ihrem eigenen Mittelpunkt aus und von allen Seiten in Beziehung auf ihn betrachtet haben, das heißt, in ihrem abgesonderten Dasein, in ihrem eigenen Wesen.[422]

Im Hinblick auf die Darstellung von Individualität kann hier der Punkt verstärkt werden, dass der Einzelne mit Schleiermacher das Verständnis von seiner Eigenheit erst im wechselwirksamen Austausch mit anderen Individuen entwickeln kann.

Der Redner verweist nun in den Verhältnissen des Menschen auf gewisse bestehende Übergänge zu dem Unendlichen[423], die dem Individuum Ausweg aus seiner *Eingeschlossenheit* bieten können. Doch sei es ausgeschlossen, dass sich der Sinn für die Religion unter solchen Umständen anders denn als starke Opposition emporarbeiten

---

[417] AaO. 150.
[418] Diese Art der Metapher findet im gleichen Kontext Verwendung in dem dritten der *Monologen* (vgl. *Mo*KGA I/3, 31).
[419] *Re*KGA I/2, 152.
[420] Ebd.
[421] Vgl. Ebd. Wobei die Nennung des Buchstabens Kenner der Reden an dieser Stelle erstaunen mag, findet er doch an späterem Ort keinesfalls eine so freundliche Wertung.
[422] AaO. 152f (Einfügung: AS).
[423] Schleiermacher hat hierbei in seinem Beispiel zumal Anfang und Ende des Lebens vor Augen, vgl. dazu die Ausführungen *Re*KGA I/2, 155f.

könne.⁴²⁴ Im Übrigen sei es am leichtesten, ein Gebiet zu erobern, das der Gegner noch nicht vollends besetzt habe. Dies Gebiet findet Schleiermacher in der „inneren Welt"⁴²⁵. Er folgert, der religiöse Mensch an sich sei in dieser Zeit einer, der in Betrachtung seiner selbst befangen, das Äußere (zumindest kurzfristig) *den Verständigen* überlasse.⁴²⁶ Diese Aussage ist mE. nur zu deutlich mit dem Unternehmen der *Monologen* verbunden. Im Hinblick auf die Argumentation der *Reden* erweist sich das Ich der Monologe mit seinem Vorhaben, sein Inneres zu erkunden, das insbesondere im zweiten Monolog explizit wird, geradezu als Muster einer religiösen Natur. Schleiermacher setzt seine dritte Rede fort, indem er verschiedene religiöse Naturen voneinander differenziert. Er beschreibt sie einerseits als mystische Gemüter, deren in sich gekehrter Sinn der gegenwärtigen Welt verloren gehen müsse. Andererseits werden dem Leser die *phantastischen Naturen* vor Augen geführt, die ebenso wenig zu anerkannten *Helden der Religion* zu werden vermögen, da sie, unfähig den Zusammenhang der Welt zu durchdringen, bei abgerissenen Anschauungen des Ganzen stehen bleiben müssten. Indem der Redner die mystischen Naturen als die „Unsrigen"⁴²⁷ bezeichnet, gibt er auch einen Hinweis, welcher dieser Richtungen er selbst sich zugehörig fühlt. Besagten mystischen Naturen wird zwar ein höheres Potential zur Bildung der Religion unterstellt. Allein bemängelt wird doch etwas Entscheidendes.

Sie haben nichts sehen gelernt außer sich, weil ihnen alles nur in der schlechten Manier der gemeinen Erkenntniß mehr vorgezeichnet als gezeigt worden ist, sie haben nun weder Sinn noch Licht genug übrig von ihrer Selbstbeschauung, um diese alte Finsterniß zu durchdringen, und zürnend mit dem Zeitalter, dem sie Vorwürfe zu machen haben, mögen sie gar nicht mit dem zu schaffen haben, was sein [sc. des Zeitalters] Werk in ihnen ist.⁴²⁸

Der Sprecher erklärt, das Schicksal solcher Naturen sei darum ein beständiges In-sich-Kreisen, dem die *Nahrung*, der Zugewinn an Anschauung, fehle, so dass die Bewegung und damit die Weiterbildung des religiösen Sinnes bald zum Erliegen kommen müsse. Die Konfrontation eines mystischen Geistes mit der äußeren Welt sei zum Scheitern verurteilt, denn ohne Kenntnisse ihres Innersten, müsse ihm die Welt als Ganze fremd bleiben und sein Geist zuletzt in ihr zu Grunde gehen.⁴²⁹ Diese Darstellung weist mE. gewissermaßen voraus auf das, was später etwa bei Kierkegaard als hoch problematisch empfundene Erfahrung der Einsamkeit zur Sprache kommt.⁴³⁰ Schleiermacher scheint diese Situation zumindest aus eigener Anschauung heraus zu kennen, wenn er sie auch nicht als Selbsterfahrung beschreibt. Im Hinblick auf seine eigene Biografie liegt es nahe,

---

⁴²⁴ Vgl. aaO. 156.
⁴²⁵ Ebd.
⁴²⁶ AaO. 157.
⁴²⁷ *ReK*GA I/2, 159.
⁴²⁸ Ebd.
⁴²⁹ Vgl. aaO. 160.
⁴³⁰ So nimmt Kierkegaard etwa in *Furcht und Zittern* auf die Einsamkeit Bezug, mit der sich das Individuum, das die „Bewegung des Glaubens" vollzogen hat, in Form der „furchtbare[n] Verantwortung" konfrontiert sieht. Denn der Autor sieht keine Möglichkeit, die Entscheidung, die aus dem Glauben heraus getroffen wird (als Exempel steht hier Abrahams Opferung Isaaks im Fokus), auch allgemein zugänglich zu machen. Kierkegaard beschreibt im Kontext dieser Überlegung die Erfahrung des Sprach-Verlustes (vgl. GW 4, hier besonders 130f [Zitate aaO. 54, 130]: Furcht und Zittern [Frygt og Bæven (1843)]).

zu vermuten ist, dass er hier insbesondere Bezug nimmt auf seine frühen Erfahrungen unter den *mystischen Gemütern* im pietistischen Kontext.[431] Da der Redner indessen angekündigt hat, es ginge ihm nicht so sehr um die Unmöglichkeiten, sondern vielmehr primär um die Möglichkeiten der Bildung, muss es einen dritten Weg geben, der den beiden erstgenannten aufgrund seiner höheren Erfolgsaussichten vorzuziehen ist. Das Wesen der Religion ist bereits als „Sinn und Geschmack fürs Unendliche"[432] bestimmt. Im Anschluss daran wird nun die Bildung des Individuums mit der Entwicklung des Sinnes als einer Form sinnlicher Empfänglichkeit auf das Engste verknüpft.

> Der Umfang und die Wahrheit der Anschauung hängt ab von der Schärfe und Weite des Sinnes, und der Weiseste ohne Sinn ist der Religion nicht näher als der Thörichste der einen richtigen Blik hat.[433]

Wenn die Bildung dieses Sinnes der Aussage folgend gefördert werden soll, geht es, soviel ist bereits in den vorangehenden Ausführungen deutlich geworden, zugleich um eine grundsätzliche Veränderung der allgemeinen Bildungsstrukturen.[434]

Mehr denn je sucht der Redner hier den Schulterschluss mit seinen Adressaten. So schreibt er nun in dem ausdrücklichen *Wissen*, verstanden zu werden, „von der Heiligkeit des kindlichen Alters". Diese besondere Wertschätzung der Kindheit wird aus der These erschlossen, bereits bei dem „werdenden Menschen" seien Äußerungen „von der Ewigkeit der unverletzlichen Willkühr" zu erlauschen.[435] Mithin muss die Entwicklung des religiösen Sinns bereits in der frühesten Entwicklung des Menschen ansetzen. Dem bisherigen „fruchtlose[n] encyklopädische[n] Herumfahren" hält der Redner den Weg der „Selbstbeschränkung"[436] entgegen. Mit ganzer Kraft gelte es etwas Bestimmtes zu werden, denn es könne keine Gegenstände geben, „wenn nicht alles gesondert und beschränkt wäre" von dem anderen. Ein Bewusstsein, das zu diesem Wissen gereift sei, verfüge zuletzt über eine „Allgemeinheit des Sinnes".[437] Eine Formel, die, wie ich oben gezeigt habe, im zweiten Monolog in verwandtem Wortlaut übernommen wird.[438] Hier wie dort steht die Einsicht an erster Stelle, dass es bei aller Beschränkung des Eigenen den Sinn für das Andere zu entwickeln gilt, denn gerade auf dem Gipfel der Vollendung seiner Eigenheit könne es dem Menschen nicht mehr entgehen, das eben sein Einzelnes

---

[431] Vgl. NOWAK, Schleiermacher (2001), 24ff; vgl. dazu DERS., Schleiermacher und die Frühromantik (1986), 58ff.

[432] *ReKGA* I/2, 53.

[433] AaO. 162.

[434] Eine Folgerung, wie sie etwa Heller aus den Untersuchungen seiner Dissertation im Rückblick auf Schleiermacher für die Gegenwart wirksam zu machen sucht, dessen Untersuchung dabei primär Schleiermachers Rolle als Pädagoge gilt. In diesem Punkt zieht Heller auch die Verbindung zu den bildungstheoretischen Ansätzen von William James und John Dewey (vgl. HELLER, Die Bildung des selbstbestimmten Lebens [2011], hier insbesondere 468ff; vgl. auch *ReKGA* I/2, 162f).

[435] *ReKGA* I/2, 163 (Einfügung: AS). Vgl. dazu auch bei LUHMANN, Gesellschaftsstruktur und Semantik, Bd. 1 (1993), 192ff: Auf 194 benennt Luhmann die *Entdeckung des Kindes* als ein Charakteristikum des 18. Jh. In der Folge werde das Verständnis von Einflussverhältnissen „tiefergelegt".

[436] Dieser Begriff ist aus der Schlegellektüre bis hierher bereits vertraut. Vgl. etwa, in: KA II, 149; 151: LycF 28; LycF 37.

[437] *ReKGA* I/2, 164 (Einfügungen: AS).

[438] Vgl. *MoKGA* I/3, 21.

„nichts [...] ohne das Übrige" sei.[439] Während an früheren Stellen der *Reden* wie der *Monologen* eine trennscharfe Gegenüberstellung jener beiden Kräfte zu beobachten war, von denen die eine das Bewusstsein *vereinzelt*, die andere das Getrennte *zusammenführt*, liegt der Akzent dagegen nun auf der Einheit dieser Kräfte.

Der Mensch verfügt nach Schleiermacher stets über diese Form sinnlicher Empfänglichkeit, um die es an dieser Stelle der dritten Rede geht, doch dies in einer jeweils bestimmten Ausprägung. Drei mögliche Sinn-Richtungen (nach Innen, nach Außen und auf der Mitte dieser Positionen schwebend[440]) werden beschrieben, die in ihrer jeweiligen Eigenart doch alle zu *einem Sinn für das Universum* entwickelt werden können. Denn die Selbstanschauung (mithin die Ausrichtung des Sinnes nach Innen) ist dem Redner *eigentlich* zugleich die Anschauung dessen, was nicht das Eigene ist. So werde das Eigene zuletzt dem Blick ganz entzogen in der Anschauung der Unendlichkeit. Richte sich der Sinn dagegen primär nach Außen auf das Ganze des Universums, könne dies nicht geschehen, ohne dass dabei wahrgenommen werde, dass es „keine Gegenstände geben würde, wenn nicht alles gesondert und beschränkt wäre"[441]. Allein den dritten und letzten Weg, der in den Reden als der Weg der *schwebenden Ruhe*[442] benannt wird, kennt der Sprecher als jenen, der ihm selbst verschlossen ist. Umso mehr beklagt er den Mangel an Mitteilung solcher, die ihn beschritten haben mögen, da er selbst den Übergang eines ruhigen vereinzelten Genießens in den Genuss des Ganzen – den Übergang zu der Religion auf diesem Gebiet – allein zu ahnen und zu glauben vermöge.[443] Diese dritte Richtung ist jene des „Kunstsinn[es]"[444], der in der Rede in eine direkte Beziehung zu dem menschengeschaffenen Kunstwerk eingerückt wird.[445] Diesen Weg zur Anschauung des *Einen in Allem*, nimmt Schleiermacher hier zum Anlass, die besondere Beziehung, die Kunst und Religion miteinander eingehen könnten, herauszustellen. Zwar schränkt er seine Aussage dahingehend ein, er habe (bisher) nie von einer *Kunstreligion* gehört, die Zeitalter und Völker beherrscht hätte.[446] Doch nimmt der Autor, wenn auch eine gewisse Zurückhaltung spürbar bleibt, immerhin die

---

[439] *Re*KGA I/2, 165.
[440] AaO. 165/166.
[441] AaO. 164.
[442] AaO. 165. Die Wahl gerade dieser Worte zur Darstellung dessen, was wenig später als „Kunstsinn" (aaO. 167) benannt wird, bietet Anschlussmöglichkeit an Schlegels AthF Nr. 116 (KA II, 182): Hier beschreibt Schlegel das Ziel der ästhetischen Bildung als ein Schweben in der Mitte auf den Flügel der poetischen Reflexion.
[443] Vgl. *Re*KGA I/2, 167. Das Selbstverständnis des eigenen Ich als das eines Nicht-Künstlers begegnete im Rahmen dieser Untersuchung bereits im zweiten Monolog (vgl. *Mo*KGA I/3, 21).
[444] *Re*KGA I/2, 167.
[445] Dies muss herausgestellt werden, da die *Reden* in vielfältiger Form den Begriff Kunst im Wort führen. So kann Schleiermacher auch in Bezug auf die Bildung der Religion zuletzt die rhetorische Wende vollziehen und vom Kunstwerk des Universums sprechen. Dieser Begriff ist aber offenbar zumindest im Einzelnen wieder zu trennen von der Bildung des Werks durch den Künstler. So verbindet sich mit der Bildung solcher Kunstwerke in der zweiten Rede der Vorwurf: „warum vergißt über alles Wirken nach außen und aufs Universum hin Euere Praxis am Ende eigentlich immer den Menschen selbst zu bilden?" (aaO. 53).
[446] Vgl. *Re*KGA I/2, 168.

Ahnung einer Verwandtschaft der beiden *befreundeten Seelen*[447] (Kunst und Religion) in den Blick.[448]

Während der Redner die ersten beiden Richtungen des Sinnes einerseits nicht in der Lage sieht, die vollkommene Form der Religion hervorzubringen und sie dazu den verderblichen Einflüssen seiner Gegenwart ausgesetzt, verschmutzt und getrübt findet, wird der dritte Weg des Sinnes ihm gewissermaßen zu dem schlechthinnigen Ausweg für die Bildung der Religion. Hier allein komme es zu einer vollkommenen Vereinigung der inneren und der äußeren Perspektive. Das Ergebnis der vollendeten Bildung erweist sich damit einmal mehr als die zur Ruhe gebrachte Mischung der beiden vertrauten Grund-Kräfte: der Kraft des *Abstoßens* (nun weiter ausgeführt als der Sinn für das Eigne bzw. das Bewusstsein für all das, was das Eigene nicht ist, das sich so beständig über sich selbst hinausgetrieben fühlt) und der Kraft des *Aneignens* (der nach außen geöffneten Anschauung, die sich jedem einzelnen Anschauungsobjekt genießend zuwendet).[449]

Indem Schleiermacher das Ziel der Bildung mit der Entwicklung des Kunstsinnes identifiziert und zugleich die Bildung der Menschheit durch das Universum zum höchsten Kunstwerk erklärt[450], verknüpft er das Anliegen derer, die ihr Ziel in einer ästhetischen Bildung suchen[451], mit seinem eigenen und bezieht sie damit explizit in den Kreis seiner Adressaten ein. „Sehet da, das Ziel Euerer gegenwärtigen höchsten Anstrengungen ist zugleich die Auferstehung der Religion!"[452]

Es kann jedoch nicht übersehen werden, dass Schleiermacher dabei den Kunstbegriff mit eigenen (theologischen) Prämissen unterlegt, die in der Argumentation der Reden bereits langfristig angelegt sind. So setzt er voraus, dass sich der Mensch auf diesem *Kunst-Weg* des Sinnes nicht allein als Schöpfer eines Kunstwerkes, sondern zugleich und sogar in erster Linie als Geschöpf erkennt, da das Universum im Prozess der Bildung deren eigentliche Ursache und seine Anschauung ihr beständiges Ziel ist.[453] Während Schlegel die Religion und die Kunst zwar in ihrer Wechselwirkung betrachtet, dennoch aber eine Unterscheidung nahelegt, geht Schleiermacher damit einen eigenen Weg.[454]

---

[447] Vgl. aaO. 169.

[448] Indem Schleiermacher die Idee einer *neuen Religion* aufnimmt, schließt er an einen Gedanken an, der in seinem Adressatenkreis bereits diskutiert wird. So etwa zwischen Schlegel und Novalis (vgl. KA XXIV, 204–208: Friedrich Schlegel an Novalis: Berlin, 2. Dezember 1798).

[449] Vgl. R*e*KGA I/2, 6.

[450] Vgl. R*e*KGA I/2, 173.

[451] Wie etwa Fr. Schlegel.

[452] R*e*KGA I/2, 170.

[453] Vgl. aaO. 171f.

[454] So ist für Schlegel das Ergebnis einer Bildung der Religion Poesie: „Wer Religion hat, wird Poesie reden. Aber um sie zu suchen und zu entdecken, ist Philosophie das Werkzeug" (KA II, 259: Id Nr. 34.) Die Reaktion auf die Reden, die in Schlegels Sonett dazu anklingen, deuten mE. daraufhin, dass Schlegel seinerseits eine Differenz zwischen seinem Religionsverständnis und dem des Freundes erkennt. Sein Sonett *Reden über die Religion* (1800) hebt mit der Strophe an: „Es sieht der Musen Freund die offne Pforte". Doch Schlegel fährt fort und beschreibt das Zurückschrecken des „schon Geweihten", dem Geister scheinbar „höh're Weihe" zu zeigen suchten, um die „Fremden" damit zuletzt „getäuscht" zurückzulassen. So zeige sich schlussendlich die Religion als „die alte Sphinx in Riesengröße" (KA V, 301f).

Das „Kunstwerk" ist in den Reden „recht eigentlich" definiert als ein „gebildetes Leben", dessen Voraussetzung in der Entwicklung des religiösen Sinnes liegt.[455]

3.2 Zwischenschritt

Die dritte Rede präzisiert das Anliegen des Textes, indem der Autor seine These von der Notwendigkeit der Bildung der Religion weiter ausführt und zu begründen sucht. Unterstrichen wird dabei einmal mehr die Prämisse, dass diese Bildung nicht etwa von außen als Aufgabe an den Menschen herangetragen wird, sondern vielmehr in seinem Wesen selbst beschlossen liegt. Von dieser Voraussetzung ausgehend muss Schleiermacher einen Zustand, in dem sich der einzelne Mensch an seiner (Selbst-) Bildung gehindert erfährt, als problematisch beschreiben. Im Kontext dieser Überlegungen wird auch deutlich, dass dem Individuum die Erfahrung der Vereinzelung zur Last werden kann, wenn es sich abgeschnitten von äußerer Anregung und Bereicherung in seiner Bemühung um Bildung auf sich allein verwiesen sieht – eine Bedingung unter der mit Schleiermacher das Bildungsunternehmen langfristig scheitern muss.[456] Als eine Wurzel des Problems mangelnder Bildung führt der Verfasser der Reden die in der Gesellschaft vorherrschende Zweckorientierung an, die den Blick für den Zusammenhang verenge. Dass Schleiermacher zum Ende seiner dritten Rede die Bildung der Religion mit dem Vorgang einer ästhetischen Bildung gleichsetzt, kann einerseits als eine „schlaue Gewinnung"[457] der Lesenden betrachtet werden. Andererseits bietet dieses Vorgehen Schleiermachers Gelegenheit, erneut den Blick auf die Parallelen zwischen der ästhetischen Bildung, wie Schlegel sie auszuformulieren sucht, und der Bildung zur Religion zu richten.

Aufmerksamkeit verdient es mE. überdies, wenn Schlegel im Eingang seines *Studienaufsatzes* feststellt, dass „Bildung [...] der eigentliche Inhalt jedes menschlichen Lebens, und der wahre Inhalt der Geschichte [ist], welche in dem Veränderlichen das Notwendige aufsucht"[458]. Damit verortet er nicht nur den Bildungsanlass wie Schleiermacher in der Anlage des Menschen selbst. Bildung ist hier auch von Schlegels Seite als unumgängliche Notwendigkeit bestimmt, mit der das menschliche Leben zugleich in ein bestimmtes Verhältnis zur Geschichte einrückt.

3.3 Auf dem Weg zur Bildung der Poesie

In der bisherigen Untersuchung ist bereits deutlich hervorgetreten, dass sich Bildung nach der Darstellung Schlegels am Menschen gleichermaßen wie an (s)einem ästhetischen Werk (der Poesie) vollzieht. Unter dem fragenden Blick, was unter einem solchen poetischen Werk genau zu verstehen ist, wird bald deutlich, dass dieser Autor

---

[455] KGA I/5, 62: Die Weihnachtsfeier. Ein Gespräch (1806).
[456] Vgl. zu diesem Punkt Schleiermachers Darstellung der in sich gekehrten mystischen Gemüter: ReKGA I/2, 160.
[457] ReKGA I/2, 49.
[458] KA I, 229 (Einfügung: AS): StdA.

einen höchst weiten Begriff von Poesie pflegt. Nicht allein der Bereich der „willkürliche[n] Zeichensprache"[459] gehört zu ihr. Schlegels literarische Figur des Lothario formuliert im *Gespräch über die Poesie* zunächst die Aussage: „Jede Kunst und jede Wissenschaft die durch die Rede wirkt, wenn sie als Kunst um ihrer selbst willen geübt wird, und wenn sie den höchsten Gipfel erreicht, erscheint als Poesie." Sodann wird Lothario in seinem Gedanken durch seinen Gesprächspartner Ludoviko weiter ergänzt: „Und jede, die auch nicht in den *Worten der Sprache* ihr Wesen treibt, hat einen unsichtbaren Geist, und der ist Poesie."[460]

Die Poesie ist also erstens als Wirkung auf andere definiert, die auch jenseits der (Zeichen-)Sprache wahrnehmbar ist; zweitens durch den in ihr selbst liegenden Zweck. Selbigen sucht Schlegel für die Poesie ebenso geltend zu machen wie Schleiermacher für die Religion. Darüber hinaus berücksichtigen beide Autoren in ihren Überlegungen das, was Schlegel auch als die „sinnlichen Künste"[461] bezeichnen kann, worunter er die Plastik und die Musik fast. Aus vergleichbaren Gründen wie Schleiermacher, der bereits in seiner ersten Rede die Möglichkeit einer umfassenden Verständigung in den Vordergrund seiner Argumentation rückt, schätzt Schlegel indessen den Wert der Worte für den Prozess der Bildung höher ein als die allein sinnlich wirkende Kunst. Denn er sieht mit der Sinnlichkeit („Anschauung und Empfindung") *lediglich* die Möglichkeit gegeben, zu dem Gemüt „durch Umwege" in einer „oft dunkle[n] Sprache" zu reden. Die sinnlichen Künste könnten darum Gedanken und Sitten allein mittelbar darstellen, da sie unendlich bestimmt und unendlich lebendig seien.[462] Schlegel sieht hier die Gefahr, dass das Individuum in seiner „*Einzelnheit*" verbleibt, die er weniger als „Verdienst der Kunst" denn „als entlehntes Eigentum der Natur" betrachtet.[463] Auch in Schleiermachers Arbeiten zur Ästhetik ist die Bemerkung zu lesen, dass das Bewusstsein des Individuums für das Allgemeine, das der Autor in diesem Kontext als das „GesamtBe*W*ußtsein" bezeichnet, „nur durch die Sprache vermittelt" werden kann. Darin gründet sich mit Schleiermacher auch die Vorrangstellungstellung der Poesie gegenüber anderen (sprachlosen) Künsten.[464] Schlegel seinerseits führt seinen Gedanken mit der

---

[459] AaO. 294 (Einfügung: AS).
[460] KA II, 304 (Hervorhebung: AS): GüdP.
[461] KA I, 294: StdA.
[462] Schlegel fasst hierunter die Plastik, welche sich durch „durchgängige Bestimmtheit des Beharrlichen" auszeichnet, und die Musik, die der Plastik „die durchgängige Lebendigkeit des Wechselnden" vorausbat (ebd).
[463] Ebd. (Hervorhebungen im Original).
[464] KGA II/14, 141: Marginalien zum Kolleg 1832. In der Glaubenslehre äußert Schleiermacher die nämliche Wertschätzung der Sprache, mit der das Subjekt gewissermaßen in eine höhere Sphäre des Selbstbewusstseins eintritt, die ihm eine neue Form der Darstellung seiner Frömmigkeit ermöglicht. Vgl. etwa KGA I/13.1, 128: DcG², §15.1: „Allein wir können uns kaum einen so niedrigen Entwicklungspunkt des menschlichen Geistes und eine so mangelhafte Ausbildung und einen so sparsamen Gebrauch der Sprache denken, daß nicht zugleich jeder […] sich in seinen verschiedenen Zuständen selbst Gegenstand werde sollte, um sie in der Vorstellung aufzufassen und in der Form des Gedankens festzuhalten. […] Erst eine so weit fortgesetzte Ausbildung dieses Verfahrens, daß es sich äußerlich in bestimmter Rede darstellen kann, bringt einen wirklichen Glaubenssatz hervor, wodurch die Äußerungen jenes Bewusstseins sicherer und in größerem Umfang in Umlauf kommen, als durch den unmittelbaren Ausdruck möglich ist."

Überlegung weiter: das, was der sinnlichen Kunst im Gegensatz zu der „*reinen Kunst*"[465] fehle, sei das Allgemeine.[466] Doch kann Schlegel die Dichtkunst (als Beispiel der *reinen Kunst*) mit den Worten loben, sie vermöge es „durch die Einbildungskraft unmittelbar zu Geist und Herz in einer oft matten vieldeutig unbestimmten aber allumfassenden Sprache"[467] zu reden. *Vieldeutigkeit* und *Unbestimmtheit* sind damit gerade im Vergleich mit dem Vokabular Schleiermachers positiv besetzt. Während Schleiermacher das Ziel der Bildung ganz in der Bestimmtheit des Einzelnen findet – freilich unter der Prämisse, dass solche Bestimmtheit für das endliche Subjekt unerreichbar bleibt – schlägt Schlegel damit zumindest auf den ersten Blick einen anderen Weg ein. Der Vorteil, den er sich von diesem Weg verspricht, wird im Zitat ebenfalls offengelegt. Die Möglichkeit, auf die es ihm ankommt, das Allgemeine umfassend auszusprechen, erkennt er in der Vieldeutigkeit – der *Dunkelheit* – der Worte. Wobei die Begriffe von Vieldeutigkeit und Unbestimmtheit mE. nicht als eine Aufwertung der Beliebigkeit zu lesen, sondern vielmehr auf den Wert des vielschichtigen Sinngehalts zu beziehen sind, den mit Schlegel insbesondere die poetische Sprache für jeden Leser *aufzuschließen* vermag. Auf diesen Punkt wird zurückzukommen sein.

An dieser Stelle soll es jedoch zunächst darum gehen, die Bildungsvoraussetzungen, die Schleiermacher formuliert, mit den Voraussetzungen der ästhetischen Bildung, die Schlegel einfordert, ins Gespräch zu bringen.

In seinem *Studienaufsatz* wirft Schlegel die zentrale Frage auf, ob die (ästhetische) Bildung von einem günstigen Zufall abhängig sei. Diese Frage muss, der Argumentation dieses Textes folgend, als eine rein rhetorische interpretiert werden. Alle Argumente, die sich anschließen, sind darauf gerichtet, die Idee Kants abzuwehren. Ein Genie sei nichts anderes als das glückliche Ergebnis zufälliger durch die Natur bedingter Zustände.[468] Schlegel wendet ein, in einem solchen Fall könne keinerlei Zukunftsaussage über den Fortgang der Bildung getroffen, geschweige denn die Bildung selbst als ein Lernvorgang bezeichnet werden. Er insistiert: Die „Seltenheit des Genies" sei nicht etwa „die Schuld der menschlichen Natur [...], sondern unvollkommener menschlicher Kunst, *politischer Pfuscherei*", mithin sei es also „ihr eigener unglücklicher Scharfsinn", der die „Freiheit des Menschen" *fessle* und die „Gemeinschaft der Bildung" *hemme*.[469] Es sind also die gesellschaftlichen Verhältnisse, denen auch Schlegel einen entscheidenden Einfluss auf die Bildung zuerkennt. Die Gestaltung dieser Verhältnisse jedoch, dies betont er ebenso wie Schleiermacher, obliegt dem Menschen selbst. Des Weiteren zeigt sich dieser Autor

---

[465] Unter dem Begriff „*reine Kunst* ohne erborgte Kraft, und fremde Hülfe" fasst Schlegel im Studienaufsatz die Poesie (KA I, 294 [Hervorhebung im Original]).

[466] Ebd.

[467] Ebd.

[468] Kant bestimmt in seiner Kritik der Urteilskraft das Genie als „das Talent (Naturgabe), welches der Kunst die Regel giebt. Da das Talent als angebornes productives Vermögen des Künstlers selbst zur Natur gehört, so könnte man sich auch so ausdrücken: Genie ist die angeborne Gemüthsanlage (*ingenium*), durch welche die Natur der Kunst die Regel giebt" (AA V, 307 [Hervorhebung im Original]: KdU, §46).

[469] KA I, 359/360 (Hervorhebung im Original): StdA. Die Argumentation Schleiermachers lautet bereits in der ersten der Reden nahezu gleich, wenn er die *angestrengt unternommene Selbstbildung* als Gegenentwurf zu der Vorstellung des zufälligen Natur-Genies einführt (vgl. *ReKGA* I/2, 9).

auch darin mit seinem Freund Schleiermacher einig, dass er der „Geselligkeit" bzw. der Gemeinschaft solcher Menschen, die einander im Prozess der Bildung ergänzen können,[470] eine tragende Bedeutung zuspricht. Allein durch die Geselligkeit werde

die rohe Eigentümlichkeit gereinigt und gemildert, erwärmt und erheitert, das innere Feuer sanft ans Licht getrieben, die äußere Gestalt berichtigt und bestimmt, gerundet und geschärft. Unmäßige Einsamkeit hingegen [sei] die Mutter seltsamer Grillen[471].

Das Idealbild solcher ersehnten Gemeinschaft tritt in der Praxis *romantischer Geselligkeit*, wie Schlegel sie im *Gespräch über die Poesie* darstellt, lebendig vor Augen.[472] Auch der Protagonist der *Lucinde*, Julius, versäumt es nicht, wenn er von der Vollendung seiner Bildung in der Beziehung zu der Geliebten (Lucinde) zu sprechen beginnt, die neue Form dieser Gemeinschaft zu beschreiben, die er nun, da er die ideale Beziehung der Liebe eingegangen ist, ebenfalls zu gründen begonnen habe. Schon die Partnerschaft, die Julius und Lucinde ohne Rücksicht auf gesellschaftliche Konventionen eingehen, entspricht Schlegels (und wohl auch Schleiermachers) Idee einer sog. *freien Geselligkeit*. Darüber hinaus beschreibt Schlegel im Bildungsprozess des Julius dessen Entwicklung zu einer geselligen Natur, mit der er beginnt (wiederum ungeachtet bestehender gesellschaftlicher Schranken) vorzügliche Menschen anzuziehen, während es seine Partnerin Lucinde ihrerseits versteht, dieses Zusammensein zu einer Einheit zu verbinden. Was hier entsteht, wird gar als eine *große Familie* beschrieben, „die sich durch ihre Bildung immer neu" bleibt.[473] Dieser Bildungsmöglichkeit steht für Schlegel ebenso wie für Schleiermacher das allein zweckorientierte Handeln als Hemmnis des Bildungsvorganges geradezu im Weg. In der *Lucinde* findet sich dem Zweck die „nach Affenart liebend[e] Sorge"[474] an die Seite gestellt. Sie ist es, die zu der Absicht bzw. dem Zweck verleitet. Wiederum erinnert der hier beschriebene D/Effekt in der Entwicklung der Bildung an Schleiermacher und dessen ähnlich gelagerte Ausführungen. Es ist, so erklärt Schlegel in der Rolle des Julius, die Sorge, die „das zarte Götterkind Leben [...] jämmerlich erstickt in der Umarmung"[475] und damit den Menschen an seiner Entfaltung hindert. Auch Schleiermacher kennt, wie in der Analyse des dritten Monologs deutlich geworden ist, das Problem der Sorge. Er arbeitet ebenfalls mit diesem Begriff.[476] Die

---

[470] Bei einer Feststellung solcher Art gilt die Prämisse, dass es Menschen gibt, die in besonderer Weise zueinander passen. Schleiermacher nutzt in den Reden vorrangig den Begriff Gemeinschaft (vgl. etwa *Re*KGA I/2, 164), kann aber seinerseits auch auf den Begriff der Geselligkeit zurückgreifen (vgl. aaO. 40). Diesen hatte der Autor bereits in seinem Versuch über das gesellige Betragen in das Zentrum seiner Überlegungen gestellt: vgl. KGA I/2, 165–184: VThGB.

[471] KA I, 361: StdA.

[472] Vgl. dazu auch KA II, LXXXVIII. Peter D. Krause bezeichnet die Romantiker grundsätzlich als „dialogische Naturen" (KRAUSE, Unbestimmte Rhetorik [2001], 149) und weist der Geselligkeit in diesem Zusammenhang unter besonderem Bezug auf die hohe Einschätzung, die Schlegel dem Gespräch zuerkennt, eine bedeutende Rolle zu (vgl. ebd.).

[473] KA V, 57 (Einfügung: AS): Luc. Vgl. dazu aaO. 58.

[474] AaO. 81.

[475] Ebd.

[476] Vgl. etwa *Mo*KGA I/3, 30. Wird dazu die starke Parallele berücksichtigt, die diese Untersuchung für die Begriffe der Poesie und der Religion zu behaupten sucht, wird darüber hinaus das

besondere Prägnanz, mit der Schlegel hier jedoch die Sorge thematisiert, trägt er mE. dazu bei, den Gedankengang Martin Heideggers vorzubereiten, der in der Sorge den Schlüssel zu dem Horizont der Zeitlichkeit, in der er das Wesen des Daseins erklärt findet, ist.[477]

Unter dem Begriff des *Daseins* fasst Heidegger den Menschen ins Auge, zu dessen *Seinsbestimmtheit* er wesentlich ein *Seinsverständnis* rechnet.[478] Damit ist festgehalten, dass das Dasein sich dadurch auszeichnet, dass ihm sein Sein selbst ein unhintergehbares Thema ist, das sich ausspricht.[479] Dies Sein des Daseins sucht Heidegger mit dem Begriff *Befindlichkeit* zu fassen, um seine Beobachtung zu kennzeichnen, dass das Dasein, in die Welt *geworfen*, sich immer bereits auf die ein oder andere Weise *Da*, d. h. gestimmt[480], (be)findet. In dieser gestimmten Befindlichkeit nun versteht es sich auf ein *Worumwillen* in der Welt hin.[481] Dies Worumwillen bezeichnet eine unhintergehbare Intentionalität. Die Zeitlichkeit ist impliziter Orientierungshorizont des so gezeichneten Daseins. Das Worumwillen markiert ein stets zukünftig bleibendes Ziel. Dabei *entdeckt* Heidegger das Ziel des Daseins in der schlichten Möglichkeit des Daseins: das *Seinkönnen* also, das *noch nicht* ist. Das Dasein, das sich in seinem Selbstverständnis auf ein solches Ziel hin entwirft, ist seinem gegenwärtigen Sein dabei notwendig immer schon voraus.[482] Weil das Dasein, solange es ist, immer einer Vielfalt der Möglichkeiten seines *Seinkönnens* gegenübersteht, kann es in diesem Prozess des Sich-Entwerfens auf jeweils eine dieser Möglichkeiten in seiner Zeit hin auch niemals zu einem Ende kommen.

Solange es ist, bis zu seinem Ende verhält es sich zu seinem Seinkönnen. Auch dann, wenn es, noch existierend, nichts mehr *vor sich* [...] hat, ist sein Sein noch durch das *Sichvorweg* bestimmt. [...] Im Wesen der Grundverfassung des Daseins liegt demnach eine *ständige Unabgeschlossenheit*. [...] Solange es *ist*, hat es seine *Gänze* nie erreicht.[483]

Mit dieser Darstellung ist das aufgenommen, was Heidegger als das „Strukturmoment der Sorge"[484] bezeichnet. Die Einheit dieser Struktur des Daseins, als „Sich-vorweg-schon-sein-in (einer Welt) als Sein-bei (innerweltlich begegnendem Seienden)" gründet in der Zeitlichkeit, deren drei Dimensionen Heidegger in seinen Überlegungen zu umspannen sucht: Sich vorweg, ist das Dasein mit der Zukunft als seiner Möglichkeit befasst; dabei befindet es sich bereits in einer Welt; aus einer Vergangenheit herkommend *ist* es damit in

---

Religionsverständnis Robert Bellah's interessant. Bellah verortet den Anfang der Religion in dem Bedürfnis bzw. der Möglichkeit des Menschen zum Spiel (vgl. BELLAH, Religion in Human Evolution [2011], 74ff. Der Autor markiert das besondere Potential des Menschen, sich im Spiel Sphären jenseits des Alltags zu erschaffen. (Bellah nutzt im Blick auf diese Möglichkeit den Begriff „multiple realities" [aaO. 91]). Den produktiven Anfang dazu betrachtet er in dem Spielvergalten, in dem sich das Kind imaginäre Welten erschließt. Bellah formuliert in diesem Kontext die Aussage: „[T]he child is a poet" (ebd.). Aus diesen Spielverhalten sieht Bellah (u. a., denn auch die Kunst ist hier im Blick,) das (religiöse) Ritual hervorgehen, als ein kulturelles System, das es dem Menschen ermöglicht, so könnte man vielleicht mit Bellah sagen, *mit dem Leben umzugehen* (vgl. 96f).

[477] Vgl. BLUMENBERG, Die Sorge geht über den Fluss (1987), 217.
[478] Vgl. HEIDEGGER, Sein und Zeit (1927), 11f.
[479] Heidegger verknüpft mit diesem Argument das Dasein mit der Sprache (vgl. aaO. 162).
[480] *Gestimmt-Sein* kann hier von dem Begriff *Stimmung* abgeleitet werden (vgl. aaO. 135).
[481] Vgl. aaO. 143.
[482] Vgl. aaO. 191.
[483] AaO. 236 (Hervorhebungen im Original).
[484] Ebd.

seiner Gegenwart immer schon bei Zusammenhängen, die ihm in der Form von Begegnungen Ereignishaft wiederfahren.[485]

Diese „existential-ontologische Interpretation des Daseins als Sorge"[486] führt der Autor auf die „Selbstauslegung des Daseins" zurück und verweist in diesem Kontext auf die Fabel des Hyginus. Darin wird berichtet, dass die Sorge eines Tages über den Fluss geht und, indem sie auf der anderen Seite ankommt, sich umblickend Tonerde aufnimmt, aus der sie ein Gebilde zu formen beginnt. Als sie ihre Arbeit beendet hat, bittet sie Jupiter, der gerade vorbeikommt, darum, ihrem Werk Geist zu verleihen. Jupiter entspricht ihrer Bitte, anschließend jedoch entbrennt ein Streit darüber, wessen Namen das Geschöpf fortan tragen soll. Die Sorge, die Tonerde (als Leibgeber) und Jupiter fordern dieses Recht jeweils für sich. Der Streit wird zuletzt von Saturn geschlichtet. Den Namen soll das Geschöpf von der Erde erhalten, aus der es gemacht ist, sein Geist soll nach seinem Tode an Jupiter zurückgegeben werden, der Sorge aber soll es im Leben angehören. Heidegger resümiert: Zu dem Dual von Leib und Geist trete hier die Sorge als entscheidendes Drittes hinzu, da der Mensch in ihr seinen Ursprung erkennt, der ihn Zeit seines Lebens nicht entlässt, sondern festhält und „durchherrscht"[487]. Seine Interpretation der Fabel ist damit zum Ziel gelangt.

Blumenberg macht auf das irritierende Moment der Erzählung aufmerksam, dass sich die Sorge ohne ersichtlichen Grund dafür entscheidet, zunächst den Fluss zu überqueren, um auf der anderen Seite ihr Werk zu beginnen. Hier habe der Dichter offenbar ein entscheidendes Element der Erzählung weggelassen. Blumenberg findet dieses Element in der spiegelnden Eigenschaft des Wassers. Er folgert: Die Sorge geht über den Fluss, erblickt ihr Spiegelbild und beginnt daraufhin ihre Schöpfung, indem sie den Menschen nach ihrem Bild formt. Selbstreflexion ist Blumenberg also Grundlage eines schöpferischen Tätigwerdens. Ein Gedankengang, der eine starke Parallele zu der Bildungsidee der Frühromantik aufweist. Blumenberg indessen resümiert, die so dargestellte Vorgehensweise der Sorge entspreche derjenigen des Schöpfergottes in Gen 1. Allein vor dem Hintergrund dieser Überlegung erscheint ihm die Formel schlüssig, die für Heidegger bereits gilt: Dass der Mensch in seinem Wesen der Sorge entspricht.[488] Diese Wesensbestimmung verweist auch auf das beständig angespannte Verhältnis des Menschen zu der Zeit, das Heidegger *ekstatisch* nennt. Dieser Begriff bezeichnet den Zustand, in dem der Mensch bzw. das Dasein sich immer schon intentional auf die Zukunft gerichtet findet.[489] Insofern ist es dem Menschen nicht ohne weiteres möglich, *entspannt* in seiner Gegenwart aufzugehen. Blumenberg entwickelt im Anschluss an Heidegger lediglich zwei Ausnahmen. Er verweist einerseits auf das Phänomen des Sich-Selbst-Vergessenen-Genießens[490] und andererseits auf das Phänomen der Langeweile. Letzteren Zustand bezeichnet er als denjenigen, „in dem überhaupt nichts akut ist"[491]. Er fährt in seinen Überlegungen fort: „Offenbar gibt es kein

---

[485] Vgl. aaO. 327 (Zitat siehe ebd.).

[486] AaO. 197 (siehe die dort angelegte Fußnote). Selbige Fußnote verweist darauf, dass der Verfasser die Anregung für die genannte Interpretation dem nachfolgend genannten Aufsatz verdankt: BURDACH, Faust und die Sorge, in: Deutsche Vierteljahrsschrift für Literaturwissenschaft und Geistesgeschichte (1923), 1–60.

[487] AaO. 198.

[488] Vgl. BLUMENBERG, Die Sorge geht über den Fluss (1987), 198f.

[489] Vgl. HEIDEGGER, Sein und Zeit (1927), 337.

[490] Vgl. aaO. 339ff.

[491] BLUMENBERG, Die Sorge geht über den Fluss (1987), 217.

Drittes zu dieser Alternative, von der Not der Selbsterhaltung bedrängt zu sein oder in Freiheit von ihr die Zeitspannung zu verlieren."⁴⁹² Das Ergebnis dieses Spannungsverlustes ist jedoch im Sinne Blumenbergs nicht eben erstrebenswert.

> Hat die Selbsterhaltung des Daseins Erfolg, findet dieses das Zentrum seiner Besorgnis leer: nicht nur, daß es mit sich nichts anzufangen weiß, es findet dort nichts, wo es in seiner ekstatischen Besorgtheit das angenommen hatte, worum es dabei ging. [...] Das Dasein wird sich zur Last in dem Augenblick, wo es in den Zustand übergeht, sich unfühlbar werden zu können.⁴⁹³

Dieser kurze Exkurs unterstreicht, dass Schleiermachers und Schlegels Frage nach einer Lebensführung, die nicht durchgängig vom Zweckgedanken (mithin von *der Sorge*) bestimmt ist, über die Jahrzehnte lebendig bleibt, um von Heidegger und Blumenberg negativ beantwortet zu werden.

Was Schlegel indessen angeht, so ist seinem Gedankengang folgend die (ästhetische) Bildung entscheidend an die Möglichkeit des Individuums geknüpft, die *erstickende Umarmung* der Sorge abzuschütteln, ohne sich dabei in selbstvergessenem Genuss zu verlieren. Diese Idee ist für ihn mithin nicht aufgebbar. Indem er ihr nachgeht, kommt dem *Kind* bzw. dem *Kindlichen*, das, wie deutlich werden wird, mit Schlegel nicht ausschließlich an das kindliche Alter gebunden ist, eine tragende Bedeutung zu. Schleiermacher seinerseits kann, so habe ich oben bereits gezeigt, von der „Heiligkeit des kindlichen Alters"⁴⁹⁴ sprechen. Damit verweist er zugleich auf die menschliche Anlage zur Bildung (der Religion) und die Notwendigkeit, diese bereits von Kindheit an zu fördern, anstatt sie dort zu unterdrücken. Diese Anlage steht mit Schleiermacher auf das engste mit der Fantasie in Verbindung. Die Vorliebe des Kindes für das Übernatürliche als Eigenart „der jungen Fantasie" und die sich daraus entwickelnden Gedanken – die „lustigen Spiele der Kindheit" – will er im Interesse seines Bildungsziels gefördert sehen, indem dem zweckfreien Spiel Raum gelassen bzw. gegeben wird.⁴⁹⁵ In einem solchen Raum kommt notwendig jede Intention, die über ihn hinausführen würde, zum Schweigen. Dieses Bild bzw. der Begriff des Kindes hat jedoch innerhalb der Reden und der Monologe nur geringen Raum. Anders stellt sich dies bei Schlegel dar. Insbesondere in seiner *Lucinde* ist *das Kind* nicht nur dem Begriff nach in vielfältiger Weise präsent. Die verschiedenen Konnotationen, die dabei im Hinblick auf den Begriff des Kindes lesbar werden, sind auffallend. Wenn Julius seinen Bildungsweg nachzeichnet, steht an seinem Anfang der „kindliche Geist", der schlummert ohne zu erwachen.⁴⁹⁶ Nach dem unausweichlichen Erwachen will eine *kindliche Schüchternheit* das Geheimnis des Daseins fliehen und steht damit der Bildung offenbar zunächst im Wege. Während doch eine *schöne Neugier* das Unbekannte aufsuchen lässt.⁴⁹⁷ In dem Kind (als Ideal des Kindes wird die Charakteristik der kleinen Wilhelmine eingeführt) findet

---

⁴⁹² AaO. 217f.
⁴⁹³ AaO. 218.
⁴⁹⁴ *ReKGA* I/2, 163.
⁴⁹⁵ AaO. 146.
⁴⁹⁶ Vgl. KA V, 59: Luc. (Zitat siehe ebd.).
⁴⁹⁷ Vgl. aaO. 60. Schlegels *Gespräch über die Poesie* beschreibt die Poesie in ihrer ersten *Form* als „formlos und bewußtlos". Als solche kann sie „sich in der Pflanze" regen und im „im Kinde" lächeln. (KA II, 285) Auch hier ist *das Kind* also bei Weitem nicht das Ergebnis eines Bildungsprozesses.

Schlegel in der Rolle des Protagonisten Julius ähnlich wie Schleiermacher den „kühneren Schwung der Fantasie"[498] und außerdem die schönsten Anlagen zur Poesie und d. h. im Sinne Schlegels: die Anlage zur Bildung. Freiheit und Frechheit sind, was das (spielende) Kind angeht, gerechtfertigt, ja, ebenfalls idealisiert, so dass dies Ideal schließlich zu einer Rechtfertigung werden kann, die der Protagonist für sich selbst bzw. für sein Werk in Anspruch nimmt.

> Und sollte dir [sc. Lucinde] ja dieser kleine Roman meines Lebens zu wild scheinen: so denke dir, daß er ein Kind sei und ertrage seinen unschuldigen Mutwillen mit mütterlicher Langmut und laß dich von ihm liebkosen.[499]

Das Zitat zeigt bereits an, dass die Kindheit (freilich in einem sehr bestimmten Sinne verstanden) nichts ist, das vorüber gehen muss oder gar vorübergehen dürfte. Dies *Kind*, das es zu halten, ja *zu verwöhnen* gilt, ist die Fantasie. Schlegel bezeichnet sie auch als das Schoßkind seiner Mutter, der menschlichen Seele.[500] In einer besonderen Korrespondenz zu dieser Mutter-Kind-Metapher steht der Höhepunkt in der Julius-Lucinde-Beziehung: die Erwartung eines Kindes, das die Liebenden zu Eltern macht und sie damit in Schlegels Worten in den Stand einer wahren Ehe erhebt.[501] Der Protagonist bemerkt im Hinblick auf dieses bevorstehende Ereignis, dass Kraft und Liebe in ihm zunehmen. Das Kind als neuer Beziehungsmittelpunkt beider wirkt demnach gewissermaßen auch verjüngend auf die Eltern[502] und verändert zudem Julius Wahrnehmung seiner Geliebten. Zur „Madonna"[503] lässt Schlegel die Lucinde durch ihre Mutterschaft in den Augen des Liebenden aufsteigen. Indessen verzichtet der Autor darauf, diese Darstellung, in der sich eine religiöse Dimension andeutet, weiter auszuführen. Die Parallele zu dem vorher beschriebenen Bild ist indessen deutlicher sichtbar. Lucinde kann darin nun den Platz der Seele einnehmen, die über das Spiel ihres Kindes wacht.[504] Die Mutter (anstelle dieses Begriffs könnten jetzt sowohl der Name *Lucinde* wie der Begriff der Seele treten) hat in ihrer Rolle Anteil an dem Glanz des Kindes bzw. hier explizit an seinem Spiel und dessen Zauber. Die Kinder-Spiele der Fantasie (Schlegel kann statt von dem Kind auch von der „angeborenen Liebe" der Seele sprechen) jedoch sind dem Autor die eigentlichen „heiligen Kinderspiele", denen allein der Verstand, da er die Seele selbst zu besitzen trachtet, Erinnerungen an vergangene Zwecke beimischt.[505] Doch wenn sich die Seele nicht von dieser List verführen lässt, so kann sie immer „den Liebling [sc. *das Kind*] [...] mit den schönen Bildern einer schönen Welt"[506] spielen sehen.

---

[498] KA V, 15: Luc.
[499] Ebd. (Einfügung: AS).
[500] Vgl. aaO. 81.
[501] Vgl. aaO. 62.
[502] Vgl. aaO. 65.
[503] AaO. 64.
[504] Mit dem Aufbau der *Lucinde* ist die Mutterschaft der weiblichen Hauptfigur Thema, ehe die Mutter-Kind-Metapher auf die Seele und die Fantasie angewandt wird.
[505] Vgl. aaO. 81 (Zitat siehe ebd.).
[506] Ebd. Innerhalb des *Studienaufsatzes* kann Schlegel indessen auch von einem Spiel mit den sog. *falschen*

Der Mensch kann dieser Darstellung gemäß also sein Leben lang in bedeutender Weise dem Kind-Sein verhaftet bleiben und dies umso mehr, je besser sein Verstand es lernt, „aus eigener Wahl zu schweigen".[507] Den Zustand, in dem diese Betrachtung ihren Raum hat, nennt Schlegel den Traum.

> Welche Seele solche Träume schlummert, die träumt sie ewig fort, auch wenn sie erwacht ist. Sie fühlt sich umschlungen von den Kränzen den Blüten der Liebe, sie hütet sich wohl, die losen Kränze zu zerreißen, sie gibt sich gern gefangen und weiht sich selbst der Fantasie und läßt sich gern beherrschen von dem Kinde, das alle Muttersorgen mit seinem süßen Tändeln belohnt.[508]

Auf den Begriff des *Traumes* und die Frage nach der Verbindung zwischen Wachen und Schlaf, die Schlegel in seiner Idee von der Bildung zu knüpfen sucht, werde ich zurückkommen.[509] Es ist deutlich, dass Schlegel mit dem Traum den sorglosen Spiel-Raum gefunden hat, in dem das Schöne (als das Ziel der ästhetischen Bildung) wachsen kann. Auch die Ideen einer neuen Geselligkeit, die sich mit der Idee dieses Spielraums verbindet, soll im Verlauf der Untersuchung wieder aufgenommen werden.[510] Denn mit dieser Idee ist offenbar eine weitere der „notwendigen Bedingungen aller menschlichen Bildung"[511] benannt. Schlegel zeigt sich insbesondere im *Studienaufsatz* darum bemüht, diesen Bedingungen weiter nachzugehen. Ein Umstand, der es ertragreich erscheinen lässt, Schlegel auf diesem Weg zu folgen, in der Erwartung, dabei auch dem Bildungsziel des Autors weiter auf die Spur zu kommen.

Bildern sprechen: „Der Name der Kunst wird entweiht, wenn man das Poesie nennt: mit abenteuerlichen oder kindischen Bildern spielen, um schlaffe Begierden zu stacheln, stumpfe Sinne zu kitzeln und rohen Lüsten zu schmeicheln" (KA I, 217/218: StdA).

[507] Vgl. KA V, 81 (Zitat siehe ebd.): Luc. Im Hintergrund dieser Darstellung wird mE. Schillers Gedanke sichtbar: „Denn, um es endlich einmal herauszusagen, der Mensch spielt nur, wo er in voller Bedeutung des Wortes Mensch ist und *er ist nur da ganz Mensch, wo er spielt.*" (NA XX, 359: ÄE.) Schiller setzt die Bildung des Schönen in direkte Beziehung zum Spieltrieb des Menschen. Die Frage, worauf sich diese Bezeichnung *Spieltrieb* eigentlich beziehe, wird wie folgt beantwortet: „Diesen Namen rechtfertigt der Sprachgebrauch vollkommen, der alles das, was weder subjektiv noch objektiv zufällig ist, und doch weder äußerlich noch innerlich nöthigt, mit dem Wort Spiel zu bezeichnen pflegt. Da sich das Gemüth bey der Anschauung des Schönen in einer glücklichen Mitte zwischen dem Gesetz und dem Bedürfniß befindet, so ist es eben darum, weil es sich zwischen beyden theilt, dem Zwange sowohl des einen als des andern entzogen" (aaO. 357). Dass Schlegel indessen die *spielende Seele* des Menschen als ein Kind bezeichnet und dem Menschen damit ein stetes Kind-Bleiben attestiert, kann als ein eigener Akzent betrachtet werden, dessen Prägnanz noch im Wort Nietzsches zum Ausdruck kommt: „Im ächten Manne ist ein Kind versteckt: das will spielen" (NIETZSCHE, Werke. Kritische Gesamtausgabe, Abt. 6: Bd. 1 (1968), 81: Also sprach Zarathustra [1883]). Michael Ende nimmt diesen Satz später in eigener Variation wieder auf, indem er, im Sinne Schillers wie Schlegels, auf das Spielbedürfnis als eine anthropologische Grundprämisse verweist: „In jedem *Menschen* ist ein Kind verborgen, das will spielen." (ENDE, Über das Ewig-Kindliche. Vortrag vor der J.B.B.Y. in Tokyo [1986], in: ders., Zettelkasten [2011], 177–198, 187 [Hervorhebung im Original]).

[508] KA V, 82: Luc.

[509] Das Thema des *Traumes* insbesondere bei Schleiermacher nehme ich in dieser Untersuchung im Abschnitt II.3.5 wieder auf: vgl. hier 100ff, besonders 103ff.

[510] Dass Schillers Begründungsstrategie in Hinblick auf die ästhetische Bildung ebenfalls in der Gedankenwelt des Idealismus gründet, hat Ernst Cassirer gezeigt: DERS., Die Methodik des Idealismus in Schillers philosophischen Schriften (1921), in: ders., Gesammelte Werke, Bd. 9 (2001), 316–345.

[511] KA I, 360: StdA. Schlegel meint, wenn er von der menschlichen Bildung spricht, stets die ästhetische Bildung, wie aus dem nachfolgend erweiterten Zitat ersichtlich wird.

> Die notwendigen Bedingungen aller menschlichen Bildung sind: Kraft, Gesetzmäßigkeit, Freiheit und Gemeinschaft. Erst wenn die Gesetzmäßigkeit der ästhetischen Kraft durch eine objektive Grundlage und Richtung der Bildung gesichert sein wird, kann die ästhetische Bildung durch Freiheit der Kunst und Gemeinschaft des Geschmacks durchgängig und durchgreifend öffentlich werden.[512]

In dem Zitat ist die Verknüpfung von Kunst und Gemeinschaft bei Schlegel aufgedeckt. Der Begriff Geschmack bezeichnet für ihn nichts anderes als den „äußerste[n] Maßstab [...] [sc. allen] Kunstwertes"[513].

Es geht mithin um eine Richtlinie, die die Haltung der Gemeinschaft zur Kunst bestimmt. Mit der Realisierung dieser Bedingungen, so heißt es weiter, dürfe man im Einzelnen nicht etwa warten, bis die eine oder andere vollständig gegeben sei. Hier erweist sich Schlegel wiederum als ein Denker, der das Ganze wie Schleiermacher auch als ein organisches Ineinander begreift, indem er in dieser Beziehung die These von der wechselseitigen Bedingtheit der einzelnen Bildungskomponenten formuliert. Gleichwohl treten die Begriffe *Kraft* und *Gesetzmäßigkeit*, die sich im obigen Zitat den vertrauten Begriffen von *Freiheit* und *Gemeinschaft* beigesellen, in den Vordergrund, indem sie zum Nährboden der anderen Voraussetzungen erklärt werden. Diese Äußerung können, so meine ich, nur recht verstanden werden, wenn insbesondere der Begriff der *Gesetzmäßigkeit* dabei geklärt wird. Mit ihm verbinden sich Schlegels Forderungen nach „Zusammenhang und Vollkommenheit" der Poesie. Seiner Gegenwart, wie der Moderne überhaupt, wirft er dagegen den „großen Umfang des Charakteristischen in der ganzen ästhetischen Bildung" vor, der sich auch in den Künsten offenbare. Tendenziell übertreffe die charakteristische Kunst die Poesie in der „Bestimmtheit der Individualität [...] so unendlich weit wie sie ihr in Umfang, Zusammenhang und Vollkommenheit" nachstehe.[514] Schlegel bezeichnet das Ergebnis einer Kunst, die sich mit diesem Interesse allein um die Nachahmung ihres Vorbildes (der griechischen Poesie) im Einzelnen bemühe, als eine bloße „Kopisten-geschicklichkeit"[515], die sich mitnichten als *freie* Kunst verstehen könne. Das Problem, das Schlegel mit dem Begriff des *Charakteristischen* zu benennen sucht, besteht für ihn in einer Darstellung, die ihre Einzelteile nicht miteinander zu verbinden vermag, und daher die Harmonie – das heißt mit Schlegel, das Schöne, – verfehlt. Diese Harmonie ist für Schlegel erst dann erreicht, wenn „die Menschheit und das Schicksal in vollkommner Eintracht" zur Darstellung gebracht werden.[516] An diesem Punkt entscheide sich alles. Für Schlegel gilt hier: entweder *Eintracht* oder *Streit*. Der Streit zwischen Menschheit und Schicksal aber, den der Autor des *Studienaufsatzes* exemplarisch in den Dramen Shakespeares vor Augen gestellt findet, errege bei dem Zuschauer des Dramas „eine bittere Erinnerung an die völlige Zwecklosigkeit des Lebens, an die vollkomme Leerheit alles Daseins".[517] Zwar habe

---

[512] Ebd.
[513] AaO. 220 (Einfügung: AS). Demgemäß bezeichnet Schlegel hier die *Mode* (den *endlosen Wechsel* dieser Haltung) als „die Karikatur des öffentlichen Geschmacks" bezeichnet (ebd.).
[514] AaO. 244 (Hervorhebung: AS). Vgl. auch MENNEMEIER, Friedrich Schlegels Poesiebegriff (1971), 99/100.
[515] KA I, 245: StdA.
[516] AaO. 248.
[517] AaO. 251.

auch solche Darstellung ihren Zweck, allein sie reiche doch nicht an das höchst mögliche Schöne heran. Schlegel sucht die charakteristische Kunst auch unter dem Begriff der *didaktischen Poesie* zu fassen. Deren Interesse sei auf die idealische Darstellung des Einzelnen gerichtet (und damit *auch* auf das Allgemeine). Auf der Grundlage dieser Verbindung des Einzelnen mit dem Allgemeinen bezeichnet Schlegel das Interesse solcher Darstellung in Abgrenzung zu dem *ästhetischen* Interesse als *philosophisch*. Die daraus hervorgehende *didaktische Poesie* nennt Schlegel sodann ein Werk des vereinzelnden Verstandes – die „strebende Vernunft" aber könne ein solcher Blick auf das Stück eines Ganzen nicht befriedigen.[518] Der Begriff des Verstandes (von Schlegel ausdrücklich als Gegenüber der Vernunft aufgebaut) ist mit der Problementwicklung, die der Autor in seiner Gegenwart beobachtet, auf das engste verwoben. Schlegel unterstellt dem Verstand ein Interesse an der Unterscheidung, das den Blick auf den Zusammenhang aller Einzel-Einheiten (zer-)stört. Dabei schätzt Schlegel indes die Wirkung der einheitsstiftenden Vernunft langfristig als die stärkere ein. Sein eigenes Zeitalter, das er in Anlehnung an seine Beobachtungen im Hinblick auf den darin tätig unterscheidenden Verstand als das *chemische* bezeichnet, wird daher von ihm als eine Art vorläufige Zwischenstation auf dem Weg zu dem vollendeten Zusammenhang (*dem Schönen* als dem schlechthinnigen Ziel der ästhetischen Bildung) betrachtet.[519]

Um der Bedeutung der Idee des Schönen bei Schlegel weiter zu folgen, ist es hilfreich, sein Paradigma für das Ergebnis der philosophischen Bildung näher in den Blick zu nehmen, das er in der philosophischen Tragödie, namentlich in Shakespeares *Hamlet*, realisiert findet. Shakespeare ist ihm

> unter allen Künstlern derjenige, der den Geist der modernen Poesie überhaupt am vollständigsten und am treffendsten charakterisiert [...]. Wer übertraf ihn je an unerschöpflicher Fülle des Interessanten? [...] An unnachahmlicher Wahrheit des Charakteristischen?[520]

---

[518] AaO. 245. In diesem Punkt deutet sich eine Unterscheidung von Verstand und Vernunft im Sinne Kants an (vgl. etwa AA III, 30f: KdrV², Einleitung). Schlegel selbst verzichtet indessen darauf, diesen Bezug im Aufsatz zu klären.

[519] Vgl. KA II, 248f: AthF Nr. 426: Fr. Schlegel; vgl. dazu SZONDI, Friedrich Schlegel und die romantische Ironie, in: ders., Satz und Gegensatz (1964), 5–24, 6f. Auf den Begriff des *Chemischen* bei Schlegel komme ich in dieser Untersuchung noch einmal im Abschnitt III.2.4 zurück: vgl. hier 203ff.

[520] KA I, 249: StdA. Das *Interessante* tritt hierbei als Synonym neben das *Charakteristische*. Darauf, dass damit allein eine Vorstufe in der Bildung der ästhetischen Poesie bezeichnet ist, verweist auch Szondi: vgl. DERS., Friedrich Schlegel und die romantische Ironie, in: SZONDI, Friedrich Schlegel und die romantische Ironie, in: ders., Satz und Gegensatz. Sechs Essays (1964), 5–24, 15. Szondi blickt in diesem Zusammenhang auch auf die Aussage des LycF Nr. 37, in dem es heißt: „Um über einen Gegenstand gut schreiben zu können, muß man sich nicht mehr für ihn interessieren; der Gedanke, den man mit Besonnenheit ausdrücken soll, muß schon gänzlich vorbei sein, einen nicht mehr eigentlich beschäftigen. So lange der Künstler erfindet und begeistert ist, befindet er sich für die Mitteilung wenigstens in einem illiberalen Zustande. Er wird dann alles sagen wollen; welches eine falsche Tendenz junger Genies, oder ein richtiges Vorurteil alter Stümper ist. Dadurch verkennt er den Wert und die Würde der Selbstbeschränkung, die doch für den Künstler wie für den Menschen das Erste und das Letzte, das Notwendigste und das Höchste ist. Das Notwendigste: denn überall, wo man sich nicht selbst beschränkt, beschränkt einen die Welt; wodurch man ein Knecht wird. Das Höchste: denn man kann sich nur in den Punkten und an den Seiten beschränken, wo man unendliche Kraft hat, Selbstschöpfung und Selbstvernichtung" (KA II, 151).

Das Ergebnis seines Schaffens steht daher für Schlegel dem Ziel der ästhetischen Poesie beispielhaft gegenüber.

Der Totaleindruck dieser Tragödie [sc. des *Hamlet*] ist ein Maximum an Verzweiflung. Alle Eindrücke welche einzeln groß und wichtig schienen, verschwinden als trivial vor dem, was hier als das letzte, einzige Resultat alles Seins und Denkens erscheint: vor der ewigen Kolossalen Dissonanz, welche die Menschheit und das Schicksaal unendlich trennt.[521]

Deutlich sind in diesem Zitat bereits jene Begriffe erkennbar, die die ersehnte Poesie auszeichnen sollen und dabei zugleich jenen Zustand beschreiben, der im *Hamlet* von Schlegel vermisst wird.[522] Das Gegenstück der höchsten *Disharmonie* ist die *höchste Harmonie*, der schöne Zustand des sinngefüllten Zusammenhangs.[523] Wie dieser zustande kommt, ist die Frage, die im Folgenden beschäftigen muss.

Schlegel sucht in seinem *Studienaufsatz* sog. Gesetze der ästhetischen Poesie auszuformulieren. Sie sind aus dem vorher Gesagten leicht abzuleiten und erfüllen sich im Kern mit der Darstellung des Schönen (eines vollkommen mit sich übereinstimmenden Ganzen) unter Vermeidung des Hässlichen (der Disharmonie in dieser Darstellung).[524] Zwei technische Prinzipien besagen außerdem erstens, dass das ästhetische Gesetz auch dann noch erfüllt ist, wenn die Darstellung selbst nicht den Gesetzen der Wirklichkeit gehorcht, solange nur innere Übereinstimmung besteht: Es bedarf also allein einer inneren „*technische*[n] *Richtigkeit*".[525] Zweitens gilt es als großer Fehler

[w]ider die *Objektivität* der Kunst, wenn sich bei dem Geschäft allgemein gültiger Darstellung die Eigentümlichkeit ins Spiel mischt, sich leise einschleicht, oder offen empört: durch *Subjektivität* [...].[526]

Schlegels Äußerung zu den *Reden*, er fände diese „unendlich subjektiv"[527], wie sie in seinen Notizen im *Athenäum* zu lesen ist, gewinnt mE. vor diesem Hintergrund neues Gewicht.

3.4 Zwischenschritt

Nach Schlegel tritt Subjektivität immer dann deutlich vor Augen, wenn das Individuum sich selbst zum Zweck dargestellt wird.[528] Solch „schöne aber einseitige Eigentümlichkeit" in der Dichtung ist dem Verfasser des *Studienaufsatzes* ein Anzeichen von Beschränktheit, die es zu vermeiden gelte.[529] Ihm ist das

---

[521] KA I, 248: StdA.
[522] Schlegel selbst spricht in einer Anmerkung dazu auch vom „sittlichen Schmerz" (ebd.). Eine Bezeichnung die bereits auf den Zusammenhang von dem Schönen und dem Guten voraus weist.
[523] Vgl. aaO. 245f.
[524] Vgl. aaO. 290f.
[525] AaO. 291f (Zitat siehe 292 [Hervorhebung im Original; Einfügung: AS]).
[526] AaO. 315 (Hervorhebung im Original).
[527] KA II, 275: AthN Über Schleiermachers Reden (1799).
[528] Vgl. KA I, 291: StdA.
[529] AaO. 292.

Gesetz des Verhältnisses der vereinigten Bestandteile der Schönheit unwandelbar bestimmt, und nicht die Mannigfaltigkeit, sondern die Allheit soll der erste bestimmende Grund und das letzte Ziel jeder vollkommenen Schönheit sein [...].[530]

Damit wird der Vorgang der ästhetischen Bildung noch deutlicher als bisher als einer verständlich, dem der Zweck nicht durch etwas Einzelnes (dem Gegenstand der Darstellung) zukommt, sondern der vielmehr seinen Zweck in sich selbst trägt, der sich als solcher durch den Bezug auf den Grund seiner Möglichkeit realisiert.[531] Während Schleiermacher seinerseits die Anschauung des Universums als schlechthinniges Ziel betont, wenn es um die Entwicklung des religiösen Sinnes geht, erkennt er dabei doch jeder Anschauung eine notwendige Eigentümlichkeit zu, da seine Prämisse eben darin besteht, dass das Ganze allein aus der Perspektive des Einzelnen heraus zur Darstellung gelangen kann. Unter dieser Prämisse wird der Wert des Einzelnen auf eine Weise betont, in der Schlegel eine Vereinzelung zu wittern scheint, die seiner eigenen Vorstellung einer Einigung von Objektivität und Eigentümlichkeit – Einzelheit und Allgemeinheit – entgegensteht. In der Darstellung solcher Einigung kommt Schlegel seine Unterscheidung zwischen Subjektivität und Einzelheit bzw. Eigentümlichkeit zu Gute. Wird bei dem Künstler Subjektivität *per se* verurteilt, ist das Einzelne oder Individuelle Schlegel unverzichtbarer Teil einer Darstellung, solange sich – so muss hinzugesetzt werden – diese *Einzelheit* dem objektiven Zugang nicht gänzlich verschließt.

Wenn er [sc. der Künstler] nur den notwendigen Gesetzen der Schönheit und den objektiven Regeln der Kunst gehorcht, so hat er übrigens Freiheit, so eigentümlich zu sein, als er nur will. Durch ein seltsames Mißverständnis verwechselt man sehr oft ästhetische *Allgemeinheit* mit der unbedingt gebotenen Allgemeingültigkeit. [...] Das Einzelne ist in der idealischen Darstellung das unentbehrliche Element des Allgemeinen. Wird alle eigentümliche Kraft verwischt, so verliert selbst das Allgemeine seine Wirksamkeit.[532]

Es gilt Schlegel also „im Individuellen objektiv zu sein" um die vereinzelnde Beschränktheit abzuweisen.[533] An anderer Stelle wird deutlich, dass Individualität (oder Einzelheit) Schlegel das Merkmal der äußeren Erscheinung in der Darstellung des Allgemeingültigen ist. Das wird etwa in Schlegels Aussage im Hinblick auf die Eigentümlichkeit der Sprache deutlich.

Sie muß sogar [...] ihre Eigenheiten haben, um bedeutend und trefflich zu sein: wenigstens hat man noch keine allgemeine Allerweltssprache, die allen alles wäre, erfinden können.[534]

Der von Schleiermacher hervorgehobenen Beziehung von äußerer Notwendigkeit und einer eigentümlichen Freiheit zur Objektivität (bzw. zur Universalität, um den Begriff zu wählen, der Schleiermacher näher liegt,) sucht Schlegel mE. in diesem Zitat seinerseits Rechnung zu tragen. Doch zugleich fürchtet dieser Autor stets, den Bezug zu dem harmonischen Zusammenhang (der Schönheit) zu verlieren, wenn er dem Einzelnen zu

---

[530] AaO. 290f. (Hervorhebung im Original).
[531] Als starker wenn auch weiterhin ungenannter Referenzrahmen tritt die Kritik der Urteilskraft hervor, in der Kant das Geschmacksurteil als den Bereich zu generieren sucht, in dem sich die Urteilskraft das Gesetz selbst zu geben vermag (vgl. AA V, besonders 353: KdU, §59).
[532] KA I, 320: StdA.
[533] AaO. 321.
[534] Ebd.

viel Raum gewährt. Umso stärker betont er daher, die gebildete (ästhetische) Darstellung verlange nach Objektivität. „Nur durch *Objektivität* kann sie ihrer Bestimmung entsprechen."[535]

Den *Dialog* mit Schlegel und Schleiermacher fortsetzend, kommt im nächsten Abschnitt nun wieder Schleiermacher in der Frage zu Wort, wie sich in einer (religiösen) Bildung, die explizit im Subjekt verortet wird, die Beziehung des sich bildendenden Individuums zum Allgemeinen darstellen kann.

3.5 Eine Welt in bestimmter Ansicht und Darstellung

Unter dem Titel *Die Bildung zur Religion* hatte Schleiermacher in seiner dritten Rede bereits eine Form der subjektiven Stellungnahme zu einer gesellschaftlichen Realität präsentiert, an die der Titel des dritten Monolog *Weltansicht* nun inhaltlich anschließt.[536]

Tatsächlich tritt das literarische Ich des Autors nun mit dem Vorhaben an den Leser heran, die ihm eigene Ansicht der Welt anschaulich zu machen. Es kann im Rückblick auf die *Reden* nicht überraschen, wenn sich dieses Ich dabei mit der Welt seiner Gegenwart keinesfalls einverstanden erklärt. „Ich habe wenig gethan um sie zu bilden: so hab ich auch kein Bedürfniß sie vortreflicher zu finden. Allein des schnöden Lobes ekelt mich"[537]. Auch der Mangel, den diese Welt nach der nun folgenden Ausführung leidet, ist im Kontext dieser Untersuchung nicht mehr unbekannt. Die Voraussetzungen für die Bildung des Individuums werden nicht vorgefunden und darum als Mängel der eigenen Gegenwart thematisiert.

O stiege von der schönen Blüte der Menschheit wirklich schon der erste süße Duft empor; wären auf dem gemeinschaftlichen Boden in ungemeßener Zahl die Keime der eigenen Bildung über jede Verletzung hinaus gediehen [...].[538]

Dieser emphatische Ausruf stellt die ersehnte Zukunft nicht nur dar, sondern ruft selbige sozusagen Kraft ihrer Darstellung in die Gegenwart hinein. Seine Frage, wie diese Zukunft aussehen könnte, beantwortet das sprechende Ich sich wortreich: Da lebte alles in „heilger Freiheit", alles „umfaßte mit Liebe sich, und trüge wunderbar vereinigt immer neue und wundervolle Früchte"; da hätte „der Vernunft donnernde Stimmen die Ketten der Unwißenheit gesprengt" und von der menschlichen Natur wäre nun endlich ein von allen Nachtschatten befreites „kunstreich[es] Gemälde aufgestellt, wo geheimnisvolles Licht von oben Alles wunderbar erleuchtet", die „räuberische Eigensucht" wäre von der „Weisheit Musik" bezähmt.[539]

---

[535] AaO. 273 (Hervorhebung im Original): StdA.
[536] Vgl. dazu in dieser Untersuchung 77f: Abschnitt II.3.1.
[537] *Mo*KGA I/3, 28.
[538] Ebd. Dabei zeigt das Sprachbild der keimenden bzw. blühenden Pflanze hier eine besonders deutliche Nähe zu der Metaphorik, die Schlegel im Kontext seiner Idee einer ästhetischen Bildung anwendet. Diese ist prägnant insbesondere in der *Lucinde* zu finden: vgl. etwa KA V, 23: Luc.
[539] *Mo*KGA I/3, 29. Das Wort-Bild von der Frucht war bereits in der dritten Rede präsent im Kontext der Darstellungen von negativen Voraussetzungen der Bildung, die in dem Zusammenhang als unfruchtbar bezeichnet wurden (vgl. *Re*KGA I/2, 152; 164).

Das Bild dieser Zukunft, das damit in leuchtenden Farben heraufbeschworen wird, erscheint im Rückblick auf die *Reden* bis in die Begrifflichkeiten hinein vertraut. Ein inhaltlicher Anschluss an das Ende der dritten Rede ist dazu mE. insofern gegeben, als die Menschheit nun gewissermaßen als helles Kunstwerk vor Augen gestellt wird. Zugleich knüpfen die Begriffe jedoch ebenso an die ersten beiden Reden wie an die vorausgehenden Monologe an. Indem *Heiligkeit* und *Wunder* an dieser Stelle in der Darstellung vollkommener Bildung eine feste Verbindung eingehen, wird der in der dritten Rede beschriebene religiöse Sinn nun auch in diesem Text zumindest implizit präsent. Denn die Begriffe deuten darauf hin, dass sich das sprechende Ich im Kontext seiner Welt durch ein (zumindest bedingtes) Abhängigkeitsverhältnis bestimmt sieht. So ist auch an dieser Stelle zu beobachten, dass sich mit Schleiermacher (Selbst-)Wahrnehmung und (Selbst-) Darstellung im Bildungsprozess durchdringen. Damit bleibt zuletzt auch die Beleuchtung des vollendet gebildeten *Kunstwerkes* als ein „geheimnisvolles Licht von oben" dem selbstbestimmten Zugriff entzogen. Die Idee einer Offenbarung[540] wird damit durch entsprechende Bilder erneut angedeutet, die allerdings gegenüber der Gegenwart wiederum in eine bislang unerreichte Ferne gerückt werden. Denn alle bisherigen Anstrengungen im Hinblick auf das Ziel solcher Bildung werden von Schleiermachers literarischem Ich in ihrer einseitigen Beschränkung beschrieben.

Ja, wem es genügt, daß nur der Mensch die Körperwelt beherrsche; daß er alle ihre Kräfte erforsche, um zu seinem Dienst sie zu gebrauchen; daß nicht der Raum die Stärke seines Geistes lähme, und schnell des Willens Wink an jedem Ort die Thätigkeit erzeuge, die er fordert; [...], wem das ihr letztes Ziel ist, der stimme mit ein in dieses laute Lob.[541]

Auf dem Gebiet der „Körperwelt" allein nimmt das monologisierende Ich in diesem Absatz einen ertragreichen Fortschritt wahr. Zwar habe der Mensch nunmehr ein besseres Verhältnis zu der *äußeren Welt* als je zuvor, doch führe der Erfolg allein zu Gewohnheit und Trägheit des Geistes. Diesem genüge es nicht, den Körper allein zu bewohnen und sich dessen als etwas, dass er fortsetzen, vergrößern und beherrschen kann, bewusst zu sein.[542] Auf diese Weise sei nur eine Herrschaft gewachsen, nämlich die der *Sorge*, die nun nicht länger dem körperlichen Wohl des Einzelnen, sondern vielmehr dem Wohle aller gelte bzw. einer gleichmäßigeren Verteilung der Güter auf alle.[543] Der Umstand, dass die Sorge hier anders als in den *Reden* in eine zentrale Stellung einrückt, muss mE. im Zusammenhang mit dem Erscheinen der *Lucinde* betrachtet werden, die der Entstehung der *Monologen* vorausgeht. Im Folgenden führt Schleiermacher das Bild der Sorge nun seinerseits weiter aus. Das Thema der *Geselligkeit*

---

[540] Der Begriff als solcher wird in den *Reden* direkt gebraucht. Vgl. aaO. 108: An dieser Stelle spricht der Redner explizit von der der Offenbarung des sog. *Weltgeistes*. Vgl. außerdem *Mo*KGA I/3, 16: Hier führt das Ich eine *hohe Offenbarung* in Bezug auf das Bewusstsein von der Menschheit an, die es *von innen* empfangen habe.

[541] AaO. 29.

[542] Vgl. aaO. 30.

[543] Vgl. ebd. Geradezu augenfällig ist hier die terminologische Nachbarschaft zu der Lucinde, indem der Begriff der Sorge nun anders als in der dritten Rede, Zweck und Absicht überdeckt: Vgl. besonders KA V, 81: Luc.

wird dabei erneut aufgegriffen. Die Kritik, die Schleiermacher in seiner dritten Rede den „Schranken des bürgerlichen Lebens"[544] entgegenbringt, wird dabei aufrechterhalten und verbindet sich mit der Frage nach der Ver*sorgung* des bildungsbedürftigen Einzelnen. Leicht sei es in dieser Gesellschaft, den eigenen Körper zu versorgen mit allem, dessen er bedarf, allein der Geist komme dabei zu kurz. Zuspitzend kann hier geradezu von einer Mangelver*sorgung* gesprochen werden. Selbst wenn der Eine wüsste, wo der Andere, dessen Gemüt dem seinem nahe steht, zu finden wäre, bleibe die Problematik der Grenzen, die der äußere Stand setze. Dieser fessele, klagt das Ich, den Menschen an einen Platz, der ihm unausweichlich jene Gemeinschaft vorbestimme, in der allein er sich bewegen kann.[545] Anknüpfend an die Überlegungen, die ich weiter oben im Hinblick auf den Begriff der Sorge angestellt habe, kann es an dieser Stelle als auffällig notiert werden, dass Schleiermacher hier nicht den Gedanken äußert, der Mensch könne sich von der Sorge befreien. Seine Bemerkungen weisen vielmehr dahin, dass es für die Bildung angeraten ist, die Sorge auf ein anderes Ziel, sozusagen über die Versorgung des Körpers hinaus, zu lenken. Andernfalls sieht der Autor die Gefahr, dass die Sorge den Geist vereinzelt, indem sie ihn in seinem täglichen „Einerlei" fängt. Wo aber „ewiges Einerlei des Geistes Verlangen keine Nahrung giebt; […] kränkelt in sich die Fantasie, […] muß in träumerischem Irrthum sich der Geist verzehren".[546]

Der Traum, den Schlegel als Raum der spielenden Fantasie darstellen kann, bzw. als Zustand der spielenden Seele, und der damit für ihn und seine Idee der ästhetischen Bildung an Relevanz gewinnt, erhält hier eine ganz andere Wertung, indem er als eine Art Vor-Form des gebildeten Bewusstseins wahrgenommen wird. Eine ähnliche Einschätzung findet sich noch in der Glaubenslehre, wenn Schleiermacher das kindliche Bewusstsein beschreibt. Darin sieht er die einzelnen Elemente noch nicht zu der entwickelten Einheit eines Selbstbewusstseins verbunden. Es sei darum „von der Art, daß das gegenständliche und das in sich zurükkgehende, oder Gefühl und Anschauung nicht gehörig auseinander treten, sondern noch unentwikkelt ineinander verworren sind".

> Dieser Gestaltung nähert sich offenbar das Bewußtsein der Kinder, vornehmlich ehe sie sich der Sprache bemächtigt haben. Von da an aber schwindet dieser Zustand immer mehr, und zieht sich in die träumerischen Momente zurükk, welche die Uebergaenge zwischen Wachen und Schlafen vermitteln, wogegen in der hellen und wachen Zeit Gefühl und Anschauung sich klar voneinander sondern […].[547]

In seiner *Psychologie* betrachtet Schleiermacher den Traum dann als den Zwischenraum, der den Übergang zwischen Wachen und Schlafen bildet, genauer. Er findet hier das Spiel der Fantasie als ein „gewisses Spiel von Vorstellungen" in einer besonders ausgeprägten Form.[548] Doch erkennt er eine Analogie zu diesem Zustand auch im

---

[544] *Re*KGA I/2, 150.
[545] *Mo*KGA I/3, 31. Vgl. hier auch Schlegels gleichklingende Wortwahl im *Studienaufsatz*, in: KA I, 361. Wiederum wird hier von Schleiermacher der bereits vertraute Gedanke weitergeführt, dass der befruchtende Austausch des Einen mit dem Anderen keinesfalls in beliebiger Konstellation möglich ist.
[546] *Mo*KGA I/3, 31.
[547] Vgl. KGA I/13.1, 40ff, Zitate siehe 42: DcG², §5.1.
[548] KGA II/13, 846: Vorlesungen über die Psychologie: Nachschrift Sickel vom Sommer 1830.

Wachen. Zuvor hat er drei Tätigkeitsfelder der Seele voneinander abgegrenzt und dabei explizit zueinander ins Verhältnis gesetzt. Ansätze zu dieser Arbeit sind mE. bereits in den *Reden* erkennbar. In der *Psychologie* spricht Schleiermacher allerdings nicht mehr von der *Kraft des Abstoßens*, sondern vom *Äußern-Wollen (der sog. Kunsttätigkeit);* der Begriff des *Auffassen-Wollens (die sog. wissenschaftlichen Tätigkeit)* ersetzt die Rede von der *Kraft des Aneignens*. Als die für das Interesse dieser Untersuchung wichtigste Veränderung kann es jedoch mE. gelten, dass das *chaotische Spiel (als das Spiel der Fantasie)* als drittes Gebiet der Seelentätigkeit hier konkret neben die beiden ersten tritt.[549] Mit der Einführung dieser drei Bereiche verbindet sich auch der Anspruch des Autors, alle Tätigkeitsbereiche des Menschen zu erfassen, die jeweils als Ergebnis eines besonderen Mischungsverhältnisses der drei Kraft-Bereiche betrachtet werden können. Das dritte sog. *chaotische Gebiet* der Fantasie als das Gebiet der zurücktretenden Anstrengung[550], „wohin alle Einfälle alle begleitenden Vorstellungen p. gehören"[551], wird dabei von Schleiermacher ähnlich wie der Traum als eine Art Station zwischen dem wechselseitigen Hervortreten der anderen beiden Kräfte beschrieben.

Aber zwischen dem Ende des einen und dem Anfang des anderen großen Momentes [sc. der Tätigkeiten der Seele] müßte nothwendig ein Nullpunkt liegen. Der kann indes nicht eintreten sondern in demselben Maaß als die Fähigkeit in der einen Hervortretung thätig zu sein abnimmt nähern sich der Seele nach ihrem eigenthümlichen Maaß alle anderen Gebiete und daraus entsteht die chaotische Masse, und erst aus dieser kann sich hernach eine neue Thätigkeit entwikeln. Wir finden aber das chaotische Spiel nicht nur im Wechsel der Anstrengungen theils einsam theils in der freien Mittheilung sondern auch die Anstrengung begleitend.[552]

Diese Wertschätzung der Fantasie findet, wie oben deutlich geworden ist, bereits in Reden und Monologen Entsprechungen. Indem die Fantasie in diesem Kontext als die begleitende Ruhe der angestrengt tätigen Seelenkräfte in den Fokus rückt, tritt sie in eine deutliche Nähe zu der Darstellung des religiösen Bewusstseins, das dem Redner zufolge ruhend alles Handeln begleiten soll. Dieser Umstand darf im Folgenden nicht aus dem Blick geraten.

Markiert werden kann hier, dass die abwertenden Bemerkungen, den träumerischen Zustand betreffend, auf Seiten Schleiermachers aus dessen bereits früh erkennbarer Arbeit an einer Differenzierung verschiedener Zustände des Bewusstseins resultiert. Damit ist, was Schleiermacher angeht, auch festzustellen, dass die Fantasie ihren Wert für die Bildung erst entfalten kann, indem sie in den Prozess der Reflexion, bzw. der Verhältnisbestimmung zwischen dem Eigenen und dem Fremden (dem Einen und dem Anderen) eintritt.[553] Denn wenn Schleiermacher auch die Eigenständigkeit des Einzelnen

---

[549] Vgl. aaO. 85–86.
[550] Vgl. aaO. 91.
[551] AaO. 86.
[552] AaO. 92.
[553] Der Traum hingegen ist Schleiermacher der Zustand des Unbewussten und damit auch des Ungewollten bzw. des Hervortretens der sog. „unwillkürlichen die gewollte Thätigkeit unterbrechenden Vorstellungen" (SCHLEIERMACHER, Psychologie. Aus Schleiermachers handschriftlichem Nachlasse und nachgeschriebenen Vorlesungen [1862], 351. Auf diese Ausgabe bezieht sich Sigmund Freud: vgl. DERS., Gesammelte Werke. Chronologisch geordnet, Bd. II u. Bd. III: Die Traumdeutung: Über den Traum

immer wieder betonen kann, so präzisiert er auf der anderen Seite in seinem dritten Monolog auch seinen Gedanken, dass ihm (ebenso wie Schlegel) die Vorstellung eines einzelnen Bewusstseins, das ganz bei sich bleibt, höchst problematisch ist. In einem solchen vereinzelten Zustand „muß Jeder [...] unternehmen was ihm nicht gelingt"[554], erklärt Schleiermachers literarisches Ich im Monolog. Die Verbindung des Einzelnen mit dem Anderen finde in der gemeinschaftlichen Tat ihre Verwirklichung, die „größer [ist] als jeder Einzelne"[555]. Mit dieser Überlegung ist, wie sich im Fortgang des Monologs zeigt, an den sittlichen Kontext zu denken.[556] Dabei ist zu beachten, dass Schleiermacher schon in seinen *Reden*, in denen er die Gebiete von Religion und Moral einerseits entschieden voneinander zu differenzieren sucht, dennoch andererseits das bessere Gelingen des einen Unternehmens (der Sittlichkeit) mit der Entwicklung des Sinnes für die Religion verbindet, da dieser jener an die Seite zu treten vermag. Diese Kontinuität, mit der die Bildung des Sinns und das sittliche Handeln miteinander verbunden werden, findet sich mithin in den Monologen fortgesetzt.[557]

[F]rei sollte jeder jeden gewähren laßen, wozu der Geist ihn treibt und sich hilfreich zeigen, wo es Jenem fehlt [...]. So fände Jeder im Leben des Andern Leben und Nahrung und was er werden könnte, würd [sic.] er ganz[558].

So ist das Werden des Einzelnen unmissverständlich mit dem Sein der Anderen verknüpft und auf diese Weise im Feld der Sittlichkeit verortet. Schleiermacher bezeichnet dies Unternehmen „einer Darstellung der Menschheit" hier wie auch in den *Reden* als Kunst.[559] Im Anschluss allerdings nimmt der Monolog eine eigene Richtung auf, indem das Ich sich bestimmten Institutionen der Gesellschaft vertiefend zuwendet, um sie einzeln kritisch zu hinterfragen.

Was dann folgt, ist in vielerlei Hinsicht die Darstellung eines Missstandes, wie sie einerseits in der dritten Rede und andererseits bei Schlegel bereits zu lesen war. Jedoch setzt Schleiermacher gegenüber seiner dritten Rede hier neue Akzente. Zunächst wird das Thema der Freundschaft aufgenommen. Die ersehnte Freiheit findet das Ich des Monologs in seinem eigenen Erleben nicht vollendet. Stets sei „Feindschaft" in der Freundschaft, die „innere Natur" betreffend.

[S]ondern wollten sie des Freundes Fehler von seinem Wesen, und was ihnen Fehler wäre, scheints auch in ihm. So muß jeder von seiner Eigenheit dem Andern opfern, bis beide sich selber ungleich nur dem andern ähnlich sind [...].[560]

[1900], 51f. Vgl. auch KGA II/13, 643ff: [Nachschrift Sickel 1830]). Ich danke Michael Moxter für seine weiterführenden Anregungen zu diesem Abschnitt meiner Untersuchung.

[554] *Mo*KGA I/3, 31. Vgl. dazu bei Schlegel KA I, 361: StdA.
[555] AaO. 32 (Einfügung: AS).
[556] Bereits Dilthey sieht den Schwerpunkt der *Monologen* in der Sittlichkeit (vgl. DILTHEY, Leben Schleiermachers, Erster Band [1870], 450; vgl. dazu in der Hinführung zu dieser Untersuchung 9ff: Abschnitt I.4).
[557] Vgl. in der zweiten der *Reden*: *Re*KGA I/2, 111f.
[558] *Mo*KGA I/3, 32 (Einfügung: AS).
[559] AaO. 31. Vgl. dazu *Re*KGA I/2, 173f.
[560] *Mo*KGA I/3, 32.

Betont ist damit erneut, dass das Verständnis von *Freiheit*, um das es Schleiermacher geht, eine beziehungslose Alleinstellung des Einzelnen gegenüber den Anderen ausschließt. Das wechselseitige Abhängigkeitsverhältnis, in dem sich das Individuum zu anderen Individuen findet, ist im Hinblick auf den Bildungsprozess bereits deutlich hervorgetreten. Bildungs-Freiheit ist demgemäß ausschließlich *mit* dem Anderen möglich. In einer solchen Beziehung ist es dann geboten, Einzelheiten (bzw. Unterschiede) an sich selbst wie an dem Gegenüber nicht nur zuzulassen, sondern diese außerdem im Interesse der eigenen Bildung zu fördern. Nicht dem Anderen gilt es mit Schleiermacher zu gleichen, sondern allein sich selbst.

Der Monolog nimmt, von den Prämissen seiner These ausgehend, nicht nur die Freundschaft, sondern ebenso die sittlichen Institutionen der Ehe, der Familie und des Staates in den Blick. Taten sollten aus diesen Verbindungen hervorgehen, größer als der Einzelne. Als solche könnten sie indessen allein aus einem *neuen gemeinschaftlichen Willen* entspringen.[561] Dieser entsteht und besteht, Schleiermachers literarischem Ich zufolge, in einer gegenseitigen freiwilligen, liebenden Selbstopferung des Eigenen für den Anderen.[562] Der Autor wählt damit einen prägnanten neuen Begriff, um die Beziehung des bildendsamen Individuums zur Gemeinschaft zu benennen. Mit ihm geht er über den Gemeinsinn (bzw. den *sensus communis*), den Kant in seiner Kritik der Urteilskraft als Grundlage gemeinsamer Urteilsfindung herausstellt[563] hinaus. Schleiermacher zielt auf etwas grundlegend Neues. Aus der ‚Lust an der Gemeinsamkeit' wird an dieser Stelle Handlungswille. Wer vorausblickt könnte hier schon Ansätze für das finden, was Schleiermacher in seiner Glaubenslehre als den „Gemeingeist" bezeichnen wird.[564] Es bleibt zu notieren, dass der gemeinschaftliche Wille, der im Monolog dargestellt wird, etwas ist, auf welches das sprechende Ich zwar seinen sehnsüchtigen Blick richten kann, indessen in dem Bewusstsein, dass dieser Wille so ‚noch-nicht' ist. Die Wahrnehmung der Möglichkeit wird begleitet von dem Bericht gescheiterter Erfahrung. „O Thränen", heißt es da, „daß ich immer und überall das schönste Band der Menschheit so muß entheiligt sehn!"[565] Dem Autor vor Augen steht das Bild einer Ehe. Als Grund für deren Scheitern stellt uns Schleiermacher hier das Unverständnis für die Aufgabe der Ehe selbst dar, das er nicht zuletzt in der andauernden Vereinzelung des Bewusstseins begründet sieht. „Ein Geheimnis bleibt ihnen was sie thun [...]. Jeder hat und macht sich seinen Willen nach wie vor, abwechselnd herrscht der Eine und der Andere".[566] Ein Blick auf den biografischen Kontext Schleiermachers in dieser Zeit führt einerseits zu seiner unglücklichen Liebesbeziehung mit der verheirateten Eleonore Grunow.[567]

---

[561] Vgl. ebd.
[562] Vgl. aaO. 33.
[563] Vgl. AA V, 293ff: KdU, §40.
[564] KGA I/13.2, 281: DcG², §121.2.
[565] *Mo*KGA I/3, 32f.
[566] *Mo*KGA I/3, 33.
[567] Nowak betrachtet vor allem Schleiermachers Elegie *Endlich. Erlebnis unglücklicher Liebe* vorwiegend als Versuch das Erlebnis dieser Liebe poetisch zu bearbeiten. Vgl. NOWAK, Schleiermacher und die Frühromantik (1986), 111.

Andererseits leben Friedrich Schlegel und Dorothea Veit[568] (Schleiermacher ist mit beiden befreundet) ihre Liebesbeziehung jenseits gesellschaftlicher Konventionen[569] und begründen damit, so könnte man es in Anknüpfung an Schleiermachers und Schlegels Überlegungen[570] formulieren, eine alternative Form der *Ehe*. Obgleich dem Autor der Monologe die letztgenannte Möglichkeit bei der Verschriftlichung des Textes vor Augen gestanden haben dürfte, stellt sich dem Leser dieses Textes die vollendete Beziehung, in der Differenz und Einheit der Individuen gleichsam ineinander aufgehen, als eine Wirklichkeit dar, die sich dem sprechenden Ich entzieht. Dessen fortgesetztes Suchen nach jenem höheren Zustand wird durch Fragen angezeigt. „[W]o ist die Kraft die dieser höchste Grad des Daseins dem Menschen geben, das Bewußtsein das Jeder haben soll, ein Theil zu sein von seiner Vernunft und Fantasie und Stärke?"[571] Doch das Ich beharrt darauf, dass die Möglichkeit dieser höchsten Bildungsform – das „schönste Kunstwerk des Menschen"[572] – nicht allein als „Ideal" zu betrachten sei, zu dem nur der Traum sich erheben könne. Solches sei in erster Linie das Kennzeichen eines Geschlechts, das gänzlich fern stehe von „der Ahnung, was diese Seite der Menschheit wohl bedeuten mag".[573] Das Argument ist mE. deutlich. Nur wenn die vollendete Einheit der Individuen als Möglichkeit betrachtet wird, kann sie sich langfristig (im Vollzug) realisieren.[574] So zeigt sich das monologisierende Ich dann auch betont zuversichtlich.

Ja Bildung wird sich aus der Barbarei entwikeln, und Leben aus dem Todtenschlaf! da sind die beßern Elemente des Lebens. Nicht immer wird ihre höhere Kraft verborgen schlummern; es wekt der Geist sie früher oder später, der die Menschheit beseelt.[575]

Im Zitat deutet sich dazu ein *Geist* an, der den neuen lebendigen Zustand initiiert, in dem *Sittlichkeit* und *Bildung* das lebendige Gegenüber von *Regel* und *Gewohnheit* darstellen. Das monologisierende Ich kann sich dieser Zukunft, da sie sich seinem Sinn eröffnet, bereits zugehörig erklären.

So bin ich der Denkart und dem Leben des jezigen Geschlechts ein Fremdling, ein prophetischer Bürger einer späteren Welt, zu ihr durch lebendige Fantasie und lebendigen Glauben hingezogen, ihr angehörig jede That und jeglicher Gedanke. Gleichgültig läßt mich, was die Welt, die jezige, thut oder leidet.[576]

Fantasie und Glaube sind auch hier die entscheidenden Schwellenbedingungen für den Übergang in jene „spätere Welt". Dieser Übergang beginnt offenkundig im Einzelnen, kann jedoch insgesamt als eine Bewegung des Einen zum Anderen

---

[568] Schleiermacher ist beiden Freund und Vertrauter.

[569] Dorothea Veit wird Anfang des Jahres 1799 von ihrem Mann Simon Veit geschieden, wenige Jahre später heiratet sie Friedrich Schlegel, den sie 1797 im Salon von Henriette Herz kennengelernt hatte (vgl. KA XXIV, XXVIIf).

[570] Friedrich Schlegel beschreibt die Ehe in der *Lucinde* als eine „ewige Einheit und Verbindung unserer Geister, nicht bloß für das was wir diese oder jene Welt nennen, sondern für die eine wahre, unteilbare, namenlose, unendliche Welt für unser ganzes ewiges Sein und Leben" (KA V, 11: Luc).

[571] *Mo*KGA I/3, 33.

[572] Ebd. Zu beachten ist auch hier die inhaltliche und sprachliche Nähe zu den *Reden* insbesondere zu dem Ende der dritten.

[573] *Mo*KGA I/3, 33.25ff.

[574] Vgl. AA V, 238: KdU, §20 (Einfügung: AS).

[575] *Mo*KGA I/3, 34.

[576] Vgl. *Mo*KGA I/3, 35.

beschrieben werden, denn es gilt, die verwandten Geister, die Gemeinschaft der besseren Zukunfts-Welt, zu finden. „Es nahet sich in Liebe und Hoffnung jeder, der wie ich der Zukunft angehört, [...] und erweitert [...] das schöne freie Bündniß der Verschworenen für die beßere Zeit."[577] Auf dem Weg zu der ersehnten besseren Gemeinschaft wird die äußere Darstellung des Eigenen „durch jegliche That und Rede eines Jeden"[578] zur Herausforderung, da nur durch diese äußeren Medien der (Ein-)Blick in den Anderen möglich wird. Dies betont Schleiermacher im dritten Monolog ebenso wie im zweiten. Der falsche Schein „des Beßeren" mit dem viele sich schmücken und in dessen Folge die Missdeutung der Tat (das Missverstehen) steht, wird daher erneut als entscheidendes Problem herausgestellt.[579] Zugleich markiert der Autor der *Monologen* hier eine (zumindest vorläufige) Grenze der Mitteilung und damit eine Grenze der Möglichkeit des in seiner Bildung begriffenen Individuums, sein Inneres dem Anderen offen zu legen. Das literarische Ich bezeichnet an dieser Stelle im Besonderen den „Zauber der Sprache"[580] als das Medium, das im Rahmen der Verständigungsarbeit zu Brücke und Hindernis zugleich wird. „Durch sie [sc. die Sprache] gehört er [sc. der Geist] schon der Welt, ehe er sich findet, und muß sich langsam erst aus ihren Verstrickungen entwinden"[581]. Darüber hinaus verweist Schleiermacher in diesem Zusammenhang auf die Problematik, dass auch die Sprache nicht den Weg eröffnet, alles auszusprechen. Die Aufgabe des Dolmetschers, die der Autor in seiner ersten Rede über die Religion dem *Mittler* der Menschheit beilegt[582], bekommt vor dem Hintergrund solcher Ausführungen neues Gewicht.

Im Folgenden eröffnet das Ich im Monolog nun eine mE. interessante Doppel-Perspektive. Einerseits wird im Hinblick auf die Ausweitung der beschriebenen Grenzen eine Kriegs-Metaphorik eingeführt. Der Einzelne kämpft den „große[n] Kampf um die geheiligten Paniere der Menschheit". Doch andererseits geschieht hier etwas ganz anderes. Das Individuum spielt „das sichere Spiel, das über Zufall und Glük erhaben nur durch Kraft des Geistes und wahre Kunst gewonnen wird".[583] Dieses Spiel[584] zeigt sich zuletzt losgelöst von Notwendigkeit. Es findet auf einem freien Gebiet statt, das hier mehr denn je als eine Art Rückzugsort des Geistes hervortritt, in dem dieser unangreifbar zu agieren vermag. Das ohnehin fragile Gleichgewicht zwischen innerem und äußerem Tun verschiebt sich an dieser Stelle auf die Seite des Inneren. „Abbilden soll die Sprache

---

[577] AaO. 36.
[578] Ebd.
[579] Vgl. aaO. 36. Zitat siehe ebd.
[580] AaO. 37. Schlegel legt seinerseits besonderen Akzent auf den „echte[n] Buchstabe[n]" worunter er eine Verbindung von Geist und Buchstaben fasst: „Der echte Buchstabe", heißt es im Kontext, „ist allmächtig und der eigentliche Zauberstab". (KA V, 20: Luc.)
[581] *Mo*KGA I/3, 37 (Einfügung: AS).
[582] Vgl. ReKGA I/2, 10ff.
[583] *Mo*KGA I/3, 37.
[584] Vgl. dazu in dieser Untersuchung im Exkurs zu Schlegels Schiller-Rezeption 129ff: im Abschnitt II.4.3.1.

des Geistes innersten Gedanken [...] und ihre wunderbare Musik soll deuten [...] die Stufenleiter seiner Liebe."[585]

Mit solchem Wortlaut ist dem Geist deutlich eine Primat-Stellung zugewiesen. Er ist im platonischen Sinne das Vorbild des Abbildes. Ebenso wie die Sprache zum Abbild des Gedankens gebildet werden soll, soll auch „die Sitte der innern Eigenthümlichkeit Gewand und Hülle sein, zart und bedeutungsvoll sich jeder edlen Gestalt anschmiegen, und ihrer Glieder Maaß verkündigend jede Bewegung schön begleiten"[586].

Das äußere Erscheinungs*bild* des Individuums (das, mit Schleiermacher gesprochen, Sprache und Tun umfasst) wird also in seiner Ganzheit zur Sprache für den Anderen. So soll der (geistige) Anzug zuletzt als *kunstreiches Ganzes*[587] die Anziehung der rechten Gemeinschaft wirken.

Während so am Ende der dritten Rede die Verwandtschaft von Religion (als eigentümliches Bewusstsein von der Menschheit) und der Kunst hervorgehoben wird[588], tritt zum Ende des dritten Monologs die Bedeutung der Kunst für die Bildung in den gewählten Begrifflichkeiten erneut in den Vordergrund und unterstreicht einmal mehr, dass Eigentümlichkeit für Schleiermacher nur die eine Seite der Bildungsaufgabe umfasst. Die Kunst als Einheit der Denkart (Harmonie[589]) ist ihm unverzichtbar.[590] Der gebildete Mensch wird so zuletzt zu einem „Künstler der Sprache"[591]. Im Sinne des Autors der *Reden* und *Monologen* ist der Begriff der *Mitteilung* wohl am ehesten dazu geeignet, um diese Art der Einheit von Bild und Sprache darzustellen. Im dritten Monolog wird dem Lesenden diese Einheit als Ziel vor Augen gehalten.[592] Aus dem Bewusstsein der Möglichkeit, dieses Ziel zu erreichen, leitet das Ich des Monologs einerseits „Gefühle stiller Allmacht" ab. Damit ist die Stärke des individuellen Freiheitsbewusstseins auf eine Weise betont, die zu der Frage verleitet, inwiefern der Andere und mit ihm die Erfahrung von Kontingenz in diesem neuen gebildeten Selbst-Gefühl noch Raum findet. Wenn die Gefühle der stillen Allmacht zuletzt der frevelhaften Gewalt gegenübergestellt und mit der Erzeugung von „Ehrfurcht vor dem Höchsten" verbunden werden, ist das mE. eine Spur, die auf eine Antwort in dieser Frage hinweist. (Wobei der Begriff des „Höchsten" im Kontext auf die Menschheit bezogen werden kann.[593]) Ob damit jedoch eine Grenzerfahrung im Hinblick auf die Bildung des Eigenen ausgesprochen ist, bleibt an dieser Stelle offen.

---

[585] *Mo*KGA I/3, 38.
[586] Ebd.
[587] Vgl. ebd.
[588] Vgl. *Re*KGA I/2, 169.
[589] Ein Begriff, der sich sowohl bei Schleiermacher als auch bei Schlegel eng mit dem Bildungsanliegen verbindet (vgl. etwa bei Schlegel KA I, 246: StdA; KA II, 207: AthF Nr. 252: Fr. Schlegel; KA V, 48: Luc).
[590] Zu den gewählten Explikationsbegriffen, das *kunstreiche Ganze* betreffend, vgl. *Mo*KGA I/, 38.
[591] AaO. 39.
[592] Was auch an die Kennzeichnung aller Mitteilung der Religion als rhetorisch gemahnt, wie Schleiermacher sie in der zweiten der Reden vornimmt, sodass sie ebenfalls auf die Mitteilung als ein Vorgehen verweist, indem eine gewisse Fertigkeit zu „Gewinnung der Hörenden" ausgewiesen wird (*Re*KGA I/2, 49).
[593] *Mo*KGA I/3, 39.

3.6 Drittes Zwischenergebnis

Während Schlegel im *Studienaufsatz* den Akzent auf eine allgemeine Theorie der Bildung legt und im Zuge ihres Aufbaus sog. allgemeine Gesetze der poetischen Bildung zu formulieren sucht, lehnt Schleiermacher bereits den Gedanken solcher Regeln eindeutig ab, indem er, gleich der Figur des Antonio im *Gespräch über die Poesie*, auf der Relativität einer Einigkeit beharrt, wie sie auf der Grundlage allgemeiner Regeln zustande kommen könnte.[594] Indessen trägt Schlegel, trotz seines formulierten Anspruchs auf Objektivität, wie deutlich geworden ist, der Eigentümlichkeit in seinem ästhetischen Bildungsprogramm dennoch Rechnung.

<small>Auch der modernen Poesie würde ihre Individualität unbenommen bleiben, wenn sie nur das [...] Geheimnis entdeckt hätte, im Individuellen objektiv zu sein. Stattdessen will sie ihre konventionellen Eigenheiten zum Naturgesetz der Menschheit erheben.[595]</small>

Was Schlegel hier sucht, ist mithin die Möglichkeit, sich im Einzelnen auf einen *Einheitsgrund*[596] jenseits konventioneller Übereinkünfte zu beziehen. Damit zeigt er sich ebenso wie Schleiermacher zuletzt darum bemüht, ein als notwendig vorausgesetztes Wechselverhältnis zwischen dem Einzelnen und dem Allgemeinen im Prozess der Bildung einerseits darzustellen und es andererseits zu begründen. Dieser Versuch veranlasst beide Autoren, mit dem Begriffspaar von Freiheit und Notwendigkeit zu arbeiten. Ihr Vorgehen vermittelt in seiner jeweiligen besonderen Prägung beständig die Dynamik von Bestimmtheit und Unbestimmtheit, Beschränktheit und Offenheit, in der sich der Mensch als Individuum wahrnimmt. Wie Schlegel benennt auch Schleiermacher die Menschheit als den eigentlichen Gegenstand der Bildung, in deren Kontext sich der Einzelne in seinem Bildungsstreben eingebettet weiß. Dazu teilen beide Autoren die Idee einer letztlich zielführenden Eigendynamik der Bildungsbewegung, die indessen, um einzusetzen, einer Anregung bzw. eines Anstoßes bedarf. Diesen Punkt nehmen Schleiermacher und Schlegel unter der Prämisse einer Wechselwirkung von innerer und äußerer Bildung des Menschen in den Blick, die eine äußere Darstellung des Bildungsfortgangs zeitigt. Die so entstehenden *Kunstwerke der Menschheit* – womit ich Schleiermachers Vokabular und Kunstverständnis aufgreife – können an dieser Stelle als eine Art Verdichtung vorläufiger Bildungsetappen verstanden werden, die auf die Notwendigkeit nachfolgender Entwicklungsschritte vorausweisen. Dass sich der Monolog an die zweite Person Singular wendet, kann sowohl auf das sprechende Ich zurückbezogen werden als auch auf den Leser. Im ersten Sinn wird der Monolog als Aufforderung des sprechenden Ich an sich selbst lesbar, die Reflexionsarbeit – das Werk der Bildung – weiter zu führen. Im zweiten Sinn wird der Monolog zum Auftakt eines Dialogs, wie er im brieflichen Austausch des implizierten Leserkreises im Ansatz rekonstruiert werden kann.

<small>594 Vgl. KA II, 349: GüdP.
595 KA I, 321: StdA.
596 In Anlehnung an Kant gesprochen.</small>

Im folgenden Kapitel gilt es im Blick auf die Darstellungen von Individualität bei Schleiermacher und Schlegel, insbesondere dem Kunstverständnis Schlegels weiter nachzugehen.

4. Die Notwendigkeit des Anderen

Bisher ist das Individuum auf Seiten der *Reden* ebenso wie auf Seiten der *Monologen* beschrieben als ein einzelnes bildsames Selbstbewusstsein, das als solches durch den Kontext seiner Gemeinschaft konstituiert wird. Dabei kann der Begriff *Gemeinschaft* bei Schlegel ebenso wie bei Schleiermacher durch den Begriff der Geselligkeit ersetzt werden. Beide Begriffe bezeichnen ebenso die besondere wie die allgemeine Bildungsgemeinschaft, die dem Individuum einerseits *Nahrung* und andererseits äußere Begrenzung im Prozess seiner Selbstbildung ist. Auch der Begriff der Gesellschaft fällt indessen und es ist nicht immer eindeutig möglich diese Begriffe (insbesondere die Begriffe von Gemeinschaft und Gesellschaft) gemäß ihrer Verwendung bei Schlegel und Schleiermacher in ihrem Bedeutungsgehalt zu differenzieren. Ich greife darum nun zu einer Hilfestellung, indem ich den Versuch einer Differenzbestimmung beider Begriffe als Grundbegriffe der Soziologie bei Ferdinand Tönnies betrachte. Er beschreibt die Gemeinschaft als ein Verhältnis, das sich von der „Gemeinschaft des *Blutes* als Einheit des Wesens" ausgehend

entwickelt und besondert [...] zur Gemeinschaft des *Ortes*, die im Zusammenwohnen ihren unmittelbaren Ausdruck hat, und diese wiederum zur Gemeinschaft des *Geistes* als dem bloßen Miteinander-Wirken und Walten in der gleichen Richtung, im gleichen Sinne [...].[597]

Der durch eine grundlegende Einheit konstituierten Gemeinschaft stellt Tönnies die Geselligkeit[598] gegenüber.

Die Theorie der Geselligkeit konstruiert einen Kreis von Menschen, welche, wie in Gemeinschaft, auf friedliche Art nebeneinander leben und wohnen, aber nicht wesentlich verbunden, sondern wesentlich getrennt sind, und während dort verbunden bleibend trotz aller Trennungen, hier getrennt bleiben trotz aller Verbundenheiten.[599]

Insbesondere Schleiermacher rechnet, wie bereits deutlich geworden ist, mit der Familie (Tönnies würde hier von der *Gemeinschaft des Blutes* sprechen) als erstem Ort der Bildung[600] von dem ausgehend er zunächst das Verhältnis der Freundschaft entwickelt. Anders als Tönnies kann Schleiermacher indessen zuletzt auch den Staat als Teil dieser Gemeinschaft wahrnehmen, denn er geht (ebenso wie Schlegel) von einer noch ursprünglicheren Einheit als der „des Blutes" aus. Diese Einheit ist Schleiermacher die Menschheit und über diese hinausweisend das Universum. Eine Differenz zwischen der

---

[597] TÖNNIES, Gemeinschaft und Gesellschaft (1935), 12.
[598] Der Begriff Geselligkeit wird von Tönnies anders als von Schlegel oder Schleiermacher synonym zu dem Begriff Gesellschaft verwendet.
[599] TÖNNIES, Gemeinschaft und Gesellschaft (1935), 34.
[600] Wobei sich auch in der *Lucinde* die Idee wiederfindet, dass mit der Gründung der idealen Paarbeziehung, aus der die Hoffnung auf eine Familie hervorgeht, die Bildung der besseren Gemeinschaft beginnt (vgl. KA V, 57: Luc).

Gemeinschaft (bzw. freier [d. h. gebildeter] Geselligkeit) und einer außer ihr stehenden Gesellschaft kann für Schleiermacher und Schlegel anders als für Tönnies so nur am Anfang der Bildung der Menschheit stehen. Denn sie resultiert im Grunde aus dem ungebildeten Bewusstsein selbst, das die Wahrnehmung der Einheit beider Sphären erst erlernen muss. Tragend für die Bildungsideen beider Autoren, die im Zentrum dieser Untersuchung stehen, ist gleichwohl in erster Linie der Begriff der Gemeinschaft, der inhaltlich mit dem Begriff der Geselligkeit gleichgesetzt und darum synonym verwandt werden kann. Beide Begriffe beziehen sich auf eine Verbindung von Individuen, die sich ihrer Einheit über alle trennenden Differenzen hinweg bewusst sind und damit im Bildungsprozess verortet werden können. Die Bildung des Bewusstseins wird wesentlich durch Mitteilung konstituiert. Als solche kann sie sowohl durch das Verstehen wachsen, als auch im Missverstehen (der Missdeutung der Äußerung) scheitern. Hier zeigen sich bei Schleiermacher bereits deutliche Linien, die auf seine Hermeneutik vorausweisen.[601] Mitteilung indessen, dies gehört zu den bisher aufgedeckten Grundprämissen seiner Bildungsidee, kann am ehesten unter solchen Menschen gelingen, die im Vollzug des gebildeten Ausdrucks als einer bewussten (Selbst-)Darstellung[602] miteinander harmonieren. Auch in seiner *Theorie des geselligen Betragens* nimmt Schleiermacher auf diese Voraussetzung Bezug.

Nach dem, was wir bis jetzt gesehen haben, kommt nämlich allerdings sehr viel darauf an, was für Bestandtheile zu einer Gesellschaft gegeben werden. Die Sphäre derselben soll etwas *Allen* gemeinschaftliches seyn, und so macht es nothwendig einen großen Unterschied, wenn einer, oder eine verhältnißmäßig nur kleine Anzahl, an Kenntnissen und an Bildung zu sehr hinter den Uebrigen zurückstehen.[603]

Als tragendes Argument wird die in einer solchen Konstellation eintretende gegenseitige Benachteiligung der verschiedenen *Bestandteile* dieses geselligen Beisammenseins eingeführt. Kein Individuum kann dem ungleichen Anderen in seiner Bildung recht behilflich sein.[604] Das Individuum ist also auch hier im Kern als beständig im Prozess seiner Bildung begriffenes definiert, als Endliches, das im Werden zum Unendlichen hin verbleibt und das in diesem Prozess für sich von dem Anderen zu gewinnen und zugleich dem Anderen etwas von sich hinzuzugeben vermag.[605] Die Grundvoraussetzungen für diese Bildungsidee, ist das Gelingen der Wechselwirkung bzw. das Gelingen der Mitteilung im Kontext der Gemeinschaft.[606] Demgemäß wurde in

---

[601] Der Zusammenhang zwischen der Kunst „zu reden und zu verstehen", mithin also die „Zusammengehörigkeit von Rhetorik und Hermeneutik und ihr gemeinsames Verhältniß zur Dialektik" finden sich hier näher ausgeführt (KGA II/4, 120: Hermeneutik [1819]).

[602] Vgl. zu dieser Ausführung MoKGA I/3, 38.

[603] KGA I/2, 182: VThGB. Der Begriff, wie er von Schleiermacher hier angewandt wird, droht die obige Frage nach der Differenzierung zwischen den Begriffen *Gemeinschaft* (Geselligkeit) und *Gesellschaft* erneut aufzuwerfen. Der Begriff der Gesellschaft erschließt sich im Kontext jedoch durch seinen Bezug auf eine gesellige Form der Veranstaltung.

[604] Vgl. ebd.

[605] Das Bild einer gegenseitigen *Ernährung* der Individuen auf geistiger Ebene scheint hier auch hinsichtlich der von Schleiermacher verwendeten Wortfelder nicht unangebracht.

[606] Wobei der Schwerpunkt bei diesem Begriff nach der bisherigen Interpretation mit Recht auf den

den ersten drei Reden ebenso wie in den ersten drei Monologen die Bildungsgemeinschaft als unverzichtbare Trägerin des Bildungsprozesses bereits ausführlich thematisiert und dabei die Möglichkeit ihres Zustandekommens problematisiert. Denn ein Zueinander-Kommen der verwandten *Gemüter* gestaltet sich nach der Wahrnehmung Schleiermacher bis zur Unmöglichkeit erschwert durch die gesellschaftlichen Schranken wie durch die Vorherrschaft des Zwecks. Mit letzterem ist implizit die Sorge im Hinblick auf die einzelne praktische und also äußerlich bleibende Handlung in einem Handlungsraum benannt, der wesentlich auf die Befriedigung äußerlicher Bedürfnisse ausgerichtet ist. Eine Kritik, in die, wie sich in dieser Untersuchung bereits gezeigt hat, auch Schlegel einzustimmen vermag.[607]

Dem Vorhaben folgend, richtet sich der Blick nun auf die vierte Rede, deren Überschrift bereits darauf verweist, dass in ihr das Thema der Bildungsgemeinschaft, jetzt spezifisch auf die Vergesellschaftung der Religion ausgerichtet, vertieft wird.

4.1 Mitteilung als Möglichkeit der Selbstvergewisserung bei dem Anderen

Diejenigen unter Euch, welche gewohnt sind die Religion nur als eine Krankheit des Gemüths anzusehen, pflegen auch wohl die Idee zu unterhalten, daß sie ein leichter zu duldendes, ja vielleicht zu bezähmendes Übel sei, so lange nur hie und da Einzelne abgesondert damit behaftet wären, daß aber die gemeine Gefahr aufs Höchste gestiegen und alles verloren sei, sobald unter mehreren Unglücklichen dieser Art eine allzunahe Gemeinschaft bestände.[608]

So eröffnet Schleiermacher diese Rede mit feiner Feder auf eine Weise, die den Leser geradezu zu einer Antwort herausfordert. Zugleich sucht der Redner mit diesem Einstieg wiederum die Nähe zu seinen Lesern, indem er, nicht ohne Ironie, die Vorurteile thematisiert, die *Gefahr*, mit der die Vergemeinschaftung der Religion in der Außenwahrnehmung verkoppelt scheint. Fälschlich werde mit der Religionsgemeinschaft der Gedanke von der „Aufopferung des Eigenthümlichen und Freien" verbunden, ein „geistloser Mechanismus und leere Gebräuche" darin vermutet.[609] Erneut erklärt der Autor die Absicht, auch in diesem Bereich, der seiner Hauptangelegenheit so nahesteht, wolle er die Ansicht seiner Adressaten *berichtigen*. Die Religion, so ist zu lesen, müsse „nothwendig auch gesellig sein"[610]. Der schlechthinnige Grund für diese Geselligkeit liegt mit Schleiermacher im Wesen der Religion selbst begründet. Der Text geht nun noch einen Schritt weiter als die vorherigen Reden, indem er Äußerung und Mitteilung in Bezug auf den Menschen mit einem Imperativ verknüpft.

In der beständigen […] Wechselwirkung, worin er [sc. der Mensch] mit den Übrigen seiner Gattung steht, *soll* er alles äußern und mittheilen, und je heftiger ihn etwas bewegt, je inniger es sein Wesen durchdringt,

---

im Miteinander initiierten Dialog gelegt werden kann, sodass die Teilhabe am Anderen im Miteinander wesentlich im Vordergrund steht.

[607] Vgl. KA V, 81: Luc. Hier nimmt Schlegel explizit Bezug auf die „nach Affenart" liebende Sorge, die damit das Leben selbst zu ersticken droht (Zitat ebd.).
[608] *ReKGA* I/2, 174.
[609] AaO. 176.
[610] AaO. 177.

desto stärker wirkt auch der Trieb, die Kraft deßelben auch außer sich an Andern anzuschauen, um sich vor sich selbst zu legitimieren, daß ihm nichts als menschliches begegnet sei.[611]

Der Vorgang der Mitteilung der Religion, den ich mit Schleiermacher bereits als die notwendig rhetorische Äußerung[612] des inneren Bewusstseins hervorgehoben habe, ist hier als unerlässliche Selbstvergewisserung dargestellt. Zu beobachten ist an dieser Stelle, dass der Autor weiterhin in dem Gebiet der Menschheit verbleibt, in dem er die Anschauung des Universums lokalisiert, wenngleich er in den *Reden* deutlicher als in den *Monologen* auf einen höheren Standpunkt außerhalb dieses Gebietes verweist.[613]

Im Folgenden richtet sich das Vorhaben des Redners darauf, den bereits früher aufgenommenen *Verdacht* zu widerlegen, das Streben des religiösen Menschen nach Gemeinschaft, mithin auch dessen Rede (und damit ebenso die vorliegende), richte sich darauf, sich andere gleich zu machen. Wiederum wird betont, der *Sinn* für das Universum verschärfe die Wahrnehmung der Unterschiede ebenso wie die Wahrnehmung der eigenen Endlichkeit. Damit wird der Akzent auf die Ansicht einer Vielfalt gelegt, die zugleich eine gewisse Unzugänglichkeit des Individuums betont. Der Einzelne bleibt vereinzelt und lernt, sich in dieser Vereinzelung wahrzunehmen. Dies ist ein Punkt, an dem sich die Kritik Schlegels entzünden kann, da er sich darauf bedacht zeigt, die Einheit aller Einzel-Einheiten hervor zu heben. Gerade aber weil der Vermittlungsprozess der Reflexion für die Konstitution des Einzelnen (bzw. des Individuums) sich für Schleiermacher als derart wesentlich herausstellt, kann die „Selbstbezüglichkeit" des Individuums im Ereignis der Mitteilung als „durchbrochen" wahrgenommen werden.[614] Vielleicht kommt dieser Gedanke innerhalb der *Reden* nirgendwo deutlicher zur Sprache als an dieser Stelle der vierten Rede.

Bei keiner anderen Art zu denken und zu empfinden hat der Mensch ein so lebhaftes Gefühl von seiner gänzlichen Unfähigkeit ihren Gegenstand jemals zu erschöpfen, als bei der Religion. Sein Sinn für sie ist nicht sobald aufgegangen, als er auch ihre Unendlichkeit und seine Schranken fühlt; er ist sich bewußt nur einen kleinen Theil von ihr zu umspannen, und was er nicht unmittelbar erreichen kann, will er wenigstens durch ein fremdes Medium wahrnehmen. Darum interessirt ihn jede Äußerung derselben, und seine Ergänzung suchend, lauscht er auf jeden Ton, den er für den ihrigen erkennt. So organisirt sich gegenseitige Mittheilung, so ist Reden und Hören Jedem gleich unentbehrlich.[615]

Die Mitteilung als Gesamtprozess von denkendem (hier *erkennendem*) Reden und Hören ist bis hierher als notwendig für den Weg der Selbstverortung des Individuums dargestellt. Ein Vorgang, der mit der früher angewandten Metaphorik[616] als eine Art

---

[611] Ebd. (Hervorhebung: AS).
[612] Vgl. aaO. 49.
[613] Damit ist der These widersprochen, an diesem Punkt ließe sich eine inhaltliche Differenz zwischen den beiden Texten aufweisen. Zu einem anderen Ergebnis kommt S. SCHMIDT, Die Konstruktion des Endlichen (2005), 79.
[614] Vgl. WENZ, Neuzeitliches Christentum als Religion der Individualität, in: Frank/Haverkamp (Hgg.), Poetik und Hermeneutik, Bd. XIII: Individualität (1988), 123–131, 127/128 (Zitat 128). Wenz verweist zu seiner Argumentation ebenfalls auf die nachfolgend zitierte Textpassage. Wobei jedoch die Konnotation eines Wortes wie *durch-brechen*, die die Assoziation eines gewaltsamen Aktes hervorrufen mag, der Vorstellung, die Schleiermacher in den *Reden* und den *Monologen* vorträgt, offen widerspricht.
[615] *ReKGA* I/2, 178f.
[616] Vgl. *ReKGA* I/2, 136f. Hier beschreibt Schleiermacher die Bildung als eine Art Suche nach dem

räumlicher Orientierungsprozess beschrieben worden ist. Die Frage nach dem *Raum* der besonderen Mitteilung, die nun bearbeitet wird, kann im Kontext dieser Darstellung gelesen werden. Überraschenderweise wird dabei das Medium Buch als ein solcher *Raum* mit dem Argument abgelehnt, in ihm gehe alles verloren, was nicht in die Einförmigkeit der Zeichen[617] passe und damit zu viel von dem ursprünglichen Eindruck. Auch eine bestimmte Gesprächsform scheidet für Schleiermacher durch die dabei bestehenden Bedingungen aus.

> Wo Freude und Lachen auch wohnen, und der Ernst selbst sich nachgiebig paaren soll mit Scherz und Wiz, da kann kein Raum sein für dasjenige, was von heiliger Scheu und Ehrfurcht immerdar umgeben sein muß.[618]

Dem Redner gilt es, mit dem *inneren Menschen* in Kontakt zu treten. Dabei erweist sich der *richtige Instinkt*[619] als zuverlässiger Wegweiser. Diese Überlegung findet sich, wie ich weiter oben gezeigt habe, im dritten Monolog wieder. Die Entsprechung des äußeren Menschen zu seiner inneren Bildung ist die Grundvoraussetzung für die Realisierung der künftigen Welt. Auf dieser Prämisse aufbauend führt Schleiermacher nun aus, die (äußere) Mitteilung müsse ihrem inneren Gehalt entsprechen. Mithin sollte die religiöse Mitteilung sich auf bestimmte Weise nach außen hin gestalten bzw. darstellen.

> Es gebührt sich auf das höchste was die Sprache erreichen kann auch die ganze Fülle und Pracht der menschlichen Rede zu verwenden [...]. Darum ist es unmöglich Religion anders auszusprechen und mitzutheilen als rednerisch, in aller Anstrengung und Kunst der Sprache, und willig dazu nehmend den Dienst aller Künste welche der flüchtigen und beweglichen Rede beistehen können.[620]

So nimmt der Autor an dieser Stelle, wie bereits in seiner zweiten Rede[621], direkt Bezug auf die (rhetorischen!) Mittel, deren er sich in seiner Mitteilung bedient, indem er sie nicht nur für legitim, sondern (ebenso wie die Rede selbst) sogar für notwendig erklärt. Der Umstand aber, dass mit dem untersuchten Text einerseits Reden im klassischen Sinne andererseits aber ebenso Buchstaben in gedruckter Form vorliegen, kann angesichts des harten Urteils, das sich so deutlich gegen das Buch richtet, nicht unkommentiert bleiben. Wären die *Reden* als Reden über die Religion zu verstehen, die, auf einer Art Metaebene angesiedelt, keinen Anspruch darauf erheben, als Mitteilung von Religion identifiziert zu werden, wäre zwar keine Rückfragen notwendig. Allerdings bliebe ein solches Verständnis hinter der Aussage des Redners zurück, die Religion selbst

---

jeweils eigenen Ort im Raum der Menschheit, deren Beginn oder Scheitern mit einer geradezu körperlichen Verunsicherung des eigenen Standes verbunden wird.

[617] Ganz anders äußert sich Schlegel im Blick auf die Möglichkeiten der Sprache. Nirgends findet er im *Studienaufsatz* eine solche Unendlichkeit der Kombinationsmöglichkeiten (vgl. dazu bei Schlegel: KA I, 294: StdA; und in dieser Untersuchung 87ff: Abschnitt II.3.3).

[618] *Re*KGA I/2, 180. Dass Schlegel seinerseits zu einer anderen Wertung des Witzes kommen kann, geht nicht zuletzt mit dem Umstand einher, dass er einen eigenen Gebrauch dieses Wortes prägt. Dieser Gesichtspunkt wird im zweiten Teil dieser Arbeit untersucht: Vgl. etwa: KA II, 239: AthF Nr. 394. Auf die hier aufscheinende Differenz gehe ich im Abschnitt II in dieser Arbeit ein: Vgl. dort II.2.4 Genialische Fragmentarität?

[619] Vgl. *Re*KGA I/2, 180. Der Begriff *Instinkt* weist abermals zurück auf den religiösen bzw. *heiligen Instinkt*, der bereits in der ersten Rede eingeführt worden ist. Vgl. etwa *Re*KGA KGA I/2, 19.

[620] AaO. 181.

[621] Vgl. *Re*KGA I/2, 49.

sei es, die ihn zur Rede veranlasse, um Zeugnis von eben diesem Anlass zu geben.[622] Diese Aussage spricht nicht dafür, dass der gewählte Sprachraum *Text* und die Religion, die zugleich Gehalt der Mitteilung ist, einander ausschließen. Wird demgemäß der Text selbst als Mitteilung der Religion eingestuft, ist dieses Vorgehen von der Voraussetzung abhängig, dass sich Schleiermacher seiner Vorgehensweise bewusst war. Wird außerdem seine Äußerung hinsichtlich der notwendigen rhetorischen Verfasstheit der religiösen Mitteilung hinzugezogen, gibt das Anlass zu der Annahme, dass der Verfasser der *Reden* sich auf der Suche nach einem geeigneten Mitteilungs-Raum für die Religion nicht zufällig zwischen Text und Rede bewegt. Schleiermacher wählt für sein Anliegen eine Darstellungsform, die ihren Gehalt vorläufig fixiert, zugleich aber auf literarischer Ebene Offenheit zeigt für die Entgegnung seiner Adressaten. (Eine Wahl, die sich, wie ich oben bereits vermerkt habe, in vergleichbarer Weise bei den Monologen wiederholt.) Damit wird mit der Sprachform eine Verbindung zwischen Vergänglichkeit und Dauer geknüpft, die alle Vorteile der Schrift in Anspruch nehmen kann (etwa den, eine Rede ohne Unterbrechung fortzusetzen), ohne dabei das Bewusstsein einer letztlich uneinholbaren Differenz zwischen Form und Gehalt aufzugeben. Gemäß dieser Annahme wollen diese Reden mehr sein als *nur* ein Buch.

Die Wortwahl nimmt im Folgenden eine deutlich politischere Färbung an als bisher. Die Gesellschaft der Religion wird in der „Stadt Gottes" verortet, deren „Bürger" den Weg in das „Freie" suchend, „voll heiliger Begierde alles aufzufaßen und sich anzueignen was die Andern ihm darbieten mögen" zusammenkommen.[623] Gemeinsam mit dem Begriff der Freiheit werden die Begriffe „Gleichheit" und „Einigkeit" eingeführt, um das Verhältnis des Einen zum Anderen in jener Gemeinschaft zu charakterisieren, die dem Leser als Ziel vor Augen gestellt wird. Wenn darin

einer hervortritt vor den Übrigen ist es nicht ein Amt oder eine Verabredung, die ihn berechtigt, nicht Stolz oder Dünkel, der ihm Anmaßung einflößt: es ist *freie* Regung des Geistes, Gefühl der herzlichsten *Einigkeit* Jedes mit Allen und der vollkommensten *Gleichheit*, gemeinschaftliche Vernichtung jedes Zuerst und Zuletzt und aller irdischen Ordnung.[624]

Einerseits werden auf diese Weise Leitbegriffe der Französischen Revolution aufgenommen.[625] Andererseits kann nicht übersehen werden, dass der Redner sich zugleich auf einer Ebene *über* den aktuellen politischen Themenfeldern bewegt. Die Schlagworte sind ebenso wie die ästhetischen Begriffe mit einem eigenen inhaltlichen Schwerpunkt versehen, der sich mit dem Anliegen der *Reden* vermittelt. Gemäß seiner Ankündigung führt Schleiermacher seine Adressaten also in ein vertrautes Gebiet ein, um dabei sein eigentliches Thema zu verhandeln: das „himmlische Band, das vollendetste Resultat menschlicher Geselligkeit", welches „mehr werth ist, als Euer irdisches politisches Band, welches doch nur ein erzwungenes, vergängliches, interimistisches Werk ist".[626] Die Grundfarbe dieses himmlischen Bandes ist Harmonie,

---

[622] Vgl. aaO. 15.
[623] AaO. 181f.
[624] AaO. 182 (Hervorhebungen: AS).
[625] Vgl. dazu auch die Ausführungen von NOWAK, Schleiermacher und die Frühromantik (1986), 47ff.
[626] *ReKGA* I/2, 184.

die sich nicht zuletzt in der Wahl musikalischer Metaphorik als Grundton ausspricht, wenn der Akt der wechselseitigen Mitteilung als „ein höheres Chor, das in einer eigenen erhabenen Sprache der auffordernden Stimme antwortet", dargestellt wird. Die Rede ist von einer „Musik [...] ohne Gesang und ohne Ton".[627] Und doch hat Schleiermacher diese tonlose Musik offenbar *im Ohr*. Als Weg zur Wahrnehmung einer Musik, die ohne Töne bestand hat, bleiben letztlich *Anschauung und Gefühl*. Diese Musik wäre also denkbar als eine Form rhythmischer (Fort-)Bewegung. Das Bild von der Bildung erweitert sich hier zu einem bewegten Bild. Diese Darstellung lässt sich mit den Ausführungen des dritten Monologs verbinden, die innere Eigentümlichkeit werde mit der Sitte als der äußeren Abbildung des Inneren nach außen sichtbar wie ein *Kleid*, das jede *Bewegung* begleitet.[628] Das Beispiel des Chors, das Schleiermacher hier wählt, um die Harmoniebildung zu veranschaulichen, ist dabei auf besondere Art mit seiner Idee einer vollkommenen *Republik* verwoben, die er im Anschluss entfaltet.

Es giebt nicht jene tyrannische Aristokratie, die Ihr so gehässig beschreibt: ein priesterliches Volk ist diese Gesellschaft, eine vollkommne Republik, wo Jeder abwechselnd Führer und Volk ist, jeder derselben Kraft im Anderen folgt, die er auch in sich fühlt; und womit auch Er die Anderen regiert.[629]

Führung gibt es in der Gesellschaftsform, die hier vorgestellt wird, also durchaus. Doch Schleiermacher hat ein Gebilde vor Augen, in dem die Strukturen nicht fest definiert sind, sondern vielmehr beweglich. Die Positionen von *Führenden* und *Geführten* können damit jederzeit wechseln. Entscheidend für die Einheit des Gebildes ist die ständig wirksame einigende Kraft, die jeden einzelnen bewegt. Im Kontext ist damit auf die Wirksamkeit des Universums zurückverwiesen. Im Hinblick auf den dritten Monolog ist es auffallend, dass Schleiermacher dort mit dem *gemeinschaftlichen Willen*[630] eine ähnliche Struktur darzustellen sucht. In der Rede verschwimmen an dieser Stelle die Grenzen zwischen den Begrifflichkeiten von der Bildungsgemeinschaft und der Gesellschaft als ihrem Gegenüber.[631] An diesem Punkt wird zuletzt die gesamte Gesellschaft als eine Gemeinschaft dargestellt, die sich ihres einigenden Grundes – der Leitung des großen Chores – gewiss ist. Die Verschiedenheiten, auf die der Redner bisher am ausführlichsten in der ersten Rede eingegangen ist, rücken hier primär als Verschiedenheiten im Grad der „Religiosität", der „Sinnesarten"; in den „Richtungen der Fantasie" in den Blick. Die Aussicht jedoch bleibt bestehen, dass zuletzt all diese Unterschiede *ineinanderfließen* werden.[632]

---

[627] AaO. 183. Es ist daran zu erinnern, dass auch Schlegel in seiner *Lucinde* eine enge Verbindung zwischen Sprache und Musik beschreibt: vgl. KA V, 54: Luc. Dazu ist es bemerkenswert, dass die Chor-Metapher in abgewandelter Form etwa auch bei Goethe wieder zu finden ist. Etwa in seiner Betrachtung der „Geschichte der Wissenschaft" als „eine große Fuge, in der die Stimmen der Völker nach und nach zum Vorschein kommen" (DERS., Goethes Werke, Hamburger Ausgabe, Bd. XII [1960], 418).
[628] Vgl. *Mo*KGA I/3, 38.
[629] *Re*KGA I/2, 184.
[630] Vgl. *Mo*KGA I/3 32.
[631] Vgl. die in dieser Untersuchung mit Tönnis eingeführte Differenzierung hier 110ff: im Abschnitt II.4.
[632] *Re*KGA I/2, 185.

Freilich werden diejenigen, die sich in einem dieser Punkte am ähnlichsten sind, sich auch einander am stärksten anziehen, aber sie können deshalb kein abgesondertes Ganzes ausmachen: Denn die Grade dieser Verwandtschaft nehmen unmerklich ab und zu, und bei so viel Übergängen gibt es auch zwischen den entferntesten Elementen kein absolutes Abstoßen, keine gänzliche Trennung.[633]

So also wird für den Redner mit der Bildung der „Universalität des Sinnes" zugleich die „religiöse Welt [...] ein unteihlbares Ganzes".[634] Die Verknüpfung von Welt und Bewusstsein, die besonders im ersten Monolog Thema war, ist so auch hier ein tragender Aspekt der Argumentation. Mit der Bildung des Sinnes (bzw. des Bewusstseins) verändert sich die Wahrnehmung der Welt in den Augen des gebildeten Individuums. Eine Gemeinschaft, die sich ihrer Einheit in der Vielfalt ihrer Ausprägungen bewusst wird, kann keinen exklusiven Heilsanspruch auf einzelne ihrer eigenen Ausprägungen erheben. Wer einmal Teil (s)ein Selbstverständnis als Teil dieser universalen Gemeinschaft gebildet hat, dem gilt das Heil, das der Redner hier verheißt.[635] So wird letztlich die Bildung des universalen Sinnes entscheidende und einzige Heilsvoraussetzung.

Nach allem diesem werdet Ihr vielleicht sagen, daß ich ganz einig mit Euch zu sein schiene, ich habe die Kirche construirt aus dem Begriff ihres Zweks, und nachdem ich ihr alle die Eigenschaften, welche sie jezt auszeichnen, abgesprochen, so habe ich ihre gegenwärtige Gestalt ebenso strenge gemißbilligt als Ihr selbst. Ich versichere Euch aber, daß ich nicht von dem geredet habe was sein soll, sondern von dem was ist [...].[636]

Mit diesen Worten ist die gesuchte Gemeinschaft als eine bereits bestehende bezeichnet. Jedoch findet Schleiermacher *seine* religiöse Gemeinschaft allein in ihrer Zerstreuung, befangen im Kampf mit jenen „Hindernißen", die ihr durch das „Zeitalter" und den „Zustand der Menschheit" in den Weg gelegt sind. Aus eben diesem Grunde, schreibt er, schätzten ihre Angehörigen das, „was man gemeinhin die Kirche nennt", wenig, und sie seien auch schwerlich dort in Ansammlung zu finden. Denn in dieser *gemeinen Kirche* seien doch allein jene versammelt, die die Gemeinschaft erst suchen und das „lebendige Gefühl" ihrer „Vereinigung" also noch nicht in sich tragen, wie es hingegen jene Angehörigen der *wahren Kirche* beständig täten.[637]

Die vierte Rede bietet nun zunächst eine Charakterisierung dessen, „was man gemeinhin Kirche nennt"[638] bzw. vielmehr eine Charakterisierung ihrer Angehörigen. Sie sind das, was der Redner als „negativ religiös"[639] bezeichnet. Diese negative Religiosität käme vornehmlich in ihrer gänzlich passiven Haltung gegenüber jeder äußeren Anregung zum Ausdruck.

---

[633] AaO. 185f.
[634] AaO. 186f.
[635] Vgl. aaO. 188.
[636] AaO. 191.
[637] AaO. 192.
[638] Ebd.
[639] AaO. 194.

Alle wollen empfangen und einer ist da der geben soll; völlig paßiv laßen sie auf einerlei Art auf sich einwirken durch alle Organe, und helfen dabei selbst höchstens von innen nach, soviel sie Gewalt über sich haben[640].

Rückblickend auf die bisherige Darstellung des gebildeten Individuums als einem einzelnen Bewusstsein, das zu seinem Gegenüber ein lebendiges Wechselverhältnis zu entfalten vermag, ist aus diesen Worten auf eine Gemeinschaft von Individuen zu schließen, die zu keiner Gegenwirkung fähig sind, da „keine Religion in ihnen wohnt"[641]. Dies ist eine Feststellung, die nach meiner Lesart des Textes gleichzusetzen ist mit einem Ausfall der Bildungskraft. Dabei verhalten sich diese Menschen dem Redner zufolge in parasitärer Weise. Wo sie die Religion ahnen, halten sie sich an die positiv Religiösen, um hier *Nahrung* zu empfangen, ohne dass sie freilich hinterher dazu fähig wären, den *feinen Stoff* tatsächlich in sich aufzunehmen geschweige denn ihn auf eine Weise zu verarbeiten, dass sie ihrerseits zu *Ernährern* werden könnten. Das, was von der Religion „gleichsam nur ihre Atmosphäre umschweben konnte, entweicht ihnen, und sie gehen nun in einem gewißen Gefühl der Leere wieder eine Weile hin, bis sie sich aufs neue negativ angefüllt haben".[642]

Die Religion ist damit einerseits als für die Bildung unverzichtbare, dabei aber für den Willen andererseits letztlich unverfügbare Ressource dargestellt. Die letzte Problematik, die daraufhin wirkt, dass noch nicht einmal eine *schwebende* Ahnung von Religion in der angezeigten Art des Bewusstseins Halt finden kann, führt Schleiermacher auf das *praktische Leben* zurück, das die besondere Erfahrung des Universums gleichsam mit den alltäglichen Eindrücken und Anliegen verdünnt oder „verschüttet".[643] Dieses Argument ist bereits in der dritten Rede im Kontext der Arbeit an der Frage nach der Bildungsmöglichkeit eingeführt worden.[644]

Der Redner stellt nunmehr die Art und Weise, in der Menschen Erfahrungen aufnehmen, die ganz in ihrem zweckorientierten Alltag aufgehen, abermals als eine *vereinzelnde* dar. So müsse diesen Menschen das Unendliche, selbst wenn es ihnen zur Anschauung kommt, doch gleich wieder in seine Einzelteile zerfallen. Die (noch) ungebildeten Individuen sind also zunächst gehalten, eine Offenheit für den Eindruck des Unendlichen im eigenen Leben zu entwickeln. Mit dem Anfang der lebendigen Religion (ist er erst eingetreten), sieht Schleiermacher zugleich eine veränderte Haltung zu der *gemeinen Kirche* verbunden. „[S]o wird [...] in der That die Kirche den Menschen

---

[640] AaO. 193.
[641] AaO. 194.
[642] AaO. 194f.
[643] AaO. 195.
[644] Vgl. aaO. 148f. Auch Schlegel spricht, wie ich bereits gezeigt habe, vielfach abwertend von dem einzig zweckorientierten Handeln. Mit Schleiermacher und Schlegel gilt, wenn es um die Bildung geht, muss die Sorge um den einzelnen Zweck schweigen. D. h. mit Schlegel, dass es für den Verstand die Möglichkeit gibt, zu schweigen: KA V, 81: Luc: „Es ist der Gipfel des Verstandes, aus eigener Wahl zu schweigen, die Seele der Fantasie wiederzugeben und die süßen Tändeleien der jungen Mutter mit ihrem Schoßkinde nicht zu stören."

um so gleichgültiger je mehr sie zunehmen in der Religion, und die Frömsten sondern sich stolz und kalt von ihr aus [...]."⁶⁴⁵

Die *gemeine Kirche* ist damit in Abgrenzung zu der „wahre[n]" auf eine Weise negativ dargestellt, dass der Redner sich veranlasst sieht, auf die Vermutung zu reagieren, er könne etwa der Meinung sein, dass diese *Mangelgemeinschaft* ganz überflüssig wäre. Eben dies verneint er hier entschieden und geht dabei soweit, die Notwendigkeit der *gemeinen Kirche*, in der es doch keine „freie Begeisterung", nichts als ein „schülerhaftes, mechanisches Wesen"⁶⁴⁶ geben kann, zu verteidigen. Seine Begründung für diesen Schritt ist ebenso zweckorientiert wie seine frühere Feststellung hinsichtlich dessen, was Kirche sein sollte.⁶⁴⁷ Denn, erklärt der Redner, es

muß doch irgendein Bindungsmittel geben zwischen ihnen [sc. welche die Religion haben] und denen welche sie noch suchen, und das soll doch diese Anstalt sein, denn sie muß ihrer Natur nach ihre Anführer und Priester immer aus jener heraus nehmen [...].⁶⁴⁸

Allerdings müsse sich eine Kirche, um ihrer Funktion gemäß, ein Ort für „Schüler und Lehrlinge"⁶⁴⁹ der Religion zu sein, doch vollständig anders gestalten, als die fälschlich bislang so genannte Institution. Die Kritik an *der Kirche* wird auf diese Weise ins Leere geleitet mit dem impliziten Argument, dass sie sich an einen Adressaten richte, den es (noch) nicht gibt. Zugleich wird damit der Ausblick auf die künftige Entwicklung geöffnet. Der Imperativ der Bildung steht unausgesprochen erneut im Raum: dass werden soll, was werden kann.

Bereits in der ersten Rede wurde hierzu festgehalten, dass es die Religion selbst ist, die *von sich Reden macht*. In der dritten Rede wurde diese Aussage nochmals verstärkt. Hier nun wird sie problematisiert. „Wer es weiß wie die Religion wirkt, der findet es nur natürlich daß sie Alle reden, sie würden fürchten daß die Steine es ihnen zuvorthäten."⁶⁵⁰

Dieser „Enthusiasmus" greife wie die Gewalt eines Feuers um sich, das auf viele jedoch allein wärmend wirke, während es manche mit dem „falschen oberflächlichen Schein einer innern Glut" schmücke. So wird es notwendig, den falschen Schein von dem waren Schein zu unterscheiden. Schleiermachers Bildungsidee sieht hier einen natürlichen Aussonderungsprozess vor, in dem sich die religiösen Gemüter zu einer eigenen Gemeinschaft zusammenschließen.⁶⁵¹ Dafür braucht es indessen einen entsprechenden *Raum*, in dem es den sich bildenden Individuen freisteht, sich in dem Fluss ihrer Entwicklung *zu bewegen*. Schleiermachers Kritik an seiner Gegenwart, die zugleich die Begründung für den mangelnden Bildungsstand bietet, richtet sich nun eben darauf, dass es diesen Raum nicht gibt. (Als entscheidenden Hinderungsgrund begreift der Redner den Staat, der die Gemüter in starre ritualisierte Form dränge und sich noch

---

⁶⁴⁵ *ReKGA* I/2, 197.
⁶⁴⁶ AaO. 199.
⁶⁴⁷ AaO. 191.
⁶⁴⁸ AaO. 200.
⁶⁴⁹ Ebd.
⁶⁵⁰ AaO. 106.
⁶⁵¹ Vgl. aaO. 207f.

dazu die Religion für fremde Zwecke nutzbar zu machen suche.[652]) Wie in den *Monologen* werden hier die Bilder von der bestehenden *Gefangenschaft* des ungebildeten Bewusstseins bzw. der bislang hinter ihren Möglichkeiten zurückstehenden *wahren Kirche* und der zukünftigen Bildungs-Freiheit einander gegenübergestellt.[653] Als Bildungs-Kondition wird neben dem bislang fehlenden „Raum um beieinander zu sein" bemerkenswerter Weise „eine Sprache um sich zu verstehn" genannt.[654] So ist die sog. wahre Kirche in erster Linie als bestimmter Sprach-Raum dargestellt. Wobei weiter oben bereits deutlich geworden ist, dass das Verständnis Schleiermachers hinsichtlich der Möglichkeiten der Verständigung über den gemeinen Begriff von Sprache hinausführt. Damit rückt erneut der Begriff der Mitteilung in das Zentrum der Argumentation. Zugleich unterstreicht Schleiermacher abermals die Verschränkung von Sprache und Bild, indem er darauf verweist, dass Religion nicht allein ausgesprochen, sondern auch gezeigt werden muss und dies auf eine Weise, dass das ungebildete Bewusstsein nicht länger an seinem Vor-Bild vorbeisehen kann und seine „Anlage für dieselbe nothwendig entwikelt werden muß".[655]

Unter der bereits eingeführten Prämisse, dass Mitteilung nur gelingen kann, wenn die richtigen Gesprächspartner zusammenkommen – das heißt in dieser Rede, dass solche Menschen einander finden, die nach „Fähigkeiten" und „Sinnesart" am besten zueinander passen – betont Schleiermacher hier, dass das Potential wie die Notwendigkeit gelingender Bildung darin liegt, dass Lehrer und Schüler sich im Bildungsprozess frei suchen und finden können.[656] Der *Raum* der *wahren Kirche* muss also nach außen (bezogen auf die *gemeine Kirche*) ebenso wie in sich (im Hinblick auf die sich darin bewegenden Individuen) Offenheit wahren, damit die Protagonisten der Bildung keine Beschränkung in ihrer Entwicklung erfahren. Anderseits hebt der Redner hervor, dass es ebenso notwendig für den Bildungsvorgang ist, diesen Raum gegenüber verfremdenden Elementen abzugrenzen. Die *wahre Kirche* müsse sich als der soziale Raum, in dem die Religion ihr Leben entfaltet, also ebenso wie diese als Individuum behaupten.

Wenn Schleiermacher im Folgenden die Religion auf der Ebene des *Privaten* verortet, um die Trennung von Staat und Kirche, die er im Sinn hat, zu verdeutlichen, darf dabei indessen nicht das bisher vorgetragene Verständnis von Individualität aus den Augen geraten. Dieses Verständnis schließt ein unverbundenes Nebeneinander von Individuen aus. Der Formulierung: „Hinweg also mit jeder *solchen* Verbindung"[657], ist in diesem Kontext Beachtung zu schenken. Sie stellt einerseits den Bezug zu den von

---

[652] Vgl. aaO. 211f.
[653] Vgl. aaO. 219. Zur Verwendung des Begriffs *Freiheit* vgl. auch aaO. 222.
[654] AaO. 218. Inhaltlich bietet sich hier mehr oder minder direkte Anknüpfung an den dritten der *Monologen*, in dem ebenfalls die Ausbildung einer eigenen Sprache zur Optimierung der Mitteilung und damit der gegenseitigen Bildung thematisiert und ins Verhältnis zu der Bildung der *Welt* als Raum solcher Bildung gesetzt wird. (Wenn auch der Raumbegriff dort keine Verwendung findet.)
[655] AaO. 219.
[656] AaO. 220.
[657] AaO. 224 (Hervorhebung: AS).

Schleiermacher kritisierten Verbindungsformen sozialer Institutionen her (in der Rede geht es dabei insbesondere um die Verbindung von Staat und Kirche) und zeigt sich andererseits offen für neue im Hinblick auf das Bildungsunterfangen fruchtbare Möglichkeiten der Beziehung. Eine Förderung der Gemeinschaft als freies bzw. bewegliches[658] Beziehungsgefüge gebildeter Individuen kann hier mit der Förderung der *wahren Kirche* gleichgesetzt werden. Eine solche, schreibt Schleiermacher, sei nicht anders möglich, als dass diejenigen, die über ein entsprechend gebildetes Bewusstsein bereits verfügen, dasselbe in jeder Lebenssituation durch ihre besondere (priesterliche) Lebensführung darstellen, die in keiner Abhängigkeit zu ihrem weltlichen Stand steht.

Indem die Religion auf diese Art *gezeigt* und also wahrnehmbar wird, vollzieht sich mit Schleiermacher der Bildungsvorgang.[659] Diese Form der Darstellung, im Folgenden auch benannt als „stumme Sprache", erinnert entschieden an Formulierung und Anliegen des dritten Monologs[660]. Sie schließt zudem an den weiter oben diskutierten Begriff von einer *tonlosen Musik*[661] an, den ich bereits als Verweis auf den umfassenden Begriff der Mitteilung gelesen habe, den Schleiermacher in seinen *Reden* führt. In einer solcher Art wahrhaftigen Darstellung müsse, schreibt der Autor hier, schließlich auch der falsche Schein „einer unechten Glorie der Göttlichkeit" in „kindlicher Unbefangenheit" vernichtet werden.[662] Den Schauplatz für diese alles entscheidende freie Handlung aber findet Schleiermacher in der Familie. Sie kann ihm „das gebildetste Element und das treueste Bild des Universums sein"[663]. So wird das Bild des dritten Monologs, die bürgerliche Geselligkeit, zuletzt einschließlich des kritischen Blicks auf die Errungenschaften *körperlicher Bildungen* ebenfalls aufgerufen. *Tote Kräfte* sollten allein dazu dienen, die wahre Bildung des Geistes zu befördern: die Möglichkeit, „in sich die Welt zu betrachten"[664], indem sie die Ruhe hierzu zur Verfügung stellen. Auf diese Weise werde in dem einzelnen (bzw. dem bestimmten) Bewusstsein schließlich jenes Bewusstsein von Einheit entstehen. Dieses universale Bewusstsein wird hier mit dem Bild eines *Bundes von Brüdern* illustriert.

> Je mehr sich Jeder dem Universum nähert, je mehr sich Jeder dem Andern mittheilt, desto vollkommner werden sie Eins, keiner hat ein Bewußtsein für sich, jeder hat zugleich das des Andern, sie sind nicht mehr nur Menschen, sondern auch Menschheit, und aus sich selbst herausgehend, über sich selbst triumfirend sind sie auf dem Weg zur wahren Unsterblichkeit und Ewigkeit.[665]

---

[658] Schleiermacher spricht in diesem Zusammenhang auf einer *fließenden* Form der Verbindung: vgl. aaO. 185.

[659] „So mögen sie denn das Wesen derselben darstellen in allen ihren Bewegungen, nichts möge verloren gehen auch in den gemeinen Verhältnißen des Lebens von dem Ausdruck eines frommen Sinnes [...]" (aaO. 227f).

[660] Vgl. *MoKGA* I/3, 38.

[661] Vgl. etwa *ReKGA* I/2, 183.

[662] AaO. 229.

[663] AaO. 229f.

[664] AaO. 231. Der Bezug auf den dritten Monolog sowohl wörtlich im Blick auf dessen Titel wie inhaltlich auf dessen Unterfangen ist an dieser Stelle mE. unübersehbar, bis hin zu dem hier aufgenommenen Dualismus von Geist und Körper.

[665] AaO. 234.

4.2 Zwischenschritt

Stärker noch als in den vorangehenden drei Reden sind nun spezifische Charakteristika in Schleiermachers Darstellung des in seiner Bildung begriffenen Individuums in der Frage nach der Relation, in der der Einzelne zum Ganzen, das Besondere zum Allgemeinen steht, hervorgetreten. Dass diese Beziehung unhintergehbar Bestand hat, muss angesichts des bis hierher vorgestellten Religionsverständnisses Schleiermacher an dieser Stelle nicht erneut diskutiert werden. Die Theorie der Mitteilung als notwendiges Element des dem Individuum wesentlichen Bildungsprozesses hat bereits früh auf die Möglichkeit des Austausches verwiesen. Darunter wird die Möglichkeit des einzelnen Menschen verstanden, an dem anderen anteilsweise zu partizipieren, und sich dabei seinerseits dem Gegenüber zumindest teilweise hingeben bzw. mitteilen zu können. Dieses Moment der Mitteilung wurde nun noch stärker ausgestaltet, insofern es im Erkenntnisprozess als Weg der Selbstvergewisserung eingeordnet worden ist. Dabei wird die Erfahrung in einem intersubjektiven Kommunikationsprozess reflektiert, so dass das Individuum aus seiner Vereinzelung zumindest teilweise *heraustritt*. Dieser intersubjektive Vorgang der Kommunikation wird von Schleiermacher im Kern als ein Darstellungsprozess beschrieben. Der Autor betrachtet das sich bildende Individuum als eines, das mit jeder seiner Äußerungen – nicht allein mit Worten – an diesem Prozess teilnimmt. Betont wird stets die fließende Differenz[666] zwischen den wahrnehmenden und den sich äußernden Individuen. Einerseits wird diese Differenz unablässig bearbeitet, indem sich Individuen in der Mitteilung füreinander öffnen, andererseits wird sie ebenso beständig erneuert, indem ein Individuum durch die Mitteilung Selbstgewissheit und damit Bestimmtheit gewinnt. Die auf diesem Wege *kunstreich*[667] gebildete Einheit besteht aus eigenständigen aber sich in dieser Eigenständigkeit füreinander öffnenden Individuen. Es ist eine Einheit, die mit Schleiermacher „nicht in Absicht auf das Sein und das Wollen, aber in Absicht auf den Sinn und das Verstehen"[668] angestrebt wird. Wie kann der Autor nun andererseits im dritten Monolog dennoch von *einem gemeinschaftlichen Willen* sprechen?[669] Der Begriff muss mE. im Kontext von Schleiermachers Darstellung einer vollendet gebildeten Gemeinschaft von Individuen gelesen werden, in der Einheit und Differenz gewissermaßen ins Gleichgewicht gebracht sind, da jeden Einzelnen, der daran Anteil nimmt, das Bewusstsein, Teil einer transzendenten Einheit zu sein, leitet, in der „frei […] Jeder Jeden gewähren" lässt, „wozu der Geist ihn treibt, und nur sich hilfreich zeig[t][…] wo es jenem fehlt".[670]

---

[666] Mit diesem Begriff suchen wir im Anschluss an die Wortwahl Schleiermachers (vgl. aaO. 185) sowohl auf eine bestehende und unhintergehbare Differenz zwischen den Individuen zu verweisen und zugleich die Idee zu versprachlichen, dass diese *Grenze* in der Bewegung der Bildung zugleich ebenfalls in Bewegung bzw. im Fluss ist.

[667] Vgl. aaO. 233. Der Begriff der Kunst bzw. hier des „Künstlers" wird wiederum aufgenommen und in gewohnter Weise angewandt als Definition des sich zum Zusammenhang bildendenden Einzelnen

[668] AaO. 234.

[669] *Mo*KGA I/3, 32.

[670] Ebd. Vgl. außerdem aaO. 33.

Zum Abschluss der vierten Rede heißt es, nicht *nur* Menschen, sondern *auch* Menschheit werde es dereinst geben.[671] Der Redner nimmt hier zur Illustration seines Gedankengangs die musikalische Metaphorik wieder auf und unterstreicht damit nicht zuletzt erneut die polyphone Dimension seines Darstellungsbegriffs. Die gebildete Menschheit tritt vor Augen als ein „Chor von Freunden"[672].

4.3 Poesie und Gemeinschaft im Verhältnis

Es ist in dieser Untersuchung bereits deutlich geworden, dass sich Schlegel im Rahmen seiner Darstellung eines ästhetischen Bildungsprozesses ebenso wie Schleiermacher um eine Verhältnisbestimmung zwischen dem Allgemeinen und dem Individuum bemüht. Beide Autoren zeigen mit unterschiedlichen Akzenten einen Blick für die problematische Stellung eines Menschen der unter anderen *für sich* bleibt.[673] Unter diesem Aspekt gewinnt die gebildete Gemeinschaft (oder Geselligkeit) als konstitutives Element für das Gelingen der (ästhetischen) Bildungsaufgabe Relevanz.[674] Im Anschluss an diese Einschätzung wird Bildung einerseits als das Unternehmen eines Einzelnen betrachtet, andererseits aber ebenso als eines, das in letztere Konsequenz die Menschheit als ganze umfasst. Während Schleiermacher das Bewusstsein für das Universum bzw. für die Menschheit mit dem Bewusstsein für das Eigentümliche zu vereinbaren sucht, ist bei Schlegel die Bemühung um die Darstellung eines objektiven Bewusstseins als Ziel der Bildungsbewegung wahrzunehmen. So kann dieser Autor im *Studienaufsatz* mit jener segmentierenden Vernunft, die an Schleiermachers Ausführungen erinnert[675], auf unschuldige Weise das Nationale als (Bildungs-)Beispiel für sich entdecken, dessen Darstellung dabei unausweichlich unterbestimmt bleiben muss. Damit lobt er die Franzosen einerseits, da unter ihnen die Mitteilung[676] schon ausgereift sei wie sonst nirgendwo. Doch wird jener hier so *bestimmt* ausgebildete „Nationalcharakter" zuletzt als „beschränkte Einseitigkeit" bezeichnet, wie sie der Hervorbringung eines schönen Dramas im Wege stehen müsse.[677] Für ein solches bedürfe es eines *absoluten Umfanges der Bildung* und *völliger Freiheit* von *nationalen Schranken*. Davon seien die Franzosen freilich noch weit entfernt.[678] In diesem Fall betrachtet Schlegel das beschriebene Ziel als eines, das *in der Zeit* durchaus erreichbar ist. Dass diese Art von Ziel indessen im Blick auf die

---

[671] Vgl. ReKGA I/2, 234. Auf das Bild des Chors wird hier wieder aufgenommen als das eines Chores „von Freunden" (aaO. 233).
[672] AaO. 233.
[673] Ohne dass man sagen könnte, dass dieser Blick bereits die Dimension existentieller Vereinsamung erschließt, die etwa Kierkegaard eröffnet. Insbesondere in der vierten Rede betont Schleiermacher die Notwendigkeit der Gemeinschaft für das in seiner Bildung begriffene Individuum (vgl. etwa ReKGA I/2, 177).
[674] Vgl. KA I, 361: StdA: Hier weist Schlegel entschieden die *rohe Eigentümlichkeit* des Einzelnen zurück, die zu *mildern* allein die *Geselligkeit* sich im Stande zeigt.
[675] Vgl. ReKGA I/2, 16f.
[676] Dabei wird die Mitteilung hier ihrem Inhalt nach beschrieben als solche, die *Kenntnis, Sitte* und *Geschmack* vermittelt. Vgl. KA I, 361/362: StdA.
[677] AaO. 362.
[678] Vgl. ebd.

gesamte Aufgabe der Bildung mit Schlegel als relativ betrachtet werden muss, darauf werde ich im fünften Kapitel dieses Untersuchungsabschnittes zurückkommen.[679] Die Voraussetzungen der ästhetischen Bildung werden bei Schlegel immer wieder als *objektive Theorie* und *echte Kenntnis der antiken Poesie* benannt.[680] Alles, was dieser Bildung bislang im Wege steht (vornehmlich ein Interesse, das dem Einzelnen bzw. dem Charakteristischen mehr Aufmerksamkeit schenkt als dem Sinnzusammenhang des ganzen Werkes), beurteilt Schlegel als eine „*vorübergehende Krise* des Geschmacks"[681]. Daran anschließend formuliert er die Überzeugung, das „Übermaß des Individuellen [sc. ein interessiertes Wohlgefallen an der Darstellung origineller Individualität in der Kunst]" führe „also von selbst zum Objektiven".[682]

Bei näherer Betrachtung zeigt sich jedoch, dass das, was Schlegel mit der Objektivität letztlich einfordert, falsch verstanden wäre, wollte man darin den Ausschluss alles Eigentümlichen bzw. alles Einzelnen aus dem Bewusstsein suchen. Abgewehrt werden soll hier das, was dieser Autor als das Subjektive von dem Individuellen unterscheidet. Subjektivität steht dabei für eine ungebildete Vereinzelung bzw. *rohe Eigentümlichkeit*.[683] Als Gegenbild setzt Schlegel die „Allgemeingültigkeit" einer „künstliche[n]"[684] Darstellung. Darin findet das Einzelne durchaus seinen Platz.

> Der Künstler braucht gar nicht *allen alles zu sein*. Wenn er nur den notwendigen Gesetzen der Schönheit und den objektiven Regeln der Kunst gehorcht, so hat er übrigens Freiheit, so eigentümlich zu sein, als er nur will. Durch ein seltsames Mißverständnis verwechselt man sehr oft ästhetische *Allgemeinheit* mit der unbedingt gebotenen Allgemeingültigkeit. Die größte Allgemeinheit eines Kunstwerks würde nur durch *vollendete Flachheit* möglich sein. Das Einzelne ist in der idealischen Darstellung das unentbehrliche Element des Allgemeinen. Wird alle eigentümliche Kraft verwischt, so verliert selbst das Allgemeine seine Wirksamkeit.[685]

Die Idee einer beinahe vollkommenen Einheit verbleibt im obigen Zitat auf der Ebene des poetischen Werkes. Dagegen kann die *Lucinde* als die Darstellung dieser Einheit in der Form einer Liebes-Beziehung interpretiert werden, die einerseits als fingierte Realität eines poetischen Werkes auftritt und andererseits die Möglichkeit lebendiger Realität vor Augen zu stellen sucht, wobei sich diese beiden Ebenen wechselseitig beleuchten und durchdringen.[686] Dieses Wechselverhältnis zwischen literarischer Fiktion und Wirklichkeit stellt sich auch nach außen hin nicht unproblematisch dar. Dorothea Veit äußert Schleiermacher als ihrem Vertrauten in dieser Situation ihre Unsicherheit

---

[679] Wobei diese Erreichbarkeit, wie vorangehend bereits angedeutet, auch hier relativ verstanden werden muss. Denn für Schlegel (und hierin nähert er sich wiederum Schleiermacher) ist die Kunst bzw. ihre Bildung zu einer unendlichen Vervollkommnung fähig, daher ein „absolutes Maximum […] in ihrer steten Entwicklung nicht möglich: aber doch ein bedingtes *relatives Maximum*, ein unübersteigliches *fixes Proximum*" (KA I, 288 [Hervorhebung im Original]: StdA). Der folgende fünfte Abschnitt dieses Kapitels wird sich mit dieser Prämisse näher auseinandersetzen.
[680] Vgl. dazu auch aaO. 363.
[681] AaO. 254 (Hervorhebung im Original).
[682] AaO. 253 (Hervorhebung: AS).
[683] Vgl. aaO. 315.
[684] KA I, 207: StdA. Schlegel verwendet den Begriff im Sinne artifizieller Bildung.
[685] AaO. 320 (Hervorhebung im Original).
[686] Zur Konstruktion der *Lucinde* als vollkommenes poetisches Werk vgl. KA V, XXIXff.

gegenüber dem Schritt Schlegels, die gemeinsame Liebesbeziehung an die Öffentlichkeit zu tragen.

Was Lucinde betrifft – – ja was Lucinde betrifft! – Oft wird mir es heiß und wieder kalt ums Herz, daß das Innerste so herausgewendet werden soll – was mir so heilig war, so heimlich; jezt nun allen Neugierigen, allen Hassern Preiß gegeben. [...] Ach, es ist nicht Künheit die mich erschreckt! Die Natur feyert auch die Anbetung des Höchsten in offenen Tempeln, laut durch die ganze Welt – aber die Liebe?[687]

Die Auseinandersetzung des Paares Veit und Schlegel mit diesem Thema findet sich wiederum in der *Lucinde* zu einem fiktiven Streitgespräch zwischen dem Protagonisten Julius und seiner Geliebten ausgestaltet. Julius sucht Lucindes Reaktion auf sein „Büchelchen" einzuschätzen und formuliert dabei die Frage: „Wie kann man schreiben wollen, was kaum zu sagen erlaubt ist, was man nur fühlen sollte?" Seine Antwort hält er ebenfalls bereit: „Fühlt man es, so muß man es sagen wollen, und was man sagen will, darf man auch schreiben können."[688] Diese Liebe, die „man auch schreiben können" darf, wird dem Leser als ideale Einheit vorgestellt. Julius wird das Liebesspiel zur „bedeutende[n] Allegorie auf die Vollendung des Männlichen und Weiblichen zur vollen ganzen Menschheit"[689]. Er schildert die Entwicklung seiner Beziehung zu der Geliebten auch als Weg zum Bewusstsein dieser Einheit. Die Ähnlichkeiten, die die erste Anziehung wirken, weichen dabei zunächst dem Einblick in bestehende Differenzen. Darauf jedoch folgt die Einsicht, dass „sich selbst diese [sc. Ungleichheiten] nur auf eine tiefere Gleichheit" gründen „und je reicher ihr Wesen [sc. das Wesen der Liebenden] sich entwickelte, je vielseitiger und inniger ward ihre Verbindung".[690] Alle Differenz tritt also an einem bestimmten Punkt hinter dem Bewusstsein der Einheit zurück. Diesen *Punkt* nennt Schlegel die „schönste Situation"[691], in der Julius zu Lucinde sprechen kann: „Ich kann nicht mehr sagen, meine Liebe oder deine Liebe; beide sind sich gleich und vollkommen Eins, so viel Liebe als Gegenliebe. Es ist Ehe, ewige Einheit und Verbindung unserer Geister [...]."[692]

Bezüge zu dieser *schönen* Einheit finden sich auch über *Lucinde* hinausgehend. Bereits in den *Athenäums-Fragmenten* ist die Freundschaft als Vorbereitung oder Vorform der Liebesbeziehung eingeführt. „Freundschaft", heißt es dort „ist partiale Ehe, und Liebe ist Freundschaft von allen Seiten und nach allen Richtungen, universelle Freundschaft".[693] Lucinde vereint dann auch für den Geliebten alle für seine Bildung wünschenswerten Beziehungen in ihrer Person. Sie ist Julius „zugleich die zärtlichste Geliebte und die beste Gesellschaft [...] und auch eine vollkommene Freundin"[694].

---

[687] KGA V/3, 71: Brief von Dorothea Veit und Friedrich Schlegel, Berlin, Montag 08.04.1799.
[688] KA V, 13: Luc (1799).
[689] Ebd. (Einfügung: AS).
[690] AaO. 56.
[691] Seine *Dithyrambische Fantasie über die schönste Situation* widmet Schlegel der Darstellung vollendet erlebter Einheit in der Liebe (vgl. aaO. 10ff).
[692] AaO. 11.
[693] KA II, 229: AthF Nr. 359. Dieses Fragment wird von Jacob Minor Friedrich Schlegel zugeschrieben (vgl. die Anmerkung von Rasch, in: KS, 652). Die Anmerkung in KA II zu diesem Fragment verweist indessen auch auf Parallelen bei Schleiermacher (vgl. KA II, 229).
[694] KA V, 10: Luc.

Es zeigt sich höchst schwierig, den historischen Schlegel in diesem Punkt genau zu greifen.[695] In seiner Darstellung dieser Beziehung klingt indessen an, dass die erlebte Einheit in der Liebe noch Differenz kennt. Doch wird dieser Unterschied Schlegel zu einem Element der Einheit, indem er ihn als Verweis auf das versteht, was noch nicht (gewahr) ist. Auf paradoxe Weise wird so die Differenzerfahrung in der Liebe durch das Bewusstsein des Individuums zu einer Erfahrung von Einheit gebildet.[696] Damit ist es Schlegel auf der anderen Seite wieder möglich, die Differenzerfahrung in der Liebe hervorzuheben.

Nicht der Haß, wie die Weisen sagen, sondern Liebe trennt die Wesen und bildet die Welt, und nur in ihrem Licht kann man diese finden und schauen. Nur in der Antwort seines Du kann jedes Ich seine unendliche Einheit ganz fühlen.[697]

In der Liebes-Beziehung sieht Schlegel also Einheit auf zwei verschiedenen Ebenen realisiert. Einerseits wird eine Einheit zwischen den Liebenden empfunden. Sie sind „ganz hingegeben und eins". Zugleich aber ist „jeder ganz er selbst, mehr als [...] [er] es noch je gewesen" ist.[698] Auf dieser zweiten Ebene betrifft die Einheit das Selbstbewusstsein eines Individuums und wird damit intersubjektiv zu einem Bewusstsein von Differenz. Der Einzelne bleibt demnach beständig er selbst bzw. er *wird* im Bildungsprozess immer *mehr* er selbst. Damit zeigt Schlegel trotz unterschiedlicher Akzentuierungen, was die Begrifflichkeiten angeht, entscheidende Parallelen zu Schleiermachers Entwurf.[699] Das Gefühl der Einheit mit dem Anderen (bzw. der Geliebten) wird hier als Erweiterung des Individuums beschrieben, die sich aber innerhalb der Grenze vollzieht, die den Einzelnen von dem Anderen trennt.

Bei aller bereits gegenwärtigen Möglichkeit impliziert das Einheitsbewusstsein Schleiermachers ein stetes Noch-Nicht. Das Erleben von vollendeter Einheit (die gleichwohl auch nach diesem Verständnis als immer schon bereits vorhandene gedacht ist) bleibt in der Gegenwart der ebenfalls lebendigen Erfahrung von Vereinzelung eine Aussicht. Diese Formel kann nun im Hinblick auf Schlegel um ein Schon-Jetzt erweitert werden. Denn dieser Autor wertet bzw. bildet die erlebte Differenz in eine Erfahrung von Einheit um. Die Möglichkeit zu dieser Bildung verortet er ebenso wie Schleiermacher im Einzelnen.[700] Dabei geben verschiedene Textstellen darüber

---

[695] Darauf, dass die Beziehung dieses realen Paares in entscheidenden Punkten von den Darstellungen der Beziehung von Julius und Lucinde abweicht, kann Raymond Immerwahr indessen überzeugend verweisen (vgl. KA XXIV, XXVIII).

[696] Dieser Gedankengang weist bereits auf Schlegels Verständnis des *absolut Schlechten*. Innerhalb Schlegels ästhetischer Theorie ist das Schlechte dem Guten entgegengesetzt – und weil das Gute gleichlautend mit dem Schönen ist, gilt gleiches von dem Schlechten und dem Hässlichen (vgl. etwa KA I, 311f: StdA).

[697] KA V, 61: Luc.

[698] AaO. 54.

[699] „Immer mehr zu werden was ich bin", nennt das Ich des Monologs als Bildungsziel (*MoKGA* I/3, 42).

[700] Bereits im *Studienaufsatz* wird der *Instinkt* zum ersten Anleiter der Entwicklung, hier explizit bezogen auf die Poesie. Wir haben hier bereits im ersten Abschnitt den Vergleich zu Schleiermacher aufgenommen (Vgl. etwa ReKGA I/2, 19.) Auch in der *Lucinde* wird dieser Begriff wieder aufgenommen hier in Bezug

Auskunft, dass es auch für Schlegel der Einwirkung von außen, *eines Weckrufs durch eine Stimme*⁷⁰¹, bedarf, um den Bildungsprozess zu initiieren. So kann Schlegel – ebenso wie Schleiermacher in seiner vierten Rede – ein wechselseitiges Lehrerschülerverhältnis beschreiben. Im *Gespräch über die Poesie* erklärt Antonio gegenüber Camilla im Hinblick auf die Lehre von der Poesie: „Wir wollen alle Meister und Schüler zugleich sein. Und mich wird wohl das letzte am häufigsten treffen."⁷⁰² Es geht in diesem geselligen Bildungsverhältnis ganz wie auch bei Schleiermacher um die Ergänzung der eigenen Ansicht, die bei dem Gegenüber gefunden wird. Auch Schlegel ist diese Suche des Eigenen bei dem Anderen ein Prozess der Selbstvergewisserung.

> Da nun aber die Poesie [sc. im einzelnen Menschen], eben weil es die seine ist, beschränkt sein muß, so kann auch seine Ansicht der Poesie nicht anders als beschränkt sein. Dieses kann der Geist nicht ertragen, ohne Zweifel weil er, ohne es zu wissen, es dennoch weiß, daß kein Mensch schlechthin nur ein Mensch, sondern zugleich auch die ganze Menschheit wirklich und in Wahrheit sein kann und soll. Darum geht der Mensch, sicher sich selbst immer wieder zu finden, immer von neuem aus sich heraus, um die Ergänzung seines innersten Wesens in der Tiefe eines fremden zu suchen und zu finden. Das Spiel der Mitteilung und der Annährung [sic] ist das Geschäft und die Kraft des Lebens, absolute Vollendung ist nur im Tode.⁷⁰³

Unklar bleibt im Zitat indessen, ob das Fremde vom Individuum tatsächlich als solches anerkannt werden kann, oder ob der Mensch, der doch beständig sich selbst sucht, in dem Anderen letztlich nichts als das Eigene findet. Schleiermacher würde in dem Fall sagen, das Individuum macht sich das Andere im Bildungsprozess zu eigen. Schlegel spricht im Zitat auch von einer „Ergänzung", die im fremden Wesen gefunden werden kann. Weiterhin wird hier explizit nicht von Aneignung, sondern von „Annäherung" gesprochen, die der Autor ebenso wie die Mitteilung als Spiel bezeichnet. So wird der Spielbegriff erneut aufgenommen, der bereits früher zur Darstellung des Bildungsvorgangs herangezogen worden ist (wobei er dabei in erster Linie als Spiel der Phantasie bzw. der Einbildungskraft in Betracht gezogen wurde).⁷⁰⁴

In dieser Untersuchung hat sich hinsichtlich der Verknüpfung des Spiels mit der Bildungsidee, die besonders auf Seiten Schlegels⁷⁰⁵ hervorgetreten ist, eine starke Nähe zu der Bildungsidee Schillers angedeutet. Es ist mE. damit nun angeraten, dieser Spur zu folgen, um die Zusammenhänge, die Spiel, Einbildungskraft und Mitteilung im Prozess der Bildung miteinander verbinden, herauszuarbeiten. Eine genauere Kenntnis dieser Verbindung verspricht auch weiteren Aufschluss über die Bestimmung des Verhältnisses von Individuum und (Bildungs-)Gemeinschaft der beiden Autoren, auf denen das besondere Augenmerk dieser Untersuchung liegt.

---

auf die Entwicklung zur Liebe und späterhin von Schleiermacher von ihm in den *Vertrauten Briefen Über die Lucinde* verteidigt (vgl. KGA I/3, 186: Vertraute Briefe über Friedrich Schlegels Lucinde [1800]).

⁷⁰¹ Vgl. KA V, 59f: Luc.

⁷⁰² KA II, 310: GüdP.

⁷⁰³ AaO. 285f (Einfügung: AS).

⁷⁰⁴ Vgl. KA V, 81: Luc. Bereits im AthF Nr. 419 stellt Friedrich Schlegel fest. „Die Welt ist viel zu ernsthaft […]. Ernst ist das Gegenteil von Spiel." (KA II, 245)

⁷⁰⁵ Es ist deutlich geworden, dass bei Schlegel der Begriff des Spiels in eine besonders zentrale Stellung einrückt.

4.3.1 Ein Exkurs zu Schlegels Rezeption von Schillers Idee der ästhetischen Erziehung

Während Schlegel das Jugendwerk Schillers mit kritischem Blick betrachtet, gilt seine Bewunderung dessen ästhetischen Arbeiten.[706] Beide Autoren, erklärt Eichner, ringen zur gleichen Zeit und unter denselben Einflüssen[707] um „eine dem achtzehnten Jahrhundert adäquate Ästhetik".[708] Den Einfluss von Schillers Briefen *Über die ästhetische Erziehung des Menschen* auf Schlegels *Studienaufsatz* (beide erscheinen im selben Jahr) bezeichnet Eichner als „unleugbar"[709]. Schiller stellt in diesen Briefen die Schönheit als ein allgemeines Bedürfnis des Menschen und als besonderes Bedürfnis seiner Zeit dar. Der Mensch verhält sich dabei zu der Schönheit in besonderer Weise, indem er mit ihr spielt.[710] Die Bildung des Menschen zum Spiel mit der Schönheit ist Schiller zugleich der Weg zur höchsten Form der Menschheit.

Ebenso wie Schlegel und auch Schleiermacher findet Schiller den Menschen durch zwei treibende Kräfte bestimmt, die er Vernunft und Natur nennt. Nach Schiller beginnt nicht der Mensch mit der Natur, vielmehr *beginnt die Natur mit* dem Menschen und „sie handelt für ihn, wo er als freye Intelligenz noch nicht selbst handeln kann". In diesem Zustand, indem der Mensch passiv der Herrschaft seiner Sinne unterworfen ist, muss er jedoch nicht verweilen, da er

die Fähigkeit besitzt, die Schritte, welche jene [sc. die Natur] mit ihm anticipirte, durch Vernunft wieder rückwärts zu thun, das Werk der Noth in ein Werk freyer Wahl umzuschaffen, und die physische Nothwendigkeit zu einer moralischen zu erheben [...].[711]

Im Übergang von dem alten zu dem neuen Stand[712] verändert sich nach Schillers Darstellung das Selbstverständnis des Menschen. Während er sich zunächst noch nicht von der Welt unterscheidet, weil er sich in seiner Sinneswahrnehmung in einer Einheit mit der Welt findet, ist *für ihn* (noch) *keine Welt*, vielmehr *ist er nur Welt*.[713] In dem Augenblick jedoch, in dem der Mensch in die Reflexion eintritt, beginnt er, sich gesondert von der Welt zu betrachten. In diesem nunmehr ästhetischen Stand, der nach Schiller den Übergang zwischen Natur und Vernunft im Menschen markiert, „*erscheint* ihm [sc. dem Menschen] eine Welt".[714] Mit der Zunahme der Bildung treten aber der „aufrichtige[...] und selbstständige[...] Schein" (der ästhetische Schein[715]) und „das

---

[706] Vgl. KA II, X.

[707] Im Kontext muss dabei an erster Stelle auf Kant und hier insbesondere auf die Kritik der Urteilskraft verwiesen werden. Dieser Verbindung gehe ich im zweiten großen Abschnitt dieser Untersuchung explizit nach. Vgl. hier 192ff: Abschnitt III.2.1.

[708] KA II, XI.

[709] Ebd.

[710] Vgl. NA XX, 358: ÄE.

[711] AaO. 312. Mit seinem Verständnis der Vernunft knüpft Schiller sichtbar unmittelbar an Kant an.

[712] Schiller nutzt den Begriff des Standes um den Unterschied zwischen dem passiven Bestimmt-Sein (durch die Natur) und aktiver Selbstbestimmung der Vernunft zu betonen (vgl. etwa aaO. 313).

[713] Vgl. aaO. 394.

[714] Ebd.

[715] Vgl. aaO. 403. Schiller kennt andererseits auch den Nicht-ästhetischen Schein, in dem sich Dasein und Erscheinung miteinander vermengen. Eben damit geht der Mensch aber in seiner Bildung fehl.

wirkliche Leben" mehr und mehr auseinander.[716] Es ist Schiller wichtig, diese beiden *Welten*, die mit diesem Autor auch als die „Idealwelt" und die „sinnliche[..] Welt" bezeichnet werden können, so klar wie möglich voneinander zu sondern, da er im anderen Fall eine Verwechslung von Form und Materie fürchtet. Unter dieser Voraussetzung wäre der Mensch, während er einerseits über die Welt der Sinne hinausstrebt, dieser andererseits zuletzt wieder unterworfen und damit unfrei.[717] Allein in der „Idealwelt", der Welt des ästhetischen Scheins (der Form), sei der Mensch wahrhaftig frei. Damit ist mit Schiller gesagt, dass der Mensch in der Welt des Scheins die bildende Kraft seiner Phantasie[718] entfalten kann, um seinem Bedürfnis entsprechend die schöne Welt zu bilden.[719] Zugleich entwickelt der Mensch in diesem ästhetischen Stand seinen Übergang von der Natur zur Vernunft.[720] Schiller sieht die Vernunft allein auch gar nicht in der Lage, zu gewährleisten, dass das Gesetz der Moral, das sie aufstellt, befolgt wird. Hierzu brauche es einen „muthige[n] Wille[n] und das lebendige Gefühl"[721], mithin einen Trieb, „denn *Triebe* sind die einzigen bewegenden Kräfte in der empfindenden Welt"[722]. Diesen gesuchten Trieb findet der Autor im Spieltrieb. Eben jener, da er den Menschen einerseits antreibe, sinnlich empfangen zu wollen, und andererseits kraft der Vernunft dem Empfangenden Form zu geben, nötige den Menschen ebenso physisch wie moralisch. Damit aber hebe der Spieltrieb zugleich alle Nötigung auf. Mit Schiller heißt das, dass der Spieltrieb den Menschen in die Freiheit setzt, mit dem schönen Schein zu spielen.[723]

Bereits weiter oben habe ich in dieser Untersuchung Überlegungen zu der Verknüpfung der Begriffe von Spiel und Kindheit angestellt, wie sie besonders stark in Schlegels *Lucinde* zu finden ist. Dort wird die Phantasie als das Kind der Seele eingeführt, das in dem gebildeten Menschen spielt.[724] Die Nähe zu Schillers Ideal eines gebildeten Menschen, dessen Einbildungskraft sich auf die Kunst des Spiels mit der Schönheit versteht, ist mE. deutlich sichtbar. Notiert werden kann dazu, dass Schiller in diesem Zusammenhang auch davon spricht, dass der Mensch, indem er die Kunst des Spiels erlernt, „auf eine künstliche Weise, in seiner Volljährigkeit seine Kindheit nach[holt]"[725]. Schiller selbst führt diese Bemerkung hinsichtlich der Bedeutung der Kindheit nicht weiter aus. Da er aber den ästhetischen Stand zuletzt auf das ganze Leben des Menschen

---

[716] Vgl. aaO. 400ff (Zitat siehe aaO. 402).
[717] Vgl. aaO. 390f.
[718] Auch benannt als Einbildungskraft (vgl. aaO. 400).
[719] Vgl. ebd. Der Begriff der Phantasie findet sich etwa aaO. 407.
[720] Vgl. aaO. 315.
[721] AaO. 330.
[722] AaO. 330f. Vgl. auch KA I/1, 289: StdA. Hier spricht Schlegel seinerseits von dem Trieb, der die ästhetische Bildung allerdings nur befördert, sofern er geweckt wird, dazu brauch es nach Schlegel wiederum die Energie „die physische Lebenskraft der reinen Schönheit" (ebd.).
[723] Vgl. NA XX, 354: ÄE.
[724] Hierzu habe ich bereits oben auf dieselbe Stelle in Schlegels *Lucinde* verwiesen: KA V, 81: Luc.
[725] Vgl. NA XX, 313: ÄE.

ausdehnt[726], liegt es mE. nahe, im Anschluss an Schiller im Blick auf den sich bildenden Menschen von einer künstlichen Kindheit zu sprechen, die ein Leben lang dauert.

Es hat sich bereits angedeutet, dass die Schönheit, die in dem Spiel mit dem Schein entsteht, für Schiller nicht allein *etwas* ist, *das* dem Menschen gefällt (etwa ein besonders schön gefertigtes Möbelstück). Mit der Zunahme seiner Bildung wird es dem Menschen immer mehr zum Bedürfnis, selbst zum Gegenstand des Gefallens zu werden, sowohl äußerlich, indem er sich schmückt, als auch innerlich[727], indem er das vollzieht, was der Autor die „Veredelung des Charakters" nennt. Von solcher Veredelung erwartet Schiller zuletzt auch alle Verbesserung im Politischen.[728] Denn der Mensch, dem das Spiel („die freye Lust"[729]) zum Bedürfnis geworden sei, habe damit auch die Fähigkeit zu neuen Sozialformen gewonnen. Der *Charakter* des Individuums wird mithin durch seine Bildung *gesellig*. Damit ist es ihm nunmehr möglich, eine Liebes-Beziehung einzugehen, in der sich sinnliche Anziehung und moralische Achtung *spielend* miteinander vereinen.[730] Die „schöne[n] Mittheilung"[731], die in diesem neuen Miteinander entsteht, verbindet die Menschen jetzt sowohl als Individuen als auch als Gattung, indem sie sich auf die ihnen gemeinsame Größe (die Schönheit) beziehen können.[732] Ein Individuum, das gelernt hat, mit dem Schein zu spielen, ist also Mensch und Menschheit zugleich.[733] Diese letzte Formulierung, mit der ich mich wieder an Schlegel anlehne, kann erneut als Verweis auf die Nähe der Gedankengänge dieser beiden Autoren gelesen werden. Das Eigene, das der Mensch in jedem anderen Menschen sucht und findet, ist, mit Schiller gesprochen, seine eigene „Gattung", als dessen „Repräsentant[..]" der Mensch sich selbst immer mehr zu verstehen lernt.[734] Das Fremde, das ihm im Anderen gegenübertritt, ist die Individualität, die der einzelne Mensch in sich selbst immer deutlicher ausbildet.[735] Individualitätsbewusstsein und Gattungsbewusstsein verbinden sich also im Spiel der Mitteilung zu der Idee der Einheit. Diese Idee, die die Bildungsbewegung sowohl initiiert als auch hernach motiviert, steht gewissermaßen ständig an der Schwelle des Übergangs vom *schönen Schein* zum Sein. Die einzelnen Menschen, die sich im Individuationsprozess annähern, realisieren diese Einheit stückweise im Vollzug.

4.4 Zwischenschritt

Einerseits zeigt Schlegel deutlich, dass es ihm, indem er das Verhältnis des Individuums zum Allgemeinen in den Blick nimmt, ebenso wie Schleiermacher um eine

---

[726] Denn die Bildung ist Schiller ebenso wie Schlegel und Schleiermacher ein unendliches Unterfangen und damit auch jene Annäherung des Menschen an den reinen Stand der Vernunft (vgl. aaO. 362f).
[727] AaO. 408.
[728] Vgl. aaO. 332 (Zitat siehe ebd.).
[729] AaO. 408.
[730] Vgl. aaO. 354.
[731] AaO. 411.
[732] Vgl. aaO. 411f.
[733] Vgl. KA II, 285f: GüdP.
[734] NA XX, 411 (Hervorhebung im Original): ÄE.
[735] Schiller nutzt hier den Begriff der Person. Der Mensch ist (ungebildet) zunächst *nur* Individuum. Indem er lernt, sich in ein Verhältnis zu der Menschheit zu setzen, wird er Person.

Vermittlungsebene geht, auf der beide Größen gleichermaßen Berücksichtigung finden können. Andererseits ist die Grenze zwischen *der Welt* und dem Individuum in Schlegels Darstellungen nicht immer ganz eindeutig. So wird etwa die Einheit der Individuen in der Liebesbeziehung von Julius und Lucinde stark betont. Hier ist es trotz aller Vielfalt, die Julius mit der Fortentwicklung seiner Bildung in der Geselligkeit gewinnt, dennoch eine Fixierung auf die Beziehung zu einer bestimmten Person, in der sich all diese Beziehungen erfüllen. Zu seiner Lucinde kann Julius sprechen: „Wir beide sind eins"[736]. Zugleich wird das poetische Werk selbst – der Vorgang der Darstellung – als Werkzeug zur Herstellung von Einheit vorgestellt, denn „nur dadurch wird der Mensch zu einem und ganz er selbst wenn er sich auch als Mittelpunkt des Ganzen und Geist der Welt anschaut und dichtet"[737]. Die Einheit des Individuums entsteht mithin als selbstreflektierendes Werk des Poeten, d. h. mit Schiller gesprochen: im Spiel mit dem Schein.[738] Dass auch Schlegel in diesem Spiel den Unterschied zu der ‚wirklichen Welt' wahrt, wird etwa deutlich, wenn er die „die volle Harmonie"[739] und Ruhe, die Julius in der Geliebten findet, zugleich als Sehnsucht nach dem Unendlichen benennt.[740]

Ruhe und Sehnsucht bilden hier also ihrerseits eine Einheit. In ihr liegt die Möglichkeit der Freiheit, die Schlegel auch darstellt, indem er seiner Idee einer sog. „Selbstschöpfung" eine *zweite Tat* unabdingbar beigesellt. Als „Selbstvernichtung" bezeichnet er die freie Anerkennung der jeweils eigenen unüberschreitbaren Grenze des Individuums.[741]

Das Wissen davon nimmt der Selbstbeschränkung das Negative. Im Wechsel von Selbstschöpfung und Selbstvernichtung kommt jenes Schweben zur Geltung, das dem Frühromantiker antizipierte Synthese ist.[742]

Dieser *Schwebezustand* findet seinen Ausdruck bei Schlegel explizit in der Ironie. Damit ist nicht allein ein rhetorisches Stilmittel, sondern vielmehr eine bestimmte Form der Darstellung zur Möglichkeit der Vervollkommnung innerhalb der Bildung der Poesie erklärt. Die Ironie gilt Schlegel als die vollendete, weil bewusste Verfehlung des letzten Punktes. So kann er in seinem Aufsatz *Über die Unverständlichkeit* den Grund für die Notwendigkeit derselben ausformulieren.

---

[736] KA V, 71: Luc.
[737] Ebd.
[738] Vgl. NA XX, 401: ÄE.
[739] KA V, 58: Luc.
[740] Vgl. aaO. 78. Vorangehend wurde dieser Zustand mit dem *Studienaufsatzes* als „*fixes Proximum*" (KA I, 288 [Hervorhebung im Original]: StdA) beschrieben.
[741] Vgl. KA II, 151: LycF Nr. 37.
[742] SZONDI, Friedrich Schlegel und die romantische Ironie, in: ders., Satz und Gegensatz. Sechs Essays (1964), 5–24, 15. Szondi verweist für diese Praktik explizit auf das LycF Nr. 37. Vgl. Behler blickt dazu auf eine Entwicklung dieser Begriffe des *Lyceums* und des *Athenäums* durch Schlegel, die ihrerseits geprägt sind von der „subjektivistischen Reflexionsphilosophie" Fichtes (BEHLER, Klassische Ironie. Romantische Ironie. Tragische Ironie [1972], 67). Dabei löst der Begriff der „Selbstschöpfung" die poetische Begeisterung als Produktionskraft ab. „Entsprechend wird die rückwirkende limitierende und korrigierende Skepsis gegen das eigene Produktionsvermögen *Selbstvernichtung* genannt" (ebd. [Hervorhebung im Original]).

Ja das köstlichste, was der Mensch hat, die innere Zufriedenheit selbst hängt, wie jeder leicht wissen kann, irgendwo an einem solchen Punkte, der im Dunkeln gelassen werden muß, dafür aber das Ganze trägt und hält [...].[743]

Eine solche Aussage fordert die Interpretation geradezu heraus. Drei Möglichkeiten sind, was den Bedeutungsgehalt eines solchen *Dunkelpunktes* angeht, mE. zu überdenken. So kann die Aussage *erstens* grundsätzlich als Verweis auf einen unerreichbaren Punkt gelesen werden. Das Verhalten im Hinblick auf diesen Punkt kann *zweitens* als ein bewusstes *Im-Dunkeln-Lassen* beschrieben werden, das überdies einer Notwendigkeit folgt. Damit wäre die Rede vom *Dunkelpunkt* Ausdruck einer immer schon verworfenen Option. *Drittens* kann sich das Augenmerk auf das Begehren richten, das sich in den Worten Schlegels ebenfalls als das Begehren äußert, das Unaussprechliche auszusprechen, das Unverständliche zu verstehen. Wird diese gebrochene Figur des unerfüllbaren und damit unendlichen Begehrens im Blick auf jenen notwendigen *Dunkelpunkt* in das Zentrum der Interpretation gerückt, kann obiges Zitat als Verweis auf einen wesentlichen Aspekt in der Wahrnehmung von Individualität gelesen werden: als *jenes dunkle Etwas*, das sich dem Begehren in der Darstellung beständig entzieht, ohne dass dieses Begehren je zur Ruhe kommen könnte. Diese Interpretation geht in ihren Folgerungen freilich weiter als Schlegel selbst seinen Gedankengang im Text führt. Jedoch kann sie inhaltlich an die „Metapher des Schwebens"[744] anknüpfen. Diese hat in der vorliegenden Untersuchung insbesondere mit Schleiermacher bereits mehrfach im Raum gestanden. Indessen greift Schlegel die Metapher ebenso auf.[745] Reinhard Loock lenkt die Aufmerksamkeit darauf, dass jenes Sprachbild, im Kontext der Frühromantik nutzbar wird, um das beschriebene schöpferische Potential der Einbildungskraft auszugestalten. Zwar, erklärt Loock, rücke die Metapher selbst für „kaum mehr als einen Augenblick [...] in den Mittelpunkt des philosophischen Diskurses". Dabei sieht er mit ihr jedoch langfristig eine Alternative zu der „klassischen Tradition der Vernunftmetaphysik" angebahnt, die sich mit dem Anspruch der Vernunft verbindet, „durch das begriffliche Denken [...] wahre Totalität darstellen zu können". Die metaphorische Sprache, die sich aus der Einbildungskraft speist, wird von Loock als die Möglichkeit einer „Instanz" markiert, die in der Lage ist, wirkungsvoll auf die Grenzen der Vernunft zu verweisen.[746] Darüber hinaus indiziere das *Schweben* die Möglichkeit, ein

---

[743] KA II, 370: ÜdU (1800). Ulrike Zeuch urteilt, ein solches Vorgehen sei letztlich eine Freiheit nicht zur Fülle, sondern zum Nichts. Vgl. ZEUCH, Das Unendliche: Höchste Fülle oder Nichts? (1991), 100.

[744] Vgl. Artikel: *Schweben*: Loock, in: WphM (2007), 355–367, besonders 355 (Zitat ebd.).

[745] Vgl. in dieser Untersuchung 51ff: Abschnitt II.2.1; vgl. dazu *ReKGA* I/2, 115; vgl. bei Schlegel insbesondere: KA II, 182f: AthF Nr. 116: Fr. Schlegel.

[746] Artikel: *Schweben*: Loock, in: WphM (2007), 355. Loock zeigt dabei prägnant die Bedeutung, die Fichte in der Entwicklung dieses Sprachbilds zukommt, indem dieser in Auseinandersetzung mit Kants Kritik der Vernunft die Problematik bearbeitet, dass „zwischen der Selbstbeziehung des Ich und seiner objektiven Beziehung" „ein Zirkel" entsteht, der sich „nur durch die Einführung einer von den kategorialen Wechselbestimmungen unabhängige Tätigkeit, konkret: durch die Einbildungskraft auflösen" lässt. „Die Einbildungskraft", so führt Loock aus, „erweise sich als die Möglichkeit, „Ich und Nicht-Ich" zu synthetisieren, indem durch dieselbe „eine Grenze zwischen ihnen [ge]setzt und zugleich aus[ge]dehnt" werde (aaO. 358; Einfügungen: AS). Diese besagte Grenze ist mithin nicht fixiert. Sie bleibt beweglich und

Denken in den Oppositionen von Begriff („begrifflicher Vernunft") und Bild („„philosophischer Metapher"') durch eine metaphorische Sprache zu unterlaufen, die die Vernunft für sich nutzen kann, um eigenständig ihre Grenzen zur Darstellung zu bringen.[747] Der von Schlegel beschriebene *Dunkelpunkt* kann an dieser Stelle als besonders prägnantes Begriffsbild gelesen werden, das kritisch auf die Schwelle verweist, die das Verständliche notwendig von dem Unverständlichen trennt.

Die Unverständlichkeit war auch der Kern der Kritik gewesen, die das *Athenäum* getroffen hatte. Der Aufsatz *Über die Unverständlichkeit* ist von Schlegel ausdrücklich als Erwiderung auf diese Kritik geschrieben.[748]

Bislang konnte ein Abstand Schleiermachers zu Schlegel markiert werden, der in der Betonung der Einheit in der Verhältnisbestimmung des Einzelnen zu dem Anderen begründet liegt, wie Schlegel sie vornimmt. Schlegel wird dabei nach meiner Interpretation vornehmlich von der Sorge getrieben, der Einzelne könne in der Separierung seiner Selbstwahrnehmung die Verbindung zu (seiner) Welt verlieren, die dieser Autor, ebenso wie Schleiermacher, in der Geselligkeit ausmacht. Auf diese Weise tritt die Wahrnehmung des Anderen im (ästhetischen) Bildungsprozess hinter der Wahrnehmung des Eigenen im selben Moment zurück, in dem der Gedanke allumfassender Einheit des Individuums mit dem Anderen im Bewusstsein des Einzelnen Gestalt annimmt. Die Idee solcher Einheit findet sich verbunden mit der dargestellten Möglichkeit, solche Einheit in der Reflexion als Dichtung vermöge der Einbildungskraft *zu erschaffen*.

An dieser Stelle gilt es nun, den vierten und vorletzten Monolog Schleiermachers dahingehend in den Blick zu nehmen, in welcher Beziehung die Ausführungen darin zu der bisherigen Wahrnehmung und Darstellung von Individualität bei diesem Autor stehen. Wenn im Folgenden der vierte Monolog in den Fokus der Untersuchung rückt, gilt es dabei auch zu klären, wie sich Form und Inhalt dieses Textes zu den vorangehend untersuchten Reden verhalten.

4.5 Bildungs-Aussicht

Dieser vierte Monolog wird von seinem Autor mit dem Titel *Aussicht* überschrieben. Damit deutet sich bereits ein Anschluss an die *Reden* an. Ich erinnere hier daran, dass die

---

kann damit die Verbindung der beiden benannten Oppositionen ebenso wie ihren Unterschied zeigen (vgl. ebd.). Fichte selbst nennt die Einbildungskraft „ein Vermögen, das zwischen Bestimmung und Nicht-Bestimmung zwischen Endlichem, und Unendlichem in der Mitte schwebt" (FICHTE, Gesamtausgabe der Bayrischen Akademie der Wissenschaften, Reihe I: Werke, Bd. 2 [1965], 360: Grundlage der Gesamten Wissenschaftslehre als Handschrift für seine Zuhörer [1794], §4 Erster Lehrsatz: E. Synthetische Vereinigung des zwischen den beiden aufgestellten Arten der Wechselbestimmung Statt [sic] findenden Gegensatzes). Loock betont, dass das Begriffsbild *Schweben* über Fichte Eingang in die Gedanken- und Sprachwelt der Frühromantiker – namentlich Schelling, Friedrich Schlegel und Hardenberg – findet (vgl. Schweben: Look, in: WphM [2007], 358ff).

[747] Vgl. aaO. 356 (Zitate siehe ebd.).

[748] Im Abschnitt III.2 lege ich in dieser Untersuchung meine Überlegungen dar, inwiefern gerade die Konzeption des *Athenäums* besonderen Aufschluss über Schlegels Wahrnehmung von Individualität geben kann (vgl. hier 193ff)

vierte Rede auf die Aussicht auf eine bessere Gesellschaft hin angelegt ist, dass sie sogar auf die Begriffe *Ewigkeit* und *Unsterblichkeit* hingeführt wird.[749] Zugleich kann der Titel des Monologs im Hinblick auf das teleologische Konzept Schleiermachers, das in beiden untersuchten Schriften bereits mehr als deutlich zur Darstellung gekommen ist, eine unterstreichende Funktion ausüben.

Im Eingang wird die Frage der Freiheit, die in den *Monologen* ebenso wie in den *Reden* bislang durchgängig eine zentrale Position eingenommen hat, in neuer Form gestellt: „Ist es wahr, daß wir alle auf Erden abhängig wandeln, ungewiß der Zukunft?"[750] Schleiermacher arbeitet seiner Idee von der Bildsamkeit des Bewusstseins entsprechend auch hier unter der Prämisse der Möglichkeit verschiedener Wahrnehmungsmöglichkeiten, die *Ich* haben kann, wenn er darauf seine Antwort formuliert.

Wenn [sc. der Mensch] nur im Wechsel flüchtiger Empfindungen und einzelner Gedanken, die die Wirklichkeit erzeugt, sich selbst zu finden weiß; wenn er im ungewißen Haben äußerer Gegenstände, im schwindelnden Betrachten des ewgen Wirbels […] sein ganzes Leben hindurch begriffen ist […], wenn er von diesem oder jenem einzelnen Gefühl geleitet immer nur auf etwas Einzelnes und Aeußeres sieht, und das betreiben und besitzen will, wie die Empfindung des Augenblicks gebietet: dann kann ihm das Schicksaal feindselig rauben was er will und spielt mit seinen Entschlüßen, die ein Spiel zu sein verdienen […].[751]

Der Begriff des Spiels, der, wie ich oben gezeigt habe, insbesondere bei Schlegel in einer Weise verarbeitet wird, die deutlich an Schiller anknüpft, indem Schlegel das Spielverhalten des Menschen mit dessen Bildungsprozess eng verwebt, ist hier ebenfalls aufgenommen. Das Verhältnis von Mensch und Spiel wird dabei jedoch in sein negatives Gegenteil verkehrt, da der Mensch an dieser Stelle nicht als Subjekt sondern als Objekt des Spiels auftritt.[752] Hier wie in der dritten Rede ist die Vereinzelung in der Wahrnehmung als Problem beschrieben, da sie den Menschen der Ansicht des Ganzen beraubt, das seinem Auge und seinem Gefühl zur Verfügung stehen würde. Wiederholt verwendet der Sprecher dabei eine räumliche Metaphorik. Ein stets wechselnder vorbeiziehender Strom unzusammenhängender Bilder kann das menschliche Auffassungsvermögen nicht effizient zuordnen, die Orientierung geht verloren und der Körper reagiert mit Kontrollverlust und Schwindel. Schleiermacher überträgt dieses Problem auf das Handlungsfeld im Allgemeinen. Die unkontrollierte Kraft wird zum unbeherrschbaren Schicksaal, dem ein im *Taumel* gefasster Entschluss nicht zu widerstehen vermag. Allerdings sind Entscheidungen, die in diesem Zustand gefällt werden, dem Ich des Monologs sogar weniger als ein Entschluss. Eine Differenzierung zwischen *Wunsch* und *Entschluss* bildet den Eingang dieses Textes, nur über Letzteres verfüge der Mensch wirklich.[753] Nirgends als hier könnte es deutlicher zu Tage treten,

---

[749] Vgl. *Re*KGA I/2, 234.

[750] *Mo*KGA I/3, 41.

[751] Ebd. (Einfügung: AS).

[752] Vgl. bei Schlegel: KA I, 206; 267/268: StdA. Ein an Schleiermacher erinnerndes Negativ-Beispiel, bei dem der Mensch zum Spiel-Objekt wird, führt Schlegel ebenfalls aus, indem er den ungebildeten Menschen zum Spielball des Zufalls erklärt (vgl. aaO. 221).

[753] Vgl. *Mo*KGA I/3, 41.

dass die Wahrnehmung der Welt (die *uneigentliche Handlung*) die *eigentliche Handlung*[754] wesentlich bestimmt, indem in ihr die Möglichkeit zur Freiheit beschlossen liegt. Die Religion (insofern sie als [selbst-]bewusste Wahrnehmung verstanden wird) und die Handlung, in dem sich dieses Bewusstsein darstellt, könnten im Individuum nicht offener zueinander in Beziehung treten. Dem Menschen, der auf die beschriebene Weise dem Schwindel erliegt, fehlt nach der hier angewandten Metaphorik zugleich die Sehkraft. So ist er auch der Blinde, der das „Licht der Freiheit"[755] nicht zu sehen vermag. Das *Bewusstsein von der Freiheit* tritt diesem dunklen angstbesetzten Bild leuchtend gegenüber. Indem das monologisierende Ich „auf sich selbst sein Handeln richtet wie sichs geziemt", stellt es sich jene Frage, die ihre Verneinung geradezu fordert: „Wo ist die Grenze meiner Kraft?"[756] Dabei ist im Kontext dieser Untersuchung an Schlegel und sein Prinzip der freien Selbstbeschränkung zu denken – ein Prinzip, das von ihm freilich in erster Linie im Hinblick auf die Möglichkeit der Bildung des ästhetischen Werkes ausformuliert wird. Allerdings konnte bereits festgestellt werden, dass sich in Schlegels Verständnis die Bildung des ästhetischen Werkes und die Bildung des Individuums wechselseitig durchdringen. Dieser Interpretationsansatz kann hier in Betracht gezogen werden. Im Monolog selbst aber ist, wie auch früher bei Schleiermacher, das Individuum (verkörpert in der Stimme des sprechenden Ich) und mit ihm zugleich der Mensch im Allgemeinen primär als *das Werk* im Blick. Unter dieser Perspektive sind mE. auch die Aussagen zu lesen, mit denen das Ich die Erfahrung einer Beschränkung seines Werkes thematisiert.

Unmöglichkeit liegt mir nur in der Beschränkung meiner Natur durch meiner Freiheit erste That, nur was ich aufgegeben als ich bestimmte wer ich werden wollte, das nur kann ich nicht [...]. Wem diese Beschränkung als fremde Gewalt erscheint, diese, die seines Daseins, seiner Freiheit, seines Willens Bedingung und Wesen ist, der ist mir wunderbar verwirrt.[757]

Gerade an diesem Punkt, an dem das sprechende Ich sich *seiner Welt* als so mächtig erweist, stellt sich erneut die Frage, inwieweit das Fremde in der eigenen (Wahrnehmungs-) Welt in Betracht kommen kann. Eine Grenze der Eigenmächtigkeit des Individuums erschließt sich im Blick auf Schleiermachers Ausführungen allerdings bereits, indem der Fokus auf das erklärte Unterfangen des Monologs gerichtet bleibt. Dabei geht es niemals um etwas, das dem Einzelnen äußerlich wäre. Die freie Tat bleibt auf die Selbstbestimmung des einzelnen Menschen gerichtet. Indem *Ich* bestimme, wer *Ich* werden will, gebe *Ich* zugleich Möglichkeiten auf; weiter geführt lautet der Gedanke also: *Ich* kann niemand anderer mehr werden. Die Möglichkeit der Entscheidung, zu der Möglichkeit der freiwilligen Beschränkung ausformuliert, ist die Grundlage dessen, was hier als freier Wille benannt werden kann. Dies wirkt auch gegenwärtigen Argumentationsstrategien zunächst einmal nicht fremd. Es kann allerdings nicht übersehen werden, dass Schleiermacher an dieser Stelle einen enthusiastischen Tonfall

---

[754] Zu dieser Differenzierung vgl. *Re*KGA I/2, 68; vgl. dazu in dieser Untersuchung 51ff: Abschnitt II.2.1.
[755] *Mo*KGA I/3, 41.
[756] AaO. 42.
[757] Ebd.

anschlägt, der im Blick auf die wechselseitige Abhängigkeit von Ich und Welt, wie sie im ersten Monolog dargestellt wird, eine Frage aufwirft:[758] Wenn diese Abhängigkeit besteht, wie ist es dann noch möglich, von einer vollendet freien Entscheidung in der Frage, wer *Ich* sein will, zu sprechen?

In dieser Frage gewinnt eine zweite Form der Differenzierung an Kraft: diejenige zwischen *äußerer* und *innerer Tat*. Denn es ist allein die innere Tat, von deren Möglichkeit Schleiermachers literarisches Ich hier spricht. Nur solchem Wollen, heißt es, könne niemals der Gegenstand entzogen werden.[759] Es geht mithin für das Individuum entscheidend in erster Linie um das bereits aus dem ersten Monolog bekannte Leben seines Geistes. Abermals zeigt sich im Folgenden, dass es für das monologisierende Ich entscheidend darauf ankommt, in diesem geistigen Leben nicht allein, sondern in Gemeinschaft zu sein. Der vierte Monolog indiziert mit der Aufnahme dieses Themas nicht zuletzt eine Analogie zu dem Aufbau der *Reden*. Zugleich weißt Schleiermachers Argumentationsstrategie an diesem Punkt wiederum deutliche Parallelen zu Schlegel auf. Indem er die Freiheit der Anderen explizit im Interesse der eigenen Selbstbildung bejaht, wird die *Beschränkung* durch die Anderen auch ihm zu einer *freien Tat*.[760]

Woher entspringt denn jener Wechsel [sc. das Schicksal] des Menschlichen, den sie so drückend fühlen, als eben aus der Gemeinschaft solcher Freiheit? So ist er also der Freiheit Werk und meines. Wie könnt ich ihn für Andre durch mein Thun bereiten helfen, wenn ich nicht auch für mich ihn von anderen forderte? Ja, ich verlange ihn laut![761]

Den Einwand, dass diese Freiheit eine Täuschung sein könnte, nimmt das sprechende Ich an dieser Stelle auf. Wenn es ihn auch zunächst als leeres *Geschwätz der Selbsterniedrigung* abweist, präzisiert es dann doch noch, dass es sich bei einem solchen Freiheitsbewusstsein gleichwohl um einen *Glauben* handelt, der allerdings „lebendig ist durch die That".[762] So bleibt das Thema Religion zwar weiterhin ungenannt, es steht aber zu vermuten, dass der Schlüsselbegriff ‚Glaube' nicht zufällig auf den Text der *Reden* zurückweist – insbesondere auf die dritte Rede, in der dieser Begriff in der Aussicht auf die vollkommenste Form der Bildung und damit in einem verwandten Zusammenhang aufgenommen ist.[763] Auch die wiederholte Aussage des sprechenden Ich, im Prozess der Bildung sei es die Vernunft, die sich des Menschen bemächtigt – nicht etwa umgekehrt – kann in Beziehung zu dem Offenbarungsverständnis gesetzt werden, das Schleiermacher in den *Reden* einführt.

Im Monolog bietet das Ich nun eine Erzählung von dem ununterbrochenen Bildungsprozess seines Bewusstseins. Obgleich darin letztlich die Äußerung „ich kenne jeden Gram und jedes Lächeln"[764] auf eine Abgeschlossenheit in der Entwicklung

---

[758] Vgl. aaO. 10. Dort ist der Begriff der Welt gleichgesetzt mit der „ewige[n] Gemeinschaft der Geister" (ebd. [Einfügung: AS]).
[759] Vgl. *Mo*KGA I/3, 42.
[760] Vgl. aaO. 43.
[761] Ebd. (Einfügung: AS).
[762] Ebd.
[763] Vgl. *Re*KGA I/2, 176.
[764] *Mo*KGA I/3, 44.

hinweist, die Erstaunen hervorrufen muss. Denn bislang gingen alle Äußerungen dahin, dass es im Prozess der Bildung für den Einzelnen niemals zu einem Ende kommen kann. Im Folgenden ist jedoch zu lesen, dass der Sprecher den Abschluss seiner Bildung dennoch als etwas bleibend Ausstehendes betrachten kann. Das Bewusstsein ist damit als die Möglichkeit eines Aus-Blicks beschrieben, der sich sowohl voraus wie zurück richten und damit auch die notwendig[765] noch vorhandenen *Leerstellen* in sich aufnehmen kann. Dunkle Punkte – in Anlehnung an Schlegel gesprochen[766] – zeigen sich hier also als Teil des sich bildenden Bewusstseins.

<small>Ich weiß auch, was ich mir noch nicht zu eigen gemacht, ich kenne die Stellen, wo ich, noch in schmerzlicher Allgemeinheit schwebend, seit langer Zeit den Mangel eigener Ansicht schmerzlich fühle.[767]</small>

Doch dies alles, daran lässt Schleiermachers literarisches Ich im Monolog keinen Zweifel, wird gewonnen werden und zwar *mit-einander* nach *ein-ander*. Dieses Wortspiel ist mE. nicht dahingeworfen. Die Vereinzelung des Bewusstseins wird von Schleiermacher als vermittelter Eindruck beschrieben, der in der Gemeinschaft mit dem Anderen entsteht. In diesem Bildungsprozess der Wechselwirkung geht es diesem Autor ebenso wenig wie Schlegel darum *allen alles* zu werden.[768] In seiner *Theorie des geselligen Betragens* benennt Schleiermacher die zu bildende *Tugend* des Einzelnen im Umgang mit dem Anderen daher als *Gewandtheit* und begründet seine Wortwahl mit der Aussage: „[K]ein mir bekanntes Wort drückt besser die Fähigkeit aus, sich in jeden Raum zu fügen, und doch überall in seiner eigensten Gestalt dazustehen und sich zu bewegen."[769]

Die Fantasie erweist sich für die Entwicklung des Individuums damit erneut in ihrer Schlüsselfunktion, da sie als Einbildungskraft maßgeblich am Bildungsprozess beteiligt ist. Mit ihr ist die Möglichkeit des Sich-auf-eigene-Weise-hinein-Versetzens benannt, mit der für Schleiermacher der Vorgang der Aneignung einhergeht. Dass dieser *Schlüssel*, bildlich gesprochen, tatsächlich alle Türen auf dem Bildungs-Gang zu öffnen vermag, daran zeigt das Ich hier keinerlei Zweifel. Denn besteht auch bleibend das Bewusstsein über die vorhandenen Bildungslücken, kann es doch zu der Aussage finden: „Das Alles werd ich *miteinander nach einander* gewinnen".[770]

Indem es nun für den Einzelnen entscheidend darauf ankommt, alles Einzelne, was ihm begegnet zu *einer Welt* zu verbinden (sich mithin zu bilden) und das Gelingen dieser Tätigkeit wesentlich an die Möglichkeit geknüpft ist, Gemeinschaft einzugehen, nimmt es nicht wunder, dass Schleiermacher in seinem vierten Monolog nun näher auf die verschiedenen Möglichkeiten der Vergemeinschaftung eingeht. Nicht zuletzt wird damit

---

[765] Da der Bildungsprozess für das Bewusstsein stets unabgeschlossen bleibt.
[766] Vgl. KA II, 370: ÜdU.
[767] *Mo*KGA I/3, 45. *Allgemeinheit* wird hier wie auch in den *Reden* im Hinblick auf das werdende Individuum als Mangel herausgestellt. Darin setzt sich Schleiermacher von Schlegel in der Wortwahl ab.
[768] Vgl. KA I, 320: StdA. Auch Schlegel wehrt diesen Gedanken hier für das Werden des Künstlers ab.
[769] KGA I/2: 176: VThGB.
[770] *Mo*KGA I/3, 45 (Hervorhebung: AS).

ein entscheidendes Thema der *Reden* (und insbesondere der vierten Rede) wieder aufgenommen.[771]

Mit Fleiß und Mühe hab ich mir den Ort errungen wo ich stehe, mir mit Bewußtsein und Anstrengung die eigne Welt gebildet, in der mein Geist gedeihen kann [...] doch diese Welt mir zu erhalten und immer genauer zu verbinden, ist nicht das Einzige was ich fordere: ich sehne mich nach einer neuen Welt. Manch neues Bündniß ist noch zu knüpfen [...].[772]

Die bereits früher eingeführten Beziehungen *Freundschaft* und *Liebe* werden genannt, doch die Aussicht reicht weiter: auf die „heiligste Verbindung" der Ehe mit einer „geliebten Seele", auf die noch ausstehende Möglichkeit der Vaterschaft – hier benannt als „Vaterrecht und Pflichten". In deutlicher Analogie zu der Rede, die zuletzt Gegenstand der Untersuchung war, tritt damit erneut die Familie als Ausgangspunkt der Bildung *junger Vernunft* in den Fokus, an dem es darauf ankommt, den Glauben an die Freiheit in der Tat zu bewähren.[773] Wenn das monologisierende Ich nun Bezug nimmt auf die Schwierigkeiten der Suche nach dem richtigen Lebenspartner, mit dem der Schritt zu dieser Freiheit unternommen werden kann, werden, wie auch schon früher, starke Bezüge zu Schleiermachers Biographie sichtbar.[774] Im Hinblick auf das Interesse dieser Untersuchung muss dabei vor allem der Umstand Beachtung finden, dass das Ich in diesem Kontext allen äußeren Faktoren nur geringe Bedeutung für die Verwirklichung der eigenen Freiheit beimisst. Als die letztlich einzig entscheidende Bedingung zur Realisierung der ersehnten Gemeinschaft wird die „Götterkraft der Fantasie" betont, „die allein den Geist ins freie stellt".[775] Sie vermöge selbst den Eindruck jener Verhältnisse noch zu vermitteln, die der einzelne Mensch einzugehen aus Gründen äußerer Notwendigkeiten nicht in der Lage sei. Es zeigt sich hier, dass Schleiermacher literarisches Ich zu seiner Bildung die Erfahrung nicht genügen kann, die auf den Raum seines Körpers beschränkt bleibt. Zu sehr, heißt es, unterliege solche Erfahrung der *fremden* Begrenzung durch äußere Umstände und gehe darum der eigentlichen Aneignung höchstens voran. Alles Äußere (auch der Buchstabe) müsse dem Individuum leer und tot bleiben, solange es nicht sein *inneres Handeln* ganz darauf richte. Zwar bewahrt der sinnliche Eindruck an dieser Stelle seinen Eigenwert darin, dass über ihn der äußere Eindruck – gewissermaßen der Bildungsimpuls, dessen der *religiöse Instinkt* nach der

---

[771] Ich habe oben gezeigt, dass in den *Reden* wird dieses Feld unter der Fragestellung nach der Vergemeinschaftung in der Religion verhandelt wird.

[772] *MoKGA* I/3, 46.

[773] AaO. 47. Vgl. dazu auch aaO. 48.

[774] Die Verbindung dieser Bemerkung zu Schleiermachers Liebesbeziehung zu der verheirateten Eleonore Grunow ist in der Literatur immer wieder herausgestellt worden. Die Bezugnahme auf diese persönliche Ebene, der sich nur denjenigen erschließen kann, die mit der Lebenssituation des Autors aufs Engste vertraut sind, verweist dazu einmal mehr auf den engen Adressatenkreis an den sich Schleiermachers literarisches Ich in seinen Ausführungen primär richtet. In diesem Kreis findet die Anspielung in der Tat Verständnis. Dorothea Veit schreibt dem Freund, „dieses schöne Verhältniß", das sie in diesem Monolog gefunden habe, habe sie „im Herzen gefreut". (Vgl. KGA V/4, 63– 66, Zitat siehe 65: Dorothea Veit an Friedrich Schleiermacher in Berlin: Jena, Montag, 02. Juni 1800.)

[775] *MoKGA* I/3, 48. Einige Zeilen später ist die Rede auch vom *inneren Spiel der Fantasie*.

Darstellung der *Reden* durch das Universum unbedingt bedarf, – vermittelt wird.[776] Darum ist dem Einzelnen, um sich ein Verhältnis *einzubilden*, „jedes Verhältnis, worin ich den Andern erblike"[777] notwendig. Was daraus jedoch entsteht, zeigt sich im Monolog wesentlich als eine als-ob Vorstellung, indem sich die Fantasie die Möglichkeit dieses neuen Verhältnisses, das sie erblickt, zu eigen macht. Diesen Weg macht das Ich, das sich im Monolog ausspricht, zuletzt auch für die bislang ungelebte Beziehung mit der geliebten Frau geltend. Friedrich Schlegels Lebensgefährtin und enge Freundin Schleiermachers, Dorothea Veit, reagiert auf die Lektüre dieser Darstellung, indem sie Schleiermacher halb scherzend, halb ernst als *übersinnlich, sinnlichen Freier* anredet. Zwar nennt sie das Verhältnis, das sich ihr in der Lektüre vor Augen stellt, *schön*. Von Herzen habe sie sich darüber freuen können. Doch merkt sie fragend an, ob die „prosaische Wirklichkeit" auch „in der höchsten Begeisterung" nicht doch „mit ein [sic] albernes Gesicht […] dazwischen leuchte[]".[778] Damit wirft sie mE. die Problematik auf, die Schleiermacher in diesem Zusammenhang selbst nicht thematisiert: den Mangel, der eine solche Beziehung (mit-)bestimmt. Wenn das Ich des Monologs auch an früherer Stelle in diesem Text die Notwendigkeit des wechselseitigen Verhältnisses für die Bildung des Selbstbewusstseins ebenso betont wie der Redner über die Religion, so wird doch der entscheidende Punkt übergangen. Der Mensch, der in einer *Ehe* lebt, die einzig durch die Fantasie gestiftet wird, bleibt letztlich für sich. Der Grund für diese Leerstelle in der Argumentation ist, so meine ich, vor allem in der starken persönlichen Motivation des Autors zu suchen, die diese Textstelle bestimmt. Das Ich, das dem Lesenden hier begegnet, zeigt sich als eines, das im doppelten Sinn gern *F/freier* wäre und damit anders als es sich selbst sehen kann.

Auch wenn der Wunsch nach der Verbindung mit der richtigen Frau in diesem Monolog wohl am deutlichsten zu Tage tritt, der Schwerpunkt der *Darbietung* liegt – anders als bei Schlegel – auf der Freundschaft. Inhaltlich schließt der Monolog so an die in der vierten Rede geäußerte Überzeugung an, dass mit jeder neuen Verbindung, die der Geist eingeht, ein Stück der Gesamtansicht (ein Begriff, der in seiner Anwendung in den Monologen mE. dem *Universum* der *Reden* entspricht) gewonnen werde.[779] Analog zu den Ausführungen in der vierten Rede ist es wiederum der falsche äußere Schein (das Missverständnis im Hinblick darauf, wer einer wahrhaftig ist), der in der Lage ist, eine

---

[776] Vgl. KA I, 268: StdA: Hier beschreibt Schlegel das innere Verwoben-Sein des „Geistigkeit" und der „Sinnlichkeit" im Menschen, die auch seine Bildung entscheidend bestimmt. In dieser Untersuchung ist deutlich geworden, dass auch Schiller eine Einheit der Tätigkeiten von Sinnlichkeit und Vernunft im Prozess der Bildung darzustellen sucht, die er den ästhetischen Zustand nennt (vgl. NA XX, 375: ÄE).

[777] *Mo*KGA I/3, 48f.

[778] Vgl. KGA V/4, 65: Dorothea Veit an Friedrich Schleiermacher in Berlin: Jena, Montag, 02. Juni 1800.

[779] In der Theorie des geselligen Betragens schreibt Schleiermacher dazu: „Diese Tugend [sic. der Gewandtheit] besitzt man nun in desto höherem Grade, je größer die Sphäre von verschiedenen Verhältnissen ist, in denen sie sich offenbart […]" (KGA I/2, 176: VThGB). Schlegel äußert sich gegenüber Schleiermacher in Bezug auf die Freundschaft einmal in dieser Richtung: „Dein eigentlicher Beruf ist die Freundschaft und was für uns andere Beruf ist, Amt oder litterar. [ischer] Cynism ist für Dich nur Element, in dem Du Dich leicht bewegst" (KA XXIV, 165: Friedrich Schlegel an Schleiermacher: Dresden, Mitte August 1798).

solche der Bildung förderliche Beziehung zu hindern oder vielmehr un-erträgliche Beziehungen zu knüpfen, die ihren Mißstand darin bezeugen müssen, dass sie nur solange von Dauer sein können, wie der falsche Schein währt. Die wahre Freundschaft gilt Schleiermacher dabei zugleich als Liebesbeziehung, während Schlegel diesen Begriff in erster Linie der erotischen Beziehung vorbehält. So ist einem Individuum nach Schleiermacher eine Vielfalt von Liebesbeziehungen notwendig, die in ihrer Dauer überdies beinahe unbegrenzt ist (soweit es die Lebensdauer des Geistes betrifft) und dank der Fantasie von Zeit und Raum nahezu unabhängig. Allein es kommt für den Fortbestand dieser Beziehungen, die sich – wie das monologisierende Ich nun wieder hervorheben kann – wesentlich durch eine lebendige Wechselwirkung auszeichnen, entscheidend darauf an, dass die Geliebten „wirklich", ob auch in der Ferne, leben, und von diesem Leben „oft" ein „frisches Bild" senden.[780] Damit tritt in diesem Punkt auch die Bedeutung der sinnlichen Erfahrung als die Basis eines Austausches zwischen Individuen hervor. Das Ich kennt hier keinen Zweifel. Fällt diese Basis auf einer Seite aus, muss die Wechselwirkung und damit der Fortgang der Bildung an einem Punkt abbrechen. Auch die Fantasie ist also an den sinnlichen Eindruck unabdingbar zurückverwiesen.

Wol kann ich sagen, daß die Freunde mir nicht sterben; ich nehm ihr Leben in mich auf, und ihre Wirkung auf mich geht niemals unter: mich aber tödtet ihr sterben. Es ist das Leben der Freundschaft eine schöne Folge von Akkorden, der, wenn der Freund die Welt verläßt, der gemeinschaftliche Grundton abstirbt. Zwar innerlich hallt ihm ein langes Echo ununterbrochen nach, und weiter geht die Musik: doch gestorben ist die begleitende Harmonie in ihm, zu welcher ich der Grundton war, und die war mein, wie diese in mir sein ist.[781]

Das Leben, welches das Ich hier verloren weiß, wenn es seine Wirkung nicht (mehr) über sich hinaus zu entfalten vermag, weil etwa, wie im Zitat beschrieben, seine Wirkung im anderen mit dem Tod eines geliebten Menschen untergeht, ist jenes, welches als *inneres Leben* bezeichnet werden kann. So stirbt das sich bildende Individuum gewissermaßen in kleinen Schritten Tode, die seinem biologischen Tod voraus gehen. Jedoch zeigt sich Schleiermachers literarisches Ich dieser Art des Sterbens gegenüber furchtlos. Während die vierte Rede zuletzt die großen Begriffe von *Ewigkeit* und *Unsterblichkeit* jenseits der Vereinzelung aufruft, die ihre Verwirklichung im Bewusstsein der Menschheit finden,[782] kann dieser letzte Abschnitt des vierten Monologs in der bereitwilligen Bejahung des eigenen Sterbens darin sein Gegenstück finden. Denn der Tod ist hier verstanden als notwendige Folge einer Gleichgewichtsstörung zwischen *innerem* und *äußerem Handeln*. Als solcher muss er eintreten, wenn der Geist nach außen hin nichts (mehr) zu handeln findet: wenn ihm also, meiner Lesart folgend, die Wirk-Gemeinschaft vollständig entzogen wäre, oder wenn er sich in seiner Eigentümlichkeit vollendet „von der

---

[780] *MoKGA* I/3, 50.
[781] AaO. 51.
[782] „Je mehr sich Jeder dem Universum nähert, je mehr sich Jeder dem Andern mittheilt, desto vollkommner werden sie Eins, keiner hat ein Bewußtsein für sich, jeder hat zugleich das des Andern, sie sind nicht mehr nur Menschen, sondern auch Menschheit, und aus sich selbst herausgehend über sich selbst triumfirend, sind sie auf dem Wege zur wahren *Unsterblichkeit* und *Ewigkeit*" (*ReKGA* I/2, 234f [Hervorhebung: AS]).

reichsten Welt umgeben"⁷⁸³ fände. Die Aussicht auf Vollendung allerdings, die hier wiederum aufscheint, daran lässt auch der Monolog keinen Zweifel aufkommen, muss im Leben des Einzelnen unerfüllt bleiben. Denn das Unendliche zu fassen, bleibt dem vereinzelten Menschen unmöglich. „[S]so werden nicht die Freunde alle mich verlaßen, noch werd ich jemals ganz der Vollendung Ziel erreichen"⁷⁸⁴. Die Annäherung an den Tod, da er im Verständnis des monologisierenden Ichs mit einer Realisierung der Bildungsgemeinschaft aufs engste verknüpft ist, kann im Kontext als Annäherung an den vollendeten Bildungsstand betrachtet und darum emphatisch bejaht werden.

Ganz und innig will ich die Freunde umfaßen und ihr ganzes Wesen ergreifen, daß jeder mich mit süßen Schmerzen tödten helfe, und immer fertiger will ich mich bilden, daß auch so dem Sterbenwollen immer näher die Seele komme.⁷⁸⁵

4.6 Viertes Zwischenergebnis

Obgleich der vierte Monolog damit inhaltlich einerseits eine klare Differenz zu der vierten Rede aufweist – wird doch hier nicht wie dort die Angemessenheit einer Institution in aller Ausführlichkeit verhandelt, sondern der Schwerpunkt erneut ganz auf das Selbsterleben des Einzelnen gelegt – sind anderseits dennoch Paralallelen auszumachen, die über das Zufällige hinausweisen. Hier wie dort werden Freiheit und Notwendigkeit am Ort des sich bildenden Individuums im Kontext der Vergemeinschaftung verhandelt. Auf beiden Seiten steht dabei implizit die Frage im Raum, ob und inwieweit die Gemeinschaft die Freiheit des Einzelnen beschränkt. Wobei Freiheit gleichgesetzt bleibt mit dem Bildungspotenzial, das es zu realisieren gilt. Schleiermacher reagiert auf Seiten der *Reden* auf die Befürchtungen, die mit jener Institution verbunden werden, die gemeinhin als Kirche begriffen wird. In einer solchen Gemeinschaft müsse der Wille des Einzelnen und damit seine Freiheit, auf eigenständige Weise ein Einzelner zu sein, notwendig untergehen. Auf der anderen Seite gewinnt im Monolog die Furcht des sprechenden Ich Raum, die eigene Freiheit könne nicht bestehen angesichts äußerer Notwendigkeit, die wahrgenommen wird als die Freiheit der Anderen. In diesen Anderen findet das Ich in seinem Monolog jedoch auch den Kreis der liebenden Freunde, mithin also die gebildete Gemeinschaft, in der die eigene Freiheit durch die Freiheit der Anderen ihr Wachstum gewinnt. In seiner Rede nennt Schleiermacher diese Gemeinschaft die *wahre Kirche*. Der *Tod*, auf den sich der Gedanke im Monolog richtet, ist der Tod des Geistes, der mit dem Verlust seiner Wirk-Gemeinschaft eintreten muss, deren Wirkung sich einerseits durch die sinnliche Wahrnehmung vermittelt, die andererseits durch die Einbildungskraft belebt wird. So tritt die Gemeinschaft immer deutlicher als das Element hervor, dessen der einzelne Mensch bedarf, um als Individuum Teil der Menschheit zu werden. Je detaillierter dieser Aspekt in der Darstellung des Individuums wird, desto eindeutiger erschließt sich anderseits der problematische Stand der Vereinzelung. Unverwechselbare Bedeutung

---

⁷⁸³ *Mo*KGA I/3, 51.
⁷⁸⁴ AaO. 52.
⁷⁸⁵ Ebd.

kann das Individuum nicht allein für sich, sondern nur im Kontext der *geliebten Freunde* entfalten, da diese ihm die unverzichtbare Ergänzung in der Bildung zum Unendlichen werden. Dieses Bildungsziel indessen muss sich dem einzelnen Subjekt per Definition entziehen, je entschlossener es dasselbe anstrebt. Schlegel hat nach meiner Interpretation dieses Bildungsziels ebenfalls vor Augen, wenn er in diesem Kontext von dem Punkt schreibt, der *notwendig im Dunkeln bleiben muss*.[786] Ebenso wie Schleiermacher betrachtet er das Bewusstsein der eigenen Endlichkeit im Hinblick auf die undurchdringliche *Dunkelheit* des Unendlichen als Ausgangspunkt und Antriebsmotor des Bildungsprozesses. Beide Autoren zeigen sich mit der Schwierigkeit befasst, das gebildete Bewusstsein als eines darzustellen, dessen Einzigartigkeit nicht in einem allgemeinen Bewusstsein verschwindet, sondern umso bestimmter wird, je deutlicher sich der einzelne Mensch als Ergänzung zu anderen und auf die Ergänzung durch andere angewiesen wahrnimmt.

5. Verständigung zwischen Vielfalt und Einheit

Die wechselseitige Mitteilung hat Schleiermacher in den ersten vier seiner *Reden über die Religion* als notwendige Grundbedingung der Bildung beschrieben. Hier nimmt die Individuation (als Bildung des je eigenen Selbstbewusstseins) ihren Ausgang, indem der Mensch sich durch die Gemeinschaft, in der er sich vorfindet, zu einer Antwort auf die Frage nach sich selbst herausgefordert sieht. Zugleich wird ihm diese Gemeinschaft zur Notwendigkeit, um Antworten auf diese Frage zu bilden bzw. um sich seiner selbst immer wieder neu zu vergewissern. Freiheit bezeichnet in diesem Zusammenhang sowohl die Voraussetzung, mit der der Einzelne in den Prozess seiner Bildung eintritt, als auch die Bedingung, unter der diese Bildung sich entwickeln kann. Der Begriff wird von Schleiermacher und Schlegel auf eine bewusste Haltung gegenüber der Differenz, die im Andern begegnet, bezogen.

Wenn die Analyse der *Monologen* und der *Reden* bisher auch kein in klaren Linien nachzuzeichnendes Entsprechungsverhältnisse offenlegen konnte, so hat die wechselseitige Lektüre der einzelnen Abschnitte doch weiterführende Perspektiven auf Schleiermachers Wahrnehmung und Darstellung von Individualität eröffnet. Darin wird Selbstverhältnis erkennbar, das sich aus einem Bewusstsein für das je eigene begrenzte Bildungspotential heraus entwickelt. Dabei bildet sich nicht zuletzt ein Bewusstsein des Einzelnen für die Notwendigkeit, seine Ergänzung bei anderen zu suchen. Die Monologe bieten gegenüber den Reden einen Perspektivwechsel im Kontext des übergreifenden Themas in dessen Kern das Verhältnis zwischen dem Allgemeinen und dem Besonderen verhandelt wird. Die unauflösbare Spannung zwischen individuell erlebter Einheit mit *dem Universum*, im Gegenüber zu der sich stets neu aktualisierenden Erfahrung einer unüberwindbaren Differenz zwischen Selbst- und Gottesbewusstsein findet sich in den Monologen implizit als die Selbst-Wahrnehmung unüberwindbarer

---

[786] Vgl. KA II, 370: ÜdU (1800).

Distanz zwischen vereinzelten Individuen dargestellt, kontrastiert von dem Erlebnis vorläufig gelungener Vermittlung, die das sprechende Ich thematisiert.

Auch die Notwendigkeit der Gemeinschaftsbildung, die sowohl in der vierten Rede wie im vierten Monolog besonders deutlich in den Vordergrund tritt, zeigt sich aus unterschiedlichen Perspektiven, wobei sie in beiden Texten im jeweils vierten Abschnitt verstärkt in den Vordergrund rückt. In den Monologen wird in besonderer Weise die Freundschaft als sozialer *Raum der Selbstbildung* hervorgehoben, indem das sprechende Ich seine Frage nach der Möglichkeit der gesuchten Bildungsgemeinschaft beantwortet. Dazu wird die Notwendigkeit vielfältiger Beziehungsstrukturen (Freundschaft, Liebe, Ehe und Vaterschaft) im Prozess der Selbstbildung betont. Dagegen treten in der vierten Rede, gleichwohl die Freundschaft als positiv besetzter Begriff eingeführt wird, vornehmlich die stärker politisch geprägten Begriffe der Brüderlichkeit bzw. der „Bund von Brüdern"[787] in den Vordergrund. Mit ihnen wird das Verhältnis der bildsamen Individuen zueinander in dem Raum der sog. *wahren Kirche* dargestellt, in dem die Sozialisation und Weiterbildung der (Religions-) Gemeinschaft verortet wird. Indem Schleiermacher dabei unter der Prämisse einer Vielfalt möglicher Anschauungen des Universums argumentiert, die sich in den verschiedenen Formen der Vergemeinschaftung in der Religion widerspiegelt, wird mit der Rede über „die Geselligkeit in der Religion" bereits die Grundlage zur Darstellung einer Vielfalt der Religionen gelegt.

5.1 Eine Vielfalt: die Religionen als Bildungsgemeinschaft

Bereits mit seiner ersten Rede hatte Schleiermacher die Religion als eine Kraft dargestellt, die ebenso wie jeder Mensch etwas für sich sein will. Damit wurde früh die Spur gelegt, um die Religion ebenso wie den Menschen als bildsames Individuum in den Blick zu nehmen. Dieser Spur folgend hat der Redner auch der Religion das Potential der Freiheit zuerkannt, das dem bildsamen Individuum mit Schleiermacher grundsätzlich zu eigen ist. Dieses Potential besteht in der Möglichkeit, sich im Einzelnen in einer bestimmten Form auszubilden und als solche mitzuteilen. So kann der Autor in seiner Rolle als Redner auch seine Zuversicht gegenüber der Wirksamkeit der Religion äußern. „[D]enn ich bin der Kraft jenes Gegenstandes gewiß der nur frei gemacht werden durfte, um auf Euch zu wirken."[788] Andererseits zeigt Schleiermacher deutlich an – und das nicht zuletzt indem er das *Universums* an die Stelle des Gottesbegriffes setzt –, dass er unter der Prämisse argumentiert, die Differenzen aller vereinzelten Ansichten des Universums seien zuletzt in einer Einheit aufgehoben. Mit seiner fünften Rede nimmt er nun auf diese Prämisse besonderen Bezug, indem er die Vielfalt der Religionen auf jene Einheit bezieht. Die teleologische Dynamik der Bildungsidee, die bereits früher wahrnehmbar geworden ist, wird hier zur entscheidenden Denkfigur. Aus ihr wird die Erwartung erschlossen, dass sich die Ausbildung des (religiösen) Bewusstseins sowohl

---

[787] *ReKGA* I/2, 234.
[788] AaO. 237f (Einfügung: AS).

im Einzelnen wie auch im Allgemeinen in einem stetigen Prozess sozusagen Stufenweise vollzieht. Jede neu gebildete Stufe ergänzt, bildlich gesprochen, die Bildungsleiter, die sich vor dem Auge des Betrachters damit schrittweise immer weiter vervollständigt. Innerhalb des eigenen Bildungsprozesses gilt es, auf dieser Leiter immer höhere „Stufen"[789] zu erreichen. Dieser Argumentation entsprechend, muss es unter allen Stufen eine (zumindest vorläufig[790]) höchste geben. Diese Stufe nennt Schleiermacher in seiner fünften Rede die *eine* Religion. Welche Religion in den Augen des Autors diesen hervorragenden Platz einnimmt, wird dabei bereits im Eingang der Rede deutlich, wenn es heißt: „Ich will Euch gleichsam zu dem Gott, der Fleisch geworden ist hinführen"[791]. Schleiermacher steht allerdings nun vor der Aufgabe, die Vorzüge dieser Religion aufzuzeigen, die es rechtfertigen können, sie als höchste Entwicklungsstufe *über* andere Religionen zu stellen.

Dem Einwand gegen die Bevorzugung einer bestimmten Religion begegnet der Redner gewissermaßen schrittweise. Zunächst betont er in einem ersten Redegang die Notwendigkeit der *Abgeschlossenheit*[792] einer in sich bestimmten Einheit. Mit dieser Aussage wird die „Vielheit" bzw. die *Absonderung* innerhalb einer einzelnen Kirche „verdammt".[793] Schleiermacher argumentiert auch hier unter der Voraussetzung, dass Bildung nach einer sinnlich wahrnehmbaren Form strebt. Damit muss eine einzelne Ansicht in sich „[e]in ungetheiltes [sic.] Ganzes"[794] bilden, so dass sich die Umrisse dieses Ganzen bestimmt abzeichnen. Nur auf diese Weise, argumentiert der Verfasser, könne jeder sich „die Religion des Andern, die er nicht als seine eigene anschauen kann" „anschauen und sich mittheilen laßen".[795] Der Autor nennt diese Bildung einer inneren Geschlossenheit auch das „Princip sich zu individualisieren"[796]. Im Vollzug dieses Prozesses gilt es ebenso für die allein „sogenante Kirche"[797] eins zu sein.

Schleiermachers Argumentation setzt unter anderem voraus, dass der Keim der Religion, den er im Einzelnen verortet, bereits ein in sich bestimmter ist, der nur durch einen ihm *homogenen* „befruchtet und erwekt werden" kann.[798] Die *gemeine* Kirche ist darum mit der vierten Rede bereits als der ‚Raum' dargestellt, in dem sich die einander entsprechenden Individuen zunächst finden können, um hernach gemeinsam eine bestimmte Religion weiter auszubilden. Diese Einheit, so ist der Gedankengang nun fortgesetzt, gelte es allein innerhalb einer solch in sich bestimmten Religion zu wahren. Die Vielheit der Religionen hingegen kann Schleiermacher als Notwendigkeit betrachten, da er die Möglichkeiten, zu *Anschauung* (und *Gefühl*) des Universums zu

---

[789] AaO. 240.
[790] Dabei ist auch an Schlegels Ausführungen über das *Proximum* zu denken, mit denen er ebenfalls eine solch vorläufige Abgeschlossenheit darzustellen sucht.
[791] ReKGA I/2, 237.
[792] Vgl. dazu auch aaO. 305.
[793] AaO. 238.
[794] Ebd.
[795] AaO. 239.
[796] AaO. 241. Vgl. dazu auch aaO. 278.
[797] AaO. 239.
[798] Ebd.

gelangen, als unendlich betrachtet, so dass sie also unmöglich je mit der Bildung bestimmter (und damit in ihrer Wahrnehmung auch begrenzter) Religionen erschöpft werden könnten.[799]

Euch kann das auch nicht fremd sein, daß sie [sc. die Religion] nicht nur theilweise so viel eben Jeder zu faßen vermag, unter den Menschen zerstükelt sein kann, sondern daß sie sich in Erscheinungen organisieren muß, welche mehr von einander verschieden sind[800].

Das im Zitat umschriebene *Prinzip der Individualisierung*[801] ist damit (nochmals[802]) als Merkmal betont, das eine wahrhaftige Religion auszeichnet. Schleiermacher kann daran anschließend dazu übergehen, die gegenwärtigen Erscheinungsformen, die sich als Religionen zu behaupten suchen, auf das darin wirksame Prinzip hin zu überprüfen. Dabei wendet er sich demonstrativ zunächst nicht den sog. positiven Religionsformen seiner Gegenwart zu. Er wisse ja, diese seien den Angeredeten ein Gegenstand des „vorzüglichen Haßes". Stattdessen nimmt er als erstes „die natürliche Religion" in den Blick, die „immer leichter geduldet" werde.[803] In eben jener *natürlichen Religion* indessen, erklärt der Redner, das Prinzip der Individualisierung am wenigsten ausgebildet, gar alle Eigenheiten verwischt, da sie von fremden moralischen und philosophischen Manieren durchdrungen sei. Eben darum könne sie sich derart angepasst und unauffällig zeigen, dass sie nirgends Anstoß erregen müsse. Dagegen habe jede *positive* Religion „gar starke Züge und eine sehr markirte Physiognomie". „[S]o daß sie bei jeder Bewegung welche sie macht und bei jedem Blik, den man auf sie wirft, ohnfehlbar an das erinnert, was sie eigentlich ist".[804]

Die Möglichkeit die Bildung eines Individuums über die Sinne wahrzunehmen, wird hier mit einer auf den Körper bezogenen Metaphorik unterstrichen. Der Gesichtssinn tritt dabei entscheidend in den Vordergrund.

Schleiermacher sucht nun die Achtung für die positiven Formen der Religion (zurück-) zu gewinnen, indem er sich mit den Argumenten, die er gegen diese Formen gerichtet findet, auseinandersetzt. Dass die Angehörigen dieser Religionen miteinander im Widerstreit um die Frage der Vorrangstellung einer bestimmten Religion lägen[805], dazu die Bekenner ihre (Bildungs-)Freiheit nicht entfalten könnten, da sie sich an eine bestimmte Bekenntnisgestalt gefesselt fänden, das alles wolle er, erklärt der Redner, weder leugnen noch „gegen den Widerwillen, welchen Ihr dagegen empfindet" etwas einwenden.[806] Jedoch, insistiert er nun umso eindringlicher, es sei doch darum die

---

[799] Vgl. aaO. 179; 188.
[800] AaO. 240.
[801] AaO. 241.
[802] Zu erinnern ist an die erste der Reden, in der die Religion bereits als Individuum, dem es nach seiner Bildung verlangt, eingeführt worden ist.
[803] *Re*KGA I/2, 242f.
[804] AaO. 243f.
[805] Hier klingt mE. deutlich Lessings Argumentation hindurch, die wahre Religion werde einen solchen Anspruch nicht erheben, sondern sich vielmehr durch ihr bloßes Dasein als die höchste auszuzeichnen suchen (LESSING, Nathan der Weise. Ein dramatisches Gedicht in fünf Aufzügen [1779]), 88ff: Dritter Aufzug: Siebenter Auftritt).
[806] *Re*KGA I/2, 246.

natürliche Form der Religion als solche vorzuziehen unter der Annahme, dass allein hier eine freie Ausbildung der Religion möglich wäre. So sei es eben jeder bestimmten Form unvermeidlich, dass sie auch das ihr widernatürliche „Verderben"[807] anziehe, sobald sie aus dem Inneren heraustrete. Allerdings entspreche es ebenso der eigentlichen religiösen Weltansicht, noch in der verdorbenen Form „jede Spur des Göttlichen, Wahren und Ewigen aufzusuchen".[808] Aus diesem Blickwinkel müssten sich die positiven Religionen zuletzt als die wahrhaftigen Gestalten erweisen, unter denen sich die unendliche Religion im Endlichen darstelle.[809] Indessen führt Schleiermacher hier den Gedanken der voneinander geschiedenen Bildungsstufen der Religion ergänzend die Prämisse ein, das Leben dieser *Religionsstufen* unterliege einem Werden und Vergehen. Er verweist dabei auf solche Formen der Religion, die er bereits in seiner Gegenwart als „leere[...] Gebräuche, [...] [als] ein System abstrakter Begriffe und Theorien", als „todte[...] Schlaken" betrachtet, da er einstiges „Feuer" darin erloschen sieht.[810] Auf diesen Punkt wird in der Analyse dieser Rede noch zurückkommen sein. Zuvor ist es allerdings wichtig, dem Redner in seiner Erörterung der Frage zu folgen, wie die bestimmte Gestalt einer positiven Religion zustande kommen kann.

Daß ichs kurz sage: ein Individuum der Religion, wie wir es suchen, kann nicht anders zustande gebracht werden, als dadurch, daß irgendeine einzelne Anschauung des Universums aus freier Willkühr [...] zum Centralpunkt der ganzen Religion gemacht, und Alles darin auf sie bezogen wird.[811]

Schleiermacher sieht also mit der Erschließung der einen alles entscheidenden Ansicht *des Universums* den Prozess der Individualisierung ebenso wie den Prozess der Vergemeinschaftung in der Bildung der Religion einsetzen. Diesen Augenblick, der über den weiteren Bildungsvorgang entscheidet, kann der Autor, wie diese Untersuchung bereits gezeigt hat, in den Reden wie in den Monologen aus verschiedenen Blickwinkeln betrachten. An dieser Stelle rückt eine Veränderung des Gefühlslebens der religiösen Individuen in den Fokus, die gemeinschaftsstiftend wirkt. „[A]lle Gefühle erhalten eben dadurch einen gemeinschaftlichen Ton und werden lebendiger und eingreifender in einander"[812]. Zugleich, betont Schleiermacher, bliebe die Einzigkeit – der Unterschied und die Unabhängigkeit der vereinzelten Anschauungen – bestehen. Das hier dargestellte Gefühl bzw. die Wirkung, die mit ihm verbunden wird, weist deutlich über den Begriff *Gefühl* hinaus auf einen besonderen Stand des Selbstbewusstseins. Dabei wird die Möglichkeit einer gemeinsamen Wirksamkeit der Individuen, die das Selbstbewusstsein impliziert, bei Schleiermacher mE. hier besonders eindrücklich lesbar. Religiöse Individuen sind an diesem Punkt als solche gezeichnet, die eine (wenn auch immer noch begrenzt gedachte) Offenheit füreinander entwickeln.

---

[807] Ebd.
[808] AaO. 247.
[809] Ebd.
[810] AaO. 249 (Einfügung: AS). Den Gedanken des Werdens präzisiert Schleiermacher später als eine „unendliche Succeßion kommender und wieder vergehender Gestalten" der Religion (aaO. 260).
[811] AaO. 259f.
[812] AaO. 260.

Schleiermacher geht von seiner Darstellung der Entstehung einer positiven Religion im Einzelnen aus, wenn er es nun zu einer Notwendigkeit erklärt, dass sich ein Mensch selbst innerhalb einer bestimmten Ansicht des Universums verortet. Dies sei die Grundvoraussetzung für seinen Status als *Bürger* innerhalb der *religiösen Welt*, mithin für den Stand seines *Person*-Seins in religiöser Hinsicht.[813] Dabei sieht sich der Redner indessen offenbar mit seinen Aussagen in der Gefahr, er könne (erneut) in den Verdacht geraten, seine Adressaten in eine bestimmte Form der Religion gewissermaßen hineinreden zu wollen. „Muß also jeder, werdet Ihr ziemlich bestürzt fragen, in deßen Religion eine Anschauung die herrschende ist, zu einer von den vorhandenen Formen gehören?" Diese Frage muss Schleiermacher seiner Leitprämisse entsprechend, der gemäß unendlich viele Anschauungen des Universums möglich sind, verneinen. Allerdings beharrt er, „eine Anschauung" müsse in der Religion eines bildsamen Individuums „die herrschende sein, sonst wäre sie so gut als Nichts".[814] Mit dieser Äußerung ist die nun folgende Aussage eingeleitet, die all jene ansprechen will, die sich mit keiner bestehenden positiven Religion identifizieren können. Indem er die unendliche Sukzession der Formen religiöser Ansichten als Fort-Bildungsprozess darstellt, legitimiert Schleiermacher nicht allein die Entwicklung neuer Religionsformen, er kann auch erneut ihre Notwendigkeit betonen. Keinesfalls tue es dabei Not, dass einer, *der eine neue Religion macht*, eine Gemeinschaft für sich gewinne bzw. stifte. Die Religion könne auch allein in einem Einzigen bestehen, solange sie als *klares Bewusstsein* des Universums in sich selbst bestimmt organisiert sei, solange sie mithin also ein wahrhaftiges Individuum darstelle.[815]

Diese Bemerkung kann durchaus überraschen, scheint sie doch auf den ersten Blick auf eine Verinnerlichung der Religion zu verweisen, während bisher der Gemeinschaftsaspekt im Bildungsprozess als unabdingbar betont wurde. Die Frage, wie die Bildung einer Religion sich fortsetzen kann, wenn das Individuum mit seinem bestimmten Bewusstsein allein bleibt, lässt Schleiermacher an dieser Stelle unbeantwortet. Es kann indessen aus dem Kontext der bisherigen Argumentationsstrategie gefolgert werden, dass der einzelne Mensch bei der Entwicklung seines eigenständigen Bewusstseins die Gemeinschaft keinesfalls entbehren kann; dass es das in sich bestimmte Individuum vielmehr zur äußeren Darstellung seines Bewusstseins und damit in die Gemeinschaft treibt, die in diesem besonderen Fall eine Gemeinschaft verschiedener in sich bestimmter Religionen wäre.

---

[813] Vgl. aaO. 261. Obgleich er ihn hier einführt, arbeitet Schleiermacher weder in den *Reden* noch in den *Monologen* eingehend mit dem Person-Begriff, wenn er ihn auch hin und wieder verwendet. Auch Schlegel nutzt ihn wenig. Schiller hingegen arbeitet explizit mit ihm, indem er die Bildungsaufgabe als ein Werden darstellt, in dem der Mensch sich von dem bloßen Individuum zu einer selbstreflektierten Person entwickelt (vgl. NA XX, besonders 349ff: ÄE).

[814] *Re*KGA I/2, 261. Es steht zu vermuten, dass Schleiermacher hier auch auf das Vorhaben seines romantischen Freundeskreises reagiert, die Religion als solche neu zu bestimmen – als solches gar in dem Unternehmen gipfelnd, eine neue Bibel zu schreiben. Vgl. dazu die Äußerungen Schlegels 1798 in einem Brief an seinen Freund Hardenberg (vgl. KA XXIV, 204f: Friedrich Schlegel an Novalis: Berlin, 2. Dezember 1798).

[815] Vgl. *Re*KGA I/2, 261f. Eine durchaus interessante Nähe zeigt sich hier wiederum zum Wortlaut der *Monologen*. Dort ist die Rede von einem *klaren Bewusstsein der Menschheit* „in mir" (*Mo*KGA I/3, 16).

Im nächsten Schritt geht Schleiermacher dazu über, das Verhältnis der Individuen innerhalb einer bestimmten Religionsgemeinschaft weiter auszuführen. Dabei ruft der Redner seinen Lesern wiederholt den Umstand ins Bewusstsein, dass die Gemeinschaft, die er *ansinnt*[816], Differenzen nicht kassiert.

> Erinnert Euch doch, daß in jeder bestimmten Form der Religion nicht etwa nur eine beschränkte Anzahl von Anschauungen zu derselben Ansicht und Beziehung auf Eine gestattet werden solle, sondern die ganze unendliche Menge derselben: gewährt das nicht einem Jeden Spielraum genug? Ich wüßte nicht, daß es nur einer einzigen gelungen wäre, ihr ganzes Gebiet in Besitz zu nehmen [...].[817]

Der Mensch sei, schreibt Schleiermacher, bereits mit seinem Eintritt in eine bestimmte Religion als Einzelner bestimmt, denn der erste Augenblick, in dem er mit der Religion *in Berührung kommt*, bleibe ihm ganz eigen. Die Eigentümlichkeit des Individuums ist damit wesentlich durch seine Zeitlichkeit konstituiert: durch das einmalige niemals wiederholbare Jetzt des Augenblicks der Erfahrung. Von diesem einzigartigen Augenblick ausgehend beschreibt der Autor das Werden des Einzelnen als ein Werden zum Einzelnen, der sich zunehmend in der Lage zeigt, andere Perspektiven als die eigene einzunehmen. Der Mensch wird also gewissermaßen *mehr* als einer.[818] Ein solches Bewusstsein, in dem sich das Allgemeine und das Besondere vereinen, bildet fortan ein von allen Anderen „abgesondertes Dasein", das in der

> Einheit des fortdauernden und an jenen ersten Moment sich anschließenden Bewußtseins, und in der eigenthümlichen Beziehung jedes späteren auf ein bestimmtes Früheres, und in dem Einfluß des Früheren auf die Bildung des Späteren" besteht, „unabhängig von der Menge und der objektiven Beschaffenheit seiner Begebenheiten und Handlungen [...].[819]

Den Moment, in dem sich das Unendliche mit einem endlichen Bewusstsein vereint, stellt Schleiermacher hier als einen nach außen hin *dunklen Punkt* dar – abermals in Anlehnung an Schlegel gesprochen[820] –, der allein dem Einzelnen zugänglich sei, während nicht einmal die Fantasie des Anderen in ihn vorzudringen vermöge. Wie also das „eigenthümliche geistige Leben" im Allgemeinen an einem solchen Punkt entstehe, erklärt Schleiermacher, ebenso verhalte es sich im Besonderen auch mit der „religiösen Individualität" eines Menschen. Deren Entstehung werde darum gemeinhin auch als *Wundergeschichte* erzählt.[821]

Zu dem entscheidensten Mangel der *natürlichen* Religion kann der Redner es nun erklären, dass sie jener grundlegenden Notwendigkeit (der „persönliche[n] Ausbildung und Individualisierung") im Prozess der Bewusstseinsbildung nicht entspricht. Schleiermacher folgert aus seinen Überlegungen, auch die Realisierung von Freiheit, wie sie von den Verteidigern der natürlichen Religion gelobt und gesucht werde, könne es

---

[816] In Anlehnung an Kant gesprochen: vgl. AA V, 216: KdU, §8.
[817] *ReKGA* I/2, 263.
[818] Vgl. aaO. 262f.
[819] AaO. 266.
[820] Vgl. aaO. 139; vgl. dazu bei Schlegel KA II, 370: ÜdU. Im Anschluss an Schlegels dahingehende Äußerung in dem Text *Über die Unverständlichkeit* habe ich bereits im vierten Unterkapitel dieses Untersuchungsabschnitts den notwendigen *Dunkelpunkt* als entscheidendes Wesensmerkmal des Individuums eingeführt (vgl. in dieser Untersuchung 130ff: Abschnitt II.4.4).
[821] *ReKGA* I/2, 267.

ohne den Individualisierungsprozess nicht geben.[822] Freiheit wird damit von Schleiermacher auch an dieser Stelle mit der Möglichkeit zur Aktualisierung des Bildungspotentials im einzelnen Bewusstsein gleichgesetzt.

Es bleibt die Frage, wie eine positive Religion, die der Argumentation folgend allein der Betrachtung wert ist, als solche identifiziert werden kann. Die Antwort darauf ist im Kontext bereits angelegt. Wenn jedes Individuum letztlich auf den Moment des ersten Geworden-Seins seiner Weltansicht hin betrachtet werden muss, um es zu verstehen, das Individuum sich mithin per se unter einer *historischen* Perspektive darstellt, muss gleiches auch für ein Individuum der Religion gelten.[823] Selbstverständlich sei es, folgert Schleiermacher, dass diejenigen, die sich der Geburtsstunde ihres (religiösen) Bewusstseins bewusst seien, die Bedeutung derselben für ihr eigenes Leben in jeder Art und Weise würdigen und hervorheben. Ihre Betrachter seien indessen gefordert, die äußere Form nicht mit dem eigentlichen Inhalt zu verwechseln. Denn auch hier käme es in der äußeren Darstellung des inneren Bewusstseins zu einer Vermischung der religiösen Grundanschauung mit Weltklugheit und Moral.[824]

> Ob es Euch mit diesen Vorsichtsmaaßregeln gelingen wird, den Geist der Religion zu entdeken? Ich weiß es nicht: aber ich fürchte daß auch Religion nur durch sich selbst verstanden werden kann, und daß Euch ihre besondere Bauart und ihr charakteristischer Unterschied nicht eher klar werden wird, bis Ihr selbst irgend einer angehört.[825]

Trotz dieser Äußerung ist Schleiermachers Bemühung nun darauf gerichtet, seine Leser auf „den rechten Punkt" zu weisen. Von diesem aus müssten bestimmte gegenwärtige Religionen angesehen werden, „welche […] noch mehr oder minder vorhanden" seien.[826] Damit nähert sich der Redner seiner eigenen Aussage gemäß nun endlich „dem Allerheiligsten, wo das Universum in seiner höchsten Einheit angeschaut wird"[827].

Die Vorstellung von einem wie auch immer gearteten *historischen Werden* von Religionen lehnt Schleiermacher an dieser Stelle mit deutlichen Worten ab. Er folgt damit einer grundlegenden Voraussetzung seiner Argumentation: dass nämlich alles Einzelne seinen Ursprung in dem *Jetzt* eines Offenbarungsmoments finden muss, der in seiner Einzigkeit unabhängig und uneinholbar ist. Dabei tritt der Bildungsfaktor der Wechselwirkung in der Bildungsgemeinschaft hier hinter dem Wert des Einzelnen zurück. Die Wechselwirkung unter Individuen, erklärt der Redner, könne erst nach jenem ersten dunklen Moment des Geworden-Seins einsetzen. Demgemäß wird das Judentum als eigenständiger Vorläufer des Christentums betrachtet, dessen Grundanschauung es zu extrahieren gilt, um aus ihr alle weiteren Anschauungen dieser

---

[822] AaO. 272 (Einfügung: AS).
[823] Vgl. aaO. 282.
[824] Vgl. aaO. 282f wie auch bereits 49. Gleiches hatte Schleiermacher bereits für die unabdingbar rhetorische Mitteilung der geistigen Äußerung gefolgt.
[825] AaO. 285f.
[826] AaO. 286.
[827] Vgl. ebd.

Religion genetisch entwickeln zu können. Diese Grundanschauung, erklärt Schleiermacher, ist

> [k]eine andere als die [...] von einer eigenen Reaction des Unendlichen gegen Jedes einzelne Endliche, das aus der Willkür hervorgeht, durch ein anderes Endliches, das nicht als aus der Willkür hervorgehend angesehen wird. So wird alles betrachtet [...] selbst nur innerhalb der menschlichen Seele wechselt immer eine Äußerung der Freiheit und Willkür und eine unmittelbare Einwirkung der Gottheit.[828]

Der beständige aber vereinzelte Wechsel von Aktion und Reaktion, der das Verhältnis von Gott und Mensch dabei kennzeichnet, wird von Schleiermacher auch als eine *dialogische* Struktur betrachtet.[829] Ihr gegenüber stellt er das Christentum. Dessen Grundanschauung nennt er *ausgereifter*, da sie nicht in vereinzelten Bewegungen, sondern in einer allgemeinen Bewegung auf die Einheit des Ganzen (die Gottheit) hin bestehe. Von dieser neuen Anschauung ausgehend könnten darum Verderben und Erlösung als dem Begriff der *göttlichen Vorsehung* unterstellte Strukturelemente eines allgemeinen Vermittlungsgeschehens[830] verstanden werden, das allem, was ihm zuwiderläuft, Schritt für Schritt wirkungsvoll entgegenarbeitet. Diese Darstellung dehnt den Gerichtsgedanken auf das gesamte Weltgeschehen aus und interpretiert dasselbe als Reaktion der Gottheit auf den *Willen* bzw. *das selbstsüchtige Streben*, „der individuellen Natur, die sich überall losreißt aus dem Zusammenhange mit dem Ganzen um etwas zu sein für sich".[831]

Damit ist der Individualisierungsprozess zuletzt als das Übel schlechthin identifiziert, das indessen zugleich (die vorangehenden Überlegungen vorausgesetzt) das Potenzial in sich trägt, sich selbst zu überwinden; und zwar paradoxer Weise gerade, indem sich der Wille zur Vereinzelung erfüllt. Das Wesen der Religion, wie es in der zweiten Rede hervorgetreten ist, ist so von Schleiermacher mit der Grundanschauung des Christentums identifiziert. Zugleich ist für den Redner damit (zumindest vorläufig[832]) der höchste (Bildungs-)Rang dieser Religion begründet. Dazu verweist er auf die sog. polemische Natur des Christentums. Mit ihr sieht Schleiermacher eine ständige kritische Reflexion des Ausdrucksverhaltens eingefordert und somit die Bildungsdynamik zusätzlich verstärkt.[833] Den Stifter des Christentums, den erhabenen „Urheber des Herrlichsten [...], was es bis jzt giebt in der Religion"[834], kann Schleiermacher seinen Lesern nun als einen in besonderer Weise herausragenden Mittler des Unendlichen vorstellen.

---

[828] AaO. 287.

[829] Was mE. durchaus interessant ist im Hinblick auf die Struktur des Dialogs, die wiederum in Schleiermachers Nacherzählung von der Urgeschichte auftritt und seine eigene Anstrengung, seine Adressaten zur Mitteilung anzumahnen. Die *Reden* selbst lassen sich als Anregung zu einem lebendigen Dialog zum Zweck der Bildung lesen.

[830] Der Begriff der Vermittlung kann auch als Erlösungsbegriff gelesen werden.

[831] AaO. 291f.

[832] Denn der Bildungsidee entsprechend, wie ich sie bis hierher herausgearbeitet habe, ist der Bildungsprozess als unendlicher Fortgang gedacht und kann also auch mit der Bildung der christlichen Religion nicht als abgeschlossen betrachtet werden. Das Ende dieser Religion liegt jedoch nach der hier vorgetragenen Einschätzung Schleiermachers noch in ferner Zukunft (vgl. aaO. 308).

[833] Vgl. aaO. 295f.

[834] AaO. 301.

Auch wenn der Redner damit das Christentum nicht nur gerechtfertigt, sondern noch dazu in jeder Weise seine Vorrangstellung gegenüber allen anderen Religionen vor seinen *Verächtern* betont hat, kommt er abschließend auf seinen Punkt zurück, die Herrschaft einer einzigen Idee könne im Hinblick auf das Bildungsanliegen zu keiner Zeit gewinnbringend sein. Auch das Christentum als Individuum unter den Religionen ist mit Schleiermacher darum auf eine Bildungsgemeinschaft verwiesen. „[E]s [sc. das Christentum] will nicht nur in sich Mannigfaltigkeit bis ins Unendliche erzeugen, sondern diese auch außer sich anschauen."[835]

Zuletzt steht mithin wiederum die Bildung (der Religion) als allgemeines Anliegen, das im Einzelnen auf vielfältige Weise realisierbar ist, im Zentrum der Argumentation. So kann Schleiermacher nun auch den traditionellen Gottesbegriff als *eine* mögliche Darstellungsform des religiösen Bewusstseins aufgreifen. Von seiner „Wanderungen durch das ganze Gebiet der Menschheit"[836] kehrt der Redner auf diesem Weg zu der einzelnen Anschauung zurück, von der seine Darlegungen ihren Ausgang genommen haben. Von diesem *bestimmten Punkt* aus eröffnet Schleiermacher seinen Lesern zum Abschluss seiner letzten Reden den Ausblick auf den „Gott", „der in euch sein wird".[837]

5.2 Zwischenschritt

Auch in dieser Rede ist der Autor in seiner fortgesetzten Bemühung zu beobachten, den Bildungsvorgang als eine wechselwirksame Verschränkung des Individuellen und des Allgemeinen vor Augen zu stellen. So wird die Initiation des (religiösen) Bildungsprozesses in der kontextgebundenen Zeitlichkeit des Individuums verortet. Damit ist der Zeitpunkt einerseits von einem allgemeinen Standpunkt aus zu erschließen, andererseits bleibt der Beginn der Bildung selbst im Inneren des Individuums verborgen bzw. als Geheimnis *verschleiert*[838]. Zwar zeigt sich das Individuum in dem nachfolgenden Bildungsprogress um seine Selbstwahrnehmung und im Zuge dessen um eine Verständigung im wechselseitigen Austausch mit anderen Individuen bemüht. Doch gewinnt der Bildungsprozess seinen Antrieb aus dem Umstand, dass dabei immer noch etwas *unverständlich* bleibt. Und es ist eben dieser ein Punkt, um an meine Schlegelinterpretation im vorangehenden Untersuchungsabschnitt anzuknüpfen, „der im Dunkeln gelassen werden muß, dafür aber auch das Ganze trägt und hält".[839]

Im Blick auf Schleiermacher kann das bleibende Bewusstsein von der Dunkelheit des eigenen Anfangs im Prozess der Individuation als Differenzbewusstsein gelesen werden,

---

[835] AaO. 310 (Einfügung: AS).
[836] AaO. 98.
[837] AaO. 312. Im Ausblick auf Schleiermachers Glaubenslehre kann an dieser Stelle auch von einem Gottesbewusstsein gesprochen werden.
[838] Zur Wortwahl vgl. *ReKGA* I/2, 301. Diese Wortwahl Schleiermachers wird in Kombination mit dem Namen des Autors der *Reden* Gegenstand der spöttischen Polemik August Wilhelm Schlegels: „Der nackten Wahrheit Schleier machen ist kluger Theologen Amt, Und [sic] Schleiermacher sind bei so bewandten Sachen die Meister der Dogmatik insgesamt." (A. W. VON SCHLEGEL, Sämtliche Werke, Bd. 2 [1846], 233: Bedeutsamer Name).
[839] KA II, 370: ÜdU. Vgl. außerdem zur Interpretation dieses Schlegeltextes in dieser Untersuchung im Abschnitt II.4.4: 130ff.

das auch bzw. gerade in der Bildungs-Gemeinschaft seine Aktualität nie verliert. Die universale Perspektive, die der Autor der *Reden* im Hinblick auf das Phänomen der Religion zu entfalten und zu behaupten sucht, ist indessen von Schlegel, der in vielen anderen Punkten seine Begeisterung für die Schrift seines Freundes äußert, kritisiert worden. Er entdeckt gerade in ihr eine „Begrenzung des Geistes"[840]. Die „Harmonie des Ganzen" sei in dem, „was der Redner gibt und als Religion konstruiert", nicht zu finden.[841] Eine Größe, die eine Harmonie des Ganzen sein wolle, dürfe keine einzelne Kraft neben der Moral sein.[842]

Dass Schleiermacher sein *Prinzip der Individualisierung*[843] als universales Prinzip auch auf die Religion anwendet, wird ihm von Schlegel mithin zum Nachteil ausgelegt. Letzterer fürchtet darum, die Aussicht auf die Einheit des Allgemeinen mit dem Individuellen zu verlieren, die er seinerseits als *progressive Universalpoesie* verständlich zu machen sucht.[844] Dennoch war bereits zu beobachten, dass Schlegels Darstellung des Bildungsprozesses in ihren wesentlichen Punkten eine hohe Übereinstimmung mit Schleiermachers Ausführungen zeigt. Beide Autoren betonen die Notwendigkeit der Gemeinschaft (oder Geselligkeit) zur Bildung des Einzelnen. Der Prozess selbst ist Schlegel ebenso wie Schleiermacher ein unendlicher Vermittlungsprozess zwischen dem Allgemeinen und dem Individuellen, der *in der Zeit* allein vorläufige Erfolge zeitigt. Schlegel wählt in seinem *Studienaufsatz* zur Kennzeichnung dieser zurückgenommenen Erwartung den Begriff des *Proximums*.[845] Es bleibt, die Frage zu bearbeiten, wie dieses Proximum (mithin die Möglichkeit einer Einheit des Individuums mit dem Allgemeinen) mit Schlegel näher beschrieben werden kann. Dabei verbindet sich diese Frage bei Schlegel mit Überlegungen zu der Realität des Schönen, denen ich im Folgenden Abschnitt dieser Untersuchung nachgehe.

5.3 Die Flüchtige Einheit als Möglichkeit der Poesie

An dem Punkt, an dem es ihm um eine Aufstellung allgemeiner Prinzipien des Schönen (als dem Ziel der ästhetischen Bildung) geht, kommt Schlegel in seinem *Studienaufsatz* auf die Realität eines *Gegensatzes* zu sprechen. Das Schöne gilt ihm dabei zugleich als das Gute.[846]

Es entspricht, wie sich oben bereits abgezeichnet hat, Schlegels Verständnis von Harmonie, alle Elemente (Schleiermacher würde hier wohl von *Kräften des Geistes* reden)

---

[840] KA II, 276: AthN Über Schleiermachers Reden (1799).
[841] AaO. 278.
[842] Vgl. ebd.
[843] Vgl. *ReKGA* I/2, 241.
[844] Vgl. KA II, 182f: AthF Nr. 116: Fr. Schlegel.
[845] Vgl. KA I, 288: StdA.
[846] Es geht Schlegel dabei explizit um das sittlich Gute: Schon 1794 ist dazu in seiner Darstellung *Über die weiblichen Charaktere in den griechischen Dichtern* zu lesen: „Antigone handelt: sie will nur das reine Gute, und vollbringt es ohne Anstrengung [...]. Alle Kräfte sind in ihr vollendet und unter sich eins; ihr Charakter ist die Göttlichkeit; und wenn das Göttliche dem Menschen sichtbar wird, so erscheint das höchste Schöne" (KA I, 58). Die griechische Poesie wird von Schlegel schon in diesem Kontext als „die reine Kunst des Schönen" (aaO. 59) bezeichnet.

unter einem Prinzip zu vereinen. „Und doch", schreibt Schlegel, „sind das Schöne und das Häßliche unzertrennliche Korrelaten".[847]

Das Zitat markiert den Umstand, dass auch Schlegel die Möglichkeit der Differenz in seine Überlegungen einbezieht. Im Hinblick auf das Hässliche, erklärt der Autor, bestehe bislang eine Lücke in der „Philosophie des Geschmacks und der Kunst"[848], die es zu bearbeiten gelte.

> Wie das Schöne die angenehme Erscheinung des Guten, so ist das *Häßliche* die unangenehme Erscheinung des Schlechten. Wie das Schöne durch eine süße Lockung der Sinnlichkeit das Gemüt anregt, sich dem geistigen Genusse hinzugeben: so ist hier ein feindlicher Angriff auf die Sinnlichkeit Veranlassung und Element des sittlichen Schmerzes.[849]

Dieses Zitat bietet mE. eine Art vorläufige Definition des Hässlichen. Die Verbindung zwischen dem *Gebiet der Ästhetik* einerseits und dem *Gebiet der Sittlichkeit* andererseits, die Schlegel hier mit leichter Hand knüpft, ohne sein Vorgehen näher zu beleuchten, kann einmal mehr als Hinweis darauf betrachtet werden, dass diese Ausführungen in einem Kontext zu lesen sind, den Schlegel selbst nicht benennt. Kant hatte in seiner *Kritik der Urteilskraft* bereits 1970 seine Überlegungen zu dem Schönen als dem Symbol des Guten dargelegt.[850] Schiller seinerseits nimmt diesen Punkt auf, indem er die Fähigkeit zur ästhetischen Bildung als Grundlage sittlicher Freiheit bestimmt.[851] Anders als Kant aber wählt Schiller nicht den Begriff des Symbols, sondern den des schönen Scheins bzw. der Erscheinung, um die Differenz zwischen Idealität und Realität zu markieren. Dabei macht er die Annahme geltend, dass die Welt dem Menschen vermittelt durch die Reflexion seiner Erfahrung als Erscheinung zugänglich wird. Schillers Überlegungen gehen im Folgenden dahin, dass der Mensch, indem der Reflexionsprozess einsetzt, die sinnliche bzw. die materielle Welt in der Weise hinter sich lässt, indem er seine Fähigkeit nutzt, über das, was die Sinne ihm bieten, hinaus zu streben, um sich schließlich zum Ideal zu erheben. An diesem Punkt siedelt Schiller den Eintritt in eine Sphäre der Freiheit an.[852] Schlegel seinerseits nimmt im *Studienaufsatz* auf die Möglichkeit Bezug, durch schöne Kunst eine „freie[...] Leichtigkeit"[853] zu erzeugen. Dass er sich in diesem Kontext zudem dafür entscheidet, das Schöne (ebenso wie das Hässliche) ebenfalls mit dem Begriff der Erscheinung zu verbinden, kann im Anschluss an Eichner auf den Einfluss der Briefe Schillers *Über die ästhetische Erziehung des Menschen* auf die Entstehung des *Studienaufsatzes* zurückgeführt werden.[854] An diesem Punkt der Untersuchung will ich

---

[847] KA I, 311: StdA.
[848] AaO. 310.
[849] AaO. 311 (Hervorhebung im Original).
[850] Darin bestimmt Kant die Schönheit als Symbol der Sittlichkeit (vgl. AA V, 351ff: KdU, §59; vgl. dazu in dieser Untersuchung 192ff: Abschnitt III.2.1).
[851] Vgl. NA XX, 377ff: ÄE.
[852] Vgl. aaO. 396.
[853] KA I, 311: StdA.
[854] Vgl. KA II, XI; vgl. außerdem bei Schiller besonders: NA XX, 396: ÄE; vgl. dazu in dieser Untersuchung im Exkurs zu Schlegels Schiller-Rezeption 128ff: Abschnitt II.4.3.1. Der hier nur grob skizzierte Kontext, in dem Schlegels Darstellung eines ästhetischen Bildungsprozesses entsteht, wird im zweiten großen Abschnitt dieser Untersuchung näher in den Blick genommen: vgl. hier 167ff: Abschnitt III.1.

nun auf Schlegels Ausführungen zu der Realität des Schönen (bzw. des Guten) und des Hässlichen (bzw. des Schlechten) eingehen und damit die Realität einer Differenz im Hinblick auf den Prozess der Individuation zum Gegenstand der Überlegungen machen.

Sowohl das Schöne als die „Erscheinung des Guten" wie auch das Hässliche als die „Erscheinung des Schlechten" können insofern als *real* betrachtet werden, als beide mit Schlegel sinnliche Reaktionen hervorrufen. Im ersten Fall ist die Erscheinung den Sinnen angenehm, im zweiten unangenehm. Der Autor spricht im zweiten Fall von einem „sittlichen Schmerz[]". Der Begriff indiziert mE. den Umstand, dass Schlegel den Menschen als eine aus Sinnlichkeit und Geistigkeit „gemischte[] Natur" betrachtet. Auf beiden Ebenen löst das Hässliche, dem Autor zufolge, Reaktionen aus, die „innigst ineinander verschmolzen" sind. Auf der sinnlichen Ebene („in der Sphäre der Tierheit") erfährt der Mensch das „physische Übel[]", in der geistigen Sphäre „die negative Beschränkung des Geistes".[855] Schlegel nennt paradigmatisch eine „schwerfällige Peinlichkeit" ebenso wie eine „zerrüttende Wut". Das Selbstbewusstsein finde sich abgestoßen und zerrissen in widersprüchliche Anteilnahme.[856] Was der Autor hier mE. darzustellen sucht, ist die Erfahrung von Vereinzelung. In ihr erlebt das sich bildende Individuum im Hinblick auf die Entwicklung einer universalen Perspektive sein Scheitern, so es sich dabei nicht als Teil eines Ganzen wahrnehmen kann. Selbst die Bestandteile der hässlichen Darstellung stehen, schreibt Schlegel, zueinander in Widerstreit. So könne in einer solchen

nicht einmal wie im Schönen, durch eine gleichmäßige, wenngleich beschränkte Kraft der einzelnen Bestandteile, und durch vollkommene Gesetzmäßigkeit der vollständig vereinigten ein bedingtes Maximum [...] erreicht werden, sondern nur ein *subjektives*[857].

Die Ausführungen über die charakteristischen Merkmale des Hässlichen lassen an dieser Stelle nun in der Tat bereits Rückschlüsse über die Charakteristika des Schönen zu, auf die es Schlegel in seiner Darstellung ankommt. Das Hässliche widersteht dem Bedürfnis des Individuums, sich in ein Verhältnis zu dem Allgemeinen zu setzen. Das Schöne tritt als der Gegensatz hervor. Schlegel erklärt, die Erfahrung desselben trage und erhalte das „Gleichgewicht des Ganzen"[858]. Dem Autor steht mithin eine Einheit vor Augen, bei der die Vollkommenheit des „Einzelne[n] nicht auf Unkosten" der Vollkommenheit „des Ganzen" zur Darstellung kommen kann.[859] An anderer Stelle sucht Schlegel die Ordnung der Darstellung als ein Gleichmaß von Ruhe und Bewegung herauszuarbeiten. Diesen Gedanken nimmt er in der *Lucinde* als das Gleichmaß von Ruhe und Sehnsucht wieder auf, um einen sich bildenden Bewusstseinszustand zu kennzeichnen.[860] Weiter nennt Schlegel in seinem *Studienaufsatz* das „*Schöne* im *engern Sinne*" die „Erscheinung einer endlichen Mannigfaltigkeit in einer bedingten Einheit".

---

[855] KA I, 312: StdA.
[856] AaO. 311.
[857] AaO. 314 (Hervorhebung im Original).
[858] AaO. 301. Zur Darstellung dieses Ideals bezieht sich Schlegel hier auf die Werke des Sophokles (vgl. aaO. 300).
[859] AaO. 301.
[860] Vgl. aaO. 311; vgl. außerdem KA V, 78f: Luc.

Dies Schöne wird nur noch übertroffen durch das „*Erhabene*", in dem Schlegel die „Erscheinung des Unendlichen; unendlicher Fülle oder unendlicher Harmonie" betrachtet. Stehen Harmonie und Fülle dabei für die höchste, die „[e]rhabene Schönheit", besteht ihr „doppelte[r] Gegensatz", den Schlegel auf den Begriff des „häßlich Erhabene[n]" bringt, in Leere: einem „*unendlichen Mangel*" und „*unendliche[r] Disharmonie*".[861] Wenn Schlegel im Folgenden seine Verhältnisbestimmungen des Schönen (d. h. der „Erscheinung des Guten") und des Hässlichen (mithin der „Erscheinung des Schlechten") fortsetzt, notiert er: „[d]em absoluten Guten ist aber gar nichts Positives, kein absolutes Schlechtes entgegengesetzt, sondern nur eine bloße *Negation* der reinen Menschheit, der Allheit, Einheit und Vielheit"[862]. Das Schlechte kann mithin jenseits des Guten keine eigenständige Realität für sich behaupten. Es bleibt auch in seiner Darstellung auf das Gute verwiesen. Um auch nur „den Schein unendlicher Leerheit und unendlicher Disharmonie zu erregen", sieht Schlegel „das größte Maß von Fülle und Kraft" gefordert.[863] Die Erscheinung von Leere ist also eigentlich „nur ein leerer Schein im Element eines reellen physischen Übels, aber ohne moralische Realität".[864] Als solcher wird das Hässliche Schlegel zu einer (wenn auch in sich verkehrten) Darstellung harmonischer Einheit.

Im Hinblick auf die im Eingang dieses Abschnitts gestellte Frage nach der Realität der Differenz in Schlegels Darstellung von Individualität, bleibt in diesem Kontext festzuhalten, dass der Autor auch insofern inhaltlich an Schillers Arbeit anknüpft, als er zur Kennzeichnung des Schönen im *Studienaufsatz* stets den Begriff des Scheins bzw. der Erscheinung nutzt. So bleibt ein Unterschied zwischen Realität und Idealität des Bildungsziels markiert. Dieser Unterschied wird auch lesbar, wenn Schlegel auf die „beschränkte Kraft der einzelnen Bestandteile" einer schönen Darstellung verweist, um zu begründen, dass auf dem Gebiet ästhetischer Bildung allein ein „bedingtes Maximum" erreichbar sei.[865]

So bestätigt sich erneut, dass die Dynamik, die den Bildungsprozess vorantreibt, daraus erwachsen kann, dass sich das Individuum in einer Differenz zu seinem Bildungsziel findet, durch die es sich zu der Bildungsbewegung herausgefordert erfährt.

5.4 Zwischenschritt

In Schlegels späteren Arbeiten tritt der Begriff des Scheins hinter dem ‚schönen Bild' zurück, dass der Welt gegenübersteht. Im „wachen Schlummer" gewinne der Mensch den Zugang zu diesen Bildern: in dem Traum, in dem die Fantasie den Raum findet, um mit den „schönen Bildern einer schönen Welt" zu spielen.[866] Auf diesen höchst

---

[861] Vgl. aaO. 313 (Hervorhebung im Original).
[862] AaO. 311f (Hervorhebung im Original).
[863] AaO. 313.
[864] AaO. 311 (Hervorhebung im Original).
[865] AaO. 314.
[866] KA V, 81: Luc. Schleiermacher kann seinerseits auf ein „freie[][s] Gedankenspiel angeregt durch die Mittheilung des meinigen" Bezug nehmen (KGA I/2, 170: VThGB; vgl. dazu in dieser Untersuchung 100ff: Abschnitt II.3.5).

interessanten *Spielraum*, der sich im Verlauf dieser Untersuchung bereits mehrfach abgezeichnet hat, komme ich im Rahmen der kontextualisierenden Überlegungen zur Bedeutung der Ästhetik für die Darstellung von Individualität ausführlicher zurück.[867]

Hier soll zunächst festgehalten sein, dass Schlegel den unendlichen Bildungsprozess ebenso wie Schleiermacher unter das Vorzeichen einer unhintergehbaren Endlichkeit des Individuums stellt. Damit bleibt der Gedanke einer Differenz des in seiner Bildung begriffenen Individuums zu seinem Bildungsziel – benannt als vollendete Einheit, Harmonie oder als das höchste Schöne – auch im Blick auf Schlegel präsent. Dies erscheint mir umso bedeutsamer, als sich Schlegel einerseits gegenüber Schleiermacher dafür einsetzt, die Darstellung der Möglichkeit einer vollendeten Einheit zu stärken, während das gegenläufige Prinzip andererseits beständig sein Recht auch in Schlegels Darstellungen von Individualität behauptet. Ein Ringen um die Vermittlung zwischen dem Individuum und dem Allgemeinen wird damit auf sehr eigentümliche Weise sichtbar, ohne dass Schlegel einen Individuationsprozess auf die Weise offen zu legen sucht, wie Schleiermachers literarisches Ich, das sich in den Monologen ausspricht.

Es bleibt an dieser Stelle, die Analyse des fünften Monologs durchzuführen, um damit nicht zuletzt das Verhältnis der Reden zu den Monologen auch unter diesem Blickwinkel zu beleuchten.

Der vierte Monolog hatte mit einer Zustimmung zum Sterben geschlossen, mit der das Ich die Abhängigkeit seiner Bildung von der Möglichkeit, an einer lebendigen Bildungsgemeinschaft Anteil zu nehmen, bejaht hat. Der fünfte Monolog knüpft nun bereits mit seiner Überschrift *Jugend und Alter* an das Thema der Zeitlichkeit an.[868] Zugleich ist damit ein neuer Ton angeschlagen. Denn nun bearbeitet das monologisierende Ich in seiner Selbstbetrachtung die Frage, in welchem Verhältnis der körperliche Vorgang des Alterns zu dem Vorgang seiner Bildung steht.

5.5 Ewige Jugend? Zwischen Ideal und Realität

„Wie der Uhren Schlag mir die Stunden, der Sonne Lauf mir die Jahre zuzählt, so leb ich – ich weiß es – dem Tode entgegen."[869] Das Bewusstsein des eigenen Todes, das Schleiermacher hier sprechen lässt, weist wiederum einen konkreten Bezug zu dem biographischen Ich des Autors auf. So äußert er gegenüber seiner vertrauten Freundin Henriette Herz:

Ein großes Wort hat Friedrich[870] doch über mich gesagt in unserm Gespräch; ich weiß nicht recht woher es bei ihm gekommen ist, aber wahr ist es nach alle Seiten nehmlich [sic].: ‚ich müsse aus allen Kräften darauf arbeiten mich innerlich frisch und lebendig zu erhalten'. Niemand ist dem Verwelken und dem

---

[867] Vgl. dazu in dieser Untersuchung im Abschnitt III.2: 190ff.

[868] Dies Bewusstsein, das im Eingang des ersten Monologs bereits problematisiert worden ist, stellt als wiederkehrende Tonfolge einen Grundtenor der *Monologen* dar, indem Endlichkeit des Einzelnen und Unendlichkeit des Allgemeinen immer wieder einander gegenübergestellt werden. Wenn sie dabei auch, was die Zeitlichkeit in ihrer begrifflichen Ausführung angeht, in sich eigen klingen, kann doch nicht übersehen werden, dass die Thematik diejenige der *Reden* vielfältig variierend wiederholt.

[869] *MoKGA* I/3, 53.

[870] Aus dem Kontext geht hervor, dass hier Friedrich Schlegel gemeint ist.

Tode immerfort so nahe als ich. Ich kann das weder construiren noch demonstriren: aber es ist leider wahr [...].[871]

In diesem Zitat deutet sich dazu der Ausweg aus einem dieser Art einseitig geprägten Bewusstsein an, die Möglichkeit einer anhaltenden *inneren Frische*. Auf einen Ruf hin könne die Jugend auch noch im vorgerückten Alter zurückkehren. Das Ich des Monologs zeigt sich gewiss, von dieser Jugend „mit schüzenden Armen" umschlossen zu sein.[872] Was ist damit gemeint?

Die Feststellung bildet den Auftakt, mit dem das monologisierende Ich beginnt, „das Leben des Geistes, das freie, das ungemeßene"[873], mithin das Potential des *inneren Lebens* abermals darzustellen. Die Überlegungen, die dabei vorgetragen werden, bauen auf der Überzeugung auf, es sei mittels der Willenskraft möglich, Fantasie und Bewusstsein rege zu erhalten, auch wenn der Körper dem Verfall anheimgegeben ist.[874] Damit wird ein Dualismus von Körper und Geist erneut zum Ausgangspunkt der Argumentation. Bisher ist das Wechselverhältnis von Sinnlichkeit und Geist als entscheidender Aspekt im Bildungsprozess beschrieben worden. Noch im vierten Monolog hatte das sprechende Ich betont, es bedürfe stets des frischen Eindruckes von Geist und Leben der Freunde, damit die Bildungsgemeinschaft bestehen könne.[875] Auch in seinen Reden hebt Schleiermacher durchgängig hervor, dass die äußere (durch die Sinne wahrnehmbare) Darstellung der inneren Entwicklung notwendig ist, um eine fruchtbare Bildungsgemeinschaft zu gründen bzw. in ihrem Bestehen zu erhalten, in deren Wechselwirkung allein der Bildungsprozess lebendig bleibt. Stets sind es die äußeren Bilder, die das gebildete Bewusstsein auf das höhere Leben des Geistes beziehen kann.[876] In seiner Psychologie wird Schleiermacher zu der Aussage gelangen, dass die Einbildungskraft durch den sinnlichen Eindruck belebt wird.[877] Wenn das Ich im Monolog sich nun gewissermaßen gegen das notwendige Wechselverhältnis von Körper und Geist auflehnt, ist nach dem Grund für diese Bewegung zu fragen.

Als Problem, das hier Bearbeitung findet, wird die individuell geprägte Erfahrung lesbar, dass die Kraft der Sinne sich von äußeren Faktoren abhängig zeigt. Das sprechende Ich reagiert auf diese Erfahrung mit der Aussage, davon sei „das Leben des Geistes" nicht betroffen, denn darin liege nicht die „Jugend, deren Ewigkeit" es zu behaupten sucht.[878] Solange der Geist (das individuelle Selbstbewusstsein) nur lebendig bliebe, könne dieser auch durch den Anderen handeln.

---

[871] KGA V/3, 137 (Hervorhebung im Original): Friedrich Schleiermacher an Henriette Herz: Berlin, Montag, 01.07.1799.
[872] *Mo*KGA I/3, 53.
[873] Ebd.
[874] Vgl. aaO. 54.
[875] Vgl. MoKGA I/3, 50.
[876] Mit eben diesem Verweis setzt der erste Monolog ein: „Auch die äußere Welt mit ihren ewigsten Gesezen wie mit ihren flüchtigsten Erscheinungen, strahlt in tausend zarten erhabenen Allegorien, wie ein magischer Spiegel, das Höchste und Innerste unseres Wesens auf uns zurück" (aaO. 6).
[877] So unterstellt Schleiermacher dort die Funktion der Beobachtung bzw. das „Beobachtenwollen" im Besonderen der Fantasie (KGA II/13, 87: Gedanken und Vorlesung im Sommersemester 1818).
[878] *Mo*KGA I/3, 55.

Wozu denn haben andere neben mir beßeren Leib und schärfere Sinne? Werden sie mir nicht immer gewärtig sein zum liebreichen Dienst wie jezt? Daß ich trauern sollte über des Leibes Verfall wäre mein leztes![879]

Für den Leser entsteht das Bild der vollendet gebildeten Menschheit hier gleichsam als das *eines* Körpers, der handelt. Damit ist die Aussage Schleiermachers bezogen auf die Unabhängigkeit des Geistes vom Körper insofern relativiert, als dass das Handeln des Geistes weiterhin in die Abhängigkeit zu organischen Abläufen eingerückt ist, wenngleich dem Geist an dieser Stelle im Monolog deutlich die entscheidende Vorrangstellung gegenüber dem Körper zugemessen wird. Dabei wird der Leib des Anderen, zugespitzt formuliert, zum Ersatzleib bzw. zur Erweiterung des eigenen Leibes. Auf diese Weise wird nicht zuletzt die Relevanz der Bildungsgemeinschaft für das „Leben des Geistes" hier mit einer neuen Farbe unterstrichen, indem das Ich seine Überlegung, dass sich das Handeln des Einzelnen in seinem Gegenüber fortsetzt, dahin weiterführt, dass im Bildungsprozess das Handeln des Einen zugleich auch für das Handeln des Anderen gelten kann. Dies ist ein Gedanke, der bei näherer Betrachtung durchaus Ambivalenzen aufweist, wenn etwa aus ethischer Perspektive die Frage nach der Verantwortung gestellt wird. Das Ich des Monologs indessen verleiht, indem es die vollendet gebildete Einheit einzelner Individuen als eine Einheit von Geist und Leib darstellt, seiner Gewissheit Ausdruck, in dieser Einheit liege auch das Potential zu *ewiger Jugend*. Dass die beschriebene Geisteskraft dabei sogar unabhängig von einem kontinuierlichen Selbstbewusstsein des Individuums dargestellt wird, kann erstaunen. Nicht einmal das Vergessen dessen, „was gestern geschah", wird als Verlust gewertet.[880] Das Ich, das sich in diesem Text ausspricht, will sich offenbar nicht mehr an solche Einzelheiten gebunden betrachten.

Sind eines Tages kleine Begebenheiten meine Welt? oder die Vorstellungen des Einzelnen und Wirklichen aus dem engen Kreise, den des Körpers Gegenwart umfaßt, die ganze Sphäre meines innern Lebens?[881]

All diese Fragen werden im Monolog verneinend beantwortet. Was aber ist es, was die „Sphäre" des „innern Lebens" dem sprechenden Ich bietet und damit alles bisher Gesagte übertrifft? Genannt wird „das Bewußtsein der großen heiligen Gedanken, die aus sich selbst der Geist erzeugt"[882]. Damit sei die Möglichkeit zur *Anschauung der Menschheit*[883] gegeben.

Eine deutliche Parallele verweist mE. auf die in den *Reden* umschriebene Form eines universalen Bewusstseins, das in der Menschheit seinen endlichen Gegenstand der Anschauung findet. Das Ich des Monologs zeigt sich hier indessen weiter ganz mit der bestimmten Situation befasst, in der sich ein Mensch einerseits mit dem Nachlassen seiner körperlichen Kräfte konfrontiert sieht, während er andererseits in sich die

---

[879] Ebd.
[880] Ebd.
[881] Ebd.
[882] Ebd.
[883] AaO. 56: „Brauch ich um anzuschaun die Menschheit das Auge [...]?" Bereits in der zweiten Rede nennt Schleiermacher die Menschheit als die Möglichkeit des Menschen, das Universum anzuschauen (vgl. *ReKGA* I/2, 89f).

anhaltende Fähigkeit zur Reflexion wahrnimmt. Auch die Möglichkeit, Beziehungen der Liebe[884] (als allgemeine Voraussetzung zur Bildungsgemeinschaft) einzugehen, bzw. selbige aufrecht zu erhalten, bestehen in der Bildungssituation, die den Lesern des Monologs vor Augen gestellt wird, weiter. In dieser bestimmten Situation[885] nun, überlegt das Ich, reichen Wille und Mut aus,[886] um den Bildungsprozess fortsetzen zu können.

Bis hierher ging es allein um die *ewige Jugend* und um die mit dem körperlichen Alterungsprozess einhergehende physische Schwäche als Gegenstand der Verachtung. Wenn im Folgenden nun das Alter selbst unerwartet eine positive Wertung erfährt, ist bereits in der Anlage der Argumentation deutlich, dass Schleiermacher in seiner Ausführung dabei beileibe nicht den körperlichen Alterungsprozess vor Augen hat. Mit dem Schlechten, heißt es da, solle das Gute nicht verstoßen werden.[887] Damit bleibt zu klären, worin die Güter des Alters gegenüber den Gütern der Jugend liegen.

Jugend und Alter werden hier mit dem Wechsel der Jahreszeiten verglichen. Die Jugend verfügt über die reizende treibende Blüte, sie ist gewissermaßen der Frühling des menschlichen Bewusstseins, das Alter dagegen bietet gleich dem Herbst die nährenden Früchte: gereifte Weisheit und Erfahrung.[888] Das Ziel liegt dem sprechenden Ich zufolge darin, das eigene Bewusstsein in einem „schönere[n] Klima" anzusiedeln, „wo zugleich glänzt die Frucht und die Blüthe, und in einem schönen Wetteifer sich immer beide vereinigen".[889] Auffallend ist, dass die Wortwahl an dieser Stelle im Gegenüber zu den *Reden* eine geradezu Schlegelsche Färbung annimmt. Der Geist *darf* sich „zu einer höheren Schönheit und Vollendung erheben". *Schönheit* ersetzt dabei mE. den früher angeführten Vergleich eines gebildeten Bewusstseins mit einem Kunstwerk.[890] An diesem Punkt bringt das Ich überdies seine Überlegungen doch noch auf eine verallgemeinernde Darstellung.

Ein ander Gewächs ist Jeder; aber dies kann blühen und Früchte tragen immerdar. Was sich in Demselben vereinigen kann, das kann er auch alles neben einander haben und erhalten, kann es und soll es auch.[891]

So ist aus dem Potential im Zitat unversehens ein Imperativ erwachsen, der einen sittlichen Maßstab formuliert. Mit seinen nun folgenden Überlegungen nimmt das Ich die Einheit von Alter und Jugend näher in den Blick. Es brauche Zeit um Erfahrung und

---

[884] Vgl. aaO. 56. Vgl. dazu *Re*KGA I/2, 87f: Hier wird die Liebe ebenfalls als Bildungsvoraussetzung beschrieben.

[885] Weil die Situation mit derart konkreten Voraussetzungen gekennzeichnet ist, müssen mE. auch die Aussagen, die das sprechende Ich im Blick auf sie formuliert, in ihrer Reichweite relativiert werden.

[886] Vgl. *Mo*KGA I/3, 56. Die zentrale Stellung des Willens für Schleiermachers Darstellung der Selbstbildung ist bereits an früheren Stellen wiederholt deutlich geworden: vgl. etwa *Re*KGA I/2, 5; *Mo*KGA /3, 15 (hier wird auch die Bedeutung des Mutes neben dem Willen hervorgehoben), 42.

[887] Vgl. aaO. 56.

[888] Vgl. aaO. 57.

[889] Ebd.

[890] Ebd. Vgl. dazu *Re*KGA I/2, 173; *Mo*KGA I/3, 33. In der *Lucinde* kann Schlegel seinerseits die Bildung der Menschheit als das Werden einer Pflanze beschreiben (vgl. KA V, 27: Luc.) deren Vollendung in der gebildeten Schönheit der Blume liege (vgl. aaO. 23).

[891] *Mo*KGA I/3, 57.

Weisheit (die Güter des Alters) zu erwerben. Doch wird diese Zeit hier nicht mit dem Alterungsprozess gleichgesetzt. Erfahrung zu sammeln sei doch vielmehr „das Treiben der Jugend und das frische Leben des Geistes"[892]. Je kraftvoller dieses Treiben sich gestalte, desto schneller vollziehe sich letzthin die innere Reife.

Demgemäß ist es dem Individuum zwar nicht möglich, seine *Früchte* von seinem Bildungsbeginn an im vollen Umfang mit sich zu tragen. Jedoch betont das sprechende Ich an dieser Stelle nochmals die Möglichkeit, sich die beständig revitalisierende Antriebskraft der Bildung (die Jugend) zeitlebens zu bewahren. Erneut wird dabei auf den *Raum* verwiesen, den die Einbildungskraft bzw. die Fantasie dem Menschen im Prozess seiner Bildung eröffnet.[893] Mit der Einbildungskraft aber betrachtet Schleiermacher an dieser Stelle nicht allein eine Art Einfühlungsvermögen, das es dem Individuum ermöglicht, verschiedenste Perspektiven einzunehmen, die die eigene ergänzen kann – mithin die Möglichkeit, sich in „tausend Bildungen" hineinzudenken.[894] Mittels der Einbildungskraft ist es, erklärt das monologisierende Ich, auch möglich, das Ziel seiner Bildung in einer unerreichbaren Ferne in den Blick zu nehmen.

Das ist des Menschen Ruhm, zu wißen, das unendlich sein Ziel ist, und doch nie still zu stehen im Lauf; zu wißen daß eine Stelle kommt auf seinem Wege die ihn verschlingt, und doch an sich und um sich nichts zu verändern, wenn er sie sieht.[895]

Das Bewusstsein der Differenz zwischen dem Individuum und der Unendlichkeit seiner Bildungsaufgabe, das sich hier ausspricht, wird von einer ergänzenden Aussage begleitet: „Nie werde ich mich alt dünken, bis ich fertig bin; und nie werde ich fertig sein, weil ich weiß und will, was ich soll"[896], stellt das Ich für sich fest. Die Einheit von Jugend und Alter ist damit als etwas dargestellt, das gewissermaßen, indem es bewusst verfehlt, zugleich *negativ* erreicht wird. Es ist daran zu erinnern, dass auch Schlegel das Bildungsziel über vorläufige Formen zu erschließen sucht. Auf diese Strategie in der Darstellung werde ich in meinem kontextualisierenden Untersuchungsabschnitt zurückkommen.[897]

Im Monolog folgt nun eine wortreiche Illustration des vollendeten Zustandes. Stark tritt zuletzt das Bild des Baumes hervor, der zugleich Blüten und Früchte zu tragen vermag. Ein Seitenblick auf Schlegel und insbesondere auf seine *Lucinde*, deren Erscheinen in den direkten zeitlichen Kontext der Entstehung der Monologe fällt, zeigt eine im Eingang dieses Textes besonders auffallende Nähe zu Schleiermachers Metaphorik im fünften Monolog. Dazu steht auch im Eingang der *Lucinde* ein Monolog. Sprecher ist dort das literarische Ich des Protagonisten Julius, den der Lesende in der

---

[892] Ebd.
[893] Vgl. aaO. besonders 48; 50f. Schlegel kann dazu die Fantasie u. a. ehrfürchtig als „hohe[] Zauberin" bezeichnen: vgl. KA V, 20: Luc.
[894] Vgl. MoKGA I/19. In den Reden wird dieser sich unendlich vervielfältigende Perspektivwechsel zu einer Aussicht auf das Universum, das sich jedem Fassungsvermögen zuletzt entzieht.
[895] *Mo*KGA I/3, 58.
[896] Ebd.
[897] Vgl. in dieser Untersuchung 198ff: Abschnitt III.2.4.

skizzierten Szene träumend am Fenster stehend, in seine innere Betrachtung versunken, vorfindet.

Ich schaute und ich genoß alles zugleich, das kräftige Grün, die weiße Blüte und die goldne Frucht. […] Ich atmete Frühling, klar sah ich die ewige Jugend um mich […].[898]

Schleiermacher führt dieses Bild von der Einheit von Blüte und Frucht gewissermaßen weiter, indem er im Monolog eine neue Form der Sorge beschreibt, die es im Hinblick auf die eigene Entwicklung auszubilden gilt. Sie umfasst alle vereinzelten alltäglichen Absichten. „Was du der Welt bietest, sei Frucht" und zwar „wahre Frucht, aus der innern Liebe des Geistes erzeugt, als freie That". Diese Frucht wird als etwas betrachtet, „was nicht für dich selbst ist Wachsthum der Gestalt oder Bildung neuer Organe".[899] Das Individuum ist mithin nicht allein Blüte und Frucht treibendes Selbstbewusstsein. Indem es in die Bildungsgemeinschaft eintritt, wird es zum Gastgeber, der seine Frucht einerseits der Welt übergibt und der andererseits, an die Ausführungen zum Wechselverhältnis anknüpfend, dadurch an Wachstum gewinnt, indem er von dieser Welt Früchte empfängt.[900] Von diesem Punkt betrachtet, erscheinen auch die Monologe, die als Darbietung eingeführt sind, nochmals in einem neuen Licht.[901]

Das sprechende Ich erschließt zuletzt im Blick auf sein Bildungsleben eine neue Form der Sorge, die ihren Gegenstand allein in der Bildung des Inneren findet. Diese Sorge wird jetzt als freudige Entdeckung begrüßt. Befreit sei es, jubelt das Ich, nicht allein von dem *äußeren Gesetz,* das bis dahin den Zweck seines Tuns festgelegt habe, sondern auch von dem *äußeren Urteil,* über das Gelingen oder Scheitern dieses Tuns.

Laß dir nicht sagen, dies müße erst vollendet sein, dann jenes! Gehe weiter wenns dir gefällt mit leichtem Schritt: lebt doch Alles in dir und bleibt was du gehandelt hast, und findest es wieder wenn du zurück kommst. Laß dir nicht bange machen, was wohl daraus werden möchte […]. Wird immer Nichts als du: denn was du wollen kannst gehört auch in dich hinein.[902]

In diesem Punkt, der „der Welt nicht gehört, und nur mein eigenes Wesen ist", sei das Handeln „in schöner sorgloser Freude" zu betrachten.[903] Damit erfährt die Sorge, die bei der Untersuchung der Texte Schlegels und Schleiermachers bis hierher in verschiedener Weise in den Fokus getreten ist, schrittweise eine Umwertung. Zunächst wird ihre drückende Last in dem neuen Bildungsgegenstand als aufgehoben betrachtet. Im zweiten Schritt dann wird die Sorge an sich abgestreift.

5.6 Fünftes Zwischenergebnis

In dem Blick auf die vorangehende Untersuchung der fünf Reden und Monologe kann an dieser Stelle festgehalten werden, dass auch der fünfte Monolog keine strukturellen Merkmale aufweist, die sich eindeutig auf den Aufbau der fünften Rede beziehen ließen.

---

[898] KA V, 7: Luc.
[899] *Mo*KGA I/3, 59.
[900] Schleiermacher folgt dieser Einschätzung, indem er seine Monologe einleitend als Darbietung kennzeichnet.
[901] *Mo*KGA I/3, 5.
[902] *Mo*KGA I/3, 60.
[903] Ebd.

Allerdings können die Aussagen auch dieser beiden Texte produktiv zueinander in Beziehung gesetzt werden. Im Verlauf der Untersuchung hat sich überdies gezeigt, dass die einzelnen Textabschnitte der *Reden* und *Monologen* in ihren Aussagen immer wieder ineinandergreifen, indem auf beiden Seiten Themen wiederholt aufgenommen und dabei in unterschiedlicher Weise entfaltet werden. Wobei früher Gesagtes ergänzt oder in eine neue Perspektive eingerückt wird. Die Frage nach der Verhältnisbestimmung von der Unendlichkeit des Bildungsprozesses im Allgemeinen zu dem Werden des Individuums steht dabei durchgängig im besonderen Fokus. Schleiermacher und Schlegel verorten den Grund für die Notwendigkeit dieser Verhältnisbestimmung im menschlichen Individuum. Schlegel nimmt in diesem Zusammenhang indessen auf die Anlage des Menschen zur Poesie Bezug. Schleiermacher spricht stattdessen von einem Instinkt des Menschen für die Religion. Dieser fordere die Ausbildung eines individuellen religiösen Bewusstseins im Kontext der Gemeinschaft ein. Unter dieser Prämisse, die Schlegel insofern teilt, als auch er den Bildungsprozess des Individuums untrennbar mit der Bildungsgemeinschaft verflochten sieht, entwickelt Schleiermacher in seiner fünften Rede die Notwendigkeit vieler in sich bestimmter Religionen. Deren jeweilige Eigenheiten entwickeln sich aus dem (zeitlich) ersten Eindruck *des Universums* auf das Individuum, der fortan die Beziehung des individuellen Selbstbewusstseins zu dem Unendlichen bestimmt. Besonders im Blick auf die fünfte Rede konnte beobachtet werden, dass Schleiermacher und Schlegel mit einer sich stufenweise vollziehenden Vervollkommnung dieses Bildungsprozesses rechnen. Da sich das Ende dieser Stufenfolge der Einsicht der Wahrnehmung stets entzogen zeigt, kann Schleiermacher auch das Christentum allein als eine vorläufig höchste Stufe darstellen.

Im fünften Monolog betrachtet das Ich sich demgegenüber als werdendes Individuum in der Entwicklung seiner Beziehung zu der *Menschheit* – einer Größe, die bereits in den Reden als Anschauungsobjekt des Selbstbewusstseins eingeführt worden ist, das über sich hinaus auf die Unendlichkeit des Universums verweist.[904] Das Eigene, dessen sich das monologisierende Ich bewusst zeigt, das „der Welt nicht gehört, und nur mein eigenes Wesen ist"[905], markiert die aus den Reden bekannte festgefügte Differenz zwischen besagter Welt und dem Individuum, die auch im Bildungsprozess niemals vollständig überwunden werden kann. Wiederum ist es die Bildungsgemeinschaft, die das Ich im Monolog als den Ort benennt, an dem diese Differenz schrittweise Bearbeitung finden kann. Schleiermacher führt dabei zuletzt eine weder aus den vorangehenden Reden noch aus den Monologen vertraute Metapher ein, indem er diesen Einigungsprozess als werdende Einheit von Jugend und Alter beschreibt. Illustrierend entwirft das sprechende Ich vor den Augen des Lesenden das Bild des stetig wachsenden und dabei Blüte und Frucht zugleich treibenden Baumes. Der Prozess der eigenen Bildung ist damit buchstäblich als ein organischer Nährprozess dargestellt, in dem die

---

[904] Die in den Reden bereits als eine Art vorläufige Größe, die auf die Unendlichkeit des Universums verweist, eingeführt wird: ReKGA I/2, 89: „Die Menschheit selbst ist Euch eigentlich das Universum […]. Über diesen Gesichtspunkt will auch ich Euch nicht hinausführen".
[905] *Mo*KGA I/3, 60.

Blüte für die treibende Eigendynamik des Wachstums steht, die Frucht für den Überschussgehalt, der dabei ausgebildet wird. Vermittelt durch das Individuum, das diese sog. Frucht in seiner Reflexionsarbeit hervorbringt, kann sie der Bildungsgemeinschaft in ihrer dargebotenen Form *zu Gute* kommen.[906]

Unter dem Leitbegriff der *ewigen Jugend*, den Schleiermacher mit seinem letzten Monolog ebenfalls einführt, werden aus Reden und Monologen bereits vertraute Prämissen neu beleuchtet. Als *Jugend* wird die sich stets selbst erneuernde Antriebskraft der Bildung, die Fantasie – bzw. die „Götterkraft [...], die allein den Geist ins freie stellt"[907] – in Verbindung mit dem aktiven Willen zur Selbstbildung und dem Mut zur Selbstanschauung erklärt.[908] Indem Schleiermacher sich mit diesem Begriff der Begriffsführung Schlegels deutlich annähert, lenkt er den Fokus auf eine besondere Parallele, die seine Darstellung der Bildung (zur Religion) mit Schlegels Ausführungen zur Bildung der Poesie bzw. zur ästhetischen Bildung verbindet.[909] Beide Autoren nehmen die Fantasie oder Einbildungskraft als entscheidenden Bildungsmotor wahr und heben sie als solche hervor. So kann Schlegel, wie ich oben gezeigt habe, die Fantasie als *das Kind der Seele* zeichnen.[910] Die Seele, die sich diesem Kind mütterlich zuzuwenden versteht, nennt er „die jugendliche Seele", die beständig dem „Liebling" dabei zusieht, wie er „mit den schönen Bildern der schönen Welt" spielt.[911] Auf eben diese Seelen-Kraft ist das bildungsfähige Individuum verwiesen, dem Schlegel in seiner Metapher die Jugend als *das immer spielende Kind* gewissermaßen beigesellt. Bereits früher ist dazu deutlich geworden, dass Schlegel ebenso wie auch Schleiermacher in dem kindlichen Alter den Zeitraum betrachtet, in dem die noch *unverbildeten* Anlagen zur Individualisierung bereit liegen.[912] Beiden Autoren geht es im Hinblick auf diesen Zeitraum darum, dass die Bildungskraft von dem Moment an, in dem sie das Bewusstsein zum ersten Mal in Bewegung setzt, weitestmöglich genutzt wird. Doch zeigen sie sich, wie sich nach der Untersuchung des fünften Monologs feststellen lässt, darüber hinaus an einem Zustand des Selbstbewusstseins interessiert, den man in Anlehnung an Schiller eine *künstliche Kindheit*[913] nennen könnte, da die spielende Anlage

---

[906] Vgl. aaO. 59.
[907] *Mo*KGA I/3, 48. Hier ist u. a. auch die Rede vom *inneren Spiel der Fantasie*.
[908] Vgl. aaO. 56; 15.
[909] Darauf verweist auch der Umstand, dass Schleiermachers literarisches Ich im fünften Monolog von einer „höhern Schönheit und Vollendung" (*Mo*KGA I/3, 57) spricht. Ich habe oben gezeigt, dass Schleiermacher den Begriff von der ewigen Jugend im Kontext seiner Lektüre der *Lucinde* aufnimmt (vgl. KA V, 7: Luc; und in dieser Untersuchung 156ff: Abschnitt II.5.5).
[910] Vgl. in dieser Untersuchung 123ff: Abschnitt II.4.3.
[911] KA V, 81: Luc.
[912] Vgl. *Re*KGA I/2, 163: Die „Heiligkeit des kindlichen Alters" gründet sich auf der wahrgenommenen vitalen Bildungskraft des Kindes im Allgemeinen. Das zeigt sich etwa auch aaO. 229: Hier wird die kindliche „Unbefangenheit" als Eigenschaft positiv betont, da sie den falschen Schein zu durchdringen versteht. Auf der anderen Seite ist in der *Lucinde* die Charakteristik der kleinen Wilhelmine zu finden, in der Schlegel insbesondere die Anlage des Kindes zur Bildung hervorhebt (vgl. KA V, 13ff: Luc).
[913] Künstlich ist hier gemeint im Sinne von *ästhetisch* (vgl. NA XX, 313: ÄE).

des Kindes gewissermaßen kultiviert wird.[914] Schlegel bezieht die Bildung, die sich zwischen *Blüte* und *Frucht* unendlich entwickelt, im besonderen Hinblick auf jenen Punkt, „der im Dunkeln gelassen werden muß, dafür aber auch das Ganze trägt und hält, und [der] diese Kraft in demselben Augenblick verlieren würde, wo man ihn in Verstand auflösen wollte".[915] Zwischen den Zeilen also, dort, wo etwas noch-nicht gesagt, nicht verstanden, nicht dargestellt werden kann, entsteht jener Spiel-Raum der Fantasie, der zugleich die Weiterentwicklung der Bildung ermöglicht. Als jenes Ganze aber, das hier im Spannungsfeld von Erreichbarkeit und Unerreichbarkeit eines unendlichen Ziels verortet wird, ist nicht allein die Bildungsbewegung als solche bezeichnet, sondern mit ihr auch das Individuum, das sie vollzieht. Das Selbstverständnis, das in diesem Feld entwickelt wird, indem das Ich seine innere Freiheit realisiert, ist also eines, das beständig *auf dem Spiel* steht. Schlegel stellt diesen gespannten Zustand des Selbstbewusstseins auch als Einheit von Ruhe und Sehnsucht dar.

Nur in der Sehnsucht finden wir Ruhe […]. Ja die Ruhe ist nur das, wenn unser Geist durch nichts gestört wird, sich zu sehnen und zu suchen, wo er nichts Höheres finden kann als die eigne Sehnsucht.[916]

Es ist das Motiv der Sehnsucht, das auch hier den Umstand unterstreicht, dass das Ziel der Bildung seine Anziehungskraft darin bewahrt, dass es für das Individuum stets unerreicht bleibt. Diese Differenz zwischen Endlichkeit und Unendlichkeit wird auch mit dem folgenden Schlegel-Zitat anerkannt.

Das bescheidene Gemüt erkennt, daß es auch seine wie aller Dinge natürlicher Bestimmung sei, zu blühen, zu reifen und zu welken. Aber es weiß, daß eines in ihm doch unvergänglich sei. Dieses ist die ewige Sehnsucht nach der ewigen Jugend, die immer da ist und entflieht.[917]

Der Dual von Jugend und Alter, den Schleiermacher hier zur Darstellung des Bildungsvorgangs nutzt, kann im Zitat zwar höchstens in seiner indirekten Präsenz betrachtet werden, da die Jugend hier an- und abwesend zugleich genannt wird. Die starke inhaltliche Nähe, in der sich beide Denker und Autoren in der Entwicklung ihrer Bildungsdarstellung bewegen, tritt mit der verwandten Terminologie von *Lucinde* und *Monologen* in diesem Punkt mE. indessen nochmals besonders deutlich vor Augen.

Den Kontext, in dem diese Texte entstanden sind, habe ich bisher bewusst ausgeblendet, um den Fokus ganz auf die Analyse der Texte, ihre inhaltliche und sprachliche Nähe ebenso wie auf ihre Differenzen legen zu können. Nun wende ich mich mit dem folgenden Untersuchungsabschnitt diesem Kontext explizit zu.

---

[914] Die Verbindung zu der Bildungsidee, die Schiller in seinen Briefen *Über die ästhetische Erziehung* vorträgt, hat sich in der Untersuchung in erster Linie über den Begriff des Spiels erschlossen, der in den Texten, denen das Hauptaugenmerk dieser Untersuchung gilt, vornehmlich von Schlegel produktiv zur Darstellung des bildungsfähigen Individuums angewendet wird (vgl. in dieser Untersuchung auch im Exkurs zu Schlegels Schiller-Rezeption im Abschnitt II.4.3.1: 128ff).
Das Spiel mit dem, was Schiller und - insbesondere im *Studienaufsatz* auch Schlegel - den schönen Schein oder schlicht den Schein nennen, ist das Spiel mit dem Idealbild bzw. *der Schönheit*. So kann Schlegel in seinem *Studienaufsatz* etwa betonen, „das Einzige unbedingte Ganze" sei allein „im Gebiete der Erscheinung" darstellbar (KA I, 296: StdA).

[915] KA II, 370 (Einfügung: AS): ÜdU.

[916] KA V, 78: Luc.

[917] AaO. 58.

III. WAHRNEHMUNG UND DARSTELLUNG IM KONTEXT IHRER ENTSTEHUNG

Bildung von Individualität in der Frühromantik

1. Epoche? Zur Verwendung eines Begriffs

Ich habe mich in dieser Untersuchung im Hinblick auf die Darstellung und Wahrnehmung von Individualität in der Frühromantik auf die Texte Friedrich Schleiermachers und Friedrich Schlegels konzentriert, die im Übergang vom 18. in das 19. Jh. entstanden sind. Damit habe ich die Untersuchung unter die Prämisse gestellt, dass Wahrnehmung und Darstellung von Individualität in diesem Zeitraum eine bis in die Gegenwart hinein einflussreiche Ausrichtung erfahren haben. Der Begriff der Epoche zur Abgrenzung dieses Zeitraums als Individuum unter anderen Zeiträumen, wurde dabei bis hierher unbefragt übernommen. Doch, um mit Schlegel zu sprechen: „Man kann nicht sagen, daß etwas ist, ohne zu sagen, was es ist."[918] So ist es mE. nun an der Zeit, in diesem Punkt die Frage zu stellen, inwiefern der Begriff der Epoche zur Darstellung eines Zeitraums im Allgemeinen und des umrissenen Zeitraums im Besonderen angemessen ist. Es geht mir dabei nicht allein darum, die Gefahr zu vermeiden, die Schlegel darin benennt, den Begriff der Epoche in einem Einerlei zu verlieren.[919] Es gilt vielmehr auch im Interesse des Vorhabens, zu klären, in welcher Hinsicht die Wahrnehmungen und Darstellungen von Individualität, die ich bei Schleiermacher und Schlegel im ersten Untersuchungsabschnitt herausgearbeitet habe, an den spezifischen Kontext ihrer Entstehung gebunden sind. Der Blick dieser Untersuchung richtet sich also auf die Genese von Individualitätsdarstellung(en) als Ergebnis ihrer Wahrnehmung. Daran anschließend stellt sich die Frage, ob bzw. inwiefern dieselbe für die Gegenwart wirksam geblieben ist bzw. sind.

Indem ich die Begriffe von Wahrnehmung und Darstellung anwende, ist bereits eine Zurückhaltung dieser Untersuchung in Bezug auf ein ontologisches Urteil über ihren Gegenstand indiziert, um die es mir sowohl in der Diskussion um die Frage nach Individualität als Hauptgegenstand dieser Untersuchung geht, wie auch im folgenden Diskurs um die Frage nach der *Epoche*.[920]

Der Epochenbegriff selbst ist „seit rund einem Jahrhundert Gegenstand intensiver literaturwissenschaftlicher Diskussion"[921]. Doch wenn ich im Anschluss an Karlheinz Stierle die Frage stelle, ob Epochen als noch etwas anderes betrachtet werden können

---

[918] KA II, 201f: AthF Nr. 226: Fr. Schlegel.
[919] Vgl. aaO. 202.
[920] Vgl. dazu in der Hinführung zu dieser Untersuchung 13ff: Abschnitt I.6.
[921] KINDT, Epoche machen!, in: Fulda/Kerschbaumer/Matuschek (Hgg.), Aufklärung und Romantik (2015), 11–22 11.

denn als „Anschauungsformen des geschichtlichen Sinns"[922], greife ich damit meiner Frage nach dem ursprünglichen Sinngehalt des Epochenbegriffs erneut vor. Um dieser Frage und damit zugleich der Leistungsfähigkeit der *Epoche* als Begriff auf die Spur zu kommen, bietet sich ein Blick auf seine Herkunft an.

Der Begriff ἐποχή (epochē) leitet sich ab von dem Verb ἐπέχειν (epéchein) und bezeichnet ein zielgeleitetes *Halten*. Die Bedeutung reicht vom *Daraufhalten* und *Anhalten* über die *Einstellung* (im mechanischen Sinne), die *Verzögerung* bis zum *Innehaben von Macht*. Das *Anhalten* kann zuletzt auch zum Ausdruck einer bewussten Ausübung von Herrschaft werden. Ebenso kann der Begriff das *Zurückhalten* bezeichnen und so auf eine Form des Verzichts verweisen. Günter Figal verweist in seinem RGG-Artikel[923] darauf, dass das Substantiv epochē zunächst in der Astrologie Verwendung fand, um einerseits die Stellung eines Himmelskörpers innerhalb seiner Bahn und andererseits die Konstellation, in der zwei Himmelskörper sich zueinander verhalten, zu bezeichnen. In zweiter Linie erst, führt Figal aus, wird der Begriff analog eingesetzt, um einen Punkt in der Zeit zu bezeichnen, von dem aus letztere berechnet werden kann. Die Entwicklung, die der Ausdruck in der Philosophie durchläuft, deckt sein schillerndes Potential auf. Denn die erste Bedeutungsebene der Haltung (die etwas oder jemand einnehmen kann) bleibt auch auf dieser zweiten Ebene gewissermaßen erhalten. *Epoche* bezeichnet zunächst in der Skepsis eine Zurückhaltung in der Frage der Urteilsfindung. Figal macht darauf aufmerksam, dass sich dieser Sinngehalt in der Stoa noch vertieft, indem der Begriff in diesem Zusammenhang auf die Vorläufigkeit aller Erkenntnis verweist[924]. In der neueren Philosophie dann nimmt Edmund Husserl den Ausdruck auf. *Epoché* wird dabei zum Charakteristikum des Phänomenologen[925] bzw. zu dem Charakteristikum seines Vorhabens, den Zugang zur Wirklichkeit über das zu erschließen, was er als „'reine Erlebnisse'" oder „'reines Bewusstsein'" bezeichnet.[926] Dieser Zugang wird nach Husserls Verständnis durch das sog. „'eingeklammerte Urteil'"[927] möglich. Der Begriff benennt eine Form der „*Urteilsenthaltung*"[928], die Husserl auch als „*transzendental-phänomenologische* ἐποχή"[929] betrachten kann. Darunter versteht er die im Urteilen selbst anerkannte Einschränkung in Bezug auf die Kenntnis „reale[r] Weltvorkommnisse"[930]. Grundlage dieser Möglichkeit ist Husserls Unterscheidung zwischen *dem Realen*

---

[922] STIERLE, Renaissance, in: Herzog/Koselleck (Hgg.), Epochenschwelle und Epochenbewusstsein (1987), 453–492, 453.
[923] Artikel: *Epoche*: Figal, in: RGG (2015) online.
[924] Vorausgesetzt ist dabei die Möglichkeit einer Differenzierung zwischen Inhalt und Akt des Urteils, die eine Enthaltung in Bezug auf das Urteil zulässt.
[925] Vgl. Artikel: *Epoche*: Figal, in: RGG (2015) online.
[926] HUSSERL, Husserliana, Bd. III: Erstes Buch: Allgemeine Einführung in die reine Phänomenologie ([1913] 1950), 70 (Hervorhebungen im Original): §33: Vordeutungen auf das *reine* oder *transzendentale Bewußtsein* als das phänomenologische Residuum.
[927] AaO. 66 (Hervorhebungen im Original): §31: Radikale Änderung der natürlichen Thesis. Die *Ausschaltung, Einklammerung*.
[928] Ebd (Hervorhebung im Original).
[929] AaO. 67: §32: Die transzendentalphänomenologische ἐποχή.
[930] AaO. 71 (Einfügung: AS): §33: Vordeutungen auf das *reine* oder *transzendentale Bewußtsein* als das phänomenologische Residuum.

(worunter er das *raum-zeitlich individuell Daseiende* versteht, das er auch als Tatsache benennen kann) und *dem Wesen* (nach Husserl die Form, in der die Tatsache als Angeschautes [*Eidos*] vorgefunden wird).[931] So ist etwa die Aussage möglich, dass eine Raupe als grünes Kriechtier in der Anschauung vorgefunden wird. Diese Form des Angeschauten ist Husserl zugleich das *Wesen* der *Tatsache*.[932] Indem er das reine Bewusstsein zu seinem Feld erklärt, kann er nach seiner Schlussfolgerung jedoch die Tatsachen, d. h. die Welt, in der sich das Bewusstsein vorfindet, einklammern bzw. ausklammern. Damit sei, erklärt der Autor, die Möglichkeit einer Urteilsenthaltung in der Frage, ob etwas (wirklich) ist, gewonnen.[933] Für seine Arbeit, in der es ihm ausschließlich um die Frage geht, wie die Tatsachen im reinen Erlebnis erscheinen, sieht er sich daher allein auf die Prämisse angewiesen,

> daß Bewußtsein in einer konsequenten inneren Erfahrung als in sich wesensmäßig zusammenhängend, ‹als› eine für sich offen-endlose und doch für sich abgeschlossene Seinssphäre zu erfassen ist […] [,] die [von der] […] phänomenologische[n] Ausschaltung nicht betroffen ist. […] Somit bleibt die reine Bewußtseinssphäre mit dem von ihr Unabtrennbaren […] als ‚phänomenologisches Residuum' zurück als eine prinzipiell eigenartige Seinsregion, die als das in der Tat das Feld einer Bewußtseinswissenschaft eines entsprechend neuen […] Sinnes werden kann – der Phänomenologie.[934]

So verbinden sich hier mE. die beiden Bedeutungslinien des Epochen-Begriffs (der Aspekt der Ordnungs-Haltung, der sich auf Raum und Zeit bezieht, und der Aspekt der Zurückhaltung in Bezug auf den Akt des Urteilens) in besonderer Weise. Denn die Aussagen über die Wirklichkeit sind, indem sie an das Erleben des Bewusstseins gebunden sind, während jede andere ontologische Voraussetzung eingeklammert wird, dem Raum-Zeit-Kontext unabdingbar verhaftet, in welchem dem Bewusstsein das Erlebnis widerfährt. So wird der Blick in der Frage nach der Wahrnehmung und den daraus folgenden Darstellungen von Individualität auf diesem Weg erneut auf den Kontext ihrer Entstehung zurückgelenkt. Zugleich ist das Anliegen dieser Untersuchung gestützt, Aussagen über das Individuum nicht an ein Urteil über die Frage, ob es Individualität in ihrem beschriebenen Sinne tatsächlich gibt, zu binden. Doch auch mit der Bezeichnung des Entstehungskontextes der Individualitäts-Darstellungen als Epoche, ist eine Aussage über die Wirklichkeit getroffen, die unter der beschriebenen Voraussetzung gleichfalls mit Zurückhaltung behandelt werden muss. Ehe ich auf diesen Punkt zurückkomme, gilt es jedoch zunächst, die Leistungsfähigkeit des Epochenbegriffs in Bezug auf das Untersuchungsinteresse weiter zu überprüfen. Indem ich damit beginne, die Romantik als einen besonderen Erlebnismoment darzustellen, tritt der punktuelle Aspekt des Epochenbegriffs erneut deutlich hervor, der zeiträumliche Aspekt dagegen zurück, während gerade letzterer sich eingangs nahegelegt hat.

Grimms Wörterbuch kann die ersten substantivischen Verbindungen von *Zeit* und *Abschnitt* gegen Ende des 18. Jh. nachweisen. Hier zeigt sich also bereits eine

---

[931] AaO. 12: §2: Tatsache. Untrennbarkeit von Tatsache und Wesen.
[932] Vgl. aaO. 12f.
[933] Vgl. aaO. Besonders 67ff: §32.
[934] AaO. 71f (Einfügungen: AS): §33.

Verschiebung in der Verwendung des Begriffs von einer punktuellen zu einer zeiträumlichen Bezeichnung.⁹³⁵ Blumenberg betont die Langfristigkeit dieses Wandels. Indem er sich den Aspekten der Epochenschwelle zuwendet und dabei an seine Betrachtung der sprachlichen Herkunft der *Epoche* anknüpft, stellt er fest, gehe man selbiger nach, zeige sich *Epoche* „eher geeignet, ein punktuelles Ereignis von herausgehobener Wichtigkeit zu bezeichnen als den durch dieses Ereignis etwa eingeleiteten und zu charakterisierenden Zeitabschnitt"⁹³⁶. Dabei kann er jedoch an der Verwendung des Epochenbegriffs bei Goethe den Bedeutungswandel ablesen, in dessen Verlauf an die Stelle von „Zeitpunkten Zeiträume […]treten"⁹³⁷. Blumenberg verknüpft seine Beobachtungen zu einer Feststellung.

Die Individualisierung historischer Zeiträume als komplexe Einheiten von Ereignissen und Wirkungen […] kehren in der modernen Geschichtsschreibung das genuine Verhältnis im Epochenbegriff um: das Ereignis wird zur geschichtlichen Größe durch den Zustand, den es herbeiführt und bestimmt.⁹³⁸

Man könnte also sagen, dass sich der Zeitpunkt, den die Epoche zunächst bezeichnet, gewissermaßen selbst zu einem Raum weitet. Blumenberg indessen findet die punktuelle Bedeutung des Epochenbegriffs in dem Interesse erhalten, Beginn und Ende einer Epoche zu markieren und damit das, was er auch als „Epochenwende"⁹³⁹ bezeichnet. Er erkennt in diesem Vorgang in erster Linie das langfristige Interesse an der Wahrung von Identität. Im Prozess der Geschichtsschreibung identifiziert Blumenberg den epochalen Entwurf, der den Umbruch zum Ausgangspunkt seiner Darstellung erklärt, als eine Neubegründung von Kontinuität.⁹⁴⁰ Indessen betont er eindringlich, wenn Epoche in diesem Sinne mehr sein solle als „ein heuristisches Prinzip"⁹⁴¹, mehr als „ein nominelles Erwehrungsmittel gegen die Ordnungslosigkeit"⁹⁴² von historischem Material, müsse sich zeigen lassen, dass mit dem Wendepunkt zugleich etwas eintritt, „was nicht wieder aus der Welt geschafft werden kann"⁹⁴³. Mit Koselleck lässt sich dieses Anliegen Blumenbergs aus der Perspektive des Historikers verstärken. Koselleck kommt zu dem Schluss, es bedürfe eines Minimums von „Vorher und Nachher", um eine „Sinneinheit" (als eine solche begreift er die Epoche) zu konstituieren.⁹⁴⁴

---

⁹³⁵ Vgl. Artikel: *Zeit, f.,* in: ¹DWb, Bd. 31 (1956), Sp. 521, Z. 66.
⁹³⁶ BLUMENBERG, Aspekte der Epochenschwelle (1976), 9.
⁹³⁷ AaO. 8.
⁹³⁸ AaO. 9.
⁹³⁹ Vgl. ebd.
⁹⁴⁰ Vgl. ebd.
⁹⁴¹ AaO. 15.
⁹⁴² AaO. 18. Der Literaturwissenschaftler Kindt dagegen betont den nominalistischen Aspekt des Epochenbegriffs, um seine Anwendung gegen den Vorwurf der Unangemessenheit zu verteidigen: „*Epochenkonzepte sind keine merkmalsdefinierten Begriffe, sondern merkmalscharakterisierte Namen. Es sind Namen,* weil es sich um Ausdrücke zur Bezugnahme auf Ganzheiten handelt" (KINDT, Epoche machen!, in: Fulda/Kerschbaumer/Matuschek [Hgg.], Aufklärung und Romantik [2015], 11–22, 14 [Hervorhebungen im Original]). Es kann hinsichtlich eines solch eingestandenen Nominalismus mE. mit Blumenberg die Frage gestellt werden, ob die „Beweislast" damit tatsächlich aufgelöst oder nur verschoben worden ist (Zitat siehe BLUMENBERG, Aspekte der Epochenschwellen [1976], 18).
⁹⁴³ BLUMENBERG, Aspekte der Epochenschwelle (1976), 19.
⁹⁴⁴ KOSELLECK, Vergangene Zukunft (1989), 145. Im erinnernden Blick auf Koselleck, der am 23.

Es zeigt sich hier ein Weg, das punktuelle Ereignis, das in besonderer Weise als prägend erlebt wird, mit dem ihm nachfolgenden Zeitraum, zu einem Verständnis der Epoche zu verbinden, indem ersteres als Initiator eines neuen Zeitraums begriffen wird. Was mit der Epoche betrachtet wird, ist damit also auch ihre Genese. Nicht zuletzt bedeutsam erscheint mir der Umstand, dass Blumenberg dieses zum Ende des 18. Jahrhunderts einsetzende Epochenverständnis als Individualisierungsprozess kennzeichnet. Die Epoche wird seiner Einschätzung folgend in dieser Zeit zu einem Individuum unter anderen, d. h. in diesem Fall, zu einer Zeit unter anderen Zeiten. Interessanterweise nutzt Blumenberg zu seiner Darstellung dieses Verständnisses ähnliche Motive wie Schleiermacher sie braucht, um seinen Lesern die Entstehung eines Individuums vor Augen zu stellen. Während letzterer, wie ich oben gezeigt habe, in seiner fünften Rede den Anfang des religiösen Bewusstseins in einem einzigartigen Offenbarungsmoment situiert, wird im zweiten Monolog die Initiation des werdenden Individualitätsbewusstseins an einen einzigen unwiederholbaren (Zeit-)Punkt geknüpft.

Die Parallele, die sich dem Blick an dieser Stelle öffnet, kann einerseits bereits als Verweis auf ein Charakteristikum der Epoche gelesen werden, um die es mir geht, das noch den Sinngehalt des Epochenbegriffs mitbestimmt. Andererseits verstärkt die genannte Parallele die Notwendigkeit, das *Vorher* und das *Nachher* zu bestimmen, das dazu berechtigen kann, die Romantik als *Individuum unter den Zeiten* zu betrachten. Aber auch die Romantik wird ihrerseits in Phasen unterteilt.[945] Darin zeigt sich das Phänomen, dass das erste Zeit-Individuum *Romantik* seinerseits in verschiedene weitere Zeit-Individuen (bzw. Phasen) zerfällt. So beginnt sich die Aufgabe, dem Zeitabschnitt den Ausweis zur Alleinstellung auszustellen, zu vervielfältigen. Es gibt indessen weitere Möglichkeiten, Zeit darzustellen. Zwei von ihnen sollen im Folgenden betrachtet und mit dem Epochenbegriff ins Gespräch gebracht werden.

April 2023 hundert Jahre alt geworden wäre, hat Christian Geyer-Hindemith am 25. April 2023 in der FAZ einen Artikel veröffentlicht. Hier nennt er Koselleck nicht nur anerkennend einen „Historische[n] Begriffsmagier". (vgl. GEYER-HINDEMITH, Koselleck und Mannheim. Quellenangabe bitte nicht immer erwarten, Frankfurter Allgemeine Zeitung, 25.04.23). Indem er sich auf die Arbeit Ulrike Jureit bezieht (vgl. DIES., Erinnern als Überschrift [2023]) legt er dar, dass Koselleck die Begriffe von Erfahrungsraum und Erwartungshorizont aus Arbeiten Karl Mannheims der zwanziger und dreißiger Jahre übernommen hat, ohne dies kenntlich zu machen. Geyer verweist hier explizit auf Mannheims Aufsatz *Eine soziologische Theorie der Kultur und ihrer Erkennbarkeit* (etwa 1922) und seine Schrift *Mensch und Gesellschaft im Zeitalter des Umbaus* (1935). Indessen nennt Geyer-Hindemith Kosellecks Schritt zur Übernahme dieser Begriffe „elegant". „Elegant deshalb, weil es nicht etwa verstohlen geschieht, sondern offensiv-programmatisch gegen den Methodenzwang, als eine bewusste Auslassung aus höherer Notwendigkeit" (GEYER-HINDEMITH, Koselleck und Mannheim [25.04.23]). Der Autor des FAZ-Artikels stützt seine Bemerkung auf Kosellecks Ankündigung, über Erfahrungsraum und Erwartungshorizont als historische Kategorien zu sprechen, ohne „die beiden Ausdrücke als Begriffe der Quellensprache" zu untersuchen (vgl. ebd. und dazu bei KOSELLECK, Vergangene Zukunft [1989], 350 [Zitat Koselleck siehe ebd.]; vgl. außerdem zu Mannheims Umgang mit dem Begriff Erfahrungsraum: MANNHEIM, Eine soziologische Theorie der Kultur und ihrer Erkennbarkeit, in: ders., Strukturen des Denkens [1980], 155–322, besonders 215f. Zum Begriff des Erfahrungshorizonts bei Mannheim vgl. DERS., Mensch und Gesellschaft im Zeitalter des Umbaus [1958], 212ff).

[945] Vgl. SCHANZE, Romantik-Handbuch (1994). Schanze rechnet dabei, was die Frühromantik angeht, mit dem Zeitraum von 1790–1801.

1.1 Eingang und Ausgang der Frühromantik?

Kurt Nowak, der die Schleiermacherforschung mit seinen Arbeiten bleibend geprägt hat, wählt einen Ansatz, der zunächst ohne den Begriff der Epoche bzw. der Epochenphase auskommt. Er betrachtet die Frühromantik als eine „Bewegung"[946], hervorgehend aus einer auf wenige Teilnehmer begrenzten „literarische[n] und philosophische[n]"[947] Gruppierung. Diese verortet er indessen in der Epoche der Romantik. Nowaks mE. schlüssige Argumentation für die Annahme eines fließenden Übergangs der „freien Geselligkeit"[948] des Freundeskreises zu der *romantischen Schule*[949] ermöglicht es ihm, dabei von der *frühromantischen Bewegung* zu sprechen, ehe diese die ersten *Früchte* trägt (d. h. bereits vor 1797).[950] Indem Nowak zunächst von einer *Bewegung* spricht, die er dann als *Schule* in ihrer Verstätigung zu betrachten sucht, nutzt der Autor seinerseits bildliche Begriffe, um die Verhältnisse, jener Menschen, denen sein Blick gilt, in ihrer Gruppierung zu beschreiben. Was die Bewegung angeht, rechnet Nowak mit einer Art Schwellen-Ereignis[951], das auf die gesamte Konstellation und ihre Arbeit nachhaltig Einfluss nimmt. Er verweist auf die Französische Revolution als „[d]as Grunderlebnis dieser um 1790 herangewachsenen Generation".[952]

Mit diesem Zitat wird mE. ein wesentlicher zusätzlicher Aspekt deutlich: die Revolution wird nicht von allen, die daran Anteil nehmen, auf die gleiche Weise erlebt. Goethe etwa teilt den Enthusiasmus nicht, mit dem die „um 1790 herangewachsene Generation", das als „Zeitenwende" empfundene Ereignis begrüßt, wobei sie sich auch durch die Guillotine und den Aufruhr in Paris nicht abschrecken lässt.[953] Dabei ist Goethe dem jungen Kreis der Frühromantiker um Schlegel im vertrauten Kontakt verbunden. Nowak spricht in diesem Zusammenhang auch von „Ungleichzeitigkeiten"[954]. Koselleck sieht das Phänomen, das aus „dem einen Zeitverlauf […] eine Dynamik mehrschichtiger Zeiten zur gleichen Zeit" entsteht, etwa in der Mitte

---

[946] NOWAK, Schleiermacher und die Frühromantik (1986), 44.
[947] AaO. 43.
[948] Um mit den Worten Schleiermachers zu sprechen. Vgl. KGA I/2, 165: VThGB.
[949] Nowak übernimmt diesen Begriff von Ernst Ribbat.
[950] Vgl. NOWAK, Schleiermacher und die Frühromantik (1986), 43.
[951] In Anlehnung an Blumenberg gesprochen.
[952] Vgl. NOWAK, Schleiermacher und die Frühromantik (1986), 44 (Zitat siehe ebd.). Der Generationsbegriffs dient Nowak allein dazu, das Alter der Frühromantiker (hier besonders in ihrer Beziehung zu der französischen Revolution) zu markieren. Sie sind *die jungen* im Gegenüber zu den Älteren, namentlich Goethe. Wenn der Generationsbegriff im Folgenden aufgenommen wird, so allein im beschriebenen Sinne.
[953] Ebd.
[954] AaO. 46. Im *Studienaufsatz* formuliert Schlegel auf das politische Vorbild verweisend die Aussicht auf die „*glückliche Katastrophe*" einer ästhetischen Revolution (vgl. KA I, 224 [Zitat ebd., Hervorhebungen im Original]: StdA). Nur wenige Jahre später im *Athenäum* hingegen klingt der Enthusiasmus bereits gebrochen (vgl. KA II, 247f: AthF. Nr. 424: Fr. Schlegel). Schlegel spricht hier von der „furchtbarste[n] Groteske des Zeitalters", freilich nur als von einer möglichen Betrachtungsweise (aaO. 248 [Einfügung: AS]). Schleiermacher kann noch 1799 dem „ruhigen gleichförmigen Gang des Ganzen" sein Vertrauen aussprechen, in dem auch zerstörerische Kräfte als notwendiges Übel ihren berechtigten Anteil beanspruchen (vgl. *Re*KGA I/2, 103).

des 18. Jahrhunderts einsetzen.[955] Er betrachtet das Leben der Generationen nach wie vor in einem „gemeinsamen Erfahrungsraum", doch sieht er zugleich eine zunehmende Brechung der Perspektiven eintreten, die an die jeweilige Generation ebenso gebunden ist wie an den jeweiligen sozialen Standpunkt.[956] Eine Brechung der Perspektiven lässt sich jedoch auch bereits innerhalb der Gruppierung beobachten, die ich im Anschluss an Nowak hier als *die Frühromantiker* bezeichne.

Während Friedrich Schlegel durchaus von „*meiner Schule*" sprechen kann, als deren „äußer[][e] Grenzen" er Goethe, Fichte, Novalis und Schleiermacher benennt, da er seinen eigenen Einfluss auf seinen Bruder, Wilhelm von Schütz[957] und Tieck begrenzt sieht,[958] lehnt Tieck seinerseits für sich jedes „Parteiwesen" ab. Er gibt an, auf Aufforderung nicht einmal „eine Definition des Romantischen" geben zu können.[959] Von dem „Kosmopolitismus" der Brüder Schlegel erklärt er sich nicht überzeugt, weshalb diese nicht sehr „einverstanden" mit ihm gewesen seien.[960] Schleiermacher seinerseits betrachtet Schlegel, Tieck und August Wilhelm Schlegel als „gänzlich verschieden in ihren Positionen und Principien (wenigstens in der Art wie sie dazu gekommen sind und wie sie sie selbst ansehen)". Er erkennt unter ihnen „keine Neigung […] offensiv eine Sekte zu bilden sondern höchstens defensiv". Was diese sog. „Sekte" also angeht, kommt er zu dem Schluss,

sie könnte unmöglich existiren wenn die Andren die sich die alte Schule zu bilden einbilden nicht offindirten. So scheint mir auch Goethe's Protection nur von dieser Seite erzwungen zu sein; und jene drei glauben eben so wenig an die Gleichheit seiner poetischen Principien mit den ihrigen als er daran glaubt […].[961]

Obgleich sich Nowak dieser Vielstimmigkeit durchaus bewusst ist, sucht er dennoch eine Einheit aufzuzeigen, indem er die Protagonisten der *Bewegung* der *Frühromantik* benennt und nach ihrer Relevanz ordnet. „Eine recht kleine Anzahl von Schriftstellern, Philosophen, Theologen und Naturwissenschaftlern" wird von ihm zu dem „festeren Kreis" der Frühromantiker gerechnet. Nowak zählt die Brüder Schlegel (Friedrich und August Wilhelm Schlegel), Friedrich von Hardenberg (Novalis), Ludwig Tieck, das Ehepaar Bernhardi, Schleiermacher, August Ludwig Hülsen und Wilhelm Heinrich Wackenroder dazu und rechnet überdies damit, dass Dorothea Veit und Caroline Böhmer (spätere August Wilhelm Schlegel und Schelling), die ihrerseits schriftstellerisch wirken, jeweils eine „bedeutende Rolle innerhalb dieser Gruppierung" spielen.[962] In der

---

[955] Vgl. KOSELLECK, Vergangene Zukunft (1989), 367.
[956] Ebd.
[957] Wilhelm von Schütz (Dramatiker und Literat der Romantik) kommt nach seinem Studium in Berlin in Kontakt zu dem Frühromantischen Kreis. Vgl. PAULIN, Autoren der mittleren Romantik, in: Stockinger/Scherer (Hgg.), Ludwig Tieck. Leben – Werk – Wirkung (2011), 84–94, besonders 91.
[958] KA XVI: 442 (Hervorhebung im Original; Einfügung: AS): Fragment Nr. 223.
[959] TIECK, Erinnerungen aus dem Leben des Dichters, 2. Theil (1855), 173: Sechstes Buch: Unterhaltungen mit Tieck (1849–1853).
[960] AaO. 172.
[961] KGA V/7, 121: Schleiermacher an Carl Gustav Brinckmann, 26.11.1803.
[962] NOWAK, Schleiermacher und die Frühromantik (1986), 43. Wackenroder verstirbt allerdings bereits 1798 (mit vierundzwanzig Jahren) in Berlin an Typhus.

Frage nach der Gruppenzugehörigkeit kommt es indessen zu leichten Bedeutungsverschiebungen, wird etwa Patschs Arbeit in den Blick genommen. Er betrachtet auch Johann Wilhelm Ritter und Friedrich Wilhelm Joseph Schelling als Angehörige des inneren Kreises. Johann Gottlieb Fichte benennt er als „Randsiedler".[963] Da Patsch den Begriff *Schule* auf eine soziologische Größe bezieht, hält er fest, zumindest in diesem Sinne werde man die Frühromantiker nicht als solche identifizieren können, zumal keine „wirtschaftliche und karrierefördernde Macht" hinter ihrer Gemeinschaft stand. „Bruder- und Freundschaftsbund", „Rezensionskartell" und „Briefgemeinschaft", sind Bezeichnungen, die Patsch alternativ vorschlägt.[964]

Im Anschluss an das oben angeführte Schleiermacherzitat legt sich dazu der Gedanke nahe, dass die Darstellung der Frühromantik als *eine* Bewegung, als Bund oder Gemeinschaft bereits die Gefahr birgt, die Idee der Einheit von außen an die Beteiligten heranzutragen. Im Zuge dessen wird dann eine Ordnung aufgerichtet, bei der die einen innen, die anderen außen, die einen in der Mitte und die anderen am Rand zu stehen kommen. Ein solches Vorgehen läuft mE. Gefahr, die Verschiedenheit der Beziehungen unter den Beteiligten und die sich aus diesem pluralen Beziehungsgewebe entwickelnden Gedankengänge, die ihrerseits Einfluss auf die literarische Produktivität der Beteiligten nehmen, aus dem Blick zu verlieren. So ist etwa Fichte als vertrauter Freund Schlegels an den Debatten der Frühromantiker um das Verständnis der Poesie beteiligt.[965] Schleiermacher seinerseits setzt sich in seiner Rezension (die im *Athenäum* erscheint) mit Fichtes Philosophie auseinander und beschreibt ihn als denjenigen, „welcher Philosophie und Leben mehr als billig einander entgegensetzt"[966]. Wird demgegenüber Schleiermachers eigener „Versuch den philosophischen Standpunkt […] ins Leben überzutragen und den Charakter darzustellen, der nach meiner Idee dieser Philosophie entspricht"[967], vor dem Hintergrund dieser Kritik in den Blick genommen, wird deutlich, dass Schleiermacher hier seine Position auch und gerade Fichte gegenüber entwickelt.[968] Fichte unter diesem Gesichtspunkt an den Rand der Frühromantik zu weisen, wäre damit mE. zu schlicht gedacht.

Der Begriff der Epoche führt in der Anwendung ähnliche Probleme herbei. Die Idee eines Zeitabschnitts, der eine eigenständige Einheit bildet, die sich mit der Einteilung in verschiedene Epochen gewissermaßen vervielfältigt, kann den Blick auf die Vielschichtigkeit der Erlebnis-Perspektiven in dem bezeichneten Zeitraum verdecken. So schließt sich an die Notwendigkeit, Eingang und Ausgang der Epoche als Zeit unter

---

[963] Vgl. KA XXV, XLIf (Zitat siehe XLI). In Jena kommt es unter anderem zu dem oben erwähnten freundschaftlichen Verkehr mit der „alte[n] göttliche[n] Excellenz, Goethe selbst" (KA XXV, 22 [Einfügungen: AS]: Dorothea Veit an Friedrich Schleiermacher in Berlin: Jena, 15.11.1799).
[964] KA XXV, LXXVIII.
[965] Vgl. KA XXV, 156ff: Johann Gottlieb Fichte an Friedrich Schlegel in Jena: Berlin 16.08.1800.
[966] KGA I/3, 236: Rezension zu Johann Gottlieb Fichtes *Die Bestimmung des Menschen* (1800).
[967] KGA V/3, 316: Schleiermacher an Carl Gustav Brinckmann: Berlin 23.12.1799–04.01.1800. Als „Versuch" sind hier die *Monologen* bezeichnet, die Schleiermacher dem Freund mit diesem Brief zukommen lässt.
[968] Seine Kritik an Fichte legt Schleiermacher im selben Brief der zitierten Äußerung vorangehend dar. Vgl. aaO. 313f.

den Zeiten zu markieren, um die Bezeichnung zu rechtfertigen, die Aufforderung an, die verdeckte Vielschichtigkeit aus der gewonnenen Einheit wieder herauszulösen.[969] Andererseits erschwert der Einheitsgedanke den Blick auf die fließende Genese der inner-epochalen Perspektiven, die über die Epoche hinausweisen – sowohl in die Vergangenheit als auch in die Zukunft. Diesen Schwierigkeiten würde eine Bezeichnung entgegenwirken, die mit offenen bzw. fließenden Grenzübergängen rechnen kann, wie Nowak sie zur Darstellung der Entwicklung der frühromantischen Bewegung vorschlägt.

Mit Koselleck habe ich bereits weiter oben, den Begriff des *Erfahrungsraums*[970] in die Diskussion eingeführt. Koselleck nutzt denselben explizit, um geschichtliche Zeit zu thematisieren. Diesem Vorschlag soll im nächsten Abschnitt nachgegangen werden mit dem Ziel, zu prüfen, ob der Begriff des *Erfahrungsraums* dem Anliegen dieser Untersuchung besser entsprechen kann als der Begriff der Epoche bzw. des Epochenabschnitts.

1.2 Ein „Erfahrungsraum"?

Erfahrung und *Erwartung* gelten Koselleck als diejenigen Kategorien, die geeignet sind „geschichtliche Zeit zu thematisieren"[971], denn nach seiner Einschätzung sind sie es, die „Geschichte und ihre Erkenntnis" konstituieren „indem sie den inneren Zusammenhang von Vergangenheit und Zukunft [...] aufweisen und herstellen".[972] Er betrachtet „Handlungseinheiten im Vollzug sozialer oder politischer Bewegung" durch Erfahrung und Erwartung geleitet, die dabei einen inhaltlichen Anreicherungsprozess vollziehen. Im Zuge dessen verändert die *wachsende* Erfahrung beständig die Erwartungshaltung des Menschen gegenüber der Zukunft und beeinflusst so seine Handlungsvollzüge. Unter dieser Prämisse bieten dem Autor die Kategorien von Erfahrung und Erwartung auch die Möglichkeit, „geschichtliche Zeit [...] im Bereich empirischer Forschung aufzuspüren".[973] In diesem Prozess der inhaltlichen Anreicherung durchdringen sich nach Koselleck die „je eigene Erfahrung" und die *fremde Erfahrung*, die über Generationen hinweg vermittelt wird.[974] Dadurch erwächst aus der Erfahrung, obgleich sie einerseits subjektgebunden ist, andererseits eine Art zwischenzeitliche intersubjektive Verbindung, die sich im Prozess ihrer Anreicherung verdichtet. Kosellecks Begründung für die Verknüpfung der Erfahrung mit einer Raum-Metapher, der er die Metapher des Horizonts gegenüberstellt, bezieht sich einerseits auf diese Beobachtung. Andererseits indiziert diese Gegenüberstellung, dass „die Präsenz der Vergangenheit eine andere ist

---

[969] So etwa geht mE. Kindt vor, indem er die Bezeichnung eines Zeitraums als Epoche als Nominalismus markiert, um ihre Bedeutung hinsichtlich der Bezeichnung einer geschlossenen Sinneinheit zu relativieren.
[970] Vgl. KOSELLECK, Vergangene Zukunft (1989), 349ff.
[971] Vgl. aaO. 353 (Zitate siehe ebd.).
[972] Ebd.
[973] Ebd.
[974] Vgl. aaO. 354.

als die Präsenz der Zukunft"[975]. Während die Erfahrung als eine Art Ganzheit gebündelter Zeitschichten zugänglich sei wie Gegenstände in einem Raum, werde die Zukunft allein in der Erwartung stets nur als eine unendliche Reihung entzogener Zeitpunkte präsent. Im letzten Fall markiert die Metapher des Horizonts also die absolute Entzogenheit der Zukunft.[976]

Die Kategorien von *Erfahrungsraum* und *Erwartungshorizont* nutzt Koselleck aber nicht allein, um Zeit zu thematisieren bzw. „aufzuspüren", sondern überdies, um die Veränderung der Zeiterfahrung darzustellen. Selbige geht seiner These nach einher mit einer Veränderung der Wahrnehmung im Verhältnis der beiden genannten *metahistorischen* Zeit*kategorien*. In diesem Punkt wird auch deutlich, dass der Autor selbst den Umstand im Blick hat, dass besagte Kategorien nur bedingt zur Anwendung kommen können. Gerade zum Ende des 18. Jh. sieht Koselleck „die Grenzen des Erfahrungsraumes" und den „Horizont der Erwartung" auseinandertreten.[977]

Wird die Frühromantik im Anschluss an Koselleck als Erfahrungsraum in seinem Verhältnis zum Erwartungshorizont in den Blick genommen, wird es indessen mE. einerseits möglich, sie als eine Sinneinheit zu begreifen, in der die vorliegende Untersuchung zur Wahrnehmung und Darstellung von Individualität verortet werden kann. Koselleck selbst betrachtet den Erfahrungsraum andererseits insofern zu keinem Zeitpunkt als abgeschlossen, da er mit der beständigen Verschiebung bezüglich des Erwartungs-horizonts auch einen steten Wandel des Erfahrungsraumes verschränkt sieht. Diese Offenheit der Sinneinheit kann im Interesse dieser Untersuchung mE. betont werden, indem die Leistungsfähigkeit der Raummetapher einem genaueren Blick unterzogen wird. Zwar behalten die Metaphern von Eingang und Ausgang (bzw. von Vorher und Nachher) gerade in ihrer Beziehung zum Raum ihre Relevanz, sie sind allerdings nicht an die Vorstellung von verschlossenen Türen gebunden, sondern lassen die Vorstellung eines fluiden Wechsels ihrer *Bewohner* zwischen den Räumen ebenso zu wie die Einnahme verschiedener Positionen und Perspektiven im Raum. Die Konstellationen, mit denen die Menschen in einem Erfahrungsraum ins Verhältnis zueinander treten, können sich also stetig verändern. Ebenso lässt sich der Grundriss eines Raumes zumindest bedingt (je nachdem an welche Art von Raum gedacht wird) verändern.

Koselleck hat dabei nicht allein eine Zunahme in der Brechung der Perspektiven, sondern auch eine sich verstärkende „Dynamik mehrschichtiger Zeiten zur gleichen Zeit"[978] im Blick. Diese Beobachtung kann auf die verschiedenen Positionen bezogen

---

[975] AaO. 356. Diese Aussage ist in Bezug zu setzen zu Kosellecks grundlegender Unterscheidung der zeitgebundenen Seinsweisen von Erwartung und Erfahrung (vgl. aaO. 355). Bereits Hans-Georg Gadamer markiert die „innere Geschichtlichkeit der Erfahrung" und hebt auf diese Weise die unhintergehbare Verbindung von Zeit und Erfahrung hervor (vgl. DERS., Wahrheit und Methode [1960], 329).

[976] Vgl. KOSELLECK, Vergangene Zukunft (1989), 355.

[977] Vgl. aaO. 364. Diesen Umstand hat Eilert Herms jüngst wieder in den Fokus gerückt (vgl. DERS., *Theorie für die Praxis*. Aktuelle Antwort auf die Frage nach der *Einheit der Theologie in der Vielfalt ihrer Disziplinen*, Göttingen 2023, 18).

[978] Vgl. KOSELLECK, Vergangene Zukunft (1989), 367.

werden, die die Frühromantiker in ihrem gemeinsamen Erfahrungsraum einnehmen. Es wird aber auch deutlich, dass es nicht ergiebig sein kann, allein von einem Erfahrungsraum auszugehen und die Frühromantik als solchen zu bezeichnen. Zugleich ist nicht von der Hand zu weisen, dass die Frühromantik als Phänomen auf einen überschaubaren Kreis beschränkt bleibt, dessen Angehörige der Bildungselite entstammen. Es ist demnach zeitgleich mit verschiedenen anderen Erfahrungsräumen zu rechnen, wie es Kosellecks Beobachtung einer Entwicklung zur Mehrzeitigkeit und gebrochenen Perspektiven innerhalb der Gesellschaft, auf die ich oben eingegangen bin, bereits nahelegt. So kann dazu der Umstand berücksichtigt werden, dass die Voraussetzungen, die die Erwartung der Zukunft unter dem Eindruck der erlebten Ereignisse gestalten, in den unterschiedlichen gesellschaftlichen Schichten ebenso voneinander abweichen wie in den verschiedenen Generationen.

Ich schlage daher vor dem Hintergrund der angestellten Überlegungen vor, die Metapher vom Erfahrungsraum zu modifizieren und sie statt im Singular im Plural zu gebrauchen. Statt ein Erfahrungsraum, der sich im Prozess der Anreicherung beständig dehnt, rückt damit eine Vielzahl von gleichzeitigen Erfahrungsräumen in den Blick. Es entsteht das Bild eines im Bau befindlichen Hauses. Die darin bereits bestehenden Gebäudekomplexe repräsentieren die Vergangenheit, die in einer bestimmten Erwartungshaltung im Blick auf die Zukunft (den Horizont) *erbaut* sind. Die bestehenden Gebäudekomplexe bilden die Voraussetzungen, an die die Gegenwart – der gerade im Bau befindliche Gebäudetrakt – anknüpfen muss. Wird weiterhin der Umstand in die Überlegung einbezogen, dass die Brechung der Perspektiven in diesem Bauprozess zunehmen[979] und es im Zuge dessen zu dem Phänomen kommt, das ich oben als Mehrzeitigkeiten beschrieben habe, kann dies als eine Zunahme der Komplexität der Innenstruktur des entstehenden Gebäudekomplexes verdeutlicht werden. Indem darin nun immer weitere einzelne Räume abgeteilt werden, entsteht ein ineinander verschachteltes Innenleben, in dem nur noch bestimmte Räume der Allgemeinheit zugänglich sind. Ich wechsele im Folgenden also die Metapher, indem ich die Frühromantik als einen bestimmten Erfahrungsraum unter anderen Erfahrungsräumen betrachte. Dabei geht es mir in dieser Untersuchung gewissermaßen um die Bauphase, in der dieser *Raum* zwischen anderen Erfahrungsräumen entsteht. Die These lautet, dass die Frühromantik dabei durch ihre Protagonisten geformt wird, die durch ihren Erwartungshorizont ebenso bestimmt sind, wie durch den Bestand des Erfahrungsgebäudes. Dabei setze ich die Annahme voraus, dass es bereits im einzelnen Erfahrungsraum zu einer Brechung der Perspektiven kommt; dass sich also der Erwartungshorizont der Anwesenden im Raum zwar jeweils ähnlich, aber nie vollkommen gleich darstellt, da sie jeweils verschiedene Positionen *im Raum* einnehmen.

---

[979] Ich habe bereits hervorgehoben, dass auch Nowak auf die Notwendigkeit der Wahrnehmung der zunehmenden „Ungleichzeitigkeiten" verweist (vgl. NOWAK, Schleiermacher und die Frühromantik [1986], 46).

1.3 Raum unter Räumen: Erfahrungsdimensionen der Frühromantik

Nowak betont seinerseits die Notwendigkeit, die Entstehung der Frühromantik als *Raum* näher in den Blick zu nehmen. So lenkt er den Fokus darauf, dass sich die Erwartungen der sog. jungen Generation nicht allein auf die Erfahrung der Französischen Revolution gründen, sondern zudem in dem hinzutretenden „Erlebnis einer Krise der überkommenen Wertvorstellungen"[980] wurzeln. Diese Krise wird – anders als die Französische Revolution – auch in Preußen und Sachsen[981] eindrücklich erlebt. Sie entsteht innerhalb der Gesellschaft und betrifft die wirtschaftlich-sozialen Verhältnisse ebenso wie die gesellschaftlichen und die politischen Strukturen. In ihr findet sich auch die mit Koselleck beschriebene Brechung der Perspektiven in sozialer Hinsicht gegründet. Nowak wie Koselleck verweisen zur Erklärung dieser Entwicklung sowohl auf die Industrialisierung und das in der Folge gegenüber dem Adel politisch erstarkende Bürgertum als auch auf den Wandel der Infrastruktur im Zuge der mit der Verlagerung der Arbeitskraft in die Städte einsetzenden Landflucht. Es ist ein Wandel, der zugleich einen Wandel der städtischen Gesellschaftsstruktur hervorbringt.[982] Koselleck beschreibt die Erfahrung als eine sich ständig wiederholende Herausforderung. „[D]aß [...] Alt und Neu aufeinanderprallen [...], das war seit der Französischen Revolution zum Erlebnis des Alltags geworden"[983].

Ob diese Wahrnehmung tatsächlich alle Perspektiven dieser Zeit eint, deren Verschiedenheit Koselleck selbst betont, ist mE. doch zu bezweifeln. Zumindest aber wird diese Erfahrung bei Schleiermacher als einem Vertreter der jüngeren Generation deutlich lesbar, der sie als eine Form beständiger Unruhe „in diesen Zeiten algemeiner [sic.] Verwirrung und Umwälzung" beschreibt,

wo nichts unter allen menschlichen Dingen unerschüttert bleibt; wo jeder gerade das, was seinen Platz in der Welt bestimmt [...], in jedem Augenblick im Begriff sieht, nicht nur ihm zu entfliehen [...], sondern unterzugehen im allgemeinen Strudel [...].[984]

Bereits die skizzierte Entwicklung zeigt die sozialkulturelle Krise mit dem Ereignis der Revolution auf das engste verwoben. Man ist zugleich versucht, das Ereignis mit einer Entladung von langfristig aufgebautem Druck zu vergleichen. Schlegel spricht dunkel von den „gewaltsamsten Ahnungen"[985] des Zeitalters. Luhmann konstatiert in der Tat bereits für den Zeitraum von 1670–1750, den er „sozialkulturell als Epoche"[986] interpretiert, eine Veränderung. Er bezeichnet selbige als „funktionale Differenzierung der primären Teilsysteme"[987] innerhalb der Gesellschaft. Diese Veränderung, die er prozessual begreift, sieht Luhmann mit einer Negation von Selbstverständlichkeiten hinsichtlich der „Rollenstrukturen" der sich formierenden Gesellschaft verbunden. Die

---

[980] AaO. 45.
[981] Hier verortet Nowak primär die Bewegung der Frühromantik (vgl. aaO. 44).
[982] Vgl. ebd.
[983] KOSELLECK, Vergangene Zukunft (1989), 367.
[984] ReKGA I/2, 136f.
[985] KA II, 248: AthF. Nr. 424: Fr. Schlegel.
[986] LUHMANN, Gesellschaftsstruktur und Semantik, Bd.1 (1993), 162.
[987] Ebd.

Entwicklung wird von ihm auch als ein „Umbau zur Selbstreferenz" benannt.[988] In diesem Prozess erhalte „Ordnung selbst eine negatorische Identität. Das Negieren wird damit zur legitimen, aufbauenden, gegebenenfalls fehllaufenden und wieder zu negierenden Aktivität"[989]. Luhmann steigert die Darstellung dieser Aktivität bis zu der Rede von einem „Aktivitätsdruck". Dieser als wesentlicher Teil der neuen Identitätsform sei indirekt auch eine Begründung für Revolutionen im Allgemeinen. Er beobachtet sie dort „wo – und deshalb [sic.] weil –, die Politik diesem Aktivitätsdruck nicht nachkommt".[990]

Die Eindrücke, die die Frühromantik als Erfahrungsraum formen, sind damit umrissen. Zugleich ist die Vielfalt der Faktoren verdeutlicht, die in diesem äußeren formgebenden Prozess mitwirken und die Frühromantik dabei mit den sie umgebenen Erfahrungsräumen verbinden. Es gilt nun, die Konstellationen innerhalb der Frühromantik darzustellen. Das heißt in diesem Fall auch, die Bedeutung privater Begegnungen und Verhältnisse zu berücksichtigen, die den Erfahrungsraum ebenso mitgestalten wie die Gedankengänge, die sich in diesen Konstellationen entwickeln. Ich meine, es wäre angebracht, in diesen Zusammenhängen ebenso von einer Verschränkung zu sprechen wie im Hinblick auf das Verhältnis von Erfahrung und Erwartung.

Schleiermacher gewinnt in Berlin, wo er 1796 das Amt des reformierten Predigers an der Charité antritt, Anschluss an den sich in dieser Zeit formierenden frühromantischen Kreis: namentlich in dem Salon der Henriette Herz (mit der ihn bald eine enge Freundschaft verbindet) und über seine sich in dieser Zeit entwickelnde Freundschaft zu Schlegel, der sich ab 1797 ebenfalls in Berlin aufhält. „Sie sahen sich in der *Mittwochsgesellschaft* [...] Bei Herz begegneten sich dann beide öfters [...] und Brikmann [sic.] brachte beide näher zusammen."[991] Als wichtige Zentren der entstehenden frühromantischen Gruppierung können neben dem Salon der Henriette Herz die Salons von Rahel Levi und Dorothea Veit betrachtet werden.[992] In den Jahren seines zweiten Berlinaufenthalts 1797–1799 knüpft Schlegel neben der Freundschaft zu Schleiermacher u. a. enge Verbindungen zu Ludwig Tieck und dessen Schwester Sophie (spätere Bernhardi).[993] In diese Zeit fallen auch die ersten wichtigen Veröffentlichungen, die der Frühromantik zugerechnet werden. 1797 wird Schlegels Abhandlung *Über das Studium der Griechischen Poesie*, die bereits 1795 entstanden war, gedruckt. In der Zeitschrift *Lyceum der*

---

[988] AaO. 166.
[989] AaO. 222.
[990] Ebd.
[991] DILTHEY, Leben Schleiermachers, Bd. I (1870), 231 (Hervorhebung im Original). Vgl. auch: KA XXIV, 25: Friedrich Schlegel an Karl Gustav Brinckmann, Berlin, Oktober 1797.
[992] Nowak verweist auf die Bedeutung der Salons des jüdischen Berliner Bürgertums als antihierarchisch verfasste gesellig-kulturelle Zentren des 18. Jahrhunderts (vgl. NOWAK, Schleiermacher und die Frühromantik [1986], 106f.
[993] Vgl. aaO. 98ff; 106ff. (vgl. auch KS, 677ff): Schlegel hielt sich bereits 1796–1797 in Jena auf, wo sich sein Bruder und seine Schwägerin niedergelassen hatten.

schönen Künste von Johann Friedrich Reichhardt[994] erscheinen im selben Jahr Schlegels erste Sammlung von Aphorismen und seine Aufsätze zu Lessing und Georg Forster. Ein Jahr später beginnen die Brüder Schlegel das eigene Unternehmen der Zeitschrift *Athenäum*, geplant als „eine umfassende Präsentation von Kritik, Poesie und Philosophie"[995]. Die Brüder treten gemeinsam als Herausgeber und zunächst auch als alleinige Autoren auf. Schleiermacher wirkt dabei jedoch von Anfang an redaktionell mit. Nowak verweist zudem auf seinen Einfluss in inhaltlicher und konzeptioneller Hinsicht.[996] Nachdem die Zeitschrift für weitere Autoren geöffnet wird, steuert nicht nur Schleiermacher auf Drängen des Freundes einige Fragmente bei. Die Zeitschrift wird zum „Kulminationspunkt und Publikationszentrum"[997] des frühromantischen Erfahrungsraums, dessen schnelle Veränderung in der Rückschau als Charakteristikum erscheint. Mehr als hundert Jahre später beschreiben die Herausgeber der Zeitschrift *Die Kreatur* ihre Zusammenarbeit als die Eröffnung eines Gesprächs, in dem Differenzen ausdrücklich als Grundlage eines produktiven Diskurses anerkannt werden, als dessen Plattform das Format der Zeitschrift gewählt wird. Es spricht mE. einiges dafür, das *Athenäum* und insbesondere das Fragment-Projekt ebenfalls unter diesem Gesichtspunkt zu betrachten, den Daniel Weidner in einem Aufsatz hervorgehoben hat.[998]

Die Wohngemeinschaft der Freunde Schlegel und Schleiermacher ist nur von kurzer Dauer (1798–1799). Der Roman *Lucinde* (in dem Schlegel seine außereheliche Liebesbeziehung zu Dorothea Veit darstellt und damit gegen bestehende gesellschaftliche Konventionen seiner Zeit offen und provokant ins Feld zieht[999]) erscheint in demselben Jahr, in dem Schlegel nach Jena geht. Dorothea Veit folgt ihm. Hier wird es für beide erstmals möglich, als Paar zusammenzuleben. In einer Wohngemeinschaft mit dem Ehepaar Schlegel (August Wilhelm Schlegel, seiner Frau sowie deren Tochter aus erster Ehe, Auguste Böhmer) entsteht „ein kreatives Nest, in dem Werke, mehr aber noch Pläne und Versprechungen ausgebrütet und geboren werden"[1000]. Hier ist nach Patsch der Ort der sog. *Jenaer-Frühromantik*[1001] – ein Begriff mit dem innerhalb der Frühromantik eine räumliche Schwerpunktverlagerung von Berlin nach Jena markiert wird. Diese Verlagerung entwickelt sich entscheidend aus dem Umstand, dass die Brüder Schlegel in Jena zusammenziehen. Woran sich zeigt, welch starkes Gewicht bzw. welche Anziehungskraft der Beziehung der Brüder in der

---

[994] Eine Zusammenarbeit mit Reichhardt und Schlegel besteht bereits seit 1795 – in diesem Jahr arbeitet Schlegel bereits an dessen Journal *Deutschland* mit (vgl. KS, 677ff.).
[995] NOWAK, Schleiermacher und die Frühromantik (1986), 113.
[996] Vgl. ebd.
[997] KA XXV, XLI.
[998] Vgl. dazu WEIDNER, *Gruß aus den Exilen. Religiöses jenseits der Religion im Medium der Zeitschrift Die Kreatur*, in: Moxter/Smith (Hgg.), Theologie und Religionsphilosophie in der frühen Weimarer Republik (2023), 103–119. Zu Schlegels Konzeption der Fragmente vgl. in dieser Untersuchung im Abschnitt III.2.4: 198ff.
[999] Schleiermacher beschreibt in einem Brief an seinen Freund Brinckmann die entrüsteten Reaktionen auf die im Frühjahr erschienene *Lucinde*. Vgl. KGA V/3, 313ff (besonders 315): Schleiermacher an Carl Gustav Brinckmann, Berlin, 23.12.1799–04.01.1800.
[1000] KA XXV, XLII.
[1001] AaO. LI.

Konstellation der Frühromantiker zukommt. Schleiermacher, der aufgrund seiner Anstellung an Berlin gebunden bleibt (wie etwa auch das Ehepaar Bernhardi), nimmt in erster Linie durch Briefe an der Geselligkeit in Jena und den in ihr entstehenden literarischen Projekten teil. Tieck hingegen lässt sich ebenfalls in Jena nieder.

Die Zeit in Jena beginnt produktiv. Das *Gespräch über die Poesie* für das *Athenäum* entsteht. Schleiermacher verfasst seine *Reden über die Religion*, die über Schlegel in die Jenaer Hausgemeinschaft gelangen und im dortigen Kreis, zu dem als Gäste dieser Tage auch Goethe und Schelling zählen, intensiv diskutiert werden. Hardenberg nimmt von Weißenfels aus, wohin er sich das Buch befördern lässt, an dem geselligen Diskurs Anteil.[1002] Doch auch diese fruchtbare Gemeinschaft ist nur von kurzer Dauer. Die Briefe dieser Zeit verweisen auf den Anlass des Bruchs, der das gemeinsame Leben und Arbeiten in Jena dauerhaft verändert. In demselben Brief, in dem Dorothea Veit Anfang Oktober 1799 gegenüber Schleiermacher ihre glückliche Aufnahme in die Hausgemeinschaft schildert, gibt sie bereits eine Einschätzung zu der Beziehung von August Wilhelm Schlegel und seiner Frau Caroline, die auf die nachfolgende Entwicklung vorausweist „[S]ie leben mehr als liebende Freunde zusammen [...]. Mir sind aber die manchmal gar weit gehenden kleinen Zänkereyen ängstlich"[1003].

Die sich entwickelnde Dreiecksbeziehung zwischen Caroline Schlegel, Schelling und August Wilhelm Schlegel, der die Affäre seiner Frau duldet[1004], zeitigt zunehmend Spannungen, in erster Linie zwischen dem Paar Veit-Schlegel und Caroline Schlegel.[1005] Die Streitigkeiten zwischen August Wilhelm Schlegel und Schelling führen nach Dorothea Veits Bericht eine Einmischung des Bruders Friedrich herbei, der darauf dringt, Caroline müsse sich für einen der Männer entscheiden. Diese Parteinahme nimmt ihrerseits Caroline Schlegel übel. Das Ehepaar reist schließlich aus Jena ab, ebenso Schelling.[1006] Die Abreise macht den neuen Riss in der Konstellation der Frühromantiker zugleich abermals räumlich sichtbar. Dorothea beschreibt Schleiermacher ihre neue Wohnsituation, die sie mit ihrem Lebensgefährten Friedrich Schlegel teilt:

[1002] Vgl. ebd.

[1003] AaO. 14: Dorothea Veit an Friedrich Schleiermacher in Berlin, Jena, 11.10.1799.

[1004] August Wilhelm Schlegel umwirbt zeitgleich in Briefen Elisabeth Wilhelmine von Nuys (vgl. KA XXV, XLII). Ob dieses Werben seinem Bruder und Dorothea Veit ebenfalls bekannt war, ist fraglich, aus ihren Briefen geht es nicht hervor. Beide stehen in dieser Angelegenheit auf der Seite Wilhelm Schlegels. So schreibt Friedrich Schlegel im Februar 1800 an Schleiermacher: „Caroline ist schon seit wir hier sind, von meinem Bruder im Stillen getrennt, und mit einem anderen Freund verbunden. Ich habe mich dabey fast discreter betragen als billig, indessen habe ich doch bey einer neulichen Veranlaßung nöthig gefunden, Wilhelms Parthei zu nehmen und dadurch Carolinens Freundschaft sehr verscherzt. Das habe ich wohl vorausgesehen, ich will aber das mögliche thun und wagen, um Wilhelm frey [...] zu machen" (aaO. 65: Friedrich Schlegel an Friedrich Schleiermacher in Berlin, Jena, 14.02.1800).

[1005] Auch zwischen Friedrich Schlegel und seiner Schwägerin spitzt sich das Verhältnis zu. Dorothea Veit schildert wiederum dem Freund die Situation: „[E]r [sc. Friedrich Schlegel] fand Carolinens Weise, zwey Männer gegen ihre Absicht (denn sie zankten sich auf die unangenehmste Weise fast jeden Tag) zusammenzuhalten, und drang auf eine gänzliche Scheidung von einen [sic.] der beyden [...] und daher war sie freylich äußerst unzufrieden mit Friedrich" (KGA V/4, 40: Dorothea Veit an Schleiermacher, Jena, Donnerstag, 15.05.1800).

[1006] Vgl. KA XXV, LI. Vgl. auch: KGA V/4, 40: Dorothea Veit an Schleiermacher, Jena, 15.05.1800.

„[W]ir bewohnen jetzt allein das öde Haus, daß noch so voller Leben war wie ich herkam"[1007]. Patsch kommt zu dem Urteil: „Von diesem Augenblick an gab es, zumal im August das letzte Heft des *Athenäums* erschienen war, keine *Jenaer-Frühromantik* mehr."[1008] Das gemeinsame Hauswesen hatte nur etwa ein halbes Jahr Bestand gehabt. Doch die Beziehungen, die den Erfahrungsraum *Frühromantik* beleben, und ihre Produktivität setzen sich zunächst im Briefverkehr fort.

Zusätzliche Probleme treten indessen nach der Auflösung der Wohngemeinschaft hinzu. Schlegel und Veit sind bereits aus Berlin mit Schulden aufgebrochen. Das Verhältnis zwischen Ausgaben und Einnahmen bleibt stets unausgeglichen.[1009] Nach der Auflösung der Wohngemeinschaft muss der Haushalt überdies von beiden allein bestritten werden. Veit verdient in erster Linie als Übersetzerin Geld. Nachdem die letzte Ausgabe des *Athenäums* erschienen ist, fehlt auch diese sichere Einnahmequelle. Um sich ein regelmäßiges Einkommen zu verschaffen, fasst Schlegel im Sommer 1800 den Entschluss, eine Lehrtätigkeit als Dozent an der Universität Jena anzustreben.[1010] Im folgenden Wintersemester hält er nach der geforderten Probevorlesung zwei Vorlesungen: eine honorierte über *Transzendental-philosophie* und eine öffentliche (unbezahlte) über *Die Bestimmung des Gelehrten*.[1011] Doch das öffentliche Lesen ist Schlegels Sache offenbar nicht[1012] und auch finanziell stellt sich diese Arbeit für ihn, zumal er für die Doktorwürde noch zusätzlich Geld hatte ausgeben müssen,[1013] nach seinen Aussagen nicht lohnend dar.[1014] Es ist allerdings weder bekannt, wie hoch das Honorar tatsächlich war, das die ca. 60 Zuhörer der Transzendentalphilosophievorlesung Schlegel zu zahlen hatten, noch wann es bezahlt wurde.[1015] Schlegel hält jedenfalls nur ein Wintersemester Vorlesungen in Jena. Anfang April 1801 äußert er gegenüber dem Bruder lediglich noch vage: „Mit meinem Lesen im Sommer das ist noch sehr ungewiß. Ich muß um 20 Höherer mehr haben als den Winter, sonst verliere ich gar zu sehr in Rücksicht des Geldes und kann es nicht thun."[1016] An Schleiermacher schreibt er wenige Tage später erheblich drastischer: „Zu den dranschande-qaulfühllosviehischen Vorlesungen habe ich für den Sommer wenigstens keine Lust. Man kriegt es gar zu schlecht bezahlt und das

---

[1007] KA XXV, 147: Dorothea Veit an Friedrich Schleiermacher in Berlin, Jena, Montag, 28.07.1800.

[1008] Vgl. aaO. LIVf (Hervorhebungen im Original).

[1009] Vgl. aaO. LXX ff.

[1010] Vgl. aaO. LIII ff.

[1011] Vgl. aaO. LV.

[1012] Vgl. auch aaO. 194: Dorothea an August Wilhelm Schlegel in Braunschweig 28.10.1800: „Es wäre vielleicht zu wünschen er arbeitete seine Vorlesungen gleich ordentlich aus […]. Das kann er aber nicht; er improvisirt sie". Im November dann schreibt Friedrich Schlegel an Schleiermacher: „Mit dem öffentlichen Lesen ist es so so" (aaO. 198: Friedrich Schlegel an Schleiermacher 17.11.1800).

[1013] „Die Doctorwürde hat beynah an 50 R[einschthaler] gekostet" (aaO. 168: Dorothea Veit an August Wilhelm Schlegl in Bamberg: Jena, 25.08.1800).

[1014] Bereits im November 1800 schreibt Schlegel ernüchtert an den Bruder: „Ich habe ca. 60 Zuhörer und bekomme also doch die Arbeit so schlecht bezahlt wie alle bisherigen" (aaO. 197: Friedrich Schlegel an August Wilhelm Schlegel in Braunschweig: Jena 10.11.1800).

[1015] AaO. LXXV (Einfügung: AS).

[1016] AaO. 254: Friedrich Schlegel an August Wilhelm Schlegel in Berlin, Jena 06.04.1801.

einzeln und mit Noth."[1017] Es ist mE. bemerkenswert, wie Schlegel sich hier, indem er seine persönliche Neigung und nicht die Pflicht als seine handlungsleitende Maxime erklärt, (wenn auch nur im vertraulichen Rahmen eines Briefes an den Freund) auf provozierend beiläufige Weise gegen eine Pflichtethik abgrenzt, die die bestehenden gesellschaftlichen Konventionen prägt.[1018] Dies wirkt umso auffallender als die nachfolgende Begründung für den vorläufigen Abbruch der universitäreren Laufbahn der ersten Aussage gar nicht bedurft hätte. Die Hoffnung auf ein festes Einkommen hatte sich schlicht nicht erfüllt, während die finanziellen Probleme weiter bestehen. Sie tragen nach Einschätzung von Patsch mit dazu bei, dass das Paar ab dem Sommer 1800 ein sozial recht zurückgezogenes Leben führt, was Dorothea Veit in einem Brief an August Wilhelm Schlegel wie am Rande bemerkt: „Uebrigens leben wir entsetzlich eingezogen"[1019].

Unterdessen hat sich der frühromantische Kreis – insbesondere derer, die in Jena regelmäßig zusammengekommen waren – weiter verkleinert. Im März 1801 ist Hardenberg in Weißenfels gestorben. Schlegel wertet diesen Verlust als „vielleicht nie" ersetzbar für „das Innere unserer äußeren Existenz".[1020]

Das Paar Schlegel-Veit beginnt nun den Blick auf einen Neuanfang in Paris zu richten. Die Suche nach Geldgebern dafür wie für den Ausgleich der bestehenden Schulden verzögert den Aufbruch bis Ende Mai 1802.[1021] Patsch resümiert: „Die einer Flucht ähnelnde Abreise Friedrich Schlegels und Dorothea Veits nach Paris […] machte das Ende einer Konstellation sinnfällig, die längst auseinandergebrochen war."[1022] Der räumliche Bruch illustriert die Entwicklung, mit der die Menschen, die bisher in einem Erfahrungsraum verbunden waren, aufgrund ihrer Interessen und Arbeitsgebiete langfristig[1023] in unterschiedliche Richtungen streben, wobei sie die Frühromantik gewissermaßen hinter sich zurücklassen. Ihre engen persönlichen Beziehungen haben

---

[1017] AaO. 258: Friedrich Schlegle an Friedrich Schleiermacher in Berlin, Jena, 17.04.1801.

[1018] Implizit richtet sich diese Abgrenzung gegen Kant. Eine entsprechende ironische Bemerkung findet sich im *Athenäum*: „Die Pflicht ist Kants Eins und Alles. Aus Pflicht und Dankbarkeit behauptet er, müsse man die Alten verteidigen und schätzen; und nur aus Pflicht ist er selbst ein großer Mann geworden" (KA II, 166: AthF Nr. 10: Fr. Schlegel). Vgl. dazu KANT AA VII, 236: Anth. Bereits in seiner Grundlegung zur Metaphysik der Sitten hatte Kant Neigung und Pflicht in der Frage nach dem moralischen Wert einer Handlung einander gegenübergestellt (vgl. AA IV, 398: GrdMS).

[1019] KA XXV, 190: Friedrich Schlegl und Dorothea Veit an August Wilhelm Schlegel in Gotha, Jena 30. September 1800.

[1020] AaO. 259: Friedrich Schlegel an Friedrich Schleiermacher in Berlin: Jena, Freitag, 17. April 1801.

[1021] Vgl. aaO. LXXVff.

[1022] AaO. XLI.

[1023] Auch wenn der Auf-Bruch von Veit und Schlegel einen abrupten Abschluss der frühromantischen Beziehungen suggeriert, ist dem doch keineswegs so. Noch der Brief, den das Paar Schlegel-Veit unmittelbar vor seiner Abreise nach Paris an Schleiermacher richtet, besteht zu einem nicht unwesentlichen Teil aus Absprachen zu dem gemeinsamen Projekt der Platon-Übersetzung. Vgl. aaO. 363f: Friedrich Schlegel und Dorothea Veit an Friedrich Schleiermache in Berlin, Leipzig, 22.05.1802. Erst im Frühjahr 1803 legt Schlegel diese Arbeit in Gänze Schleiermacher in die Hand (vgl. KGA V/6, 362–365; besonders 363: Friedrich Schlegel an Schleiermacher: Paris, Donnerstag, 5. Mai 1803).

auch dazu geführt, dass sich in den Debatten um die gemeinsamen Arbeitsprojekte persönliche und sachliche Gründe immer wieder miteinander vermengt haben.[1024]

Damit ist der Erfahrungsraum *Frühromantik* zeitlich umrissen. Wenngleich in der näheren Betrachtung nicht zuletzt deutlich sichtbar geworden ist, dass die Ränder dieses *Raumes* unscharf sind. Über die zeitlichen Eckpunkte hinaus gilt es nun, die besonderen Perspektiven genauer in den Blick zu nehmen, welche die Protagonisten dieses *Raumes* in ihrem Denken bestimmen. Mit dem nächsten Schritt wende ich mich daher der Frühromantik als dem *Denkraum*[1025] zu, wie er sich in den Werken seiner Autoren zeigt. Ich wähle dabei diesen zweiten metaphorischen Begriff dabei bewusst nicht in Differenz, vielmehr im Anschluss an die Rede vom *Erfahrungsraum*, um auf diesem Weg eine erweiterte Untersuchungsebene in den Blick nehmen zu können. Wobei ich unter den Protagonisten des besagten *Raumes* nach wie vor Schlegel und Schleiermacher im Besonderen fokussiere. In Anknüpfung an die Überlegungen, die ich oben mit Koselleck in Bezug auf die Verschränkung von Erfahrungsraum und Erwartungshorizont angestellt habe,[1026] müsste sich der *Denkraum*, der sich aus dem Erfahrungsraum erschließt, wesentlichen durch eine Veränderung in der Erwartungshaltung auszeichnen.

1.4 Die Frühromantik als „Denkraum"

Der Literaturwissenschaftler Matthias Löwe schlägt vor, das Verhältnis von Epochen (namentlich Aufklärung und Romantik, bzw. explizit der Frühromantik) statt „nach dem Schema von Überwindung [...] [und] Überbietung" nach „dem Schema der Konkurrenz" zu betrachten.[1027] Dabei leitet ihn

> der Gedanke, dass Epochen sich nur überwinden, kritisieren und widersprechen können, wenn sie sich auf dieselbe Sache beziehen, also um die Lösung derselben Probleme miteinander konkurrieren[1028].

Löwe hält also einerseits an der Unterteilung der Zeit in Epochenabschnitte fest, bietet aber mE. andererseits einen interessanten Ansatz, Zeit, die in ihre entstehenden Erfahrungen und Erwartungen, wie die sich daraus entwickelnden Gedankengänge in einem genetischen Prozess zu betrachten. In der Bearbeitung der Frage, wie ein Problem eigentlich zu definieren sei, kommt Löwe dabei anhand eines Ausgrenzungsverfahren zu dem Schluss, dass

> Probleme [...] sich also von Ideen und Wissensbeständen dadurch [sc. unterscheiden], dass sie aus der Konkurrenz von Deutungssystemen und der damit korrespondierenden *Verunsicherung* hervor gehen können.[1029]

[1024] Vgl. etwa KA XXV, 295ff: Dorothea Veit und Friedrich Schlegel an Friedrich Schleiermacher in Berlin: Jena, 25.09.1801.

[1025] Diese Metapher habe ich bereits in der Hinführung zu dieser Untersuchung mit Henrich eingeführt, um sie nun an dieser Stelle wieder aufzugreifen. Henrich wendet sie an, um die Konstellation der Debattenteilnehmer, die er in den Blick nimmt, zu verorten (vgl. DERS., Konstellationen [1991], 20; vgl. dazu in dieser Untersuchung 16f: Abschnitt I.7 und hier besonders Anm. 88).

[1026] Vgl. KOSELLECK, Vergangene Zukunft (1989), 359.

[1027] LÖWE, Epochenbegriff und Problemgeschichte, in: Fulda/Kerschbaumer/Matuschek (Hgg.), Aufklärung und Romantik (2015), 45–68, 47 (Einfügung: AS).

[1028] AaO. 47 (Hervorhebung: AS).

[1029] AaO. 48 (Einfügung: AS).

Es ist dabei mE. bemerkenswert, dass Löwe an dieser Stelle in seiner Antwort auf die Frage nach dem Problembegriff, der doch dazu dienen soll, insbesondere die benannten Epochen im Interesse der Literaturwissenschaft als bestimmte Zeitabschnitt zu kennzeichnen, vage bleibt. Der Pragmatist John Dewey indessen, der dem Zeit-Erfahrungs- und Denkraum der Frühromantik auf den ersten Blick kaum mehr nahe zu stehen scheint, bemüht sich um eine Klärung gerade dieses Begriffs. Auf der Prämisse, dass sich eine verbindende Linie insbesondere im Hinblick auf die Bildungsidee von Dewey über William James zu Schleiermacher ziehen lässt, hat Heller die Überlegungen seiner Dissertation aufgebaut, in der er u. a. auch die *Reden* und *Monologen* Schleiermachers in den Blick nimmt.[1030] Der Bildungsprozess tritt dabei als die Bearbeitung der Frage nach der Begründung von Identität hervor,[1031] der ich in dieser Untersuchung unter dem Aspekt der Wahrnehmung und Darstellung von Individualität nachgehe. Die Art und Weise, mit der sich Dewey um eine Klärung des Problem-Verständnisses bemüht, verweist nun mE. insofern auf diese Verbindungslinie, als sich das Problem im Handlungsprozess bei Dewey als etwas zeigt, mit dem sich das bildsame Individuum als Subjekt der Handlung in Frage gestellt sieht.

Dewey versteht das Problem bereits als: „the partial transformation by inquiry of a problematic situation into a determinate situation"[1032]. Wie im Zitat ersichtlich, geht dem Problem als solches eine „Qualification of a situation as problematic"[1033] voraus. Zugleich deutet sich bereits an, welche Voraussetzung eine Situation wesenhaft als problematisch kennzeichnet. Sie wird von dem Handlungsakteuer als „indeterminate" (unbestimmt) wahrgenommen. „A variety of names serves to characterize indeterminate

---

[1030] Heller betrachtet Schleiermacher, James und Dewey unter der Prämisse, dass alle drei sich vor die Aufgabe gestellt sehen „das Selbstverständnis des Menschen als eines religiösen Wesens" neu zu begründen, ohne dabei die „autoritative[] Funktion der Kirche" voraussetzen zu können, als fruchtbare „Gesprächspartner, […] im Hinblick auf die Frage nach der Bildung des selbstbestimmten Lebens" (HELLER, Die Bildung des selbstbestimmten Lebens [2011], 11f). Bereits in seiner Einleitung spricht sich Heller dahingehend aus, „Pragmatismus und Religion im von James und Dewey intendierten Sinn als sich wechselseitig ergänzende und demzufolge explizit aufeinander zu beziehende Konzepte" (aaO. 16) im deutschsprachigen Raum ins Gespräch zu bringen. Die Brücke zu Schleiermacher und damit zu dem *Erfahrungs- und Denkraum*, auf den ich mich in meiner Untersuchung konzentriere, schlägt Heller dabei wesentlich über den Bildungsbegriff, den er auch für den amerikanischen Pragmatismus geltend zu machen sucht. Darüber hinaus treten die Positionen der von Heller als solche benannten Gesprächspartner indessen recht unvermittelt nebeneinander (vgl. etwa aaO. 237f). Indessen deutet sich etwa in Deweys Vorwort zu dem Band *Art as Experience* (1934) an, dass er über die Lektüre von William James zu Aussagen gelangt, die zu Schleiermachers Ausführungen hinsichtlich der religiösen Erfahrung als dem einheitsstiftendem Darstellungsantrieb deutliche Parallelen aufweisen. Zur Erarbeitung der Vorlesungsreihe, die die Grundlage für den benannten Band bildet, erklärt Dewey, habe er sich selbst hauptsächlich mit englischer, am wenigsten aber mit deutscher Literatur auseinandergesetzt (vgl. DEWEY, Art as Experience, vii). Es wäre mE. interessant, diesen sich in der Skizze andeutenden Verbindungen und ihrer Bedeutung weiter nachzugehen. Den Rahmen dafür kann diese Untersuchung indessen nicht bieten. Ich verdanke den Anschluss an diese Forschungslinie einem Gespräch mit Hartmut Rosenau, das ich in der Zeit der ersten Arbeitsschritte zu meiner Dissertation führen durfte.
[1031] Vgl. HELLER, Die Bildung des selbstbestimmten Lebens (2011), 453.
[1032] DEWEY, Logic (1938), 108.
[1033] Ebd.

situations. They are disturbed, troubled, ambiguous, confused, full of conflicting tendencies, obscure, etc."[1034]

In diesem Punkt findet sich mE. der Anschluss zu Löwes Problemverständnis als *Verunsicherung* des Subjekts. Seine entscheidende Tragweite entfaltet dieses Verständnis, wenn das Individuum in der grundsätzlichen Frage nach seiner Selbstwahrnehmung dabei im Blick ist. Die Benennung einer als unbestimmt und damit als unsicher empfundenen Situation als problematisch verweist bei Dewey indessen auch darauf, dass der Forschungsprozess bereits eingesetzt hat. Die unbestimmte Situation wird mithin erst durch ihre kognitive Wahrnehmung zum Problem. Forschungsprozess und Problem sind nach diesem Verständnis in eins gesetzt. Dabei versteht Dewey den Vorgang, den er als Forschung betrachtet, nicht als einen, der, wie man auf den ersten Blick meinen könnte, bestimmten Institutionen und ihren Vertretern vorbehalten wäre. Er bezieht sich damit vielmehr auf ein Alltagsphänomen

The existence of inquiries is not a matter of doubt. They enter into every area of life and into every aspect of every area. In everyday living, men examine […].[1035]

Mit Löwe lässt sich hier ergänzen: „Probleme [sind] keine freischwebenden Phänomene", sondern „Probleme hat jemand".[1036] Nämlich, wiederum in Anlehnung an Dewey gesprochen, derjenige, der damit befasst ist, die als unbestimmt wahrgenommene Situation in eine bestimmte umzuwandeln.[1037] Dazu betont Dewey im Rahmen seines Ansatzes den Umstand, dass das Problem bzw. die Forschung ein Alltagsphänomen ist, welches das Handeln ständig beeinflusst. *Forschung* ist im Anschluss an Dewey also schlechthin die Grundlage für die Handlungsfähigkeit des Individuums, das sich als Subjekt seiner Handlung begreift. Damit tritt deutlich die Verknüpfung der Handlungsfähigkeit mit dem Identitätsverständnis des einzelnen Menschen hervor. Letzteres hat Löwe primär als das *Problem* im Blick, das Aufklärung und Romantik miteinander verbindet. Ausgesprochen findet er dieses Problem in der Frage nach der Normbegründung angesichts konkurrierender Welt-Deutungssysteme. Löwe fokussiert dabei durchaus die „Identitätsfindung eines konkreten historischen Akteurs"[1038]. Die Beschäftigung mit Dewey schärft indessen mE. den Blick dafür, dass dieser Findungsprozess des Individuums nicht abstrakt bleiben kann, sondern konkret mit der Handlungskompetenz im Alltag verknüpft ist. Wobei sich Deweys Darstellung durchaus inhaltlich mit derjenigen Schleiermachers verknüpfen lässt.[1039] Dazu findet sich in der Beobachtung Hinsichtlich der Verunsicherung des individuellen Selbstverständnisses ein

---

[1034] AaO. 105.

[1035] AaO. 102.

[1036] LÖWE, Epochenbegriff und Problemgeschichte, in: Fulda/Kerschbaumer/Matuschek (Hgg.), Aufklärung und Romantik (2015), 45–68, 48.

[1037] Vgl. DEWEY, Logic (1938), 108.

[1038] Vgl. LÖWE, Epochenbegriff und Problemgeschichte, in: Fulda/Kerschbaumer/Matuschek (Hgg.), Aufklärung und Romantik (2015), 45–68, 48.

[1039] So habe ich in dieser Untersuchung bereits auf die Aussage verwiesen, die Schleiermacher in seinen Monologen trifft. Dort betont er, die Sitte solle „der innern Eigenthümlichkeit Gewand und Hülle sein" (*MoKGA* I/3, 38; vgl. dazu in dieser Untersuchung im Abschnitt II.3.5: 100ff).

Anknüpfungspunkt an die weiter oben mit Luhmann beschriebenen soziokulturellen Situation der Frühromantik, die mit einer Negation von Selbstverständlichkeit hinsichtlich der gesellschaftlichen „Rollenstrukturen" einhergeht. Der „Umbau zur Selbstreferenz"[1040] geht nach Luhmann mit einer Veränderung der Wahrnehmung einher, indem der Mensch sich nunmehr als sich selbst bildende Individualität begreift.[1041] Luhmanns Systemtheorie hat demnach auch Konsequenzen für die Anthropologie. Die Texte von Schleiermacher und Schlegel, die im ersten Teil dieser Untersuchung im Fokus gestanden haben, sind nach meiner Interpretation auf je eigene Weise auf die neue Form der menschlichen Selbstwahrnehmung, die Luhmann aufzeigt, bezogen. Dieser hebt den Umstand hervor, dass mit dem Selbstverständnis des Individuums aus der Geschichte eigener „Selbstfestlegungen"[1042] eine beständige Herausforderung des Subjektes verbunden ist. Es muss nun (s)eine Einheit selbst herstellen, während ihm zuvor durch „die strukturell vorbestimmte soziale Einordnung in eines der Teilsysteme der Gesellschaft […] das stabilste Teil der Persönlichkeit" verliehen worden ist.[1043]

Was aber heißt das für die Wahrnehmung und Darstellung von Individualität, etwa im Hinblick auf den nie ganz verstummten Universalienstreit: Lassen sich, insbesondere was die Darstellungen Schleiermachers und Schlegels angeht, nur noch Individuen erschließen, die ihre Eigenständigkeit aus sich selbst heraus entwickeln oder wird das Individuum vielmehr begriffen als eine Mischung oder Komposition aus dem Besonderen und dem Allgemeinen, aus *Form* und *Materie*?

In den Texten Schleiermachers habe ich im ersten Teil dieser Untersuchung bereits das wiederkehrende Motiv der Bildung als Vermittlung zwischen dem Allgemeinen und dem Besonderen hervorgehoben. Schleiermacher betrachtet den einzelnen Menschen als „Compendium der Menschheit". Jede „Persönlichkeit umfaßt" [1044] also „in einem gewißen Sinne die ganze menschliche Natur"[1045] in einer besonderen „Combination"[1046] und ist als solche „Offenbarung des Universums"[1047]. Seine besondere Einzigkeit ist dem Einzelnen mithin als Anlage gegeben, so dass er „nichts anderes sein kann als was er sein muß"[1048]. Allein sich dieser Anlage und seiner damit verbundenen Stellung im Universum immer deutlicher bewusst zu werden – „[i]mmer mehr zu werden was ich bin"[1049] – darin besteht die unendliche Aufgabe mit dem Ziel, dass der Mensch auf diese Weise

---

[1040] LUHMANN, Gesellschaftsstruktur und Semantik, Bd. I (1993), 166.
[1041] Vgl. aaO. 218. Besonders anschaulich zeigt Schleiermacher dieses Selbstverständnis im zweiten Monolog, in dem er explizit auf die Geschichte seines Werdens als Individuum zurückblickt. Aber auch die erste der *Reden* bietet einen solchen *Rückblick* auf das Werden ihres Autors (Vgl. ReKGA I/2, 15ff), ebenso blickt der Leser in Schlegels *Lucinde*, auf das Werden des Protagonisten (vgl. KA V, 35ff: Luc).
[1042] AaO. 219.
[1043] Ebd. Luhmann verbindet „die Umformung der Person-Semantik" mit diesem prozessualen Wandel (vgl. LUHMANN, Gesellschaftsstruktur und Semantik, Bd. I [1993], 218).
[1044] *Re*KGA I/2, 99.
[1045] Ebd.
[1046] AaO. 93.
[1047] Ebd.
[1048] AaO. 8.
[1049] *Mo*KGA I/3, 42.

Darstellung der Menschheit im Einzelnen und damit Teil des unendlichen Bildungsprozesses der Menschheit wird.

Wenn Fichte mit seinem Freund Schlegel im Briefverkehr den Begriff der Poesie diskutiert (und damit über die Anlage zur Poesie, die Schlegel nach meiner Interpretation Schleiermachers Religionsbegriff gegenüberstellt), ist das Thema erneut angeschlagen. Fichte würdigt Schlegels „System über Poesie", welches er glaubt, nun „durch die beiden lezten Stüke des Athenäums ganz zu verstehen". Jedoch gibt er zu, „es nur für vorläufig, und bloß auf die Zeit passend" zu halten. Fichte wendet ein: zwar sei etwas am „Stoffe der Poesie [...] allerdings individuell", „aber was die Hauptsache an ihr ist, ihre Form" sei „durchaus allgemein" und so wie es „nur Eine Vernunft giebt, giebt es auch nur Eine wahre Poesie".[1050]

Fichte zeigt sich hier als Vertreter eines Universalien-Realismus, der in Schlegel eine Gegenposition zu erkennen meint. Dabei bezieht sich Fichte auf das *Gespräch über die Poesie*[1051], in dem Schlegel die Poesie mehrfach als etwas bezeichnet, das jeder als etwas Eigenes in sich trägt.[1052] Indessen finden sich gerade im *Gespräch über die Poesie* Aussagen, die deutlich auf eine Verschränkung des Individuellen und des Allgemeinen in Schlegels Poesie-Verständnis hinweisen.

Da nun aber die Poesie, eben weil es die [...] [des einzelnen Menschen] ist, beschränkt sein muß, *so kann auch seine Ansicht der Poesie nicht anders als beschränkt sein*. Dieses kann der Geist nicht ertragen, ohne Zweifel weil er, ohne es zu wissen, es dennoch weiß, daß kein Mensch schlechthin nur ein Mensch, sondern zugleich auch die ganze Menschheit wirklich und in Wahrheit sein kann und soll. Darum geht der Mensch, sicher sich selbst immer wieder zu finden, immer von neuem aus sich heraus, um die *Ergänzung seines innersten Wesens* in der Tiefe eines fremden *zu suchen* und zu finden. Das Spiel der *Mitteilung* und der *Annährung* ist das Geschäft und die Kraft des Lebens, absolute Vollendung ist nur im Tode.[1053]

Diese Darstellung, nach der der Einzelne darauf angewiesen ist, seine Ergänzung bei dem Anderen zu suchen, deutet auf eine allgemeine Größe hin, eine universale Poesie, die alle einzelnen Perspektiven, die Individuen in ihrem Bildungsbestreben miteinander zu gewinnen vermögen, überspannt. Bis zuletzt „alle Ströme der Poesie [...] zusammen in das allgemeine große Meer"[1054] fließen. Auch Schleiermacher vermag zwischen einer allgemeinen Religion und dem einzelnen (zu bildenden) Sinn für die Religion zu unterscheiden.[1055] Noch klarer tritt ein Universalbegriff in Bezug auf die Poesie in Schlegels früher verfasstem *Studienaufsatz* hervor. Hier bezieht sich der Autor auf das

---

[1050] KA XXV, 157: Johann Gottlieb Fichte an Friedrich Schlegel in Jena, Berlin, 16.08.1800.
[1051] Vgl. KA XXV, 497.
[1052] Vgl. etwa KA II, 285: GüdP.
[1053] AaO. 285f (Hervorhebungen: AS). In Schleiermachers vierter Rede über die Religion ist etwas sehr ähnlich Lautendes zu lesen. „Bei keiner Art zu denken und zu empfinden hat der Mensch ein so lebhaftes Gefühl seiner Unfähigkeit ihren Gegenstand jemals zu erschöpfen, als bei der Religion. Sein Sinn für sie ist nicht sobald aufgegangen, als er auch *ihre Unendlichkeit* und seine Schranken fühlt; er ist sich bewußt nur einen kleinen Theil von ihr zu umspannen, und was er nicht unmittelbar erreichen kann, will er wenigstens durch ein fremdes Medium wahrnehmen. Darum interessirt ihn jede Äußerung derselben, und *seine Ergänzung* suchend, lauscht er auf jeden Ton den er für den ihrigen erkennt. So organisirt [sic] sich gegenseitige Mittheilung, so ist Reden und Hören Jedem gleich unentbehrlich." (*Re*KGA I/2, 178f [Hervorhebungen: AS])
[1054] KA II, 284: GüdP.
[1055] Vgl. *Re*KGA I/2, 178f.

Ziel der Poesie. Als solches nennt er „das *höchste Schöne*"[1056], die „unerreichbare[..] Idee"[1057]: „das *Urbild der Kunst und des Geschmacks*"[1058]. Die herausfordernde Aufgabe der Selbstbildung eines Individuums erwächst demgemäß aus der Ahnung einer universalen Größe, die in der Mitteilung anderer Individuen zugänglich wird. Zu dieser unendlichen Größe, die nur in begrenztem Maß auf den Begriff zu bringen ist bzw. die, indem Begriffe auf sie angewandt werden, sich selbigen immer noch entzieht, gilt es, sich ins Verhältnis zu setzen. Unbestimmtheit, Unsicherheit bzw. Stabilisierungsbedürftigkeit werden so zur Grundlage der sich entwickelnden menschlichen Selbstwahrnehmung. Man könnte auch sagen, das Problem selbst bzw. die Notwendigkeit der Forschung (in Anlehnung an Dewey gesprochen) wird im Selbstbewusstsein domestiziert.

Schleiermacher benennt in seinen *Reden* die dem Menschen notwendige „Ruhe und Festigkeit"[1059] zur Bildung der Religion als einen „Trieb", der sich beständig „rege[]" und „wirksam" zeigt.[1060] Die mit der Ruhe einsetzende Reflexionsbewegung (die Bildungs-bewegung[1061]) ist also immer zugleich das Ende der Ruhe. In der *Lucinde*, die im selben Jahr erscheint wie die *Reden*, steigert Schlegel dieses Motiv der Gegenüberstellung.

Nur in der Sehnsucht finden wir Ruhe [...] Ja die Ruhe ist nur das, wenn unser Geist durch nichts gestört wird, sich zu sehnen und zu suchen, wo er nichts Höheres finden kann als die eigne Sehnsucht.[1062]

Aus dem Gegenüber von Ruhe und Sehnsucht wird hier gar eine Form paradoxer Einheit. Das Wesen des sich zu einem Individuum bildenden Menschen ist damit beschrieben als eines, das sich in einer beständigen Un-Ruhe befindet. Indem Luhmann diese „allgemeine Gegenüberstellung von Unruhe und Ruhe, Dynamik und Stabilität" dieser Zeit in den Blick nimmt, gibt er zu bedenken, dass eben diese Gegenüberstellungen etwas verdecken: dass die Selektionskriterien zur Koordination von Entscheidungen, bei denen es immer weniger auf Konsens ankommt, unreflektiert bleiben und darum „*keine Stabilität mehr gewährleisten*".[1063] Beispiele findet Luhmann sowohl in der wachsenden Profitorientierung der Wirtschaft wie in der Instabilität der Beziehungen, „die nach dem Liebes-Code der Romantik geschlossen" werden.[1064] Schleiermachers und Schlegels Biographien verweisen auf das problematische Potential solcher Beziehungen. Der eine wie der andere sucht die Verbindung mit einer verheirateten Frau. Wenn es auch im Fall der Liebe Schleiermachers zu Eleonore Grunow letztlich nicht zu der Scheidung ihrer Ehe kommt. Auch die Jenaer-

---

[1056] KA I, 287 (Hervorhebungen im Original): StdA.
[1057] AaO. 288.
[1058] Ebd. (Hervorhebungen im Original).
[1059] ReKGA I/2, 138.
[1060] AaO. 139. Auf das Verhältnis von Ruhe und Unruhe bzw. Ruhe und Sehnsucht, das den Zustand des sich bildenden Individuums auszeichnet bin ich bereits im ersten Teil dieser Untersuchung eingegangen (vgl. in dieser Untersuchung etwa im Abschnitt II.4.4: 130ff).
[1061] Als solche habe ich sie im ersten Teil dieser Untersuchung interpretiert.
[1062] KA V, 78: Luc.
[1063] Vgl. LUHMANN, Gesellschaftsstruktur und Semantik, Bd. I (1993), 223f (Zitate siehe 224 [Hervorhebungen im Original]).
[1064] Vgl. aaO. 223f (Zitat siehe 224).

Hausgemeinschaft, wie ich sie weiter oben dargestellt habe, verweist auf die Fragilität eines Beziehungsgefüges „in einem Haus voller Originale, in einer Republik von lauter Despoten"[1065] mit anderen Worten: in einem Haus voller sich bildender Individuen. (Die ironische Skizze der gerade neu gegründeten Hausgemeinschaft, die Dorothea Veit in ihrem Brief an die Freundin Sophie Bernhardi entwirft, ist mE. in der Sache ernst zu nehmen.) Die Bildung zum Individuum wird damit sowohl zur destabilisierenden Herausforderung wie zur restabilisierenden Lösungsstrategie, deren Leitaspekte es in diesem zweiten Untersuchungsabschnitt noch einmal im Einzelnen als Charakteristika des frühromantischen Selbstverständnisses zu betrachten gilt.

Löwe bezieht das Zustandekommen der *Lösungsstrategien*, die unter den Vorzeichen der gänzlichen Verunsicherung des Selbstverständnisses entstehen, auf die konkreten Voraussetzungen derselben. Er blickt einerseits auf die religiös geprägte Sozialisation der Früh-Romantiker und andererseits auf ihre auf dieser Voraussetzung aufbauende Auseinandersetzung mit der Transzendental-philosophie Kants und Fichtes – „und d. h. vor allem mit der [sc. Einsicht in die] Subjektgebundenheit aller Wahrheit". Dabei gelangt Löwe zu dem summarischen Schluss, romantische Texte stellten vor diesem Hintergrund

zumeist die Frage, wie und ob man an gefühlsmäßig erfahrenen Gewissheiten und Normen festhalten kann, ohne hinter die neuen Einsichten der Transzendentalphilosophie zurückzufallen[1066].

In diesem Sinne liest Löwe auch Schlegels Interpretation der *Reden* als „Gabe des Friedens"[1067]. Er findet in dieser Kritik den Versuch Schleiermachers gewürdigt, die Dissonanz zwischen zwei miteinander konkurrierenden Deutungssystemen – hier diejenige zwischen dem Christentum und der neuen Philosophie – zu überwinden.[1068] Ihr Weg auf der Suche nach einer Erneuerung von Normbegründung führe die Romantiker dabei durch ein „Schlupfloch" von Kants Transzendentalphilosophie und der hier aufgerufenen Trennung zwischen Idee und Wirklichkeit. Als ein solches „Schlupfloch" betrachtet Löwe die geschichtsphilosophische Vorstellung einer unendlichen Annäherung dieser beiden Größen.[1069] Die Romantiker „begreifen Sein und Sollen als die beiden Enden eines infiniten Prozesses und konstruieren im Medium der Poesie die Ahndung oder Andeutung einer Verbindung"[1070]. An diesem Punkt wird eine Erwartungshaltung, die sich mit der *Normsuche* verbindet, erstmalig deutlich greifbar. Koselleck spricht in diesem Zusammenhang von einer „Verzeitlichung der Perfectio-Lehre" und markiert mit diesem Ausdruck seine Beobachtung, dass der Horizont der Erwartung, bisher eine Zielbestimmung außerhalb der Zeit, nun in die Zeit

---

[1065] KA XXV, 44: Dorothea Veit an Sophie Bernhardi in Berlin: Jena, 16.01.1800.
[1066] LÖWE, Epochenbegriff und Problemgeschichte, in: Fulda/Kerschbaumer/Matuschek (Hgg.), Aufklärung und Romantik (2015), 45–68, 48 (Einfügung: AS).
[1067] KA II, 277: AthN Über Schleiermachers Reden (1799).
[1068] Vgl. LÖWE, Epochenbegriff und Problemgeschichte, in: Fulda/Kerschbaumer/Matuschek (Hgg.), Aufklärung und Romantik (2015), 45–68, 49.
[1069] Vgl. aaO. 63f (Zitat siehe 64).
[1070] AaO. 64.

hineinrückt.[1071] Diese erste Verschiebung verbindet er mit einer zweiten, die das Verhältnis von Erfahrung und Erwartung betrifft. Koselleck verzeichnet in diesem Punkt bereits mit dem Einsetzen der Neuzeit die zunehmende Tendenz zur Differenz zwischen Erfahrung und Erwartung. Mit ihr wird die Erfahrung, die bislang als zukunftsweisend betrachtet worden ist, als *überkommen*, die Erwartung als „verunsichert" wahrgenommen. Mit dem Einsetzen dieser Entwicklung beginnt sich der Fortschrittsgedanke zu etablieren, der schließlich in besonderer Form seine Bedeutung für die Frühromantiker entfaltet.[1072] Aber was ist das für ein Ziel, das nun angestrebt wird?

Löwe stellt die Ästhetik als *Problemlösungskonzept* der (Früh-)Romantiker heraus, in der die neue Erwartung ihre Darstellung findet: ein Versuch zwischen Wirklichkeit und Idee, Erfahrung und Erwartung zu vermitteln.[1073] Obgleich er dabei einerseits darauf verweist, dass die Vermittlungsarbeit der Ästhetik auf der Basis der Einbildungskraft zustande kommt, stellt er doch in der Argumentation Ästhetik und Empirie einander gegenüber[1074] und verdeckt dadurch, dass die Ästhetik wesentlich auf der sinnlichen Erfahrung bzw. der Sinneswahrnehmung aufbaut.[1075] Damit teilt sie also ein Gebiet mit der Empirie. Allerdings bindet die Ästhetik die Gültigkeit der Erfahrung, die ihr zugrunde liegt, primär an das Subjekt und relativiert dadurch ihren Anspruch auf Objektivität.[1076] Zugleich wird den endlichen ästhetischen Formen, die auf dieser Grundlage entstehen, die Möglichkeit zuerkannt, über sich selbst hinaus auf das der sinnlichen Erfahrung entzogene Absolute zu verweisen. Im weiteren Verlauf der Untersuchung, ist es damit geboten, die Ästhetik, die in dem analysierenden Blick auf Darstellungsformen von Individualität im ersten großen Abschnitt dieser Untersuchung bereits durchgängig implizit Thema war, nun explizit vor dem Hintergrund der Frage in den Blick zu nehmen, inwiefern sie nach Wahrnehmung der Frühromantiker konkret zu der Bewältigung der Aufgabe der Bildung von Individualität beiträgt. Im Anschluss daran wird der infinite Charakter des Individualisierungsprozesses, der im ersten Untersuchungsabschnitt hervorgetreten ist, in einem abschließenden Schritt auf die für seine Darstellung angewandten Begrifflichkeiten und deren Kontextgebundenheit hin betrachtet.

[1071] Vgl. KOSELLECK, Vergangene Zukunft (1989), 362 (Zitat siehe ebd.). Auf diesen Punkt werde ich weiter unten unter dem Stichwort „Perfektionalität" zurückkommen.
[1072] Vgl. aaO. 359ff (Zitat siehe 361).
[1073] Vgl. LÖWE, Epochenbegriff und Problemgeschichte, in: Fulda/Kerschbaumer/Matuschek (Hgg.), Aufklärung und Romantik (2015), 45–68, 65.
[1074] Vgl. auch aaO. 63.
[1075] Ursprünglich leitet sich der Begriff Ästhetik von dem Begriff αἴσθησις (aísthēsis) ab, der sich wörtlich mit Sinneswahrnehmung, Anschauung oder Empfindung übersetzen lässt.
[1076] Letzteres sieht auch Löwe (vgl. DERS., Epochenbegriff und Problemgeschichte, in: Fulda/Kerschbaumer/Matuschek [Hgg.], Aufklärung und Romantik [2015], 45–68, 65).

2. (Früh-)Romantische Ästhetik

Manfred Frank verweist darauf, dass die (früh-)romantische Ästhetik, in der das Schöne als Gebiet der Freiheit in der Bewegung der Bildung gleichsam ergriffen wird, wesentlich durch Kants Überlegungen zur Ästhetik geprägt wird.[1077] Es ist unter diesem Gesichtspunkt mE. angeraten, die Untersuchung an dieser Stelle mit einem Blick auf Kants Begriff des Schönen fortzusetzen, um damit die Grundlagen in den Blick zu nehmen, an die u. a. Schlegel und Schleiermacher in ihren Darstellungen des bildsamen Individuums anknüpfen.

2.1 Das Schöne: Grundbedingung der Freiheit?

In seiner *Kritik der praktischen Vernunft* problematisiert Kant den Umstand, dass die Freiheit als etwas „Widersinnisches"[1078] dem Gebiet, aus dem die Vernunft Erkenntnis ableiten kann, entzogen bleibt. Und doch ist Kant die Idee der Freiheit als Grundlage des moralischen Gesetzes, mithin der praktischen Vernunft, unaufgebbar. Er erklärt den Begriff der Freiheit daher zum „regulativen Princip der Vernunft"[1079]. Mithin obliegt es der spekulativen Vernunft, eine Leerstelle zuzulassen, die nur durch die praktische Vernunft ausgefüllt werden kann. Die praktische Vernunft ihrerseits stellt ein Gesetz der Kausalität in einer intelligiblen Welt auf, dessen Bedingung die Freiheit ist.[1080]

Bereits in diesem flüchtig gezeichneten Umriss von Kants Gedankengang deutet sich das diffizile Abhängigkeitsverhältnis von praktischer und spekulativer Vernunft an. Dabei muss die Frage nach dem Bindeglied zwischen den beiden Erkenntnisvermögen in den Blick rücken. Dieses Bindeglied findet Kant nun gerade im Bereich der Ästhetik bzw. in der Möglichkeit des ästhetischen Urteils. Birgit Recki verweist in diesem Punkt auf die Überlegung, die Kant bereits 1771 als Anmerkung auf der Adressseite eines Briefes seines Schülers Markus Herz formuliert.

Schöne Dinge zeigen an, daß der Mensch in der Welt passe und selbst seine Anschauung der Dinge mit den Gesetzen seiner Anschauung stimme[1081].

Die Vermittlung zwischen den beiden Vermögen der Erkenntnis, ist demnach von entscheidender Bedeutung, indem es für den einzelnen Menschen um seine Möglichkeit geht, Selbst- und Weltverständnis zueinander sinnvoll ins Verhältnis zu setzen. Recki hebt hervor, dass die Idee, dass „das vernünftige Subjekt *in die Welt*" passt, nur dann plausibel ist, wenn dargelegt werden kann, dass dieses Subjekt „in sich eine Kontinuität rational miteinander verbundener, also begrifflich integrierter Momente darstellt".[1082] Jedoch kann andererseits mit Kant über Selbst- und Weltverhältnis nichts gesagt werden,

---

[1077] Vgl. FRANK, Einführung in die frühromantische Ästhetik (1989).
[1078] AA V, 47: KdpV.
[1079] Vgl. aaO. 49. Zitat siehe ebd.
[1080] Vgl. aaO. 29f; 50.
[1081] AA XVI, 127: Reflexion 1820a. Vgl. auch ders. AA X: Brief von Markus Herz an Immanuel Kant: Berlin 09.07. 1771.
[1082] RECKI, Das Schöne als Symbol der Freiheit, in: Parret (Hg.), Kants Ästhetik (1998), 386–402, 388 (Hervorhebung im Original).

was nicht mit den Formen des menschlichen Erkenntnisvermögens übereinstimmt. In diesem Punkt nun wird ihm das Schöne in seiner Funktion als Symbol des Sittlich-Guten[1083] zum entscheidenden Scharnier.

Unter dem Begriff *Symbol* fasst Kant die Möglichkeit, eine Idee der Vernunft, der „keine sinnliche Anschauung angemessen sein kann", durch indirekte Darstellung zu *versinnlichen*. Das Verhältnis, in das Darstellung und Vernunft-Idee dabei eintreten, ist ein *analogisches*. Das heißt mit Kant, dass der Begriff mit der Darstellung „nicht dem Inhalt nach übereinkommt", sondern durch die „Form der Reflexion", die als Vermögen der Urteilskraft begriffen wird.[1084] Die Urteilskraft leistet im Hinblick auf das Symbol also „ein doppeltes Geschäft", indem sie „erstlich den Begriff auf den Gegenstand einer sinnlichen Anschauung" bezieht und „zweitens die bloße Regel der Reflexion über jene Anschauung auf einen ganz anderen Gegenstand, von dem der erstere nur das Symbol ist" anwendet.[1085] Kant beschreibt diese Reflexionsbewegung als „freies Spiel der Einbildungskraft"[1086]. Als „productives Erkenntnisvermögen" bringt diese Bewegung die sog. „ästhetischen Ideen" hervor. Während nun den Ideen der Vernunft keine Anschauung gerecht werden kann, ist der Sinnreichtum einer ästhetischen Idee unerschöpflich, so dass sie letztlich auf keinen bestimmten Begriff gebracht werden kann. Insofern ist es Kant möglich, hier ein Entsprechungsverhältnis festzustellen.[1087] Recki beschreibt das „spielerische Herantragen von Begriffen an eine sinnliche Vorstellung" als eine unendliche Suchbewegung, in der das Ziel niemals auffindbar ist.[1088] In dieser Bewegung sieht Kant die Urteilskraft weder der fremden Bestimmung durch die Empirie noch dem zweckgeleiteten Interesse der Vernunft unterworfen. Er schließt daraus, dass das Urteil in der „Ansehung der Gegenstände eines so reinen Wohlgefallens" frei ist, sich „selbst das Gesetz" zu geben.[1089] Die Idee der Freiheit kommt demnach in der ästhetischen Idee im „konkreten Vollzug" zur Darstellung.[1090] Recki sieht darin das von Kant behauptete Analogieverhältnis von ästhetischem und moralischem Urteil begründet. Ihrer Überlegung folgend, kann das Schöne als Symbol des Sittlich-Guten Geltung beanspruchen, da „die an ihm erlebte Freiheit" der sinnlichen Reflexion das Individuum „auf jene Freiheit verweist, […] die Voraussetzung […] aller moralischen Urteile ist".[1091]

Kant geht in der Erörterung der Vermittlungsleistung der Urteilskraft nun noch einen Schritt weiter. Er erklärt, diese finde sich mit dem ästhetischen Urteil sowohl aufgrund von dessen „innerer Möglichkeit im Subjecte" als auch aufgrund „der äußern Möglichkeit einer damit übereinstimmenden Natur" auf den übersinnlichen Grund

---

[1083] Vgl. AA V, 351: KdU, §59.
[1084] Vgl. aaO. 351f (Zitate siehe 351).
[1085] AaO. 352.
[1086] AaO. 321: §51.
[1087] Vgl. aaO. 314: §49.
[1088] RECKI, Das Schöne als Symbol der Freiheit, in: Parret (Hg.), Kants Ästhetik (1998), 386–402, 394.
[1089] AA V, 353: KdU, §59.
[1090] RECKI, Das Schöne als Symbol der Freiheit, in: Parret (Hg.), Kants Ästhetik (1998), 386–402, 399.
[1091] Ebd. Kant kann diese Selbst-Erfahrung des Subjekts, in dem es auf den Grund seiner Möglichkeiten verwiesen wird, auf das „Lebensgefühl desselben" beziehen (AA V, 204: KdU, §1).

bezogen, in dem das theoretische und das praktische Vermögen „auf gemeinschaftliche und unbekannte Art zur Einheit verbunden wird".[1092] Diese „Idee" einer „allgemeine[n] Stimme" ist die Grundlage, auf der der Einzelne, indem er sich in seinem ästhetischen Geschmacksurteil auf sie bezieht, schließlich „jedermanns Einstimmung" *ansinnen kann*.[1093] Kant bezeichnet das so zustande kommende ästhetische Urteil darum auch als subjektiv-allgemein.[1094] Damit behauptet es gegenüber dem theoretischen Urteil einen ihm in besonderer Weise eigenen Status, da es die intersubjektiven Differenzen einerseits anerkennt und andererseits dennoch Allgemeingültigkeit für sich in Anspruch nimmt.[1095] Die konstitutive Bedingung eines solchen Anspruches findet Kant in einem Gemeinsinn, den er in aristotelischer Tradition als subjektives Prinzip bestimmt, das „nur durch Gefühl und nicht durch Begriffe, doch aber allgemeingültig bestimme, was gefalle oder mißfalle"[1096]. Nur unter der Voraussetzung eines solchen Gemeinsinns kann das ästhetische Urteil nach Kants Folgerung zustande kommen. Dass Erkenntnisgewinn als Objektivierung subjektiver Überzeugung auf den Vorgang der Mitteilung angewiesen ist, begründet wiederum die Notwendigkeit, diese Vermittlungsinstanz zwischen Sinneseindrücken und Verstand – zwischen dem besonderen Empfinden des Individuums und *Jedermann* – vorauszusetzen.[1097]

Hier komme ich auf die Überlegung zu der Möglichkeit einer Vermittlung zwischen Vernunft-Idee und Sinnlichkeit zurück, die die Möglichkeit des Einzelnen in sich schließt, sich im Akt der Urteilskraft ins Verhältnis zu dem Allgemeinen bzw. – in Anknüpfung an das eingangs angeführte Kant-Zitat gesprochen – ins Verhältnis zur Welt zu setzen. Diese Möglichkeit der Vermittlung ist bei Kant gefunden. Sie wird von dem Autor jedoch mit einem gewissen Vorbehalt versehen.

Das Geschmacksurtheil bestimmt seinen Gegenstand in Ansehung des Wohlgefallens (als Schönheit) mit einem Anspruch auf jedermanns Beistimmung, *als ob* es objektiv wäre.[1098]

Frank betrachtet in erster Linie dieses *als-ob* Kants, das das Bedürfnis nach Vermittlung indiziert, ohne es in Gänze erfüllen zu können, als Anlass dafür, dass das Schöne in der Romantik zu einer Erscheinung der praktischen Vernunft umgedeutet wird: zu etwas, das mehr ist als das „theoretische Analogon des Praktischen", nämlich eine „sinnliche *Selbst*darstellung der Vernunft", die die Dichotomie von Theorie und Praxis (Sinnlichkeit und Vernunft) überwindet, um so der Freiheit eine Grundlage zu bieten, die sich nicht selbst relativiert.[1099] Die Anziehungskraft der „grundlose[n]

[1092] AaO. 353: §59.
[1093] AaO. 216: §8.
[1094] AaO. 215ff.
[1095] Vgl. dazu auch die Überlegungen von MOXTER, Urteilskraft und Intersubjektivität, in: Kodalle/Steinmeier (Hgg.), Subjektiver Geist (2002), 25–36, besonders 28f.
[1096] AA V, 238: KdU, §20 (Einfügung: AS). Vgl. ARISTOTELES, De anima III, 1 425a: Hier nimmt Aristoteles auf den Umstand Bezug, dass die vorher von ihm bestimmten Sinnesgegenstände den Sinnen gemeinsam zugänglich sind.
[1097] Vgl. Ebd.
[1098] AA V, 281: KdU, §32 (Hervorhebung: AS).
[1099] Vgl. FRANK, Einführung in die frühromantische Ästhetik (1989), 110ff (Zitat siehe 112).

Tiefe"[1100], die die ästhetische Idee, die im Kunstwerk zur Darstellung kommt, dem Betrachter eröffnet, liegt nach diesem Ansatz nun darin begründet, dass der Betrachter im Kunstwerk etwas findet, in dem er eine Gleichheit mit seinem eigenen Wesen wiedererkennt. Die Zeile Hölderlins: „Denn es waltet ein Gott in uns"[1101] – die in ihrer Art an Äußerungen Schlegels ebenso wie Schleiermachers[1102] erinnern kann, liest Frank als Verweis auf die Einheit, die den Einzelnen durchwaltet und „von der die Entgegensetzung des Selbst und des anderen nur ein unvollkommener defizitärer Ausdruck ist"[1103]. Bereits Schiller richtet seine Bemühungen auf die Möglichkeit einer „objektive[n] Regel"[1104], die im künstlerischen Schöpfungsprozess zur Anwendung kommen kann. Frank gibt im Blick darauf zu bedenken, dass der kreative Akt dabei als eine „gesteigerte Abform derjenigen Produktivität" behandelt wird, „die in der bewußtlos vom Subjekt geleisteten Welt-Konstitution am Werk ist". Damit sieht er die Differenz zwischen „Kreation und Konstitution", die Kant noch deutlich herausstellen kann, indem er den Prozess beschreibt, der zwischen Sinneseindruck und Formgebung liegt, im Schwinden begriffen.[1105]

2.2 Der unendliche Weg zur Harmonie

Ich habe schon im ersten Teil der Untersuchung herausgestellt, dass auch Schlegel in der Kunst eine Vermittlung zwischen Sinnlichkeit und Vernunft anstrebt, indem er einfordert, ein Kunstwerk müsse zugleich individuell und objektiv sein.[1106] Dabei verbindet Schlegel mit dem Anspruch auf Objektivität im *Studienaufsatz* explizit eine „Allgemeingültigkeit" in der Darstellung des Schönen, die er als Möglichkeit bzw. als Grund und Ziel der Schönheit voraussetzt.[1107] Hier unterscheidet er scharf zwischen

---

[1100] Vgl. NA XXII, 265–283, Zitat siehe 278 (Einfügung: AS): Über Matthisons Gedichte (1794).
[1101] HGSA 2/I, 24f (Zitat, 24): Der Abschied. Die erste Strophe dieses Gedichts, aus der oben zitiert wird, war bereits früher unter dem Titel *Die Liebenden* erschienen (vgl. HGSA 1/I, 249).
[1102] So schreibt Schleiermacher zum Abschluss seiner fünften emphatischen Rede: „weigert Uns nicht den Gott anzubeten, der in Euch sein wird" (ReKGA I/2, 312). In diesem Zitat wird sichtbar, dass der Gedanke an die *Gottheit in uns* sich bei den Frühromantikern nachhaltig mit dem Bildungsgedanken verknüpft. Der Grund der Möglichkeit dieser Verbindung liegt bei Schleiermacher offen, wenn er in seiner Glaubenslehre schließlich die Bildung des Selbst- und Weltverhältnisses eines Subjekts mit der Bildung eines individuellen Gottesbewusstseins gleichsetzt (vgl. KGA I/7.1, 123: DcG¹, §36). Die Frage nach Gott richtet sich mithin nach *innen*, da sie dem sich entwickelnden Selbstbewusstsein eine Frage nach sich selbst wird. Bei Schlegel finden sich unter den Fragmenten Äußerungen wie diese: „Gott werden, Mensch sein, sich bilden, sind Ausdrücke, die einerlei bedeuten." (KA II, 210: AthF Nr. 262: Fr. Schlegel) In den Monologen gehen Schleiermachers Gedanken in eine ähnliche Richtung. Zugleich wird hier der unendliche und damit infinite Charakter der Bildung in der Darstellung deutlich: „[E]in ganz vollendetes Wesen ist ein Gott […] und hat nicht in der Welt der Menschen Raum. Nothwendig also ist der Tod, und dieser Nothwendigkeit mich näher zu bringen sei der Freiheit Werk" (*Mo*KGA I/3, 51f).
[1103] FRANK, Einführung in die frühromantische Ästhetik, (1989), 114.
[1104] NA XXII, 270 (Einfügung: AS): Über Matthisons Gedichte (1794).
[1105] FRANK, Einführung in die frühromantische Ästhetik (1989), 123.
[1106] Vgl. KA I, 321: StdA.
[1107] AaO. 320. Schlegel kann in diesem Zusammenhang auch von „Allheit" als dem „erste[n] bestimmende[n] Grund" und „letzte[m] Ziel jeder vollkommene Schönheit" sprechen. Ebenso wie Allgemeingültigkeit bezeichnet auch dieser Begriff das Ziel ästhetischer Bildung: Die Einheit von Allgemeinem und Besonderem, bei der die Einheit der „Mannigfaltigkeit" vorgeordnet bleibt (aaO. 291).

Allgemeingültigkeit und Allgemeinheit. Nur erstere sieht er „unbedingt geboten[]", da er mit ihr die Einheit zwischen dem Allgemeinen und dem Einzelnen gegeben findet.[1108] Bereits im *Studienaufsatz* jedoch markiert die Schönheit den Horizont der Bildung, indem sie als das Ende eines unendlichen Progresses in Aussicht gestellt wird. Im wenige Jahre später erscheinenden *Gespräch über die Poesie* wird auch der Begriff der Objektivität bereits zurückhaltender angewandt. Wenn Schlegel hier eine „objektive Wirkung nach außen"[1109] unterstellt, so beruht diese schließlich auf einer „symbolischen Kraft"[1110], durch welche „die Geister wirken und in magische Berührung treten"[1111].

Frank vermerkt im Hinblick auf Schlegel ebenso wie auf Schiller, dass der Gedankengang letztlich nicht zu einer Überwindung von Kants Dialektik der ästhetischen Urteilskraft[1112] führt, sondern zu einer Präzisierung: „das Schöne ist Symbol […] des übersinnlichen Einheitsgrundes von Theorie und Praxis"[1113]. So bezeichnet Schiller seinerseits den Gegenstand, der dem Menschen „die vollständige Anschauung seiner Menschheit" zu vermitteln vermag – der mithin als Mittler zwischen Materie und Geist fungiert – als Symbol „seiner *ausgeführten Bestimmung*".[1114] In seiner Abhandlung *Über Anmuth und Würde* hatte er erklärt:

Streng genommen ist die moralische Kraft im Menschen keiner Darstellung fähig, da das Übersinnliche nie versinnlicht werden kann. Aber mittelbar kann sie durch sinnliche Zeichen dem Verstande vorgestellt werden[1115].

In den Briefen *Über die ästhetische Erziehung* des Menschen legt Schiller mit dem „Spieltrieb"[1116] die Basis für die ästhetische Freiheit. Auf der Ebene des Spiels, d. h. insbesondere auch in dem Bereich der Fantasie, in dem die „Möglichkeit der sinnlichvernünftigen Natur"[1117] vorweggenommen wird, ist der Mensch frei.[1118] Der Mensch übt jedoch sein „menschliche[s] Herrschaftsrecht" allein „in der *Kunst des Scheins*" aus

in dem wesenlosen Reich der Einbildungskraft, und nur solange er sich im theoretischen gewissenhaft enthält, Existenz davon auszusagen, und solange er im praktischen darauf Verzicht thut, Existenz dadurch zu ertheilen […].[1119]

[1108] Vgl. aaO. 320.

[1109] KA II, 328: GüdP.

[1110] AaO. 354: Abschluss des Gesprächs über die Poesie in seiner zweiten Fassung. In der ersten Fassung spricht Schlegel bereits davon, dass die „Sprache […], ursprünglich gedacht, identisch mit der Allegorie ist" (aaO. 348).

[1111] Ebd.

[1112] AA V, 319ff: KdU, §§55ff.

[1113] FRANK, Einführung in die frühromantische Ästhetik (1989), 137f.

[1114] Vgl. NA, 353 (Zitat siehe ebd.): ÄE.

[1115] NA XX, 294: Über Anmuth und Würde (1793).

[1116] AaO. 353: ÄE.

[1117] AaO. 340: ÄE

[1118] Vgl. aaO. 353ff; besonders 401: ÄE; vgl. auch NA XXI, 265; vgl. dazu in dieser Untersuchung den Exkurs zu Schlegels Schiller-Rezension im Abschnitt II.4.3.1: 128ff. Die Parallele zu Kants „ästhetischen Ideen", die im *freien* „Spiel der Einbildungskraft" entstehen, ist mE. deutlich sichtbar (vgl. etwa AA V, 314; 321: KdU, §49; §51).

[1119] NA XX, 401: ÄE.

Identität von Existenz und Schein, dem Realen und Idealischen steht bei Schiller ebenso wenig zur Debatte wie bei Kant. Im Gegenteil. Schiller warnt eindringlich vor einer Vermengung der beiden Bereiche, darin läge das Ende der ästhetischen Freiheit. Und wie oben deutlich geworden ist, bestimmt Schlegel seinerseits eine reale Einheit des Ideellen und des Reellen asymptotisch als das Ziel eines unendlichen Progresses. Schleiermacher siedelt sich in diesem *Denkraum* an, indem er den Prozess zwischen dem Allgemeinen und dem Besonderen als einen unendlichen Bildungsvorgang beschreibt. Er betrachtet darin jedoch das Individuums als eines, das sein Bewusstsein für das Unendliche entwickelt und dabei das Wesen der Religion auf seine ihm eigene Weise darstellt. Da die Religion mithin auf ihre Darstellung angewiesen ist, lässt sich im Blick auf Schleiermacher an ein sich entwickelndes Wechselverhältnis von Kunst und Religion denken. Schlegel richtet seine Gedanken in diesem Zusammenhang hingegen in erster Linie auf eine fortschreitende Einigung von Kunst und Philosophie. So kann er bereits im *Lyceum* postulieren: „Alle Kunst soll Wissenschaft, und alle Wissenschaft soll Kunst werden; Poesie und Philosophie sollen vereinigt sein."[1120] Hardenberg steht dem Freund in diesem Gedanken nicht nach, indem er die Poesie als das „ächt absolut Reelle" bezeichnet. „Dies ist", so fügt er an, „der Kern meiner Phil[osophie]. Je poëtischer, je wahrer".[1121] An anderer Stelle nennt er die Poesie den „Schlüssel der Philosophie". „Durch Poësie", heißt es da, „entsteht [...] die innigste *Gemeinschaft* des Endlichen und Unendlichen".[1122] Auch in den Fragmenten des *Athenäums* ist dieser Gedanke lesbar. Als „Universalität" wird dort die „Wechselsättigung aller Formen und aller Stoffe" beschrieben. „Zur Harmonie" gelange sie indessen „nur durch eine Verbindung der Poesie und der Philosophie".[1123] In den *Ideen* findet sich die Vorstellung dieser Synthese insofern modifiziert, als Schlegel die selbige, indem er sich Schleiermacher nach der Lektüre der *Reden* gedanklich annähert, nun als Religion bezeichnen kann.

Poesie und Philosophie sind, je nachdem man es nimmt, verschiedene Sphären, verschiedene Formen, oder auch die Faktoren der Religion. Denn versucht es nur beide wirklich zu verbinden, und ihr werdet nichts anderes erhalten als Religion.[1124]

[1120] KA II, 161: LycF Nr. 115.

[1121] HKA II, 447: Fragment Nr. 473. Zu verweisen ist hier überdies auf die Nachbarschaft zu dem fragmentarischen Text, der in Hegels Handschrift überliefert ist. Die Autorenschaft war lange Gegenstand intensiver Diskussion. 1965 konnte Otto Pöggeler überzeugend für eine Autorenschaft Hegels argumentieren. Im Fragment, dessen Entstehung im Zeitraum zwischen Dezember 1796–09.02.1797 verortet werden kann, wird die Schönheit als diejenige Idee betrachtet „die alle vereint". Weiter heißt es: „Ich bin nun überzeugt, daß der höchste Akt der Vernunft, der, indem sie alle Ideen umfaßt, ein ästhetischer Akt ist und *daß Wahrheit und Güte nur in der Schönheit* verschwistert sind. Der Philosoph muß ebensoviel ästhetische Kraft besitzen als der Dichter. [...] Die Poesie bekommt dadurch eine höhere Würde, sie wird am Ende wieder, was sie am Anfang war – *Lehrerin der Menschheit*, denn es gibt keine Philosophie, keine Geschichte mehr, die Dichtkunst allein wird alle übrigen Wissenschaften und Künste überleben" (HEGEL, Mythologie der Vernunft. Hegels *ältestes Systemprogramm des deutschen Idealismus* (1796/1797), 11f [Hervorhebungen im Original]. Zu Überlieferung, sowie der zeitlichen und philosophischen Verortung vgl. auch aaO. 21–69).

[1122] HKA II, 533 (Hervorhebung im Original): Fragment Nr. 31.

[1123] KA II, 255: AthF Nr. 45: Fr. Schlegel.

[1124] KA II, 260f: Id Nr. 46.

Schleiermacher zeigt sich in den *Reden* allerdings zurückhaltender, indem er Kunst und Religion als „zwei befreundete Seelen" bezeichnet, die nebeneinanderstehend ihre „innere Verwandtschaft, ob sie sie gleich ahnden", doch noch nicht kennen.[1125]

Indem die Grenzen zwischen Philosophie und Kunst (wobei Schlegel die Poesie als höchste unter den Künsten schätzt und darum in erster Linie von einer Einheit von Philosophie und Poesie spricht[1126]) und zuletzt auch zwischen Kunst, Philosophie und Religion auf diese Weise abgebaut werden, wird die Kunst in eine Stellung gebracht, in der sie der Philosophie den Zugang zu ihren Grundlagen zu vermitteln vermag. Zugleich wird damit der Anspruch aufgegeben, diese Grundlage durch Reflexion erreichen zu können. Frank bezeichnet es als Kennzeichen der *romantischen* Philosophie, dass der Sprache der Kunst das zugestanden wird, was der begrifflichen Sprache nicht zugetraut wird. Er betont jedoch, dies heiße keinesfalls, dass die Arbeit am Begriff „zugunsten einer frei imaginierenden Unverbindlichkeit des gefälligen Ausdrucks eingespart" werde. Der Schritt über die „Schwelle der Reflexion" werde vielmehr von denen, die sich um eine unendliche Bildung bemühen, „mit allen Mitteln vorbereitet".[1127] Indem das Individuum in den Bildungsprozess eintritt, verändert sich indessen zugleich sein *Blick* auf diese Schwelle. Sie rückt, so könnte man in Anlehnung an Schlegels Wortwahl sagen, in eine uneinholbare Ferne, auf die bezugnehmend Schlegel eine Aussage wie diese formulieren kann: „Wer etwas Unendliches will, der weiß nicht was er will. Aber umkehren lässt sich dieser Satz nicht."[1128] Die Frage nach der Verständlichkeit eines solchen Fragments pariert der Autor. „Wahrlich, es würde euch bange werden, wenn die ganze Welt, wie ihr es fordert, einmal im Ernst durchaus verständlich würde"[1129].

Diese bemerkenswerte Aussage, mit der Schlegel das Kunstmittel der Ironie prägnant zur Anwendung bringt, sowie das Anliegen, das er mit dem Einsatz der Ironie verbindet, soll im folgenden Abschnitt im Fokus stehen.

[1125] *ReKGA* I/2, 169.

[1126] Vgl. KA II, 185: AthF Nr. 123: Fr. Schlegel. Vgl. aaO. AthF Nr. 125: Friedrich Schlegel erklärt an dieser Stelle, dass „eine neue Epoche der Wissenschaft und Künste", anbrechen könnte, „wenn die Symphilosophie und die Sympoesie [...] allgemein und [...] innig würde".

[1127] Vgl. FRANK, Einführung in die frühromantische Ästhetik (1989), 222; 223 (Zitat siehe 223). Eine Parallele zu den Überlegungen des jungen Hegel, wie sie in der *Differenzschrift* vorgetragen werden, kann mE. insofern gezogen werden, als dass auch hier die Möglichkeit behauptet wird „die Entzweiung zwischen dem Absoluten und der Totalität der Beschränkungen", zu überwinden. (HEGEL, Gesammelte Werke, Band 4 (1968), 13: Differenz des Fichte'schen und Schelling'schen Systems der Philosophie [1801]). Zwar erkennt Hegel die *Entzweiung* als einen „Faktor des Lebens" an. Es geht ihm indessen darum, der Differenz die Möglichkeit der Einheit gegenüberzustellen. (Vgl. aaO. 13f, Zitat siehe 13) Diese Möglichkeit findet er letztlich in der Überwindung der „isolierte[n] Reflexion, als Setzen Entgegengesetzter" (AaO. 16. [Einfügung: AS]). Indem die Reflexion ihr Vernunftpotential in Anspruch nimmt und sich auf das Absolute bezieht, vermag sie nach Hegel „alles Seyn und Beschränkte" zu vernichten, während eben dieses „Beschränkte" seinen Bestand in seiner Beziehung auf das Absolute erhält (aaO. 17). Hegel folgert daraus, dass die Reflexion das Gesetz zu ihrer „Vernichtung" in sich selbst trägt (aaO. 18).

[1128] KA II, 153: LycF Nr. 47.

[1129] AaO. 370: ÜdU.

2.3 Ironie als Kunstmittel

Ohne Ironie, so könnte man mit Friedrich Schlegel hinzusetzen, geht es bei der Bildung zum Unendlichen nicht. Er findet in ihr „die Form des Paradoxen"[1130], das in dem unvereinbaren Widerspruch liegt, in dem das Absolute und das Endliche einander in der Wahrnehmung der Frühromantiker gegenüberstehen. Die Ironie wird dabei zur Möglichkeit, zwei Aussagen zusammenzuführen, die einander gegenseitig aufheben. Die Art, wie etwas gesagt wird, enthüllt das Gesagte als das, was eigentlich nicht gemeint war. Auf diese Weise wird eine dritte Aussage *ins Spiel* gebracht, deren Unerschöpflichkeit das Absolute negativ zum Ereignis werden lässt.[1131] Das Element der Unerschöpflichkeit bzw. – in Anknüpfung an das obige Schlegelzitat gesprochen – das Element der Unverständlichkeit, das durch die Ironie als *dritte Aussage* eingeführt wird, verweist auf das Unendliche, das sich dem Verstehen letztlich immer entzieht. Hier eben liegt der Punkt. Das Ideal, so schreibt Hardenberg in einem seiner Fragmente, ist etwas, das sich selbst zerstören würde, sobald es in die Sphäre der Realität eindränge.[1132] Die Schlussfolgerung lautet also: „Einiges muß die Philosophie einstweilen auf ewig voraussetzen, und sie darf es, weil sie es muß."[1133]

Dieser Maxime folgt Schlegel auch in seiner Vorlesung über Transzendentalphilosophie. Hier stellt er das Axiom auf, dass „[a]lles Wissen [...] symbolisch" und das Unendliche folglich „selbst eine Erdichtung" jedoch eine „schlechthin nothwendige" sei.[1134] Denn, so begründet er seine Folgerung,

[u]nser Ich hat die Tendenz, sich dem Unendlichen zu nähern, und dadurch, daß das Ich gleichsam hinströmt, sich dem Unendlichen zu nähern, können wir nur das Unendliche denken[1135].

Dass das Unendliche selbst ein Irrtum sein könnte, kann Schlegel in einem freilich zirkulären Verfahren ausschließen, da er es als den Ursprung der beschriebenen Bewegung begreift, den er im „Mittelpunkt unseres Seyns, nicht der Individualität, sondern in der weitesten Sphäre der Vernunft" verortet.[1136]

Das ästhetische Programm eines Denkens, das den Verzicht auf einen epistemischen Zugang zu seinem letzten Grund verlangt, das also dem „Widerspruch zwischen

---

[1130] AaO. 153: LyF Nr. 48.
[1131] Vgl. FRANK, Einführung in die frühromantische Ästhetik (1989), 244ff; 311. Unter den Athenäums-Fragmenten ist dazu die Aussage zu finden: „Eine Idee ist ein bis zur Ironie vollendeter Begriff, eine absolute Synthesis absoluter Antithesen, der stete sich selbst erzeugende Wechsel zwei streitender Gedanken" (KA II, 184: AthF.Nr. 121: Fr. Schlegel).
[1132] HKA II, 259: Fragment Nr. 508.
[1133] KA II, 179: AthF Nr. 95: Fr. Schlegel.
[1134] KA XII, 9: Vorlesung über Transzendentalphilosophie (Jena 1800–1801).
[1135] Ebd.
[1136] Ebd. (Siehe dort in der Fußnote). Der Einfluss von Kant tritt hier auch bei Schlegel deutlich hervor. Kant identifiziert seinerseits den Gottesgedanken als das „Idealische und bloß Gedichtete". Die Berechtigung, ein solches „Selbstgeschöpf" nicht nur hervorzubringen, sondern es dazu „für ein wirkliches Wesen anzunehmen", begründet er in dem unabweisbaren Bedürfnis der Vernunft, die Grundlage der Erfahrung, aus der sie ihre Erkenntnis gewinnt, in der Annahme einer letzten Ursache zu sichern (AA III, 392: KdrV²: 2. Die transscendentale Dialektik. Vgl. auch aaO. 393.) Der „Ruhestand" wird hier also im Rückgang vom „Bedingten" zum „Unbedingten" gefunden, das damit als unendlicher Horizont aller endlichen Bestimmtheit hervortritt (aaO. 392).

Aussagen über dasjenige, was die Welt im innersten [sic.] zusammenhält'" weder aus dem Weg gehen kann noch will, findet Frank wie in einer „Nußschale" in dem Blütenstaub-Fragment enthalten.[1137]

> Hat man nun einmal die Liebhaberei für das Absolute und kann nicht davon lassen: so bleibt einem kein Ausweg, als sich selbst immer zu widersprechen, und entgegengesetzte Extreme zu verbinden. Um den Satz des Widerspruchs ist es doch unvermeidlich geschehen, und man hat nur die Wahl, ob man sich dabei leidend verhalten will, oder ob man die Notwendigkeit durch Anerkennung zur freien Handlung adeln will.[1138]

Mit diesen Aussagen ist mE. nicht allein das ästhetische Programm der Frühromantiker umrissen, sondern zugleich auch das Programm, das dem *Athenäum* und im Besonderen seinen Fragmenten zugrunde liegt. Diese Verbindungslinie wird hier zum Anlass genommen, die dem *Athenäum* im Entstehungsprozess zugrunde gelegten Ideen genauer zu betrachten.

2.4 Genialische Fragmentarität?[1139]

Die „Liebhaberei für das Absolute", heißt es im vorangehend zitierten Blütenstaubfragment[1140], führt den Widerspruch mit sich. Schlegel bringt diesen Gedanken vielerorts zur Sprache. So kann er etwa einerseits folgern, innerhalb eines philosophischen Systems seien innere Widersprüche nicht zulässig, und andererseits bemerken, Widersprüche seien als „Kennzeichen aufrichtiger Wahrheitsliebe" zu betrachten.[1141] Aus diesen Äußerungen ergibt sich eine höchste widersprüchliche Haltung dem System selbst gegenüber: „Es ist gleich tödlich für den Geist, ein System zu haben, und keins zu haben. Er wird sich also wohl entschließen müssen, beides zu verbinden."[1142]

Die Herausgeber und Autoren des *Athenäums* suchen, mit Überlegungen dieser Art gerüstet, ein System, das den Widerspruch nicht erleidet, sondern als Eigenart in sich aufnimmt. Die Fragmente stehen keinesfalls zufällig nebeneinander wie es gerade

---

[1137] FRANK, Einführung in die frühromantische Ästhetik (1989), 225.

[1138] KA II, 164: BlstF Nr. 26: Fr. Schlegel. Diese Darstellung eines unauflösbaren Paradoxes kann mE. auch als Vorbereitung auf die Debatten der Dialektischen Theologie in Betracht gezogen werden, welche die (Un-)Möglichkeit, von Gott zu sprechen bzw. Verhältnisbestimmungen von Gott und Welt vorzunehmen, zu ihrem Thema macht. Als solches wird es in dem in den frühen Zwanzigern öffentlich geführten Diskurs zwischen Karl Barth, Friedrich Gogarten und Paul Tillich lesbar (vgl. K. BARTH/H. BARTH/BRUNNER, Anfänge der dialektischen Theologie, Teil I [1977], 165–218: Barth/Tillich/Gogarten, Über den Begriff des Paradoxes (Beiträge aus den Jahren 1922–1924.) Indem eine solche Verbindungslinie zwischen der Romantik und der Dialektischen Theologie gezogen wird, darf indessen nicht übersehen werden, dass eine solche von den Vertretern der Dialektischen Theologie selbst nicht intendiert wird. Karl Barth hätte wohl jedes Argument zurückgewiesen, das sein Denken in die Nähe eines nach seiner Wahrnehmung „unendlich langweiligen, wahrhaft Schleiermacher'schen Friedenshimmel[s]" gerückt hätte (aaO, 178 [Einfügung: AS]).

[1139] Eine Umkehrung des Schlegelwortes ist zu finden in: KA II, 148: LycF Nr. 9: Schlegel schreibt hier von „fragmentarische[r] Genialität".

[1140] Es ist eines von vieren, das unter den Blütenstaub-Fragmenten, die in erster Linie aus der Feder Hardenbergs stammen, Friedrich Schlegel zugeordnet werden kann.

[1141] KA II, 87: Georg Forster. Fragment einer Charakteristik der deutschen Klassiker (1797).

[1142] AaO. 173: AthF Nr. 53. Vgl. auch KA XVIII, 87: PhilF Nr. 689 (dieses Fragment wird in Anm. 83 in dieser Untersuchung zitiert: siehe in der Hinführung im Abschnitt I.6: 15).

kommt, eine Durchmischung von kritischen und philosophischen Einfällen wird vielmehr bewusst angestrebt.[1143] Wiederum wird im Umgang mit Widerspruch also auf eine Form der Darstellung zurückgegriffen. Als solche tritt sie nun dem System-Anspruch entlastend gegenüber. Friedrich Schlegel sucht im Vorfeld der Entstehung des ersten Athenäums-Heftes dem Bruder seinen „*Begriff* des Ganzen"[1144] vor Augen zu führen als „die *größte Masse von Gedanken in dem kleinsten Raum*", Einfälle verschiedenster Art, die sich einerseits scharf gegeneinander abgrenzen, und sich andererseits doch aufeinander beziehen und dabei zu einer Symphonie zusammenfügen.[1145] Während das einzelne Fragment einerseits eine in sich geschlossene Einheit „gleich einem kleinen Kunstwerk [bilden soll] von der umgebenen Welt ganz abgesondert und in sich selbst vollendet [...] wie ein Igel"[1146], ist dieser Igel doch andererseits ergänzungsbedürftig. Eichner betont, gerade in dem intendierten Zusammenhang der Einzelstücke liege der Unterschied zwischen Schlegels Fragmenten und dem Großteil späterer Aphorismensammlungen.[1147]

Diese Besonderheit ist wesentlich mit Schlegels Verständnis der Fragmente als *witziger Einfälle* verknüpft. So erklärt der Autor, die „wichtigsten wissenschaftlichen Entdeckungen" seien gerade die „*bonmots* [sic] ihrer Gattung". Diesen Status erkennt er ihnen zu aufgrund der „überraschende[n] Zufälligkeit ihrer Entstehung", des „Kombinatorische[n] des Gedankens" und des „Barocke[n] des hingeworfenen Ausdrucks". Der Gehalt solcher Äußerungen wird dabei scharf differenziert von der sich „in Nichts auflösende[n] Erwartung des rein poetischen Witzes". Die benannten Bonmots dagegen gelten Schlegel als „*echappées de vue* ins Unendliche".[1148]

Um diese Unterscheidung nachzuvollziehen und um Einblick zu gewinnen, wie der Witz in seine zentrale Stellung in Bezug auf die Konzeption der Fragmente als Einheit rücken kann, ist es mE. angebracht, diesen Begriff und insbesondere die Beziehung, die Friedrich Schlegel zu ihm entwickelt, näher in den Blick zu nehmen.

2.4.1 Der Witz: ein Fragment

Eichner lenkt die Aufmerksamkeit auf den Umstand, dass der Gehalt des Begriffes Witz im Kontext der Arbeit an den Fragmenten vom heutigen Verständnis abweicht.[1149] So kann der Begriff zwar auch auf Äußerungen verweisen, die zum Lachen reizen. In der Regel dominiert indessen insbesondere für Schlegel eine andere Bedeutung.

[1143] KA XXIV, 51: Friedrich Schlegel an August Wilhelm Schlegel: Berlin, Anfang Dezember 1797.
[1144] KA XXIV, 97 (Hervorhebung im Original): Friedrich Schlegel an August Wilhelm Schlegel: Berlin, 6. März 1789. Vgl. auch aaO. 96. In diesem Brief zeigt sich ebenso wie im nachfolgend zitierten, dass der „Begriff des Ganzen", die Idee des Fragment-Systems, wenn man es so nennen will, primär von Friedrich Schlegel gegenüber dem Bruder vertreten wird und dabei zahlreicher Erläuterungen bedarf.
[1145] Vgl. KA XXIV, 106–115 (Zitat siehe 111 [Hervorhebungen im Original]): Friedrich an August Wilhelm Schlegel: Berlin, 25. März 1798.
[1146] KA II, 197 (Einfügung: AS): AthF Nr. 206: August Wilhelm Schlegel.
[1147] Vgl. KA II, XL. Frank spricht in Bezug auf die Fragmente zunächst von Zusammenhanglosigkeit. Korrigiert diese Aussage jedoch später, indem er stattdessen einen assoziativen Zusammenhang beschreibt (vgl. Frank, Einführung in die frühromantische Ästhetik [1989], 221ff).
[1148] KA II, 200 (Hervorhebungen im Original; Einfügung: AS): AthF Nr. 220: Fr. Schlegel.
[1149] Vgl. KA II, XXXVIff.

Grimms Wörterbuch zeichnet eine Entwicklung des Lemmas *Witz* nach, in deren Verlauf die Vielschichtigkeit im Bedeutungsgehalt dieses Wortes entsteht, die vom Verstand zu dem klugen Einfall bis zum Scherz reicht. Ein grundlegender Bedeutungswandel zeichnet sich mit dem Einfluss des franz. *esprit* (engl. *wit*) ab, das mehr und mehr mit dem Verständnis von *Witz* in Verbindung tritt.[1150] Deutsche Definitionen orientieren sich zunächst an britischen Vorbildern. So bestimmt etwa John Locke den Witz als Gegenüber der Urteilskraft. Denn der Witz dient ihm nicht zur Unterscheidung, sondern bringt vielmehr Unterschiedliches auf der Grundlage von Ähnlichkeiten zusammen.

[W]it lying most in the assemblage of ideas, and putting those together with quickness and variety, wherein can be found any resemblance or congruity, thereby to make up pleasant pictures and agreeable visions in the fancy[1151].

Der Witz nimmt damit die Bedeutung einer Form *geistiger Gewandtheit* an, mit der zunächst noch kein scherzhafter Sinn intendiert ist.[1152] Obgleich die Wörterbücher, die am Übergang vom 17. zum 18. Jh. stehen, die Veränderung noch nicht reflektieren, zeigt sich doch, dass der beschriebene Bedeutungsgehalt des Witzes bereits vor seiner „*berührung mit dem fremdsprachlichen begriff*" zum Bestand gehört, wobei er diesen „*zunächst mehr im praktischen sinne*" indiziert. So ist der Begriff auf seine neue Rolle bereits vorbereitet.[1153] In der Mitte des 18 Jh. wird *Witz* im Deutschen schließlich einerseits auf die dichterische Erfindungsgabe bezogen und kann andererseits auch allgemeiner die Erfindungsgabe bzw. die Einbildungskraft kennzeichnen.[1154] Dabei wird er in der Regel als ein Vermögen betrachtet, das sich allein im geselligen Austausch von Gedanken entfalten kann, da seine Wirkung auf ein Publikum angewiesen ist.[1155]

Bei einer Betrachtung der Auffassung Kants vom Witz in diesem Kontext, fällt zunächst die Nähe zur Definition Lockes, die ich oben zitiert habe, ins Auge.

Der Witz verschafft den Stoff zum Denken und breitet ihn aus durch Ahnlichkeit [sic] und association. Die Urtheilskraft braucht ihn und gibt ihm Einheit. [...] Beyde beziehen sich auf Einheit; iene [sic]: die Mannigfaltigkeit in Ansehung derselben zu vergrößern; diese um solche in Absicht auf diese einzuschränken.[1156]

Sodann ist die Verbindung von Geist und Witz signifikant. „Der Geist geht auf Witz (mit Empfindung). Der Geschmack ist Urtheilskraft (Anschauung) (Sinnspruch)."[1157] Diese Verbindung, die im Zitat auf der Ebene der Empfindung angesiedelt und dabei

---

[1150] Vgl. Artikel: *Witz, m.,* in: ¹DWb, Bd. 30 (1960), Sp. 861, Z. 21 (vgl. hier besonders Sp. 871). Über den Einfluss des franz. *esprit* kommt auch eine Verbindung mit dem lat. *ingenium* (Scharfsinn; geistige Beweglichkeit) zustande (vgl. ebd.) Vgl. auch: Artikel: *Witz.* Gottfried Gabriel, in: HWPh, Bd. 12, Sp. 983, Basel 2005.

[1151] LOCKE, An Essay concerning human understanding (1690), Vol. 1, 203: book 2, cap. 11, §2.

[1152] Artikel: *Witz,* in: ¹DWb, Bd. 30 (1960), Sp. 871

[1153] Vgl. aaO. Sp. 874. (Zitat siehe ebd. [Rechtschreibung und Hervorhebung entsprechen dem Original.])

[1154] Vgl. aaO. Sp. 877.

[1155] Vgl. aaO. Sp. 876.

[1156] AA XV, 191: RAnth Nr. 464. Vgl. auch: AA VII, 201; 221: Anth.

[1157] AA XV.1, 191: RAnth Nr. 464.

der Urteilskraft gegenübergestellt wird (Kant kann diese Gegenüberstellung zu der Differenz von „Leichtsinn und Tiefsinn"¹¹⁵⁸ steigern), vermittelt sich an dieser Stelle über den Begriff *esprit*, den Kant mit einer Anmerkung aufnimmt.¹¹⁵⁹ In seiner *Anthropologie* geht er explizit auf die Schwierigkeit ein, die daraus entsteht, dass jenes franz. *esprit* auf Geist ebenso wie auf Witz verweisen kann.¹¹⁶⁰ Kant zeigt sich hierbei um Präzisierung bemüht. Er definiert den Witz ebenso wie die Urteilskraft als ein Vermögen „die Einbildungskraft dem Verstande zu Diensten" anzuwenden.¹¹⁶¹ Dabei betont er indessen, dass der Witz als die Kraft, die mit den Einfällen *spielt*, allein im Verein mit der Urteilskraft schöpferisch bzw. produktiv wirken kann, indem er ihr die Einfälle gewissermaßen *zuspielt*.¹¹⁶² Ein Mensch, der sich den Witz auf diese Weise nutzbar zu machen versteht, sodass dieser noch die Einbildungskraft seines Gegenübers in Bewegung setzt bzw. *belebt*, kann mit Kant als geistvoller Mensch bezeichnet werden. Der Geist ist demgemäß das „belebende Princip im Menschen", das im *Zusammenspiel* von Witz und Urteilskraft entsteht.¹¹⁶³ Jener Witz hingegen, der sich ohne die Verbindung zur Urteilskraft zu behaupten sucht, wird Kant zum *faselnden* Witz¹¹⁶⁴, zur leeren *Witzelei* oder zur „Albernheit"¹¹⁶⁵. Insbesondere in den letzten beiden Punkten wird deutlich, dass Kant von dem Witz auch bereits im Sinne des zum Lachen reizenden Scherzes sprechen kann, wie es zum Beginn des 19. Jh. üblich wird.¹¹⁶⁶ Dieser Bedeutungsgehalt zeigt sich u. a. in der folgenden scharfen Bemerkung zu jenem Witz, dem es an Geist mangelt.

Der Geistleere Witz heißt schaal, wie Wein. Geistleerer Scherz. Man verlangt nicht Geist, wo nur der Unterhalt und nicht die Aufweckung werden soll. […] Der schone [sic] Kunst auskramt, muß Geist zeigen.¹¹⁶⁷

Die Unterscheidung zwischen der angenehmen und der schönen Kunst, auf die Kant sich hier bezieht, findet sich in der *Kritik der Urteilskraft* ausgeführt. Eigenheit der angenehmen Kunst ist es dabei, allein auf den Reiz der Sinne, den Genuss, abzuwecken.

[D]ergleichen alle die Reize sind, welche Gesellschaften an einer Tafel vergnügen können: als unterhaltend zu erzählen, die Gesellschaft in freimüthige und lebhafte Gesprächigkeit zu versetzen, durch Scherz und Lachen sie zu einem gewissen Tone der Lustigkeit zu stimmen, wo, wie man sagt, manches ins Gelag hinein geschwatzt werden kann, und niemand über das, was er spricht, verantwortlich sein will, weil es

---

¹¹⁵⁸ Ebd.
¹¹⁵⁹ Kant führt hier den folgenden Satz als Beispiel an: „*Elle a d'Esprit, sans avoir de bon sens*" (ebd. [Hervorhebung im Original]).
¹¹⁶⁰ Vgl. AA VII, 225: Anth.
¹¹⁶¹ Vgl. AA XV.1, 197 (Zitat siehe ebd.): RAnth Nr. 477.
¹¹⁶² Vgl. AA VII, 222: Anth. Hier hebt Kant „das Bildliche" hervor, das der Witz „den Gedanken" anzuhängen vermöge. Insofern könne er „Vehikel oder Hülle für die Vernunft und deren Handhabung für ihre moralisch=praktischen Ideen sein"(ebd.).
¹¹⁶³ Vgl. aaO. 225 (Zitat siehe ebd.): Anth. Um den dieser Art geistvollen Menschen im deutschen zu bezeichnen, bringt der Autor an dieser Stelle den Vorschlag, den Begriff *Genie* anstelle von Geist zur Anwendung zu bringen.
¹¹⁶⁴ Vgl. AA XV, 190ff, besonders 194: RAnth Nr. 471.
¹¹⁶⁵ AA VII, 204: Anth.
¹¹⁶⁶ Die Verwendung des Begriffs in dieser Weise tritt mit dem Beginn des 19. Jh. explizit hervor (vgl. Artikel: *Witz, m.*, in: ¹DWb, Bd. 30 [1960], Sp. 861, Z. 21 [hier besonders Sp. 885]).
¹¹⁶⁷ AA XV, 205: RAnth Nr. 485.

nur auf die augenblickliche Unterhaltung, nicht auf einen bleibenden Stoff zum Nachdenken oder Nachsagen angelegt ist.[1168]

Schleiermacher seinerseits äußert sich in diesem Punkt in seinen Reden über die Religion scharf.

Wo Freude und Lachen auch wohnen, und der Ernst selbst sich nachgiebig paaren soll mit Scherz und Witz, da kann kein Raum sein für dasjenige, was von heiliger Scheu und Ehrfurcht immerdar umgeben sein muß […].[1169]

Liest man Kants Überlegung von der Notwendigkeit einer Verbindung von Witz und Urteilskraft im Kontext mit, so wird deutlich, dass Schleiermacher in seiner Rolle als Redner, in der er der Einbildungskraft[1170] bzw. der Phantasie in Bezug auf das Unternehmen der Bildung entscheidende Bedeutung beimisst,[1171] im Zitat im Hinblick auf die Religion das leichtsinnige Scherzwort abwehrt, dem die Verbindung zur Urteilskraft fehlt.

Schlegel wiederum prägt ein besonderes Verständnis des Witzes, das einen eigenen Anwendungsbereich für sich generieren kann.[1172] Selbiges baut zunächst auf der Prämisse auf, die weiter oben bereits hervorgetreten ist. Sie besteht in der Möglichkeit der Unterscheidung von poetischem und philosophischem Witz[1173] – wobei Schlegel letzterem den deutlich höheren Stellenwert zumisst. Der philosophische Witz gilt ihm als das höchste Erkenntnisprinzip.[1174]

und Organ der Universalphilosophie, und alle Philosophie [ist] nichts anderes als der Geist der Universalität […]: so ist der Wert und die Würde jenes absoluten, enthusiastischen, und durch und durch materialen Witzes […] unendlich[1175].

Eben diese Form des Witzes sieht Schlegel überdies nicht auf das Gespräch begrenzt. Er nennt diese Einschränkung „bloß auf die Gesellschaft" gar einen *großen* „Irrtum". So seien es doch gerade „die besten Einfälle", die „durch ihre zermalmende Kraft, ihren unendlichen Gehalt und ihre klassische Form oft einen unangenehmen Stillstand im Gespräch" hervorbrächten. Den „[e]igentlichen Witz" kann Schlegel „sich doch nur geschrieben denken, wie Gesetze".[1176] Diese letzte Bemerkung muss mE. auf den Kontext des *Athenäums* bezogen werden, dem sie entnommen ist. Hier steht sie als

---

[1168] AA V, 305: KdU: §44.
[1169] ReKGA I/2, 180. Schleiermacher orientiert sich in dieser Darstellung sichtbar an dem umgangssprachlichen Verständnis des Witzes.
[1170] Bei Kant ist zu lesen: „Phantasie, d. i. schöpferische Einbildungskraft" (AA VII, 182: Anth).
[1171] Vgl. dazu in dieser Arbeit etwa unter II.1.5 Individualität als Möglichkeit unter Anderen. Vgl. dazu außerdem die Ausführungen FIRCHOW, Das freie Spiel der Bilder (2023). Diese Abwehrhaltung hält sich bei Schleiermacher auch in späteren Zeiten und verbindet sich dabei im Besonderen mit dem Begriff des Scherzes. Vgl. etwa KGA II/14, 589ff: Kolleg 1832/33: Nachschrift Schweizer.
[1172] Vgl. Artikel: *Witz, m.,* in: ¹DWb, Bd. 30 (1960), Sp. 861, Z. 21: hier besonders Sp.880f.
[1173] Vgl. KA XXIV, 51: Friedrich Schlegel an August Wilhelm Schlegel: Berlin, ca. 1. Dezember 1797.
[1174] Artikel: *Witz, m.,* in: ¹DWb, Bd. 30 (1960), Sp. 861, Z. 21: hier besonders Sp. 881. Schlegel spricht auch von dem „*höchste*[n] *Prinzip des Wissens*" (KA XII, 404 [Hervorhebung im Original]: Die Entwicklung der Philosophie in zwölf Büchern [1804–1805]: Zweites, drittes und viertes Buch: Die Psychologie).
[1175] KA II, 200 (Einfügung: AS): AthF Nr. 220: Friedrich Schlegel.
[1176] Vgl. aaO. 239f (Zitat siehe 239): AthF Nr. 394: Fr. Schlegel. Diese Bemerkung ist auch interessant im Hinblick auf den Wert, der dem geschriebenen Wort damit zugemessen wird.

aufgeschriebener Einfall unter anderen, die als *eigentliche Witze* identifiziert sein wollen. Zugleich ist in diesem Punkt deutlich wahrzunehmen, dass auch Schlegel das, was er als *Witz* zu fassen sucht, nicht als bloße Strategie, in Gesellschaft zur Unterhaltung beizutragen, missverstanden wissen will. Er verknüpft seine Überlegungen schließlich in prägnanter Weise mit seiner Deutung des menschlichen Bewusstseins. Selbiges sieht er in seiner „*eigentümlichen, spezifischen* Form" durch einen fragmentarischen Charakter ausgezeichnet. Die Grundlage für seine Überlegung findet Schlegel in den Äußerungen dieses Bewusstseins.

> Diejenige Tätigkeit aber, wodurch das Bewußtsein sich am meisten als Bruchstück kundgibt, ist der *Witz*, sein Wesen besteht eben in der Abgerissenheit und entspringt wieder aus der Abgerissenheit und Abgeleitetheit des Bewußtseins selber.[1177]

Der Witz ist damit für Schlegel einerseits Selbst-Darstellung des vereinzelten Bewusstseins und andererseits zugleich das Moment, das die getrennten Elemente zueinander in Beziehung setzt. „Witz ist chemischer […] Geist"[1178]. Mit dieser Aussage wird der Begriff im *Athenäum* u. a. in eine analoge Stellung zu der chemischen Wirkung der Synthese gebracht.[1179] Indem er ihn als „spielendes Denken" begreift, kann Schlegel den Witz als „spielende Einbildungskraft" identifizieren. Hierin zeigt er sich, im Blick auf die obigen Ausführungen, ganz bei Kant. Jedoch differenziert Schlegel den Witz aufgrund seines Fragment-Charakters, mit dem er „ohne alle Beziehung auf das Vorige, einzeln, ganz unerwartet und plötzlich" auftritt, „als […] ein Blitz aus der unbewußten Welt", zugleich beständig von allen anderen Werken der Einbildungskraft.[1180] Als Ergebnis eines unbewussten bzw. absichtslosen Suchens, als das Finden eines hellen bestimmten Bewusstseins, das ohne Zusammenhang mit Vorangehendem eintritt, offenbart sich der Witz als Verbindung zwischen den Ebenen des Bewussten und des Unbewussten.[1181] Dass Schlegel das Suchen und Finden im Witz als Einheit betrachten kann, wird auch in seiner Darstellung des „*kombinatorischen Geist[es]*"[1182] deutlich – ein Begriff, den er als Synonym für den Witz nutzbar macht. Dabei bringt dieses Synonym mE. auch ein aktives Moment in das Verständnis des Witzes ein. Dieser *Geist* zeigt sich nicht nur als Verbindung zwischen den Ebenen des Bewussten und des Unbewussten, er wirkt sie auch. Er vermag die Einheit zu *erfinden* bzw. zu *erdichten*.[1183]

[1177] KA XII, 392 (Hervorhebungen im Original): Die Entwicklung der Philosophie in zwölf Büchern (1804-1805): Zweites, drittes und viertes Buch: Die Psychologie. Vgl. dazu auch Artikel: *Witz, m.*, in: ¹DWb Bd. 30 (1960), Sp. 861, Z. 21: hier besonders Sp. 880.

[1178] KA II, 232: AthF Nr. 366: Fr. Schlegel.

[1179] Vgl. KA II, XXXVII.

[1180] KA XII, 393. In den *Ideen* heißt es bereits: „Witz ist die Erscheinung, der äußre Blitz der Fantasie" (KA II, 258: Id Nr. 26).

[1181] Vgl. KA XII, 393: Die Entwicklung der Philosophie in zwölf Büchern (1804–1805): Zweites, drittes und viertes Buch: Die Psychologie.

[1182] AaO. 403 (Einfügung: AS).

[1183] Dieses Wort ist gewählt in Anlehnung an die oben zitierte Stelle aus den *Vorlesung über Transzendentalphilosophie* (Jena 1800–1801): KA XII, 9. Schleiermacher seinerseits führt das Moment des Kombinatorischen in seinen Überlegungen zur Ethik ein: „Jede sittliche Fertigkeit […] wird aus zwei Factoren bestehen, einem combinatorischen, nämlich der Leichtigkeit und Richtigkeit des

Obwohl sich die höchste Einheit der „geistigen Anschauung" in ihrer ganzen Fülle entzieht, setzt Schlegel voraus, dass sie allein „durch einen weissagenden Blick erraten, und so alles, was sich auf unendliche Fülle bezieht, nur durch eine Art von Divination erkannt werden" kann. Daher ist ihm der „kombinatorische Geist" letztlich nichts anderes, „als ein glückliches Erraten dessen, was ohne dies nicht aufzufinden wäre. Er ist mit einem Wort die Kraft der Erfindsamkeit[1184] [...], indem er die Fülle zur Einheit verbindet".[1185]

Damit wird mE. ersichtlich, dass sich in Friedrich Schlegels Verständnis dessen, was der *eigentliche* Witz leisten kann, zwei Stränge miteinander verbinden. So ist mit dem Witz eine weitere Facette in Schlegels Wahrnehmung des Individuums bzw. des vereinzelten Bewusstseins aufgedeckt. Dieses zeichnet sich gerade darin aus, dass es sich in seiner Ergänzungsbedürftigkeit nach außen hin *bewusst zeigt*. Als ein solches *Zeigen* lese ich auch das Vorgehen, die einzig erreichbare Einheit als eine zu *erratende* und zu *erfindende* darzustellen. Michal Moxter verweist zudem auf den Umstand, dass das Fragment, indem es als schöpferisches Element in eine als unvollendet wahrgenommene Welt eintritt, „die Last des Unvollendeten" abzufangen vermag, indem es als Eingeständnis „der Unmöglichkeit" gelesen wird, „Vollendung und Ganzheit am Ort des Individuums zu erreichen".[1186] Zugleich tritt das Konzept der Fragmente als eine Möglichkeit ins Licht, die von Autoren und Herausgebern des *Athenäums* genutzt wird, um dieses (Selbst-) Bewusstsein produktiv in Szene zu setzen. Der Witz wirkt hier die Trennung

---

Aneinanderreihens der von der Vernunft ausgehenden organischen Thätigkeiten, und einem disjunctiven oder kritischen nämlich dem Unterscheiden und Unterdrücken der von der Natur ausgehenden Thätigkeiten." (SW III/5, 386). Der kombinatorische Faktor kann demnach als die vernunftgeleitete Herstellung von Zusammenhang betrachtet werden – hier explizit bezogen auf das sittliche Leben (vgl. auch aaO. 390).

[1184] Das DWb verweist zu diesem Begriff auf seine Anwendung bezogen auf künstlerischen Schöpfungsprozess und seine Verwendung u. a. bei Lessing: vgl. Artikel: *Erfindsamkeit, f.,* in: ¹DWb, Bd. 3 (1862), Sp. 800, Z. 25. In der Neubearbeitung des DWB wird der Begriff als Erfindungsgabe bzw. als Erfindungsgeist erläutert: vgl. Artikel: *Erfindsamkeit, f.,* in: ²DWb, Bd. 8 (1999), Sp. 1716, Z. 41. Es ist noch anzumerken, dass auch Schleiermacher diesen Begriff für sich nutzbar machen kann und zwar zur Darstellung der Tugend der Besonnenheit als „Produciren aller Acte des Erkennens in einem empirischen Subject" (SW III/5, 389). Seinem sonstigen Vorgehen entsprechend kennt Schleiermacher, auch was die Besonnenheit angeht, den kombinatorischen und den disjunktiven Faktor und hierbei jeweils den universellen und den individuellen Aspekt dieser Tugend: „Die individuelle Seite der combinatorischen Besonnenheit ist das, was wir Geist nennen, und bezieht sich ebensowol auf die eigenthümliche Gestaltung des ganzen Lebens, als auch auf die eigenthümliche Combination im einzelnen" (aaO. 390). Dabei fasst er hier die „kombinatorisch=individuelle Besonnenheit" als „Erfindsamkeit, wo Begriff herrscht" und als „Fantasie, wo Bild herrscht" (ebd.).

[1185] KA XII, 403/404: Die Entwicklung der Philosophie in zwölf Büchern (1804–1805): Zweites, drittes und viertes Buch: Die Psychologie. Hier heißt es auch: „Schon im allgemeinen Begriff des Witzes liegt eine doppelte Beziehung auf Einheit und Fülle, insofern er nämlich auf Ähnlichkeit und auf Verschiedenheit zugleich geht. Es läßt sich zeigen, daß, je größer die Fülle ist, die er umfaßt, je entfernter die Gegenstände, die er verbindet, desto größer und kombinatorischer der Witz ist." (AaO. 403) Indessen wird der Witz bereits im Lyceum als „prophetisches Vermögen" eingeführt (vgl. KA II, 163: LycF Nr. 126), in den Ideen wird der „kombinatorische[...] Witz[...]" zur Sprache gebracht (KA II, 268: Id Nr. 123).

[1186] MOXTER, Erfüllungsfiguren im Zeitalter ihrer Fragmentierung, in: *Paragrana*, Vol. 30, No. 1 (2021), 103–118, 107.

der Einzelstücke ebenso wie ihre Verbindung. Auf diesem Weg kündigt das *Athenäum* die Zeitenwende für Wissenschaft und Künste nicht nur an, in der „die Symphilosophie und Sympoesie so allgemein und so innig würde, daß es nichts Seltenes mehr wäre, wenn mehre [sic.] sich gegenseitig ergänzende Naturen gemeinschaftliche Werke bildeten"[1187], es erfindet sie zugleich.

2.4.2 Gewitzte Fragmentarität

Die Fragmente werden von ihren Autoren als Symphilosophie, so könnte man sagen, komponiert: als Einzeleinheiten, die auf ihre nicht erreichbare Einheit verweisen, die sie alle miteinander verbindet. Zugleich zeigt sich die Idee der Symphilosophie als Thema, das in den einzelnen Fragmenten wiederkehrend diskursiv auftritt. Dass die Symphilosophie zugleich als wechselseitige Abhängigkeit im Prozess der Bildung unter denjenigen wahrgenommen wird, die sich in dem Erfahrungs- und Denkraum, als den ich die Frühromantik oben dargestellt habe,[1188] zusammenfinden, wird lesbar, wenn Schlegel seine *Ideen* gegenüber dem Freund Schleiermacher als solche herausstellt, die „bestimmt *von* Dir oder vielmehr von deinen Reden *ab*" gehen.[1189] Zugleich eröffnet der Grundgedanke, auf dem die Synthese der Fragmente für das *Athenäum* aufgebaut wird, eine auffallende Nähe zu Schleiermachers oben zitierter Skizze der einander ergänzenden Individuen, wie sie etwa in den *Reden* geboten wird.[1190] Obgleich Schleiermacher dabei den *Witz* (in Schlegels Sinne) dem Begriff nach nicht gebraucht, lässt sich das Konzept doch im Stil der *Monologen* wiedererkennen. Hier stellt sich ein Ich dar, das sich, indem es sich sucht, in der Darstellung seiner Suche zugleich selbst er-(findet), ohne dabei das Bewusstsein seiner ergänzungsbedürftigen Vereinzelung aufzugeben. So erkennt es die ergänzenden Naturen der Freunde als eine Notwendigkeit seiner Bildung an.[1191] Es kann sich selbst als Kunstwerk

---

[1187] KA II, 185: AthF Nr. 125: Fr. Schlegel. May Mergenthaler interpretiert die Fragmente als Symposium der Frühromantik (vgl. DIES., Zwischen Eros und Mitteilung [2012]).

[1188] Zur Einführung dieses Begriffs vgl. in dieser Untersuchung im Abschnitt III.1: 165ff.

[1189] KA XXV, 6 (Hervorhebungen im Original): Friedrich Schlegel an Friedrich Schleiermacher in Berlin: Jena Freitag 20. September 1799. Über Schleiermachers Einfluss auf Schlegel und die Entstehung der Ideen vgl. auch die Ausführungen von Eichner: KA II, LXXIXff. Dieses Bewusstsein wird mE. auch lesbar, wenn Schlegel an Hardenberg schreibt: „Ueber alles werth ists mir, daß ich so bey Dir war, daß Du mir alles zeigtest. ⟨Du⟩ glaubst ⟨nicht⟩, wie sehr ⟨Du⟩ dadurch ⟨bey mir⟩ gewonnen hast, wie sehr ich dabey gewonnen habe. Ich liebe Deine Liebe" (KA XXIV, 21: Friedrich Schlegel an Novalis: Berlin, 26. September 1797).

[1190] Vgl. *Re*KGA I/2, 178.

[1191] Bei Schleiermacher ist zu lesen: „wem der Freunde viele gestorben sind, der stirbt zuletzt den Tod von ihrer Hand, wenn ausgestoßen von aller Wirkung auf die, welche seine Welt gewesen, und zurückgedrängt in sich der Geist selbst verzehrt" (*Mo*KGA I/3, 51). Im Übrigen finden sich unter den von Schleiermacher um 1797 notierten Einfällen, unter denen sich u. a. auch bereits der vorangehend zitierte Gedanke zeigt (vgl. etwa KGA I/2, 7f: Einfall Nr. 7), Äußerungen, die den Witz durchaus produktiv aufnehmen können: „Der Witz ist eigentlich eine Freilassung des Gemüths von den mechanischen Associationsgesetzen" (KGA I/2, 40: Einfall Nr. 177). Noch eindeutiger liest sich Schleiermachers Bemerkung, die sich auf die Voraussetzung einer lebendigen Wechselwirkung unter den bildsamen Individuen bezieht: „Um das Hören thätig zu machen, wird schlechterdings Witz erfordert, in so üblem Credit er auch steht (KGA I/2, 36f: Einfall Nr. 158).

betrachten, dabei das Bewusstsein seiner Freiheit begrüßen und zugleich die Erwartung formulieren, der „Vollendung Ziel" niemals zu erreichen.[1192]

Insoweit kann Luhmanns Beobachtung, dass die paradoxe Einheit von Ruhe und Unruhe im Selbstverständnis der Individuen, die in den Texten der Frühromantiker in verschiedenen Formen zur Darstellung gelangt, keine Stabilität gewährleisten könne, durchaus als bestätigt gelten. Denn ein solches Selbstverständnis kann kaum als eines betrachtet werden, das seinen Subjekten dauerhaft Sicherheit verleiht. Vielmehr tritt das Selbst als eines auf, das in jedem Moment neu um seine Sicherheit ringt. Luhmanns Kritik, dass die Darstellungen jener Zeit diesen Mangel verdecken, verliert indessen bei genauer Betrachtung an Berechtigung.[1193] Kein Wort könnte mE. deutlicher von einem Bewusstsein der Instabilität des eigenen Standpunktes Zeugnis ablegen als die folgenden Verse Schlegels:

> Eines schickt sich nicht für alle,
> Sehe jeder wie er's treibe,
> Sehe jeder wo er bleibe,
> Und wer steht daß er nicht falle.[1194]

Dass diese Form des Bewusstseins über einen längeren Zeitraum wirkt, wird etwa bei Kierkegaard lesbar. Dieser, gleichwohl er zu der Romantik in ein kritisches Verhältnis tritt,[1195] zeigt dabei doch gewisse Parallelen, was seine Darstellung des Selbstbewusstseins angeht. Indem der Autor unter dem Pseudonym Johannes de Silentio über das Geheimnis des Glaubens nachdenkt[1196], nimmt er exemplarisch die biblische Gestalt Abrahams in den Blick und betrachtet in ihr ein entwickeltes Selbstbewusstsein, dessen Kern er in dem paradoxen Geheimnis findet, zu dem die „Bewegungen des Glaubens" [1197] führen. Letztere werden indessen, von dem, der sie zu machen versteht, nicht ein für alle Mal, sondern „jeden Augenblick"[1198] aufs Neue vollzogen. Kierkegaard veranschaulicht seinen Gedankengang in dem Bild eines Tänzers, der die Kunst beherrscht, „den Sprung ins Leben zum Gange [zu] wandeln"[1199]. Und er stellt den Leser vor die Frage, ob es „es nicht am besten [wäre], daß man beim Glauben stehen bliebe, und daß der welcher steht, wohl zusähe, daß er nicht falle"[1200].

Kierkegaard gibt im Text keinen Verweis darauf, dass er mit dieser Zeile auf Schlegel Bezug nimmt. Da er den Ausgangspunkt seiner Überlegungen darüber hinaus explizit bei dem biblischen Text sucht, ist vielmehr anzunehmen, dass beide Autoren einhellig

---

[1192] Vgl. *Mo*KGA I/3, 52 (Zitat siehe ebd.).

[1193] Vgl. LUHMANN, Gesellschaftsstruktur und Semantik, Bd. I (1993), 223f (Zitate siehe 224 [Hervorhebungen im Original]).

[1194] KA II, 372: ÜdU. Zitiert werden die ersten Verse aus dem Gedicht, mit dem Friedrich Schlegel seinen Aufsatz *Über die Unverständlichkeit* abschließt.

[1195] Wie Emanuel Hirsch in der Einleitung zu seiner Übersetzung Søren Kierkegaards betont: GW 31: Über den Begriff der Ironie mit ständiger Rücksicht auf Sokrates (Om begrebet ironi med stadigt hensyn til Socrates [1841]).

[1196] Vgl. GW 4: Furcht und Zittern (Frygt og Bæven [1843]).

[1197] AaO. 36.

[1198] AaO. 39.

[1199] AaO. 41 (Einfügung: AS).

[1200] AaO. 36 (Einfügung: AS).

bei 1. Kor 10.12 anknüpfen. Augenfällig ist indessen mE. die sich mit diesem Vers zwiefach verbindende Wahrnehmung der Fragilität des Selbstbewusstseins. Weiter ist es auffallend, dass von Kierkegaard über den Gegenstand, um den es ihm geht, gesprochen wird, und zugleich jedes Wort, das sein Geheimnis verraten könnte, unausgesprochen bleibt. Johannes de Silentio bewahrt sein Schweigen.[1201] Dies paradox anmutende Vorgehen ist nicht unvertraut. Es kann sowohl an Schleiermachers in den *Reden* unternommene Heranführung an das Heilige erinnern, die die letzte Schwelle doch nicht übertritt, als auch an Schlegels Verweis auf jenen Punkt,

der im Dunkeln gelassen werden muß, dafür aber das Ganze trägt und hält, und [der] diese Kraft in demselben Augenblicke verlieren würde, wo man versuchen würde ihn in Verstand aufzulösen[1202].

Das Selbstverständnis, das in den in dieser Untersuchung fokussierten Formen der frühromantischen Ästhetik zur Sprache kommt, zeitigt hier Wirkung als eines, das sich wesentlich darin auszeichnet, dass es gerade im Ungewissen Halt zu finden sucht. Dieser *Halt* als transzendentes Bildungsziel kommt dabei zur Darstellung als ein solcher, dessen unendlicher Gehalt ihn beständig zugleich der Ansicht bzw. der Einsichtnahme entzieht. So kann Schleiermachers monologisierendes Ich, wie ich im ersten Teil dieser Untersuchung gezeigt habe, die Einsicht formulieren, es werde nie „der Vollendung Ziel erreichen"[1203]. Der Vergewisserungsprozess ist seinem Gegenstand angepasst als Bildungsprozess, der sich ins Unendliche fortsetzt. Frank spricht in diesem Zusammenhang u. a. von der Entdeckung der „Ungeborgenheit […] des menschlichen Charakters", die sich in romantischer Ästhetik vermittelt und durch die sich letztere „von einer optimistischen, sei's gottfrohen, sei's metaphysischen Tradition drastisch" abzugrenzen sucht.[1204]

Indem ich die oben aufgenommene Spur weiterverfolge, dass sich in der Ästhetik der (Früh-) Romantik das sich neuformierende Selbstverständnis des Menschen als Individuum nicht nur vermittelt, dieses im Bildungsprozess vielmehr performative Relevanz entfaltet, soll der abschließende Schritt dieses Untersuchungsabschnitts im Anschluss an Überlegungen Charles Taylor unternommen werden. Dieser Autor widmet sich in *Sources of the Self*, das im selben Jahr erscheint wie Franks Vorlesungen über die Ästhetik, der „category of the aesthetic"[1205] im 18. Jh. und ihrer schöpferischen Bedeutung im Hinblick auf den Wandel, den das neuzeitliche Subjekt mit dieser Kategorie in seiner Selbst-Definition vollzieht.

[1201] Emanuel Hirsch weist in seiner Einleitung des Bandes darauf hin, dass es „kein leeres Spiel [ist], wenn nicht Kierkegaard selbst, sondern", wie im vorliegenden Fall, Johannes de Silentio als Verfasser auf dem Titelblatt aufgeführt wird. Kierkegaard pflegt mit Pseudonymen zu arbeiten und „die dichterische Charakterisierung […] bis weit in die Feinheiten des Stils und des individuellen Temperaments hinein" zu treiben. Dabei sind auch die gewählten Namen kein Zufall. „Johannes vom Schweigen soll auf paradoxe Weise an die Gestalt des treuen Johannes aus Grimms Märchen erinnern, der zu Stein wird, weil er das seinen Herren rettende Geheimnis gegen das Schweigegebot ausredet. Im Gegensatz zu diesem tanzt er [sc. Johannes de Silentio] um das Geheimnis des Religiösen […] herum" (aaO. XI).
[1202] KA II, 370 (Einfügung: AS): ÜdU.
[1203] *ReKGA* I/3, 52; vgl. in dieser Untersuchung im Abschnitt II.4.5: 134ff.
[1204] FRANK, Einführung in die frühromantische Ästhetik (1989), 297.
[1205] TAYLOR, Sources of the Self (1931), 373.

2.5 Eine Wende zur bewussten Selbst-Darstellung

Mit dem Titel seines Kapitels, dem ich mich damit in dieser Untersuchung zuwenden,[1206] gibt Taylor bereits die Richtung seiner Interpretation der Romantik vor. Doch seine Beobachtungen untergliedern sich zunächst in zwei Teilaspekte. Einerseits stellt Taylor eine Bewegung fest, die er „internalization"[1207] nennt. Unter diesem Begriff sucht er die Beobachtung zu fassen, dass der Mensch „access to the significance of things"[1208] nun in seiner inneren Anlage sucht und findet. Die Auffassung wird bestimmend, dass jede Einsicht, die nur von *außen* (über den Begriff) gewonnen wird, unvollkommen bleibt. Der Begriff „internalization" bezieht sich also auf eine Verlagerung der Sinnquelle. Taylor verweist dazu auf die Abgrenzung, die mit dieser Verlagerung gegenüber Theorien vollzogen wird, in denen die Vernunft die Position der Sinnquelle einnimmt. Demgegenüber stellt die Vernunft nun gewissermaßen eine Gefahr dar, da sie, wenn ihre Stimme *zu laut* werden sollte, die „inner voice" zum Verstummen bringen könnte. Die Wendung-Nach-Innen bedingt in der Folge auch die Antworten auf die Fragen des guten Lebens. Hierbei sieht Taylor das Fühlen bzw. „an inner impulse" soweit in den Vordergrund treten, dass Handlungen auf diesen ‚inneren Impuls' zurückgeführt werden können.[1209] So könnte also, indem der Gedanken des Autors im Hinblick auf die Ethik weitergeführt wird, nun von einem handlungsleitenden Wert-Empfinden gesprochen werden.[1210] Auf der anderen Seite, stellt Taylor fest, es sei Teil dieser neuen Idee von der Natur des Menschen, „that its realization in each of us is also a form of expression"[1211]. *Expression* heißt dabei für Taylor: „to make [something] […] manifest in a given medium".[1212] Unter dieser Definition kann er das Gefühl (etwa von Schmerz oder Freude), das in den Gesichtszügen sichtbar wird, ebenso berücksichtigen wie das gesprochene und geschriebene Wort oder das Bild. Die Frage, ob einer Äußerung bereits eine leitende Intention zum Ausdruck zugrunde liegen muss, beantwortet Taylor, indem er anfügt: „But to talk of *making manifest* doesn't imply that what is so revealed was already fully formulated beforehand"[1213]. Hier ist also eine Wechselwirkung von Form und Inhalt angezeigt, die der Ansicht widerspricht, Ausdruck könne nur wiedergeben, was in Gedanken bereits vorgegeben ist.[1214] Vorgegeben findet Taylor allein das, was er „inchoate" nennt.[1215] Joachim Schulte übersetzt diesen Begriff mE. produktiv als *Ansatz*, als ein Beginnen also, das, indem es in den Prozess der Kundgabe

---

[1206] Ich beziehe mich im Folgenden im genannten Werk auf den Abschnitt *The Expressivist Turn* (aaO. 369–390).
[1207] AaO. 390.
[1208] AaO. 371.
[1209] Vgl. aaO. 369f (Zitate siehe aaO. 370; 368).
[1210] Vgl. aaO. 371ff.
[1211] AaO. 374 (In dieser Beobachtung findet sich die Rede von einer *Wende zum Expressivismus* begründet).
[1212] Ebd. (Einfügung: AS).
[1213] AaO. 374.
[1214] Das Ausdrucksgeschehen wird also nicht in ein einseitiges Abhängigkeitsverhältnis zum Bewusstsein gerückt.
[1215] TAYLOR, Sources of the self (1931), 374.

übergeht, eine schöpferische Anreicherung erfährt.[1216] Zwar gibt Taylor zu, es könne dazu kommen, dass Gefühle in Gedanken bereits ausformuliert werden, ehe sie konkret kundgegeben werden. Doch, so könnte man hinzusetzen, tritt das Individuum damit auch bereits insofern in den intersubjektiven Dialog ein, als es sich dabei der Voraussetzungen der Sprache bedient. Taylor selbst steht hier in erster Linie der künstlerische Prozess vor Augen, in dem ein Stück oder ein Roman von einem *Ansatz* ausgehend ausformuliert wird.[1217]

Festzuhalten ist, dass mit Überlegungen dieser Art die Aussage in eine unzertrennliche Verbindung mit ihrem Ausdrucks-Medium eingerückt wird.[1218] Diese Perspektive weist zurück auf den im vorausgehenden Abschnitt herausgestellten Zusammenhang zwischen Gestaltungsform und Inhalt im Selbstverständnis der literarischen Produktivität der Frühromantiker. August Ludwig Hülsen kann in diesem Kontext seine Überlegung im Hinblick auf die Möglichkeit solcher Wechselwirkung in einem Brief an seinen Freund Schleiermacher sogar bis zu der Feststellung steigern, dass „es gar keinen Gedanken ohne seinen Ausdruck giebt [sic.]"[1219]. Mit dieser Einschätzung werden Selbstverständnis und Selbstdarstellung des Individuums in ein unzertrennliches Wechselverhältnis eingerückt.

Taylor vertritt im Übrigen die These, dass sich die Wendung der Romantiker in Richtung der inneren Natur zum Verständnis all dessen, was außerhalb des Einzelnen liegt, mit einer Notwendigkeit des Ausdrucks verbindet. Als grundlegend betrachtet er dabei die romantische Überzeugung, dass sich das innere Bewusstsein erst vervollständigt, indem es sich eine bestimmte Gestalt gibt.

Bis zu diesem Punkt der Überlegungen entsteht ein Bild, nach dem sich diese neue Form von Subjektivität auf der Grundlage der neu erschlossenen Kraft der Imagination eigenständig selbst *erfindet*.[1220] Doch das hieße mit Taylor einen wichtigen Aspekt außeracht zu lassen. Er wählt „nature as a source"[1221] in Bezug auf das Selbst nicht allein als Leitmetapher seiner Argumentation, um auf das Innere des Individuums zu verweisen. Vielmehr *sinnt* er mit ihr auch die Vermittlung von Innerer und Äußerer Natur *an*.[1222] So nimmt Taylor mit dem Naturbegriff außerdem eine „cosmic dimension"[1223] in den Blick. Das Subjekt gewinne im „mode of experience"[1224] Zugang zu einem Verständnis seiner selbst als unverrückbarer Teil einer „larger natural order"[1225]. Die

---

[1216] Vgl. ebd. sowie TAYLOR, Quellen des Selbst (1994: übersetzt von Joachim Schulte), 651.
[1217] Vgl. TAYLOR, Sources of the self (1931), 374.
[1218] Vgl. aaO. 651f. Damit umschreibt Taylor den Wandel von der Mimesis zum Ausdruck: d. h. hier, von der bloßen Nachahmung zu einem schöpferischen Geschehen.
[1219] KGA V/4, 36: August Ludwig Hülsen an Friedrich Schleiermacher: 06.05–15.05.1800.
[1220] Vgl. TAYLOR, Sources of the Self (1931), 377ff. In Bezug auf die Imaginationskraft vgl. besonders aaO. 379 (Hervorhebung im Original): Hier differenziert Taylor zwischen „*fancy* (wich merely reproduces) and the imagination proper".
[1221] Exemplarisch ist die Metapher zu finden: aaO. 371.
[1222] Im Anschluss an Kants Überlegungen zu der Möglichkeit der allgemeinen Einstimmung, die im ästhetischen Urteil jedermann *angesonnen* wird (vgl. AA V, 216: KdU, §8).
[1223] TAYLOR, Sources of the self (1931), 377.
[1224] AaO. 373.
[1225] AaO. 369.

Quelle ist also „not just as nature in us"[1226]. Vielmehr ist sie als „current of life"[1227] das Element, das den Einzelnen mit der äußeren Natur verbindet. Die Vermittlung zwischen *innen und außen* vollzieht sich nach dieser Überlegung im und als Ausdruck. D. h., sie vollzieht sich einerseits aufgrund des Ausdrucksgeschehens, das das Individuum *durchströmt*, und andererseits als Ausdruck, dem es selbst-bewusst Gestalt verleiht. Im Hinblick darauf konstatiert Taylor eine zunehmende Auflösung der Grenzen zwischen dem Ethischen und dem Ästhetischen.[1228] Wie sich das Verhältnis von äußerer und innerer Natur jedoch konkret gestaltet, lässt der Autor weitestgehend offen. Die Möglichkeit der Erfahrung[1229], die sich im Strom-Motiv verbildlicht, verweist lediglich auf die Grundlage intersubjektiver Beziehungen. Die erstgenannte Metapher ergänzend kennt Taylor einen „impulse of nature", dem das Individuum zu entsprechen sucht.[1230] *Erfahrung* wie *Naturimpuls* werden dabei von Taylor im Einzelnen verortet, sodass sich das Bild einer Kreisbewegung verfestigt, in der das Selbstbewusstsein von einer äußeren Anregung des Inneren ausgehend schließlich in einer neu gewonnen, ‚reicheren' Form ebenso in sich selbst zurückkehrt bzw. (die Kreisbewegung fortsetzend) aus sich selbst zurückkehrt. Der ästhetische Ausdruck wird zur Erfüllungsfigur, die dem Individuum jenseits rational überprüfbarer Ordnungskriterien eine Möglichkeit zur Vollendung bietet.[1231] Der Zusammenhang von „inchoate" und *Form*, den Taylor in der Entstehung des Ausdrucks aufdeckt, wird von ihm indessen nicht bis zu dessen intersubjektiven Voraussetzungen weiterverfolgt. Wenngleich Taylor auf diese Voraussetzungen – wie etwa eine bereits codierte und nur darum wirksame Mimik und Sprache – implizit Bezug nimmt, wenn er die verschiedenen Ebenen des Ausdrucksgeschehens beschreibt.[1232] Eine solche Generierung von Bestimmtheit müsste indessen, wenn sie im Hinblick auf den Selbst-Ausdruck zugebilligt würde, auch in umgekehrter Richtung angenommen werden.

Taylor betrachtet die romantische Wende als sukzessive Neudefinition des subjektiven Selbstverständnisses, in der die ältere Sinnquelle („the power of disengaged rational control") abgelöst wird durch die neue „power of expressive self-articulation [...] – the power which has been ascribed since the Romantic period to the creative imagination".[1233] Als Folge dieser Erschließung der neuen Sinnquelle sieht er die Entwicklung zum Subjektivismus verstärkt. Doch sei der Verlauf alles andere als spannungsfrei. Denn durch die Anerkennung des ersten Vermögens sei die

---

[1226] AaO. 377.
[1227] Ebd.
[1228] Vgl. aaO. 639ff. Auf die Bedeutung des Vorgangs der Darstellung in seiner ästhetischen Dimension im Kontext des ethischen Systems hat Michael Moxter verwiesen: vgl. DERS., Güterbegriff und Handlungstheorie (1992), besonders 58.
[1229] Begriff und Überlegung leitet Taylor ab von dem Bedeutungsgehalt von αἴσθησις (vgl. Taylor, Sources of the self [1931], 373).
[1230] AaO. 372.
[1231] Vgl. aaO. 377.
[1232] Vgl. aaO. 374.
[1233] AaO. 390.

Anerkennung des zweiten ausgeschlossen, so dass gelten müsse: „A modern who recognizes both these powers is constitutionally in tension."[1234]

Unbeleuchtet bleibt an dieser Stelle der Antrieb für die Anerkennung zweier miteinander konkurrierender Vermögen. Anzuknüpfen wäre hier an Grundlagen der ästhetischen Idee der Romantik, die ich weiter oben bei Kant betrachtet habe: an das Schöne als Symbol, in dem der übersinnliche Grund der Einheit von Sinnlichkeit und Vernunft (Natur und Freiheit) zur Anschauung gelangen kann.[1235] In diesem Punkt zeigt sich, dass die Vermittlung zwischen dem Allgemeinen und dem Besonderen auf eine intersubjektive Ebene angewiesen ist, auf der sich die sinnstiftende Selbst-Darstellung vollzieht. Mit Schleiermachers Darstellung dieses Vorgangs als dem einer unendlichen Verständigung[1236], ebenso wie mit Schlegels ironischem Lob der Unverständlichkeit[1237], ist von zwei Seiten auf den Grund jener *Unruhe* verwiesen, die das Individuum niemals abstreifen kann. Die Triebfeder des natürlichen Wachstums wird durch die auf Intersubjektivität bezogene Bildung beständig in Spannung gehalten.

Diese Wahrnehmung verbindet sich bei Friedrich Schlegel in besonderer Weise mit dem Begriff der Perfektibilität. (Während Schleiermacher – zumindest innerhalb der Texte, die im Zentrum dieser Untersuchung stehen, – auf eben diesen Ausdruck verzichtet.) Mit einem Blick auf den kulturellen Kontext des Begriffs und seine Verwendung bei Schlegel, treten ich in den letzten Abschnitt dieser Untersuchung ein.

3. Perfektibilität: die Idee eines unendlichen Progresses

Die Vorstellung von der *Perfektibilität* (lat. *perfectibilitas*; franz. *perfectibilité*) wird um die Wende vom 17. zum 18. Jh. mit der sog. *Querelle des Anciens et des Modernes* in Frankreich zum Kernpunkt philosophischer Debatten, die sich mit den Diskursen auf dem Gebiet der Ästhetik verknüpfen.[1238] Die Vorstellung beinhaltet die „Auflösung der christlich eschatologisch geschlossenen Weltzeit" in eine „unendliche [...] Zukunft", deren Gestaltung in der Hand des Menschen liegt und dabei mit verschiedenen Formen des Fortschrittsoptimismus Verbindungen eingeht.[1239]

[1234] Ebd.
[1235] Vgl. AA V, 176: KdU, Einleitung III.
[1236] Vgl. *KrKGA* I/2, 10: Hier wird die Differenz laut zwischen dem „eingeschränkten Menschen und der unendlichen Menschheit", die die Notwendigkeit des Mittleramtes begründet.
[1237] Vgl. KA II, 363–372: ÜdU.
[1238] Die Bezeichnung knüpft an das Gegensatzpaar „von *Alten* und *Neueren*" an, das „in der Antike als ein Muster literarischer Polemik ausgebildet" wird. Hans Robert Jauss führt aus, dieser „geschichtsmächtige[] Topos", dessen immanente Logik, „die moderni von heute unentrinnbar zu den antiqui von morgen werden" lasse, habe die geschichtsphilosophische Frage nach der Möglichkeit einer Verhältnisbestimmung von Fortschritt und Wiederkehr stets neu belebt. Auf ihre Bedeutung für die Debatten auf dem Gebiet der Ästhetik, auf dem die Frage nach der Beurteilung der „Werke der Alten" zu denen der „Neuen" im Hinblick auf ihr Verhältnis zum Schönen verhandelt wird, verweist Jauss insbesondere im Hinblick auf die oben im Text genannte sog. „französische Querelle". Deren Wirkung kann er bis in die Ästhetik des deutschen Idealismus hinein nachzeichnen (vgl. Artikel: *Antiqui/moderni [Querelle des Anciens et des Modernes]*: JAUSS, in: HWPh, Bd. 1 (1971), Sp. 410-).
[1239] Artikel: *Perfektibilität*: Baum/Neumeister/Hornig, in: HWPh, Bd. 7 (1989), Sp. 238-.

Der älteste Beleg des Begriffs *perfectibilité* findet sich nach meinem Kenntnisstand in der Erzähltradition um 1750.[1240] Gottfried Hornig verfolgt in seiner Untersuchung dessen Wurzeln bis in die antike Philosophie und die Anfänge des Christentums. Als nachhaltige Impulsgeber betrachtet er einerseits die Lehre von der Gottebenbildlichkeit des Menschen und den sich damit verbindenden ethischen Implikaten eines gottgefälligen Lebens als Annäherung an das vollkommene Urbild.[1241] Andererseits lenkt er den Blick auf den Einfluss von Renaissance, Humanismus und insbesondere der deutschen Aufklärung, der dazu beiträgt, die Sonderstellung des Menschen als bildungsfähiges Geschöpf und damit die Genese der Anthropologie zu begründen.[1242]

Erst ab Mitte des 18. Jh. verbindet sich die allgemeine Vorstellung von einem Vervollkommnungsprozess der menschlichen Gattung im Deutschen mit der Bezeichnung Perfektibilität, die aus Rousseaus Schriften als französisches Lehnwort übernommen wird.[1243] Sodann jedoch findet der Begriff in wenigen Jahrzehnten Verbreitung. Zunächst steht sein anthropologischer und ethischer Bedeutungsgehalt im Vordergrund. Ein Umstand, der sich mit dem Anliegen der Aufklärer verbindet. Perfektibilität bedeutet in dieser Zeit in Bezug auf den Menschen, selbigen primär unter der Perspektive seiner von Gott verliehenen Bildungs- und Entwicklungsfähigkeit wahrzunehmen, mithin als ein Lebewesen, das von seiner Geburt an auf die Möglichkeit seiner Vollkommenheit ausgerichtet ist. Dabei ist der infinite Charakter dieses Vervollkommnungsprozesses bereits mitgedacht.[1244]

Wie sich schon andeutet, hat Perfektibilität im Deutschen Synonyme, die trotz der wachsenden Bedeutung des französischen Begriffs nicht verdrängt werden. Das *Historische Wörterbuch der Philosophie* verweist hier besonders auf die Vervollkommnung und die Vervollkommnungsfähigkeit.[1245] Kant etwa kann als Folge der unendlichen Forderungen, die das moralische Gesetz an ihn stellt, den Menschen als ein Geschöpf beschreiben, dem nichts als „Fortschritt ins Unendliche" übriggelassen ist.[1246] Hornig betont darüber hinaus den Umstand, dass im Deutschen Gegenbegriffe zur Perfektibilität etabliert sind. Er nennt einerseits die *Korruptibilität* und andererseits die *Imperfektibilität* (oder *Nichtperfektibilität*). Entscheidend ist es dabei mit Hornig, im

---

[1240] Vgl. aaO. Abschnitt I: Baum/Neumeister.

[1241] HORNIG, Perfektibilität, in: Gründer (Hg.), Archiv für Begriffsgeschichte, Bd. 24 (1980), 221–257, 222.

[1242] Vgl. aaO. 223. Odo Marquard zeichnet anhand des Begriffs *anthropologia* die Genese der philosophischen Anthropologie nach, die im 16. Jh. ihren Ausgang nimmt, ihrer subalterne Stellung gegenüber der Geschichtsphilosophie indessen erst an dem Punkt entkommt, „wo der *unendliche Progress* der Geschichte als unendliches Ausbleiben ihres Zieles bedrückend wird" (vgl. MARQUARD, Zur Geschichte des philosophischen Begriffs *Anthropologie* seit dem Ende des achtzehnten Jahrhunderts, in: Böckenförde [Hg.], Collegium Philosophicum [1965], 209–239, besonders 211 [Zitat siehe 214, Hervorhebung im Original]).

[1243] Vgl. HORNIG, Perfektibilität, in: Gründer (Hg.), Archiv für Begriffsgeschichte, Bd. 24 (1980), 221–257, 224.

[1244] Artikel: *Perfektibilität*: Baum/Neumeister/Hornig, in: HWPh, Bd. 7 (1989), Sp. 238-: Abschnitt II: Hornig.

[1245] Vgl. ebd.

[1246] AA V, 128: KdpV.

Hinblick auf die Verwendung dieser Begriffe ihre Differenz im Bedeutungsgehalt zu beachten. Denn während *Imperfektibilität* und *Perfektibilität* kontradiktorisch gelesen werden müssen, können *Korruptibilität* und *Perfektibilität* einen Gegenstand gemeinsam beschreiben, ohne dass diese Darstellung einen Widerspruch in sich schließen würde.[1247] Der Begriff der *Korruptibilität* kann die Möglichkeit des Verfalls ergänzend in die Vorstellung einer Fortentwicklung von Individualität und Kultur eintragen.[1248] Die sich in dem Begriffspaar aussprechende ambivalente Stellung, die der Perfektibilität im Denken zukommt, führen Hornig und Behler auf den Einfluss Rousseaus zurück.[1249] Nach dessen Überlegungen trägt der Mensch, mit der Fähigkeit, sich über seinen Naturzustand zu erheben, die ihn vom Tier unterscheidet, zugleich den Grund dafür in sich, zu sich selbst in Widerspruch zu geraten. Denn Rousseau verbindet mit dem Potential zur Vervollkommnung zugleich die Möglichkeit des Verlustes dessen, was durch dieses Potential prozessual erworben wird.[1250] Behler betrachtet in seiner Untersuchung zur Vorstellung der Perfektibilität unter diesem Gesichtspunkt Rousseaus Denken als eines, das den „schroffen Alternativen" der Aufklärung „überlegen bleibt".[1251]

Bereits vor der Wende zum 19. Jh. verzeichnet das Wörterbuch eine Ausweitung des Wirkungsbereichs der Vorstellung von Perfektibilität. Sie richtet sich nun nicht allein auf die menschliche Fähigkeit der Vervollkommnung, vielmehr wird die Geschichte als teleologischer Prozess des Fortschritts betrachtet. Kants Überlegungen um die Jahrhundertwende geben Einblick in die Veränderung des menschlichen Selbstverständnisses, die sich damit vollzieht. Vielleicht, gibt Kant zu bedenken, liegt es doch nur an einer zu „unrecht genommenen Wahl des Standpunktes, aus dem wir den Lauf menschlicher Dinge ansehen, daß dieser uns so widersinnisch [sic.]" erscheint. Freilich sei es dem Menschen nicht möglich, den Standpunkt der Vorsehung einzunehmen.[1252] Dennoch sieht Kant die Möglichkeit gegeben, an einer Erfahrung anzuknüpfen,

---

[1247] Vgl. HORNIG, Perfektibilität, in: Gründer (Hg.), Archiv für Begriffsgeschichte, Bd. 24 (1980), 221–257, 225.

[1248] Vgl. ebd. Hornig bezieht sich für seine Beobachtung auf Herder. Der Begriff der Korruptibilität findet sich indessen auch im *Studienaufsatz* von Schlegel als Gegenüber der Perfektibilität. Dort heißt es in Bezug auf das „Menschenwerk", solches sei „unendlich perfektibel und korruptibel" (KA I, 294: StdA).

[1249] Vgl. ebd. sowie etwa auch die Ausführungen von BEHLER, Unendliche Perfektibilität (1989), 61ff.

[1250] „N'est ce point qu'il retourne ainsi dans son état primitif, et que, tandis que la Bête, qui n'a rien acquis et qui n'a rien non plus à perdre, reste toujours avec son instinct, l'homme, reperdant par la vieillesse ou d'autres accidents, tout ce que sa *perfectibilité* lui avait fait acquérir, retombe ainsi plus bas que la Bête même? Il seroit [sic.] triste pour nous d'être forcés de convenir, que cette faculté distinctive, et presque illimitée, est la source de tous les malheurs de l'homme; que c'est elle qui le tire, à force de tems, de cette condition originaire, dans laquelle il couleroit des jours tranquile, et innocents; que c´est elle, qui faisant éclore avec les siècles ses lumières et ses erreurs, ses vices et ses vertus, le rend à la longue le tiran [sic.] de lui-même, et de la nature" (ROUSSEAU, Discours sur L'inégalité [1754]/Diskurs über die Ungleichheit, französisch-deutsch [1984], 102ff [Hervorhebung im Original]. An dieser Ausgabe orientiert sich auch meine Übersetzung des Textes].

[1251] BEHLER, Unendliche Perfektibilität (1989), 64.

[1252] AA VII, 83: StF.

die als eine Begebenheit auf eine Beschaffenheit und ein Vermögen [...] [sc. des Menschengeschlechts] hinweiset, Ursache von dem Fortrücken desselben zum Besseren und [...] Urheber desselben zu sein"[1253].

Eine solche Begebenheit bestehe indessen nicht etwa in wichtigen Taten der Menschen, sondern vielmehr in der „Denkungsart der Zuschauer", die sich in solchen Fällen als „allgemeine und doch uneigennützige" parteinehmende Teilnahme zeige. Von dieser Teilnahme schließt Kant „(der Allgemeinheit wegen)" auf „einen Charakter des Menschengeschlechts im Ganzen", den er dazu „(der Uneigennützigkeit wegen)" als einen Beweis für den „moralischen Charakter desselben wenigstens in der Anlage" betrachtet. Dieser lasse „das Fortschreiten zum Besseren nicht allein hoffen", er sei vielmehr „selbst schon ein solches", insofern „das Vermögen für jetzt" Bestand habe.[1254]

Wird Kant an dieser Stelle selbst als Zuschauer jener Begebenheit in den Blick genommen, auf die er im Kontext seiner Überlegungen deutlichen Bezug nimmt, indem er paradigmatisch auf die „Revolution eines geistreichen Volkes"[1255] verweist, so zeigt sich an ihm mE. auch die Reaktion eines Menschen, der angesichts der Ereignisse nicht anders kann, als einen positiven Verlauf der Geschichte zu entwerfen, anstatt sich in der Vorstellung von „Cyklen und Epicyclen bis zur Ungereimtheit [zu] verwickeln"[1256]. Der Einfluss dieser Art des Denkens verliert mit dem Aufstieg Napoleons zwar an Kraft. Dennoch, betont Hornig, erhält sich der Fortschrittsoptimismus und damit die Bedeutung der Perfektibilitätsvorstellung auch im 19. Jh., indem sie sich mit den raschen Entwicklungen auf den Gebieten von Industrie, Wissenschaft und Bildung verbindet.[1257]

Auffallend ist, dass Hegel, der seinerseits die Weltgeschichte als Prozess der Vervollkommnung betrachten kann, sich dennoch scharf gegen „eine Perfektibilität, die in infinitum fortgeht, ohne je an's Ziel zu kommen" abgrenzt.[1258] Perfektibilität wird dabei auf die Vorstellung eines „unbestimmte[n] Fortgang[s]" bezogen, mit dem Hegel die Konsequenz der Preisgabe der bestimmten Gestalt verbindet.[1259] Es bleibe „etwas, das der Begriff nicht verdauen, nicht auflösen [...] könnte"[1260], etwas was „ihm [sc. dem Begriff] entgegen" stünde, ihn „entzweite".[1261] Solches aber sieht Hegel „als die höchste Zerrissenheit, Unseligkeit" daliegen.[1262] Er betrachtet es darum letzthin als Notwendigkeit, in die Darstellung der Weltgeschichte als Progress eine Zielvorstellung einzutragen. Die Vorstellung von unendlicher Perfektibilität steht nach dieser Überlegung also einem teleologischen Vervollkommnungsprozess gegenüber.

Damit deutet sich die Möglichkeit einer Differenzierung der Begriffe von Perfektibilität und Vervollkommnung an. Ein Weg, den Behler in seiner Untersuchung

---

[1253] AaO. 84 (Einfügung: AS).
[1254] AaO. 85.
[1255] AaO. 85.
[1256] AaO. 83 (Einfügung: AS).
[1257] Vgl. BEHLER, Unendliche Perfektibilität (1989), 64.
[1258] HEGEL, Gesammelte Werke, Bd. 27.1 (2015), 47: Vorlesungen über die Philosophie der Weltgeschichte: Nachschriften zu dem Kolleg des Wintersemesters 1822/23: Allgemeine Einleitung: III.
[1259] AaO. 48.
[1260] Ebd. (siehe im Apparat: Nachschrift von Griesheim).
[1261] Ebd.
[1262] Ebd. (siehe im Apparat: Nachschrift von Griesheim [Einfügung: AS]).

zu plausibilisieren sucht, indem er u. a. an Überlegungen anknüpft, die Condorcet in seiner Schrift *Esquisse d'un tableau historique des progrès de l'esprit humain*[1263] anstellt, die 1794 nach dem Tod ihres Autors veröffentlicht wird. Darin trägt der Autor die Idee vor, dass die Erfindung des Alphabets (als Grundlage „einer nicht-sinnlichen Mitteilungsform") dem Menschen die Möglichkeit eröffnet, sich in seiner Entwicklung von „der sinnlichen, naturhaften Basis" zu lösen. Dieser Gedanke wird von Behler als Ausgangspunkt dafür betrachtet, dass die Perfektibilität für Condorcet „jenen künstlichen Charakter, der sie im wahrsten Sinne des Wortes unendlich" macht, gewinnen kann. Behler sieht damit auch diejenigen Grenzen überwunden, die er dagegen in der deutschen Philosophie durch die metaphysischen Strukturen der Vorstellungen von Vervollkommnung durchgehalten findet.[1264]

Mit dieser Überlegung wende ich mich nun erneut Schlegel zu, bei dem das Interesse, das diesen Untersuchungsabschnitt begründet, seinen Ausgang genommen hat. Der erste Blick soll dabei der Funktion gelten, die die Perfektibilitätsvorstellung in Schlegels Überlegungen zu einer ästhetischen Bildung im Erfahrungs- und Denkraum Frühromantik annimmt, um diese im zweiten Schritt zu Schleiermachers Äußerungen dieser Zeit, die sich mit der Möglichkeit der Bildung befassen, ins Verhältnis zu setzen.

3.1 Die unendliche Perfektibilität bei Friedrich Schlegel

Schlegel arbeitet insbesondere im *Studienaufsatz* mit dem Perfektibilitätsbegriff. Die Entstehung dieses Textes ist im Kontext seiner Beschäftigung mit Condorcets oben genannter Schrift zu verorten.[1265] Im Anschluss an seine Lektüre verfasst Schlegel eine Rezension, die 1795 im dritten Band des *Philosophischen Journals Einer Gesellschaft teutscher Gelehrter* erscheint. Darin zeigt er sich von der „Gültigkeit" der von Condorcet vorgetragenen Idee einer „unendliche[n] Perfektibilität" im Hinblick auf die Entwicklung der Menschheit „überzeugt".[1266] Jedoch formuliert er darüber hinaus verschiedene Einwände gegen Condorcets Darstellung dieser Entwicklung. Neben dem Umstand, dass er die sittliche Bildung als „Bestandteil der gesamten menschlichen Bildung" zu gering gewürdigt findet, sie vielmehr nur als „Anhang der intellektuellen und politischen Bildung" in den Blick genommen sieht[1267], bemängelt der Rezensent, es

---

[1263] Ich zitiere im Folgenden aus der französisch-deutschen Ausgabe: DE CONDORCET, Esquisse d'un tableau historique des progrès de l'esprit humain (1754)/Entwurf einer historischen Darstellung der Fortschritte des menschlichen Geistes, Französisch-Deutsch (1963). Dazu orientiere ich mich an der mit dieser Ausgabe vorliegenden Übersetzung von Wilhelm Alff.

[1264] BEHLER, Unendliche Perfektibilität (1989), 107.

[1265] KA VII, 3–10: CR. Schlegel folgt hier wohl einer Anregung von Caroline Böhmer (die später seine Schwägerin wird), mit der er in dieser Zeit vertrauten Umgang pflegt. Behler verweist hier auf vorausgehende Untersuchungen Jacob Minors (vgl. KA VII, XXV). Vgl. außerdem KA XXIII, 235f: Caroline Böhmer an Friedrich Schlegel: Braunschweig, Juni 1795. Vgl. dazu auch Behler in: DERS., Unendliche Perfektibilität (1989), 292.

[1266] KA VII, 8: CR.

[1267] AaO. 5: CR. Womit Friedrich Schlegel einen Leseeindruck, den Caroline Böhmer ihm gegenüber geäußert hatte, bestätigt (vgl. KA XXIII, 236: Caroline Böhmer an Friedrich Schlegel: Braunschweig, Juni 1795).

fehle dem Autor die „Andeutung des inneren Zusammenhanges" des Bildungsvorganges im Hinblick auf dessen Bestandteile und äußere Bedingungen. „Ja es fehlt sogar an einem bestimmten und vollständigen Begriff des Ganzen aller menschlichen Wissenschaften".[1268] Damit ist hier mE. auch ein Mangel angesprochen, der explizit nicht zur Sprache kommt. Indem er die Notwendigkeit eines Begriffs vom Ganzen behauptet, indiziert Schlegel im Hinblick auf die Vorstellung eines unendlichen Vervollkommnungsprozesses die Notwendigkeit, die Einheit dieser Bewegung zumindest *anzusinnen*[1269]. Dem Gedankengang folgend, muss die Beziehung zu einem Ziel in eine Darstellung, soll sie angemessen sein, eingetragen werden. Dazu äußert Schlegel im Hinblick auf Condorcets Argumentation Zweifel, „ob die unendliche Perfektibilität [...] allein ein hinreichendes Prinzip der Geschichte der Menschheit sei".[1270] Dieser Überlegung geht das Urteil voraus, dass der rezensierte Text gerade auf jene Fragen, „auf deren Beantwortung es eigentlich ankommt", keine Antworten bietet. Besagte Fragen, die Schlegel auf das „eigentliche *Problem* der Geschichte" bezieht, sieht er in der Beobachtung der „Ungleichheit der Fortschritte in den verschiedenen Bestandteilen der gesamten menschlichen Bildung" ebenso begründet wie in den „Rückfälle[n] und Stillstände[n] der Bildung".[1271]

Einerseits kann Friedrich Schlegel den Visionär in Condorcet würdigen als einen „Geist, der seinem Zeitalter zuvoreilt"[1272] und dessen Blick sich daher auf eine *erfüllte* Zeit zu richten vermag. Andererseits verweist der Rezensent auf eben jene Problematik, die bereits Rousseau dazu bewogen hat, die Fähigkeit des Menschen zur Vervollkommnung die Quelle seines Glücks wie seines Unglücks zu nennen.[1273] Seine eigene Antwort auf die Frage, wie das „Prinzip der Geschichte der Menschheit"[1274] vollständig dargestellt werden müsste, deutet Schlegel in seinem kurzen Rezensionstext indessen lediglich an. „Mit Vergnügen", schreibt er dort im Hinblick auf Condorcet, „bemerke ich wenigstens einen Keim des wichtigen Begriffs der *Wechselwirkung* der Bildung".[1275] Um der Bedeutung dieser Bemerkung und damit Schlegels Vorstellung von Perfektibilität weiter nachzugehen, gilt es also, diesen Autor an jenen Stellen in den Blick zu nehmen, an denen er die Perfektibilität weitergehend darstellt.

Im *Studienaufsatz* unterscheidet Schlegel im Hinblick auf den Fortschritt der Bildung zwischen der natürlichen und der ästhetischen Bildung. Allein die Vervollkommnungsfähigkeit letzterer kann er als eine unbeschränkte betrachten.[1276] Wie ich oben gezeigt

---

[1268] KA VII, 5: CR.
[1269] Um an die Überlegungen anzuknüpfen, die ich mit Kant im vorangehenden Untersuchungsabschnitt angestellt habe (vgl. in dieser Untersuchung 190ff: Abschnitt III.2; vgl. zum verwendeten Begriff bei Kant: AA V, 216: KdU, §8).
[1270] KA VII, 8: CR.
[1271] AaO. 7 (Hervorhebung im Original; Einfügungen: AS): CR.
[1272] AaO. 9: CR.
[1273] Vgl. ROUSSEAU, Discours sur L'origine (1754)/ Diskurs über die Ungleichheit, französisch-deutsch (1984), 111.
[1274] KA VII, 8: CR.
[1275] AaO. 9 (Hervorhebung im Original): CR.
[1276] Vgl. KA I, 214: StdA.

habe, findet Schlegel ebenso wie Schiller[1277] im Anschluss an Kant auf dem Gebiet der Ästhetik den Zugang zu dem *Ganzen* als einer harmonischen Einheit von „Sinnlichkeit und Geistigkeit"[1278]. Damit ist mE. bereits deutlich, dass der Schreiber des *Studienaufsatzes* mit der sinnlich-naturhaften Grundlage der menschlichen Entwicklungsfähigkeit im Prozess der Vervollkommnung als einem integralen Bestandteil der infiniten Bewegung rechnet. Dies zeigt sich auch darin, dass Schlegel das Schöne eine den Sinnen „*angenehme Erscheinung des Guten*" nennen kann.[1279] Zugleich ist mit dieser Bezeichnung der Fortgang auf dem Gebiet der ästhetischen Bildung mit einem Fortgang auf dem Gebiet der sittlichen Bildung verwoben.[1280]

Die Einheit von Geist- und Naturanlage als Grundlage und Ziel seiner geschichtsphilosophischen Vorstellungen bringt Schlegel innerhalb der *Athenäums-Fragmente* auf die Begriffe von „Universalpoesie"[1281] und „Universal-philosophie"[1282], die nach den dort vorgetragenen Überlegungen ineinandergreifen. Im *Studienaufsatz* hingegen ist Schlegel im Hinblick auf den Bildungsfortschritt noch ganz auf „das *höchste Schöne*" konzentriert. Auch hier legt er indessen die Darstellung eines unendlichen Annäherungsprozesses mit dem Ziel vor, ein „vollständige[s] Beispiel der unerreichbaren Idee" zu realisieren.[1283] Indem der Autor seinem Leser die Einigung von Natur und Geist als ästhetischen Bildungsvorgang vorstellt, äußert er sich wiederum zu der Schwierigkeit, „den eigentlichen Punkt" zu treffen, um die „Theorie der Perfektibilität", die er „einleuchtend" findet wie „[n]ichts" anderes, tatsächlich sinnvoll auf die Geschichte der Menschheit anwenden zu können. Denn werde eben dieser *eigentliche* Punkt verfehlt, könne dies zu den schlimmsten Missverständnissen führen. Was Schlegel hier sucht, ist nach seinen eigenen Worten die Möglichkeit, „das verworrene Gewebe der Erfahrung in seine einfachen Fäden aufzulösen".[1284] Mit dieser Aussage deutet sich, so meine ich, erneut die Problematik an, deren Beobachtung den Autor

---

[1277] Vgl. in dieser Untersuchung im Abschnitt III.2: 190ff.

[1278] Vgl. KA I, 268: StdA.

[1279] AaO. 288 (Hervorhebungen im Original): StdA.

[1280] In seiner Condorcet-Rezension findet Schlegel in der Beobachtung, dass Condorcet die sittliche Bildung des Menschen (die der Rezensent selbst als den „den schwierigsten Teil des Ganzen" bezeichnet) nicht als „Bestandteil der gesamten menschlichen Bildung", sondern vielmehr nur als ein „Anhang der intellektuellen und politischen Bildung" betrachten könne, einen Kritikpunkt (KA VII, 5: CR.). Auch hierin knüpft Schlegel mE. an die Überlegungen Caroline Böhmers an, die in ihrer Empfehlung des Werkes gegenüber Schlegel kritisch bemerkt: „Sie werden sehn, wie flüchtig er [sc. Condorcet] die Sittlichkeit des Menschen berührt, und wie sie sich aus den Zahlen als Zahl ergeben soll, nicht einmal für die Summe der Rechnung gehalten wird. Und wir haben sie doch nicht zu suchen unter den Himmelscörpern [sic.], wohin die Leiter der Zahlen reicht – sie ist nicht dort – sie ist hier" (KA XXIII, 236: Caroline Böhmer an Friedrich Schlegel: Braunschweig, Juni 1795 [Einfügung: AS]).

[1281] KA II, 182f: AthF Nr 116: Fr. Schlegel. Zur Universalpoesie heißt es hier weiter: „Ihre Bestimmung ist [...], alle getrennten Gattungen der Poesie wieder zu vereinen, und die Poesie mit der Philosophie und der Rhetorik in Berührung zu setzen" (aaO. 182).

[1282] KA II, 200: AthF. Nr. 220: Fr. Schlegel. An dieser Stelle überlegt Schlegel, dass „alle Philosophie" „nichts anderes als der Geist der Universalität, die Wissenschaft aller sich ewig mischenden und wieder trennenden Wissenschaften", ist (ebd.).

[1283] KA I, 287f (Hervorhebungen im Original; Einfügung: AS): StdA.

[1284] AaO. 263: StdA.

bereits im Hinblick auf Condorcets Schrift zu der Bemerkung veranlasst hatte, darin würden die *eigentlichen* Fragen umgangen: Die Geschichte erschließt sich der Erfahrung nicht *ohne Weiteres* als Vervollkommnungsprozess. Es gilt mithin, dieser Überlegung weiter folgend, die dem Fortschritt entgegenstrebenden Kräfte in die Darstellung miteinzubeziehen. Wenn Schlegel indessen die Notwendigkeit markiert, den *eigentlichen Aussichtspunkt* auf die Geschichte zu bestimmen, bewegt er sich bis in seine Formulierung hinein durchaus in großer Nähe zu Condorcet. Dieser betont seinerseits, es gelte einen bestimmten „terme" zu erreichen, um die „véritable perfectionnement de l'espèce humaine" richtig einschätzen zu können.[1285] Für Condorcet besteht dieser *Punkt* nun darin, jedes bedeutsame Ereignis in der Geschichte im Blick auf seine Wirkung auf die Mehrzahl der Angehörigen der jeweiligen Gesellschaft zu beurteilen. Darin betrachtet er „le véritable objet de la philosophie". Denn alle langfristigen Folgen eines solchen Ereignisses (sei es ein politischer Umsturz, eine Entdeckung oder die Entwicklung einer neuen Theorie) sind nach diesem Maßstab allein als Mittel zu dem Zweck im Blick, auf die Vervollkommnung des Menschengeschlechts als Ganzes zu wirken.[1286]

Schlegel geht indessen mE. insofern über Condorcet hinaus, als er im *Studienaufsatz* die Aussage gelten lässt, Menschenwerk sei im Allgemeinen ebenso „unendlich perfektibel" wie „korruptibel".[1287] Im Anschluss an die oben eingeführte Überlegung zu der Differenz von Korruptibilität und Imperfektibilität, ist damit zwar der Perfektibilitätsvorstellung durch Schlegel nicht widersprochen, sie wird jedoch in eine ambivalente Stellung gerückt. Schlegel verknüpft dabei die Möglichkeit der Korruptibilität ganz mit der Stärke der Natur, die „freilich alle Kultur mit einem Streich vernichten könnte"[1288]. Zwar stellt er in Aussicht, im „Kampf" von Freiheit und Natur werde die Freiheit zuletzt den Sieg davontragen. Indessen gibt es keinen Hinweis darauf, dass er dieses Ereignis an einem Punkt in der Zeit verankert. Insofern kann also auch in Bezug auf Schlegel von einem infiniten Progress gesprochen werden.[1289]

Einerseits betrachtet dieser Autor den Bildungsfortschritt als eine Bewegung, die sich gleich etwa der eines Steines verhält, der einmal angestoßen, den Berg immer weiter hinunterrollt und dies mit zunehmender Kraft.

Denn die Kraft des Menschen wächst mit verdoppelter Progression, indem jeder Fortschritt nicht nur größere Kraft gewährt, sondern auch neue Mittel zu ferneren Fortschritten an die Hand gibt.[1290]

Gegenüber dieser Eigendynamik macht Schlegel jedoch die Möglichkeit des Irrtums bzw. des Missverständnisses im Verlauf dieses Prozesses als die Möglichkeit des Scheiterns der Protagonisten der Bildungsbewegung geltend.[1291] Auch in dieser

---

[1285] DE CONDORCET, Esquisse d'un tableau historique des progrès de l'esprit humain (1754)/Entwurf einer historischen Darstellung der Fortschritte des menschlichen Geistes, Französisch-Deutsch (1963), 340.
[1286] AaO. 340.
[1287] KA I, 294: StdA.
[1288] AaO. 262f: StdA.
[1289] AaO. 263: StdA.
[1290] Ebd.
[1291] Vgl. ebd.

Überlegung kann er an Condorcet anknüpfen, der seinerseits darauf verweist, dass „[l]es opérations de l'entendement" zum Irrtum (l'erreur) führen können. Ebenso gibt Condorcet zu, „certains préjugés" hätten in „chaque époque de nos progrès" entstehen und ebenso natürlich lange über den Zeitpunkt ihrer Entstehung hinaus ihre Wirksamkeit entfalten können.[1292] Er erklärt dies durch einen Verweis auf die Eigenart der menschlichen Natur.[1293] Dennoch zeigt sich Condorcet angesichts der Anfälligkeit des Bildungsprozesses, die er in verschiedenen seiner Zeit vorangehenden Epochen[1294] der Bildung bestätigt findet, zuversichtlich. Endlich[1295] sei die Zeit reif. Die Entwicklung des Fortschritts in den Wissenschaften, auf dem Gebiet der Philosophie und des Rechts habe in Verbindung mit der Verbreitung des Buchdrucks eine Höhe erreicht, hinter die der Mensch nicht mehr zurückfallen könne. Zu viele Menschen würden bereits daran partizipieren, als dass man fürchten müsste, die Errungenschaften dieses Prozesses könnten wiederum in Vergessenheit geraten.[1296]

Demgegenüber betrachtet Schlegel diejenige Bildungsstufe, die der Freiheit gegenüber der Natur den endgültigen Vorteil bringen kann, als eine, die *noch nicht* eingetreten ist. So betont er in seinem *Studienaufsatz*, es wäre nichts anderes als ein „sich selbst bestrafender Irrtum" angesichts der Aussicht auf einen Sieg der Freiheit untätig beim gegenwärtigen Bildungsstand zu verweilen. Um die ersehnte Bildungsstufe einzuleiten, fordert Schlegel von allen, die für diesen Vorteil in Gestalt einer „ästhetische[n] Revolution" eintreten, „Kraft und Entschluß" ein.[1297] Umso bedeutsamer muss es für den Autor sein, die Möglichkeiten einer Erfüllung dieser Aussicht zu erörtern.

Ich habe oben darauf hingewiesen, dass Schlegel schon in seiner Condorcet-Rezension im Hinblick auf den Fortgang der Bildung die Notwendigkeit der Wechselwirkung anzeigt. Im *Studienaufsatz* dann wird dieser Begriff genutzt, um das Verhältnis von Sinnlichkeit (Natur) und Geist (Gemüt) darzustellen. „Alles menschliche Tun und Leiden", heißt es da, „ist ein gemeinschaftliches Wechselwirken des Gemüts und der Natur".[1298] Entweder müsse die Natur oder das Gemüt (bzw. der Geist), „den letzten Grund des Daseins eines gemeinschaftlichen Produkts enthalten, oder den ersten bestimmenden Stoß zu dessen Hervorbringung geben".[1299] Allein im zweiten Fall sieht

---

[1292] DE CONDORCET, Esquisse d'un tableau historique des progrès de l'esprit humain (1754)/Entwurf einer historischen Darstellung der Fortschritte des menschlichen Geistes, Französisch-Deutsch (1963), 40.
[1293] Vgl. aaO. 40.
[1294] In dieser Untersuchung wurde der Begriff der Epoche bereits diskutiert. Ich orientiere mich hier jedoch an der Begriffswahl Condorcets.
[1295] Zu denken ist im Kontext an den Zeitpunkt, an dem Condorcet seine Schrift verfasst.
[1296] DE CONDORCET, Esquisse d'un tableau historique des progrès de l'esprit humain (1754)/Entwurf einer historischen Darstellung der Fortschritte des menschlichen Geistes, Französisch-Deutsch (1963), 334.
[1297] KA I, 269f (Einfügung: AS): StdA. Da er das Schöne als Darstellung des Guten betrachtet, kann Schlegel an anderer Stelle auch von der „moralische[n] Revolution" sprechen (aaO. 155 [Einfügung: AS]: StdA.).
[1298] AaO. 266: StdA. Der kritische Apparat verweist zu dieser Aussage darauf, dass Schlegel *Geist* und *Gemüt* synonym nutzten kann.
[1299] Ebd.

Schlegel die Richtung durch das freie Vermögen bestimmt, das seinen Zweck wählt. Das Ergebnis ist die ästhetische Darstellung bzw. das Kunstwerk, bei dem der Zweck, der seine Entstehung bestimmt, die einzelnen Bestandteile zur Einheit zusammenführt. Der Vorgang der ästhetischen Bildung bezogen auf das einzelne Werk zeigt sich bereits in diesem Text verflochten mit dem Fortgang der Bildung selbst. Denn das ästhetische Vermögen tritt dort u. a. als die Möglichkeit in den Blick, mittels der spielenden Einbildungskraft „die nächstkommende [sc. Stufe der Bildung] glücklich zu erraten" und dieselbe, indem sie ins Werk gesetzt wird, der Anschauung zugänglich zu machen.[1300] Die auf diese Weise eröffnete (durch die Sinne vermittelte) Aussicht auf die jeweils nächste Stufe des Fortschritts, wird von Schlegel als die Voraussetzung für die Realisierung desselben betrachtet.[1301] In der Darstellung dieses Progresses kann er bereits innerhalb seines Rezensionstextes auf die oben eingeführten Synonyme des Perfektibilitätsbegriffs zurückgreifen. Die Rede ist von der „künftigen Vervollkommnung der menschlichen Gattung"[1302] oder dem steten „Fortschreiten"[1303] der Menschheit.[1304] Als kurze Zeit nach diesem Text die *Athenäums-Fragmente* entstehen, ist die Perfektibilität ihrem Begriff nach bei Schlegel bereits wieder in den Hintergrund getreten, während die Bedeutung des unendlichen Vervollkommnungsprozesses im Denken des Autors mit klaren Zügen bestehen geblieben ist und es auch künftig bleibt.[1305] So steht im *Gespräch über die Poesie*, das im Jahr 1800 im dritten Heft des *Athenäums* erscheint, und in dem die Poesie als Inbegriff ästhetischer Bildung betrachtet wird, bereits in der Vorrede die Unendlichkeit des Bildungsvorgangs im Zentrum der Darstellung. „Nie", erklärt Schlegel an dieser Stelle eindringlich, „wird der Geist [...] auf dieser Bahn [sc. der Selbstbildung] bis ans Ende dringen, oder wähnen, daß er es erreicht"[1306]. Im Anschluss an Condorcet sieht Behler bei Schlegel den besonderen Nachdruck auf die „ABSOLUTE[...] *Unendlichkeit*, der Fortschritte"[1307] gelegt. Darin sei

---

[1300] AaO. 263: StdA; vgl. aaO. 267f (Einfügung: AS).
[1301] Vgl. aaO. 262: StdA. Als Beispiel wird hier konkret Goethes Werk angeführt. Einige Jahre nach der Veröffentlichung seines *Studienaufsatzes* kann Friedrich Schlegel, wie ich weiter oben bereits gezeigt habe, den dichtenden Geist, der im Verlauf des unendlichen Progresses Ganzheit darstellt, wo sie *noch nicht* ist, zur Voraussetzung dafür erklären, dass diese Einheit langfristig entsteht durch ein „ein glückliches Erraten dessen, was ohne dies nicht aufzufinden wäre" (KA XII, 403/404: Die Entwicklung der Philosophie in zwölf Büchern [Köln 1804- 1805]: Zweites, drittes und viertes Buch: Die Psychologie als Theorie des Bewusstseins). Ich nehmen damit Überlegungen aus dem vorangegangenen Untersuchungsabschnitt auf.
[1302] KA VII, 4: CR.
[1303] KA VII, 7: CR.
[1304] Dabei ist anzumerken, dass auch Condorcet selbst keinesfalls durchgängig allein von *Perfektibilität* schreibt, sondern ebenfalls gebräuchliche Synonyme anwendet, indem er etwa den progrès (Fortschritt) nennt (vgl. DE CONDORCET, Esquisse d'un tableau historique des progrès de l'esprit humain [1754]/Entwurf einer historischen Darstellung der Fortschritte des menschlichen Geistes, Französisch-Deutsch [1963], 334/335).
[1305] Besonders prominent findet sich dieser Bezug im 116. Fragment des Athenäums, in dem Schlegel die „romantische Dichtart" als eine beschreibt, deren „eigentliches Wesen" es sei, „daß sie nur werden, nie vollendet sein kann". (KA II, 183: AtF Nr. 116: Fr. Schlegel)
[1306] KA II, 284f: GüdP.
[1307] KA XVIII, 506 (Hervorhebungen im Original): PhilF Beilage 1 (1796), Nr. 12. Vgl. auch KA XVIII, 518: PhilF Beilage 2 (1796), Nr. 9. Dieses Fragment steht dem ersten in Inhalt wie Wortlaut nahe.

in Schlegels Gedankengang die Abweichung „von jeder vorbekannten Zielvorstellung" begründet, so man, überlegt Behler, denn hier überhaupt noch von einem Ziel der Bildungsbewegung sprechen könne.[1308]

Nun bietet, wie oben deutlich geworden ist, Schlegel durchaus verschiedentlich Bezüge auf ein Ziel der ästhetischen Bildung. Dieses Ziel ist allerdings eines (und hierin erklärt sich mE. Behlers Vorbehalt), das sich für das endliche Bewusstsein, indem es sich sehnsüchtig darauf richtet, als ein ewig Unerreichbares erweist. Die Sehnsucht ist demgemäß ihrerseits unerschöpflich, d. h. mit Schlegel gesprochen, sie „erzeugt" sich aus der „Fülle der Befriedigung" selbst „ewig von neuem".[1309] Eben als solche ist diese Sehnsucht wesentlicher Antriebsmotor des Bildungsprozesses. Ziel und Zweck der Bewegung fallen mithin zusammen. Ohne sich seinerseits konkret auf das Vermögen des ästhetischen Urteils zu beziehen, zeigt sich Schlegels Denken auch hier mit demjenigen Kants verwoben, indem der Autor mit der Möglichkeit der ästhetischen Bildung das Gebiet der Freiheit im reflexiven Verhältnis von Darstellendem und Dargestelltem erschließt. Das Vermögen der sog. progressiven Universalpoesie findet Schlegel, in der Möglichkeit

zwischen dem Darstellenden und dem Dargestellten, frei von allem realen und idealen Interesse auf den Flügeln der poetischen Reflexion in der Mitte [zu] schweben, diese Reflexion immer wieder [zu] potenzieren und wie in einer endlosen Reihe von Spiegeln [zu] vervielfachen[1310].

Dort, wo die ästhetische Idee in dem beschriebenen Reflexionsprozess in ihrem unendlichen Sinnreichtum hervortritt und sich damit einem bestimmten Begriff verweigert, kann, wie ich oben veranschaulicht habe, Hegels Kritik ansetzen. Denn dieser bemängelt in der Perfektibilität eine Unterbestimmtheit, die sich mit dem Begriff selbst ‚entzweit'[1311]. Es ist aber auch deutlich geworden, dass Schlegel seinen Weg einschlägt, weil er die Unendlichkeit als verfehlt betrachten muss, so sie in einen Begriff Eingang findet. Ich habe den hier dargestellten Progress, der sich an der ästhetischen Erfahrung entzündet, darum bereits im vorangehenden Abschnitt als eine unendliche Annäherungsbewegung an das Bestimmte interpretiert. Der Schritt über die „Schwelle der Reflexion"[1312] wird dabei zwar beständig vorbereitet, die Schwelle rückt jedoch zugleich mit jedem Schritt weiter zurück. So kann explizit im Blick auf den jungen Schlegel festgehalten werden, dass dieser anders als Hegel die Differenz zwischen dem Reellen und dem Absoluten zu betonen sucht. Dies wird nicht zuletzt in der

---

[1308] BEHLER, Unendliche Perfektibilität (1989), 284.

[1309] KA II, 284f: GüdP. Im selben Jahr wie das *Gespräch über die Poesie* erscheint Schellings, System des transzendenten Idealismus, in dem der Autor die ästhetische Anschauung als die „Odyssee des Geistes" beschreibt, „der wunderbar getäuscht, sich selber suchend, sich selber flieht" (SCHELLING, System des transzendenten Idealismus [1800], 223: 6. Hauptabschnitt, §3 [Folgesätze]).

[1310] KA II, 182f (Einfügungen: AS): AthF Nr. 116: Fr. Schlegel. Vgl. dazu bei Kant: AA V, 351ff (besonders 353): KdU, § 59.

[1311] HEGEL, Gesammelte Werke, Bd. 27.1 (2015), 47: Vorlesungen über die Philosophie der Weltgeschichte: Nachschriften zu dem Kolleg des Wintersemesters 1822/23: Allgemeine Einleitung: III.

[1312] Vgl. FRANK, Einführung in die frühromantische Ästhetik (1989), 222; 223 (Zitat siehe 223). Vgl. auch die Überlegungen in Hegels *Differenzschrift*: HEGEL, Gesammelte Werke, Bd. 4 (1968), 13: Differenz des Fichte'schen und Schelling'schen Systems der Philosophie (1801).

„symbolischen Kraft"[1313] deutlich, die Schlegel dem Kunstwerk zuerkennt. Der Perfektibilitätsbegriff kann dieser Betonung auch deshalb dienen, weil selbiger bei der Markierung der Gegenposition als Abgrenzungsmarker genutzt wird.

An dieser Stelle soll nun Schleiermacher als Schlegels *Mitbewohner* im Erfahrungs- und Denkraum *Frühromantik* auf seinen Umgang mit der Perfektibilitätsvorstellung hin genauer befragt werden.

3.2 Die unendliche Vervollkommnung des frommen (Selbst-)Bewusstseins bei Friedrich Schleiermacher

Damit wende ich mich im Interesse dieser Untersuchung in dem nun folgenden Schritt zunächst wiederum den *Reden* und *Monologen* zu. Wie oben bereits angemerkt, ist es im Blick auf diese Texte augenfällig, dass gerade hier der Begriff der Perfektibilität nicht fällt, während die Entwicklung bzw. die Bildung des Individuums dabei doch zentral verhandelt wird. Dies hat die Untersuchung bereits deutlich gezeigt. Der zeitliche Kontext dieser Texte ist dabei zu beachten. Schleiermachers *Reden* und *Monologen* entstehen ebenso wie Schlegels *Gespräch über die Poesie* um die Jahrhundertwende, mithin also zu einem Zeitpunkt, zu dem Schlegel selbst zwar weiterhin Wege der *Vervollkommnung* darzustellen sucht, jedoch den Begriff *Perfektibilität* in seinen Texten nicht mehr zu Wort kommen lässt. Unter den Tagebucheintragen Schleiermachers, die im Zeitraum zwischen 1796–1799 zu verorten sind, ist indessen unter anderem eine Notiz zu lesen, in der dieser Begriff Eingang gefunden hat.

Freundschaft ist Annäherung zur Individualität in's Unendliche, und daher selbst in's Unendliche theilbar und *perfektibel*, und nur Annäherung zu sich selbst.[1314]

Diese Stelle kann beim frühen Schleiermacher zwar allein als seltenes Fundstück gelten. Doch dass der hier mit wenigen Strichen umrissene Individuationsprozess des Selbstbewusstseins im Raum der geselligen Mitteilung ein tragendes Element im Denken Schleiermachers bleibt, verweist auf den Umstand, dass dieser Denker seine Einsichten über einen langen Zeitraum entwickelt. Dies zeigt sich auch darin, dass sich unter Schleiermachers genannten frühen Notizen unter anderem eine findet, die bis in den Wortlaut hinein auf Überlegungen der *Monologen* vorausweist. Der Autor bezieht sich darin, wie auch in der oben zitierten Notiz, auf die Wechselwirksamkeit der Freundschaft im Bildungsprozess, indem er erklärt, dass dem Menschen

mit jedem, der ihm abstirbt, ein Teil seines Wesens ab [sc. -stirbt]. Jede Aeußerung eines Menschen ist ein Akkord, für den der Grundton fehlt, wenn derjenige nicht mehr da ist, der ihn hervorlockt. Sie ist dann unverständlich und stumm, und es bleibt im Gemüth nur die Erinnerung an Harmonien, die nicht mehr klingen. So sterben wir stückweise. Wem schon viele gestorben sind, der hat keine Harmonien mehr zu verlieren und wenn er nachstirbt, reißt er nur anderen die Grundtöne ab zu ihren Akkorden. So sterben

---

[1313] KA II, 354: GüdP.
[1314] KGA I/2, 38 (Hervorhebung: AS): Vermischte Gedanken und Einfälle: Gedanken I (1796–1799): Nr. 170.

wenig bessere Menschen, aber jeder tödtet, indem er stirbt, nachdem er vielfach getödtet worden, so lange er lebte [...].[1315]

Wenn Schleiermacher gerade in dem Zeitraum, in dem auch Schlegel die Perfektibilität für sich *entdeckt*, dieser Begriff in die Feder fließt, kann dies als besonderes Indiz für den wechselseitigen Einfluss der Freundschaft und Denkgemeinschaft gelesen werden, der sich auch auf die Wortwahl auswirkt. In diesem Fall kann es allerdings umso weniger verwundern, dass Schleiermacher seine den ersten *Gedanken und Einfällen* folgenden Verschriftlichungen zum Werden des Individualitätsbewusstseins in keiner besonderen Weise mit dem Begriff verknüpft, während Schlegel seinerseits bald wieder auf dessen Verwendung verzichtet. Beide Denker verbindet darüber hinaus im Anschluss an Kant die Idee, dass der Reflexion im Bildungsvorgang entscheidende Bedeutung zukommt, da sie es als das Medium betrachten, durch das alles, was zum Bewusstsein dazugehört, hindurchgehen muss.[1316] Aus dieser Überlegung erschließt Schleiermacher in den *Reden* nicht zuletzt die Trennung von Anschauung und Gefühl als notwendige Folge der unmittelbaren Erfahrung *des Universums*. Es bleibt „die Anschauung vor mir als eine abgesonderte Gestalt [...] wie das Bild der sich entwindenden Geliebten in dem aufgeschlagenen Auge des Jünglings"[1317].

Mit der Ausdifferenzierung, die sich damit vollzieht, ist ein weiterer Unterschied, freilich allein implizit, angedeutet. Das sich bildende Individuum kann sich in dem Prozess, den Jörg Dierken als „religiöse[] Selbsterhellung"[1318] bezeichnet, – d. h. in der Reflexionsbewegung, die auf die sinnliche Erfahrung des Universums folgt und in der sich das Subjekt zu seiner Erfahrung ins Verhältnis setzt – selbst nicht in unmittelbarer Einheit mit dem Universum betrachten. Das Gottesbewusstsein, das hier entsteht, ist wesentlich Bewusstsein für das Andere. Die paradoxe Folgerung lautet: „nur an einem Gegensatz [...] ist man sich der Einheit bewußt"[1319]. Was genau diesen Bruch eigentlich auslöst, bleibt in Schleiermachers Darstellungen der Religion in ihrem Vollzug indessen unausgesprochen.[1320] Die Bilder, die er heraufbeschwört, um das *Zauberische* jenes Moments vor Augen zu führen, eröffnen Vergleiche mit der Natur, die mit erotischer Erfahrung verknüpft werden. Doch gerade damit bleibt der Autor hier letztlich (wie auch

---

[1315] KGA I/2, 7f. Vermischte Gedanken und Einfälle: Gedanken I: Nr. 7 (Datiert auf den 18. August 1797, veranlasst durch einen Brief an Lotte). Im vierten Monolog dann heißt es: „Wol kann ich sagen, daß die Freunde mir nicht sterben; ich nehm ihr Leben in mich auf, und ihre Wirkung auf mich geht niemals unter: mich aber tödtet ihr Sterben. Es ist das Leben der Freundschaft eine schöne Folge von Akkorden, der, wenn der Freund die Welt verläßt, der gemeinsame Grundton abstirbt. [...] Durch sterben tödtet jedes liebende Geschöpf, und wem die Freunde Viele gestorben sind, der stirbt zuletzt den Tod von ihrer Hand, wenn ausgestoßen von aller Wirkung auf die, welche seine Welt gewesen, und in sich selbst zurück gedrängt, der Geist sich selbst verzehrt" (*Mo*KGA I/3, 51).
[1316] Vgl. *Re*KGA I/2, 72 (Zitat siehe ebd.).
[1317] *Re*KGA I/2, 74.
[1318] DIERKEN, Glaube und Lehre im modernen Protestantismus (1996), 344. Karl Jaspers hat den Prozess, den Dierken unter oben genanntem Begriff zu fassen sucht, als den des „Glaubens" beschrieben, „der denkend sich zum Bewußtsein bringt und dann Glaubenserkenntnis heißt". Diese *Bewegung* des Bewusstseins verbindet mit Jaspers Philosophie und Theologie miteinander. (JASPERS, Gesamtausgabe, Abteilung 1, Bd. 13 [2016], 532: Philosophie und Offenbarungsglaube [1963].)
[1319] KGA II/10.1, 143: Ausarbeitungen zur Dialektik (1814/1815), §215.2.
[1320] Wie bereits Dierken anmerkt (vgl. DERS., Glaube und Lehre [1996], 320).

Schlegel) dabei, im Hinblick auf die Notwendigkeit der einsetzenden Reflexion lediglich ein unhintergehbares Faktum zu konstatieren. Schleiermacher zeigt sich des Umstandes, dass er in dem Beginn eines Selbstbewusstseins, das zugleich Gottesbewusstsein ist, einen Punkt erreicht hat, der sich dem Begriff entzieht, indessen durchaus bewusst. „Könnte und dürfte ich ihn doch aussprechen, andeuten ihn wenigstens, ohne ihn zu entheiligen!"[1321] Wobei nur zu deutlich wird, dass jenes Nicht-Können die Frage des Dürfens grundlegend relativiert. Religion bewahrt in dieser Darstellung ein Moment, das Dierken als die „Unverrechenbarkeit der Vollzugswirklichkeit von Religion"[1322] bezeichnet. Die Bestimmtheit der einzelnen Religion(en) folgt für Schleiermacher wiederum notwendig aus diesem Moment der Unbestimmtheit. Denn das Individuum tritt im Vollzug der reflexiven Bewegung aus sich heraus und bestimmt sich selbst, indem es sein Selbst-Bild zu den Bildern bzw. zu den Vorstellungen, die andere von ihm haben, ins Verhältnis setzt. Hier liegt für Schleiermacher der Umstand begründet, dass die Religion und damit das religiöse Individuum notwendig gesellig ist.[1323] Moxter interpretiert auf dieser Grundlage die Reflexion als die „Beziehung des je individuellen Selbstbewußtseins" auf die lebendige Einheit einer (Religions-) Gemeinschaft, wie sie sich für Schleiermacher im Besonderen in der in ihrer Bildung begriffenen Kirche realisiert.[1324]

Als Ergebnis der Reflexion steht in diesem Prozess das Bild vor Augen, das ins Mittel tritt, um auf die unmittelbare Anschauung zu verweisen, die sich dem Auge mit der einsetzenden Reflexion entzieht. Dass der Gegenstand dieser Erfahrung in den *Reden* als *das Universum* bezeichnet wird, lenkt die Aufmerksamkeit bereits auf die Unendlichkeit des reflexiv geleiteten Annäherungsprozesses. Die *Monologen* setzen in ihrer Darstellung des sich bildenden Individuums ihrerseits als Reflexionen[1325] ein, indem sie die „äußere Welt [...] mit ihren flüchtigsten Erscheinungen" mit einem Zauberspiegel vergleichen, der „in tausend zarten und erhabenen Allegorien" einen Blick auf das „Höchste und Innerste unseres Wesens" gewährt.[1326] Das Ich, das sich in diesem Text ausspricht, formuliert sein Bewusstsein für die Unendlichkeit seiner hier umrissenen Aufgabe aus.

[1321] *Re*KGA I/2, 73.
[1322] DIERKEN, Glaube und Lehre (1996), 383.
[1323] In den *Reden* heißt es in diesem Zusammenhang: „je heftiger ihn [sc. den Menschen] etwas bewegt, je inniger es sein Wesen durchdringt, desto stärker wirkt auch der Trieb, die Kraft deßelben auch außer sich an Andern anzuschauen, um sich vor sich selbst zu legitimiren, daß ihm nichts als menschliches begegnet sei" (*Re*KGA I/2, 177).
[1324] MOXTER, Urteilskraft und Intersubjektivität, in: Kodalle/Steinmeier (Hgg.), Subjektiver Geist (2002), 25–36, 35.
[1325] Schleiermacher übertitelt seinen ersten Monolog als *Reflexionen*.
[1326] *Mo*KGA I/3, 6. Die Vorstellung einer Wechselwirkung von sinnlich wahrnehmbarer Natur und Vernunft im Progress der Bildung, die hier lesbar wird, gilt Schleiermacher auch als Voraussetzung dafür, dass Individuen zueinander in ein wechselseitiges Ergänzungsverhältnis treten können, indem sie durch Selbstdarstellung füreinander *zu Bildern werden*, die Wirkung entfalten können. Vgl. dazu z.B. aaO. 38: Hier legt das monologisierende Ich seine Überlegungen dar, Sitte und Sprache sollten das Innere des gebildeten Individuums nach außen abbilden, so dass Gleichgesinnte, die einander Ergänzung bieten können, zueinander finden können, indem sie sich erkennen.

„[N]ie werd ich fertig sein, weil ich weiß und will, was ich soll"[1327]. Dass Schleiermacher die Perfektibilitätsvorstellung sodann nicht allein auf Bildung des einzelnen Selbstbewusstseins, sondern auch auf die Bildung *der Religion* – mithin auf die Bildung der unendlichen Vielfalt möglicher bestimmter Anschauungen des Universums – beziehen kann, indem er die Verschränkung der Bildung des Individuums mit der Bildung der Gemeinschaft konsequent denkt, wird insbesondere in der fünften Rede explizit. Dort geht der Autor auf die Entwicklung der Religionen als in sich gebildete Gemeinschaften religiöser Individuen ein. Die Überlegung, dass das geistige Zentrum einer solchen Gemeinschaft jeweils eine bestimmende Grundanschauung des Universums bildet, verbindet sich nun mit der Einsicht in eine notwendige Pluralität religiöser Gemeinschaften. Schleiermacher findet in dieser Vielfalt allerdings nicht allein die Grundlage einer fruchtbaren Wechselwirkung der Individuen. Er betrachtet die Religionen darüber hinaus als Darstellungsformen des religiösen Bewusstseins, die Zeugnis von einer fortschreitenden Entwicklung ablegen.[1328] Habe eine zentrale Anschauung des Universums erst „ihren Kreis durchlaufen", da die Menschheit „in ihrer fortschreitenden Bahn" so weit vorangekommen sei, dass eben jene Anschauung nicht mehr wiederkehren könne, so könne auch die Religion in derjenigen Gestalt, die ihr eine bestimmte Anschauung verleiht, nicht mehr existieren. Das Christentum tritt aus dieser Einschätzung als diejenige der Religionen hervor, die „über sie alle erhaben" ist. Eine Vorrangstellung, die Schleiermacher auch darin begründet findet, dass das Christentum die „Vergänglichkeit seiner Natur ausdrücklich" anerkennen kann.[1329] Die Zeit, in der die christliche Hoffnung, der *Vater* möge eines Tages *alles in allem* sein,[1330] zur Erfüllung gelangt, wird nach dem von diesem Autor vorgetragenen Verständnis zum schlechthinnigen Ziel des Bildungsprogresses. So mündet die Vorstellung produktiver Differenz zuletzt in den Gedanken allumfassender Einheit. Jedoch ist dies eben, wie in dieser Untersuchung an verschiedenen Stellen wiederholt hervorgetreten ist, eine Einheit, die *immer noch* aussteht.[1331] Im Hinblick auf die Frage, wann der Prozess der

---

[1327] AaO. 58.
[1328] Das DW kennt zur Darstellung dieser Entwicklung den Begriff der Bildungsstufe, den es mit einem Verweis auf Goethe aufnimmt (vgl. Artikel: *Bildungsstufe, f.,* in: ¹DWb, Bd. 2 [1860], Sp. 24, Z. 38). In der Neubearbeitung findet sich dazu der Hinweis auf Fr. Schlegel (vgl. Artikel: *Bildungsstufe, f.,* in: ²DWb, Bd. 5, Sp. 244, Z. 22). Das Goethe-Wörterbuch (GWb) kann den Begriff u. a. bei Schiller und Winckelmann nachweisen (vgl. Artikel: *Bildungsstufe*: Harlass, in: GWb, Bd. 2 [1989], Sp. 715). In seiner Glaubenslehre unterteilt Schleiermacher in seiner Darstellung der frommen Gemeinschaften diese in unterschiedliche „Entwicklungsstuffen", innerhalb derer er darüber hinaus verschiedene Arten voneinander differenzieren kann. Diese Überlegungen sind verbunden mit Einschätzungen zu den „Stuffen der menschlichen Entwicklung" (KGA I/7.1, 47: DcG¹, §14; vgl. dazu auch KGA I/13.1, 60: DcG², §7; vgl. außerdem: KA VII, 5: CR).
[1329] *Re*KGA I/2, 308.
[1330] Vgl. ebd. Schleiermacher bezieht sich auf 1. Kor 15. 28.
[1331] Dierken merkt an: „Es ist offensichtlich, daß Schleiermachers gesamte Argumentation [...] auf die Notwendigkeit eines in Indifferenz beschlossenen Absoluten sowie dessen gedankliche Uneinholbarkeit abhebt, auf diese *Gegenwart des Absoluten im Gefühlsvollzug*" (DIERKEN, Glaube und Lehre [1996], 341 [Hervorhebung im Original]).

Vervollkommnung zur Vollendung gelangt, gibt Schleiermacher bereits in den *Reden* die Auskunft, jene Möglichkeit liege „außer aller Zeit"[1332].

An diesem Punkt der Überlegung wird deutlich, dass nicht allein Schlegel das Prinzip der Korruptibilität in den Perfektibilitätsprozess einträgt. Der Redner über die Religion benennt das der Welt „inwohnende[] irreligiöse[] Pricip", das sich darin beständig zeigt, dass es dem Endlichen „[a]uch indem es das Universum anschauen will", dennoch widerstrebt, sich mit diesem zu vereinen. So, folgert Schleiermacher,

> sucht [sc. das Endliche] immer ohne zu finden und verliert was es gefunden hat, immer einseitig, immer schwankend, immer beim Einzelnen und Zufälligen stehen bleibend, und immer noch mehr wollend als anschauen verliert es das Ziel seiner Blike [...].[1333]

In der Glaubenslehre ist die christliche Anerkennung dieses Prinzips[1334] zum Sündenbewusstsein ausgearbeitet. Als solches spricht es sich auch in der Einsicht aus, dass die Kirche „immer wieder Welt[1335] in sich auf" nimmt, sodass der „Conflict" zwischen der werdenden Kirche und der „Gewalt der Sünde" als ein beständig fortdauernder gedacht werden muss. Im Umkehrschluss wird auch die Vollendung der Kirche als eine ‚immer noch ausstehende' gedacht.[1336] Diese Überlegung bleibt nicht ohne Folgen für die Frage nach der Möglichkeit der Darstellung des „vollendeten Zustandes".[1337]

Da es für Schleiermacher ausgeschlossen ist, dass die Kirche diesen Zustand „in dem Verlauf des menschlichen Erdenlebens" erreicht, zieht er aus dessen Darstellung für die Bildung allein den Nutzen eines vorläufigen Vorbildes, „welchem wir uns nähern sollen".[1338] Denn er betont, dass „uns" auf dem gegenwärtigen und also unvollendeten Standpunkt keine vollendete Lehre von der Vollendung der Kirche zu entstehen vermag, „da unser christliches Selbstbewußtsein geradezu nichts über diesen uns ganz unbekannten Zustand aussagen kann".[1339] Der Zustand der Vollendung wird mithin als etwas so schlechthin Neues erwartet, dass es keiner „Gabe des Geistes" zuerkannt werden kann, diese Zukunft „vorzubilden".[1340] Sie wird „ganz jenseits aller menschlichen Dinge" verortet. „[U]nsere Thätigkeit" kann auf diese Zeit also „gar keinen Einfluß ausüben [...], ja [der Mensch vermag] deren Bild [...] aus Mangel aller Analogie schwerlich richtig zu fassen oder sicher festzuhalten".[1341]

[1332] *ReKGA* I/2, 308.
[1333] AaO. 293.
[1334] Ebd.
[1335] *Welt* wird hier zum Synonym für alle Menschen, von denen gilt, dass in denen das Sündenbewusstsein *noch nicht* erweckt worden ist (vgl. KGA I/13. 2, 456f: DcG², §157).
[1336] AaO. 457.
[1337] AaO. 456.
[1338] Ebd.
[1339] AaO. 457.
[1340] Ebd.
[1341] Ebd. (Einfügungen: AS). Die Parallele zu Kants Überlegungen zur Möglichkeit des Analogieschlusses im Hinblick auf Ideen ist auch hier deutlich sichtbar (vgl. AA V, 321ff: KdU, §51).

Die hier markierte Grenze dessen, was durch Voraussicht erreicht werden kann, ist umso augenfälliger, als für Schleiermacher ebenso wie für Schlegel[1342] die Möglichkeit der *Vorbildung*, was das Diesseits der menschlichen Dinge angeht, bereits in frühen Überlegungen in der Form eines produktiven Umgangs mit Unbestimmtheit entscheidende Bedeutung entfaltet. So kann sich das Ich der *Monologen* als den „prophetische[n] Bürger einer spätern Welt" betrachten, zu der es „durch lebendige Fantasie und starken Glauben hingezogen" wird, während zugleich gilt, dass die Bildung dieser späteren Welt durch ihre vorausschauende Darstellung gefördert wird.[1343]

In der Glaubenslehre dann wird im Hinblick auf diesen unendlichen Bildungsprozess, der durch Voraussicht geleitet wird, explizit als die „Vorstellung von einer Perfectibilität des Christenthums"[1344] identifiziert. Der Begriff, der diesen Untersuchungsabschnitt begründet, kommt damit gerade dort zur Sprache, wo Schleiermacher sich genötigt fühlt, eine bestimmte Richtung der Perfektibilitätsvorstellung abzuwehren. Keinesfalls dürfe das Christentum als Teil eines Vervollkommnungsprozesses betrachtet werden, in dessen Verlauf sich eine religiöse Anschauung aus der anderen entwickelt.[1345] Während der Autor bereits in seinen *Reden* die Notwendigkeit der Entwicklung religiöser Individuen in den Vordergrund seiner Argumentation gerückt hat, hebt er in der Glaubenslehre nun die *Herabwürdigung* einer Religion zu einem „Durchgangspunkt" in der Geschichte der Vervollkommnung als die Gefahr eines Bezugsverlustes zu dem zentralen Aspekt der jeweiligen religiösen Anschauung hervor. Für das Christentum bedeute dies schließlich den Verlust eines Bezuges zu der „Erlösungsthätigkeit Christi".[1346] Die Weiterentwicklung der Religion (und explizit des Christentums), die Schleiermacher hier vor Augen hat, steht mithin unter dem Vorbehalt, dass sie in keinem Fall durch einen Identitätsverlust erkauft werden darf.

Indem er die Bedeutung der Individuen der Religionen mit der Perfektibilitätsvorstellung verknüpft, kann Schleiermacher auch die Bedeutung des jeweiligen Kontextes als die unhintergehbare Bedingung, unter der sich die Entwicklung solcher Identität vollzieht, in seinem Gedankengang berücksichtigen. So rechnet der Autor schon in den *Monologen* damit, dass die Verwirklichung des „innersten Gehalt[es]" eines „geistigen Wesens" durch die Grenzen, die eine Sprache dem Denken auferlegt, eingeschränkt ist. Diese Überlegung zeigt sich von der Prämisse geleitet, dass die

---

[1342] Wie am Beispiel der Condorcet-Rezension deutlich geworden ist.
[1343] *Mo*KGA I/3, 35 (Einfügung: AS). Während Schlegel seinerseits auf diese Möglichkeit Bezug nimmt, indem er etwa das „prophetische Vermögen des Witzes" herauszustellen sucht (KA II, 163: LycF Nr. 126; vgl. dazu in dieser Untersuchung im Abschnitt III.2.4: 198ff).
[1344] KGA I/7.1, 62: DcG¹, §18.1. Der Begriff der Perfektibilität fällt hier nicht, in seinen Überlegungen zur christlichen Sitte jedoch kann Schleiermacher den „Zustand […] der Kirchengemeinschaft" explizit als einen „der Perfectibilität" beschreiben (SW I/12, 126: Die christliche Sitte nach den Grundsätzen der evangelischen Kirche im Zusammenhange. Aus Schleiermachers handschriftlichem Nachlasse und handgeschriebenen Vorlesungen [1843]: Erster Teil, Abschnitt I: Gegensatz des repräsentativen und des correctiven auf dem Gebiet des reinigenden Handelns).
[1345] Dieser Vorstellung wird bereits in den Reden entschieden widersprochen. In ihnen betont der Verfasser, dass „jede Anschauung des Unendlichen völlig für sich besteht, von keiner andern abhängig ist und keine andere nothwendig zur Folge hat" (*Re*KGA I/2, 249).
[1346] KGA I/7.1, 62: DcG¹, §18.1.

jeweilige Sprache das Denken unhintergehbar beeinflusst.[1347] In seiner Glaubenslehre verweist Schleiermacher dazu darauf, dass auch die Handlungen im Kontext der „Verhältnisse" zu betrachten sind, „durch welche sie bestimmt werden".[1348]

Die Idee der Möglichkeit einer Überwindung dieser *Grenze*, die der jeweilige Bildungskontext für das Individuum darstellt, ist für Schleiermacher dabei ebenso unaufgebbar wie für Kant das, was dieser als die theologische Grundlage des Urteilens[1349] und damit als die notwendige Voraussetzung eines intersubjektiven Kommunikationsprozesses identifiziert. Kant entwickelt aus dieser Überlegung, wie ich oben erläutert habe, den Anspruch auf „subjektive Allgemeinheit"[1350]. Der Begriff veranschaulicht die Möglichkeit, „sich in die Stelle jedes andern" zu versetzen, „indem man bloß von den Beschränkungen, die unserer eigenen Beurtheilung zufälliger Weise anhängen, abstrahiert".[1351] Nun lohnt es sich an dieser Stelle mE., Kant daraufhin zu befragen, wie dieses *subjektive Allgemeine* eigentlich möglich werden kann. Seine Antwort findet sich in der Einsicht formuliert, dass im Akt des Urteilens für den Einzelnen die Herausforderung darin liegt, dass „er glauben" *muss* „Grund zu haben, jedermann ein ähnliches Wohlgefallen zuzumuthen".[1352] Diese Voraussetzung wird von Kant letzthin zu dem sog. „Gemeinsinn" ausbuchstabiert.[1353] Selbigen sieht er gewissermaßen im Vollzug bestätigt.[1354] Das heißt also, dass die Voraussetzung des Urteilens Wirklichkeit wird, indem diejenigen, die am Prozess der Urteilsbildung beteiligt sind, dem Sollen entsprechen, das ihnen zugemutet wird.[1355] Die Dynamik entfaltet sich mithin aus dem Glauben (in Form der Zumutung gegenüber dem Anderen) zu einer auch hier prozessual gedachten Erfüllung. Dies ist eine Prämisse, die Schleiermacher seinerseits religionstheoretisch geltend macht, indem er im Hinblick auf das Werden der Religionsgemeinschaft den „Gemeingeist"[1356] als das Element einführt, das diese Gemeinschaft trägt. Unter diesem Begriff fasst Schleiermacher einerseits die im Glauben

---

[1347] Vgl. *Mo*KGA I/3, 37.

[1348] Für Schleiermacher gilt hier einerseits, dass „es menschliches Denken ohne Worte nicht giebt", womit die Sprache (ebenso wie die Handlungen) andererseits zugleich „beständig die Verhältnisse, durch welche sie bestimmt werde[], mithin auch die Unvollkommenheit abspiegele" (KGA I/13.2, 44: DcG², §93.2)

[1349] Es geht hier explizit um das Teilen subjektiver Einsicht mit anderen.

[1350] AA V, 212: KdU, §6; vgl. dazu in dieser Untersuchung Abschnitt III.2.1: 190ff.

[1351] AaO. 294: KdU, §40.

[1352] Bei Kant ist im Kontext der Entwicklung der Möglichkeit des ästhetischen Urteils zu lesen: „[D]a der Urteilende sich in Ansehung des Wohlgefallens, welches er dem Gegenstand widmet, völlig frei fühlt: so kann er keine Privatbedingungen als Gründe des Wohlgefallens auffinden, an die sich sein Subject allein hinge, und muß es daher als in demjenigen begründet ansehen, was er auch bei jedem anderen voraussetzen kann; folglich muß er glauben Grund zu haben, jedermann ein ähnliches Wohlgefallen zuzumuthen" (AA V, 211: KdU, §6).

[1353] AaO. 237f (Zitat siehe 238): KdU, §20.

[1354] Vgl. aaO. 238f, besonders 239: KdU, §21.

[1355] Vgl. aaO. 239f: KdU, §22. Von der Zumutung, die in einer solchen Art des Urteilens liegt schreibt Kant etwa in §7 (vgl. aaO. 212).

[1356] KGA I/13.2, 244: DcG², §116.3. Ein Begriff, der als solcher bereits darauf verweist, dass Schleiermacher die Vermittlung von Differenz und Einheit in der Pneumatologie verhandelt. Schleiermacher entwickelt den Begriff im Anschluss an den politischen Begriff des *common sense*, den er freilich, ebenso wie Kant in eine bestimmte Richtung interpretiert.

zugängliche Voraussetzung, mit der der Einzelne in die Kirche als dem Raum wechselseitiger Mitteilung des unmittelbaren Selbstbewusstseins eintritt.[1357] Zugleich gilt hier ebenso wie im Hinblick auf Kants „Gemeinsinn", dass diese Voraussetzung als etwas begriffen werden kann, das durch das Bewusstsein realisiert wird, das in der religiösen Gemeinschaft zur Mitteilung kommt.

> Alle im Stande der Heiligung lebenden sind sich eines inneren Antriebes im gemeinsamen Mit- und gegenseitigen Aufeinanderwirken immer mehr Eines zu werden als des Gemeingeistes des von Christo gestifteten Gesamtlebens bewußt.[1358]

Während jedoch Schleiermachers Gotteslehre einerseits von dem Gedanken schlechthinniger Einheit geprägt ist – worauf bereits der Umstand verweist, dass der junge Schleiermacher den Begriff des Universums an die Stelle des Gottesbegriffs setzt – findet das seiner selbst bewusstwerdende Individuum sich damit andererseits in unhintergehbarer Differenz zu dieser Einheit. Der entscheidende Punkt scheint mir darin zu liegen, dass Schleiermacher, indem er die Bildungsbewegung eines Individuums unter die Prämissen der Perfektibilitätsvorstellung stellt, letztere ebenso wie Schlegel dafür einsetzt, um das höchst fragile Gedankengeflecht, in dem die Dualität von Differenz und Einheit bestehen kann, aufrecht zu erhalten.[1359] So kann Schlegel im Hinblick auf die idealische Darstellung vermerken, „[d]as Einzelne" sei gerade „das unentbehrliche Element des Allgemeinen".[1360] Das ästhetische Werk ist damit nicht zuletzt als Verkörperung von Kontingenz zu betrachten. Frank bringt diese Bemühung in seiner sprachtheoretisch orientierten Untersuchung von Schleiermachers Texten auf den Begriff des *individuellen Allgemeinen*[1361]. Damit zeigt der frühromantische Gedanke produktiver Unbestimmtheit für die Darstellung von Individualität bei Schleiermacher langfristig Wirkung, indem er die Umrisse des Individuums als etwas zeichnet, das weder als feststehende Konzeption des Denkens betrachtet werden könnte noch sollte. Vielmehr muss mE. mit Schleiermacher Individualität als fragmentarisches Selbstverständnis begriffen werden, dessen Aussicht auf Teilhabe an einer Ganzheit beständig zukünftig bleibt.[1362] Daraus erschließt sich ein Selbstbild, das sich aus der eigenen Selbstbetrachtung *und* dem *Blick der Anderen* formt. Das auf diesem Weg

---

[1357] Schleiermacher betont im Hinblick auf den Gemeingeist bzw. den heiligen Geist: dessen „Vorhandensein […] in jedem ist die Bedingung seines Antheils an dem Gesammtleben [sic.]" (KGA I/13.2, 281: DcG², §121.2). Zu diesem Thema hat Dorothee Schlenke ausführlich gearbeitet: vgl. DIES., *Geist und Gemeinschaft* (1998); vgl. auch MOXTER, Pneumatologie als Differenztheorie, in: Freiheit denken (2021), 31–47, hier besonders 43.

[1358] KGA I/13.2, 278: DcG², §121.

[1359] Arnulf von Scheliha rückt unter diesem Gesichtspunkt den Differenzgedanken, der bei Schleiermacher im Blick auf religiöse Individualität zur Sprache kommt, in seiner Interpretation der Perfektibilitätsvorstellung als entscheidenden Aspekt in den Vordergrund, so dass er Perfektibilität als Leitfigur für die Weiterbildung der christlichen Religion im interreligiösen Dialog vorschlagen kann (vgl. VON SCHELIHA, Der Islam im interreligiösen Dialog [2004], 106).

[1360] KA I, 320: StdA.

[1361] Vgl. FRANK, Das individuelle Allgemeine (1977).

[1362] Das Gegenteil wäre gesagt, wenn das Individuum „gleichsam als abkünftig von einem es inkludierenden Ganzen" betrachtet werden würde (MOXTER, Urteilskraft und Intersubjektivität, in: Kodalle/Steinmeier [Hgg.], Subjektiver Geist [2002], 25–36, 35).

entstehende Bild, legt die unerschöpfliche Tiefe seines Bedeutungsgehalt im Deutungsprogress immer weiter offen.

Der einzelne Mensch, der sich auf diese Weise als Individuum zu verstehen beginnt, und damit, wie Schleiermacher es formuliert, „das heilige Gebiet der Freiheit"[1363] betritt, kann der Frage nach sich selbst künftig ebenso wenig entkommen[1364] wie der Einsicht, dass er der Antwort auf diese Frage nicht ohne den Anderen näherkommen kann, in welchem ihm diese Frage zuerst und im Folgenden immer neu begegnet.

[1363] *Mo*KGA I/3, 9.

[1364] Bernhard Waldenfels beschreibt die Begegnung mit dem Unendlichen als die Frage, mit der der Eine, indem er sie dem Anderen stellt, letzteren zu einer Antwort herausfordert. Waldenfels bestimmt den Menschen im Anschluss an diese Überlegung als den *homo respondens* (den antwortenden Menschen). Als Paradigma dieser Bestimmung führt er den Mythos von der Sphinx an, der in der Tragödie um Ödipus lebendig wird. Die Sphinx als das Un-menschlich-Andere begegnet dem Ortssuchenden Ödipus, indem sie diesem eine Frage auf Leben und Todt stellt. Waldenfels findet dabei in Ödipus, der sich dem Rätsel stellt, einen Menschen repräsentiert, der sich als brückenschlagendes Zwischenwesen zeigt, das auf seiner Ortssuche „sich und die Welt in Unruhe versetzt" (WALDENFELS, Sozialität und Alterität [2015], 16). In dem sich auf dieser Ortssuche entwickelnden Dialog zwischen dem Einzelnen und dem Anderen sieht Waldenfels einen Bedeutungsspielraum entstehen, in dem für den Einzelnen uneinholbare Unendlichkeit im Anderen erfahrbar wird (vgl. aaO. 18). Im Anschluss an Maurice Blanchot spricht Waldenfels von einer relationalen Singularität als einer „Fremdheit zwischen uns" (aaO. 106). Dieser Ansatz ließe sich mE. im Rückblick auf die Untersuchung mit dem ästhetischen Programm der Frühromantik ins Gespräch bringen.

IV. (K)EIN ABSCHLUSS

Weiterführende Überlegungen

1. Unerfindliche Erfindsamkeit

[E]r erinnerte sich an die Vergangenheit und sein Leben ward ihm, indem er es ihr [sc. Lucinde, der Geliebten] erzählte, zum ersten Mal zu einer gebildeten Geschichte.[1365]

Mit diesem Zitat wird eine Art Zwischenbilanz lesbar, die Julius (der Protagonist in Schlegels *Lucinde* [1799]) rückblickend für sein Bildungsleben erschließt. Zugleich eröffnet der Autor dem Leser damit eine neue Perspektive auf den Akt des Erzählens selbst, indem er diesen nun zum Gegenstand der Erzählung macht. Die Geschichte von Julius, in deren Verlauf er seine Bildung zum Individuum begreift, die Historie seines Lebens könnte man sagen, wird als die Geschichte eines Bildungserlebnisses geschildert, das seinen Kulminationspunkt darin erreicht, dass der Protagonist in der erinnernden Rückschau zum Bildner seiner eigenen Geschichte wird. So stilisiert Schlegel den Blick auf die dynamische Beziehung zwischen rezeptiver Reflexivität und ästhetischer Produktivität zu einem Offenbarungsmoment im Bildungsleben eines Individuums. Von diesem *Aussichtspunkt* aus erschließt sich eine Einheit, die sich freilich – im Werden begriffen – dem Blick stets zugleich entzieht. In der Rolle des Julius formuliert Schlegel die Einsicht: „[W]ir [finden] den Keim zu allem in uns […] und [bleiben] doch ewig nur ein Stück von uns selbst"[1366]. Werden zusätzlich die autobiographischen Parallelen eingeblendet, die Schlegel in der Lucinde-Erzählung (insbesondere für den impliziten Adressatenkreis in Jena und Berlin deutlich) als Spur anlegt, so eröffnet der Autor seinen Lesern in diesem Text darüber hinaus eine Perspektive auf ein eigentümliches Selbstverständnis. Schleiermacher wiederum bietet schon in den *Reden*[1367] (1799) vergleichbare kurze Darstellungen (s)einer Lebensgeschichte, während in den *Monologen* (1800) das Bildungs-Erlebnis des sprechenden Ich explizit in den Vordergrund rückt. Auch hier eröffnen vom Autor gesetzte biographische Bezüge die Möglichkeit, die gebrochenen Erfahrungen von Ganzheit mit dem Selbstverständnis Schleiermachers in Beziehung zu setzen. Während dem Leser der Reden der Prozess, in dem sich das Bewusstsein dem Universum annähert, als ein nie endender vor Augen gestellt wird, ergänzt Schleiermacher in den Monologen seine Wahrnehmung dieses Annäherungsprozesses um die Feststellung, eben darin liege „des Menschen Ruhm", trotz eines Bewusstseins für die Unendlichkeit seiner Bemühung um sein Bildungsziel „nie still zu stehn im Lauf".[1368]

[1365] KA V, 53 (Einfügung: AS): Luc.
[1366] KA V, 71: Luc.
[1367] Insbesondere ist hier auf die erste Rede zu verweisen, in der Schleiermacher die Einheit seiner *Bildungsgeschichte* auf die Wirksamkeit der Religion hin begründet (vgl. *Re*KGA I/2, 14).
[1368] *Mo*KGA I/3, 58.

Dieser zum Abschluss nochmals exemplarisch unternommene Blick auf *Reden* und *Monologen* unterstreicht zunächst ein wichtiges Ergebnis der vorangehenden Untersuchung, deren Interesse wesentlich an dem Verhältnis dieser zwei frühen Schriften Schleiermachers orientiert war. Zwar konnte dabei keine *explizite* inhaltliche Verschränkung aufgedeckt werden, es hat sich jedoch gezeigt, dass die wechselseitige Lektüre weiterführende Perspektiven auf die Gestaltung und den sich damit verbindenden Aussagegehalt so wie das Anregungspotential beider Texte eröffnet. So liegt der Grund der Vorstellung von einem unendlichen Fortschreiten, den Schleiermacher ebenso wie Schlegel in den Bildungsprozess des individuellen Selbstbewusstseins einträgt[1369], bei Schleiermacher erst offen, indem das Werden des Gottesbewusstsein (als Thema der Reden) in die Überlegungen einbezogen wird.[1370] Der gespannte Zustand des Selbstbewusstseins,[1371] in dem sich das *Ich* der Monologe zeigt, bestimmt das Bildungserlebnis des Individuums durchgängig. Dabei versorgt seine Spannung den Bildungsvorgang zugleich ständig mit neuer Energie. Dieser Zustand wird neu lesbar, wenn das Anliegen der Reden in die Interpretation dieser Selbstdarstellung einbezogen wird. Die Erfahrung unüberwindbarer Distanz zwischen vereinzelten Individuen wird kontrastiert mit dem Erlebnis vorläufig gelungener Vermittlung. Implizit ist dabei das individuell bestimmte Erleben einer Einheit mit *dem Universum* im Fokus, das in unauflösbarer Spannung zu der sich stets neu aktualisierenden Erfahrung einer unüberwindbaren Differenz zwischen Selbst- und Gottesbewusstsein steht. Freiheitsbewusstsein ist damit für den Einzelnen unabdingbar mit der Anerkennung der eigenen Endlichkeit verwoben.

Zum zweiten indiziert der Blick auf Schlegels *Lucinde* eine wichtige Facette in der besonderen Beziehung der Sprach- und Gedankenwelt der beiden Autoren und Freunde Schleiermacher und Schlegel, die als solche gleichfalls im Zentrum dieser Untersuchung gestanden hat. Diese Beziehung kann im Kern als ein Verhältnis wechselseitiger Anreicherung beschrieben werden. So sind die Monologe einerseits als Ausführung der in der *Lucinde* ausgearbeiteten Möglichkeit der Selbst-Darstellung eines Individuums lesbar.

[1369] Insbesondere bei Schlegel verknüpft sich dieser Gedanke mit dem Begriff der Perfektibilität (vgl. in dieser Untersuchung besonders Abschnitt III.3.1: 215ff).

[1370] Schlegel benennt diesen *Einheits-Grund* im *Studienaufsatz* als das „höchste Schöne" (KA I, 287 [Hervorhebung im Original]: StdA).
287 [Hervorhebung im Original]: StdA.

[1371] Schleiermacher und Schlegel verbindet es unter anderem, dass beide die Metapher des *Schwebens* einsetzen, um den Bildungszustand zu kennzeichnen. So kann Schleiermacher in seinen Reden den Menschen beschreiben, der, indem er sich vom Unendlichen affizieren lässt, „dem Endlichen, wozu seine Willkür ihn hintreibt, ein Unendliches" entgegensetzt, „dem zusammenziehenden Streben nach etwas Bestimmten und Vollendeten das erweiterte *Schweben* im Unbestimmten und Unerschöpflichen an die Seite" stellt: „so schafft er seiner überflüßigen Kraft einen unendlichen Ausweg, und stellt das Gleichgewicht und die Harmonie seines Wesens wieder her" (*ReKGA* I/2, 115 [Hervorhebung: AS]). Während Schleiermacher hier den Bildungsweg im Blick hat, den die Religion dem Menschen eröffnet, bezieht Schlegel die Metapher auf das Potential der Poesie: die „Flügel[] der poetischen Reflexion" erheben das Selbstbewusstseins des Subjekts zu einem schwebenden Zustand (KA II, 182: AthF Nr. 116: Fr. Schlegel). Diese Differenz im Vorgehen beider Autoren hat sich in der Untersuchung mehrfach bestätigt.

Andererseits wird Schleiermachers Beteiligung an der Ausarbeitung dieser Idee sichtbar, da er sie dem Ansatz nach bereits in den Reden produktiv einsetzt. Deren Entstehungsprozess wiederum wird von Schlegel durch Lektüre und Kritik aktiv begleitet.

2. Vollendete Fragmentarität

Den angeführten Texten geht die Zusammenarbeit der beiden Autoren am *Athenäum* voraus, die in der Fragmenten-Sammlung anschaulich wird, in denen Beiträge der Brüder Schlegel, Schleiermachers und Hardenbergs versammelt sind. Hinter der Sammlung steht die Idee, die Friedrich Schlegel seinem Bruder in einem Brief auseinandersetzt. Die Fragmente werden darin als einzelne Einfälle verschiedenster Art verstehbar, die sich einerseits scharf gegeneinander abgrenzen, und sich dabei andererseits doch aufeinander beziehen und damit zu einer Symphonie zusammenfügen bzw. zu dem, was Friedrich Schlegel gern auch als „Symphilosophie" bezeichnet.[1372]

Aus diesem Verständnis, das die Fragmente der Frühromantiker in ihrer Konzeption von späteren Aphorismensammlungen deutlich abhebt,[1373] habe ich in der Untersuchung zwei entscheidende Gesichtspunkte im Hinblick auf die Darstellung und die Wahrnehmung von Individualität entwickelt, deren Bedeutung sich in den *Reden* wie in den *Monologen* wirksam gezeigt hat.

Zunächst kann festgehalten werden, dass Individualität, indem sie sich mit dem Fragment-Verständnis im Sinne Schlegels verknüpft, wesentlich als Bewusstsein von Ergänzungsbedürftigkeit beschrieben ist. Dieses Verständnis wird in Schleiermachers Blick auf die Grenzen des einzelnen Subjekts als Wahrnehmung des Universums sichtbar. Es ist das werdende Bewusstsein für diese Grenzen, die den Einzelnen dazu veranlassen, unablässig nach seiner Ergänzung *zu lauschen*.[1374] Dasselbe Verständnis wird in der herausgehobenen Bedeutung lesbar, die der Gemeinschaft der Freunde als dem unabdingbaren Resonanzraum dieses Individuationsprozesses bei Schleiermacher zukommt.[1375] Schlegel seinerseits beschreibt in der *Lucinde* das Verhältnis zweier Liebender als das ideale Ergänzungsverhältnis, aus dem das Paar die Möglichkeit einer Bildungs-Gemeinschaft für sich erschließt.[1376] Einer solchen Gemeinschaft schafft Schlegel wenig später mit dem *Gespräch über die Poesie* (1800) literarisch einen gesonderten Rahmen. Auf diese Weise wird in verschiedenen Narrativen die Idee weiterentwickelt, deren Umsetzung die Autoren mit ihrer Fragment-Sammlung im *Athenäum* in exponierter Weise gemeinsam unternommen haben. Im Hinblick darauf kann man mE. gar von einer Inszenierung der Individualität als Bewusstsein für Fragmentarität sprechen, das nach Vervollständigung

---

[1372] KA II, 185: AthF Nr. 125: Fr. Schlegel; vgl. auch: KA XXIV, 106–115: Friedrich an August Wilhelm Schlegel: Berlin, 25. März 1798; vgl. dazu in dieser Untersuchung im Abschnitt III.2.4: 198ff.
[1373] Vgl. KA II, XL.
[1374] Vgl. *Re*KGA I/2 179.
[1375] *Mo*KGA I/3, 51; vgl. dazu in dieser Untersuchung besonders Abschnitt III.2.4.2: 205ff.
[1376] Vgl. KA V, 57: Luc. Hier beschreibt Schlegel das Entstehen einer „freien Gesellschaft". Diese Gemeinschaftsform steht im Roman der „fatale[n] Gesellschaft" gegenüber, die die Liebes-Verbindung des Paares behindert hindert (aaO. 54).

verlangt. In der Untersuchung ist dieses Vorgehen, mit dem sich die Protagonisten der Bildungsbewegung zueinander ins Verhältnis zu setzen suchen, zugleich als unabdingbarer Weg im Umgang mit der problematischen Erfahrung von Vereinzelung hervorgetreten.

Daran schließt sich meine zweite Überlegung zu der Art und Weise an, mit der das Fragment in die Bearbeitung der Frage nach Individualität Eingang findet. Bildung von Individualität wird auf der Grundlage des Fragment-Verständnisses der Frühromantiker im entscheidenden Sinn zu einem Vorgang des *Sich-sichtbar-Machens* für andere, in dem das Subjekt die begrenzte Einheit seines Selbstverständnisses unter der Prämisse der Vorläufigkeit *darbietet*[1377]. Zugleich wird durch diese Darbietung das Bewusstsein der Unvollkommenheit kompensiert bzw. aufgefangen. Denn das unerschöpfliche Bildungsziel wird im Medium gewissermaßen in seiner ungreifbaren Fülle erfahrbar und damit durch seine bewusste Verfehlung negativ erreicht. Auf diese Weise wird die Unverständlichkeit[1378] bzw. die Unvollständigkeit der Mitteilung zu einem unabdingbaren Element der Darstellung. Der Umgang mit Unbestimmtheit zeitigt mithin Produktivität bzw. – anders gewendet – rückt dieser Umgang wesentlich als Produktivität in den Blick. In der Untersuchung habe ich dabei das Symbolverständnis, das Kant in seiner Kritik der (ästhetischen) Urteilskraft entwickelt, im Anschluss an Frank[1379] als entscheidenden Impulsgeber dafür betrachtet, dass Inhalt und Darstellungsform auf die oben beschriebene Weise in ein Differenzverhältnis eintreten können, in dem die Vorstellungskraft eine kreative Eigendynamik entfaltet. Da die (ästhetische) Idee, die mit Kant in keiner sinnlichen Anschauung ein Entsprechungsverhältnis findet, in der Darstellung nur durch die „Form der Reflexion" als einem Vermögen der Urteilskraft vermittelt werden kann, spricht dieser Autor im Hinblick auf Darstellung und Inhalt auch von einem analogischen Verhältnis. Die Darstellungsform wird damit zum Symbol, das über sich selbst hinaus auf einen unendlichen Gehalt verweist.[1380] Der unbestimmte *Raum*, der dabei zwischen Form und Inhalt entsteht, ist der Ort, in dem die Einbildungskraft mit dem unerschöpflichen Bedeutungsgehalt des Bildes ins Spiel eintritt.[1381] Wird die Geschichte, die das Individuum von seinem eigenen Werden in der erinnernden Rückschau erzählt, mithin im Anschluss an Kant als symbolische Darstellung verstanden, kann sie als Verweis auf ihr Ziel gelesen werden. Dies aber ist nichts anderes als jene Einheit des Einzelnen mit dem Unendlichen, die im zeitlichen Akt des Erzählens uneinholbar bleibt. Mit der Aussicht auf diese Möglichkeit gibt Schleiermacher den Auftakt zu seinen Monologen.

Der Moment, in dem du die Bahn des Lebens theilst und durchschneidest, soll kein Theil des zeitlichen Lebens sein: anders sollst du ihn ansehn, und deiner unmittelbaren Beziehung mit dem Ewigen und Unendlichen dich bewußt werden; und überall wo du willst kannst du einen solchen Moment haben.[1382]

[1377] Um zuletzt nochmals an Schleiermachers Vorrede zu den Monologen anzuknüpfen.
[1378] Vgl. KA II, 363ff: ÜdU.
[1379] Vgl. FRANK, Einführung in die frühromantische Ästhetik (1989).
[1380] Vgl. AA V, 351f (Zitate siehe 351): KdU, §59.
[1381] AA V, 321: KdU, §51. Hier beschreibt Kant die Reflexionsbewegung, die im ästhetischen Urteil in Bewegung gesetzt wird als „freies Spiel der Einbildungskraft" (ebd.).
[1382] *Mo*KGA I/3, 7.

Auf diese Weise tritt das Subjekt gewissermaßen als Dichter der Geschichte seiner Individuation in den Blick.[1383] Individualität wird als die im Prozess des Erzählens entstehende Geschichte eines Protagonisten lesbar, der seine Identität im Rekurs auf die Vergangenheit im Hinblick auf die Zukunft entwirft. Unter diesem Gesichtspunkt wird der Fokus im Hinblick auf das Individuum neu auf die Debatte über die Verhältnisbestimmung von Erzählung und historischem Ereignis bzw. Darstellung und Wirklichkeit[1384] gelenkt, die durch Paul Ricœur nachhaltig geprägt worden ist. Dieser spricht in jenem Zusammenhang von einer „Überkreuzung von Historie und Fiktion".[1385]

3. Erinnernde Aussicht

Einerseits hebt Ricœur die Leistung der Phantasie hervor, die über den Zeitraum, der die Erzählung vom Ereignis trennt, hinweg vermittelt. Das Sichtbar-Machen, dessen, was war, wird explizit als Leistung der Fiktion herausgestellt,[1386] die damit den Vorgang des Erzählens gewissermaßen *belebt*.[1387] Dies geschieht freilich auf eine bestimmte Art, „ohne daß diese Bestimmung aus einer allgemeinen Regel hergeleitet werden könnte, die notwendig jedermanns Zustimmung erhält"[1388]. Allgemeine Zustimmung kann also, mit Kant gesprochen, dem frei urteilenden Subjekt gegenüber nur *angesonnen* werden.[1389] Die andere Seite dieser *Überkreuzung* betrachtet Ricœur in der fiktionalen Historie, die erzählt wird, *als ob* es so gewesen wäre, um auf diese Weise den dargestellten Ereignissen Lebendigkeit zu verleihen.[1390] Aus dieser Verschränkung von Historie und Fiktion, bei der beide Seiten von der jeweils anderen eine Anreicherung erfahren, sieht Ricœur das hervorgehen, was er als „*Sprößling*" bezeichnet, mit dessen begrifflicher Einführung er für eine „gewisse Vereinheitlichung der unterschiedlichen Sinneffekte der Erzählung" sorgen will. Besagten Sprössling betrachtet der Autor in der „*Zuweisung* einer spezifischen Identität an ein Individuum oder eine Gemeinschaft, die man ihre *narrative* Identität nennen kann", bezeichnet.[1391] Im Anschluss an Arendt und Heidegger formuliert Ricœur die Einsicht, die Antwort auf die Frage nach dem bestimmten Subjekt, die eine durable Selbstheit über eine bestimmte Zeitspanne hinweg unterstellt, könne allein narrativ ausgefüllt werden.[1392] Aus

---

[1383] Vgl. KA XII, 9: Vorlesung über Transzendentalphilosophie (Jena 1800-1801). Dass das Thema der Fragmentarität im theologischen Diskurs um die Frage nach Vollkommenheit seine Aktualität behauptet, zeigt sich mit der Veröffentlichung von Christoph SCHRÖDER, Vollkommenheit und Fragmentarität (2024).
[1384] Vgl. auch MOXTER, Erzählung und Ereignis, in: Schröter/Brucker (Hgg.), Der historische Jesus (2002), 67–88.
[1385] RICŒUR, Zeit und Erzählung, Bd. III: Die erzählte Zeit (Temps et récit, tome III: Le temps raconté [1985]), 294.
[1386] Vgl. aaO. 300f.
[1387] Vgl. aaO. 308.
[1388] MOXTER, Erzählung und Ereignis, in: Schröter/Brucker (Hgg.), Der historische Jesus (2002), 67–88, 81.
[1389] Vgl. ebd. Vgl. dazu AA V, 293: KdU, §39.
[1390] Vgl. RICŒUR, Zeit und Erzählung, Bd. III (Temps et récit, tome III [1985]), 306.
[1391] AaO, 395 (Hervorhebungen im Original).
[1392] Vgl. aaO. 395f

dieser Narration heraus sieht Ricœur eine „dynamische Identität" entstehen, indem sich das Subjekt „durch die reflexive Anwendung der narrativen Konfiguration refigurier[e]". Insofern könne es „als Leser" ebenso wie als „Schreiber" seiner eigenen Lebensgeschichte ins Auge gefasst werden.[1393] Historische Wirklichkeit zeigt sich von diesem Standpunkt unabdingbar mit dem Vorgang des Erzählens verwoben.[1394] Die Folgerung lautet, um mit Blumenberg zu sprechen: „Die Rezeption der Quellen schafft die Quellen der Rezeption"[1395].

So stellt Ricœur einerseits deutlich die Stärken solch einer narrativen Identität heraus. Er verbindet sie mit einem aufgeklärten Selbst, das sich seiner Bildung durch die „Werke der Kultur" bewusst zeigt, indem es sie „auf sich selbst appliziert". Anderseits kann er jedoch auch die andere destabilisierende Seite dieser Dynamik in den Blick nehmen. Diese sieht er daraus erwachsen, dass es stets eine Vielzahl und dazu widersprüchliche Möglichkeiten gibt, sich auf dasselbe Vorkommnis zu beziehen.[1396] So bezeichnet Ricœur die narrative Identität als den „Name[n] eines Problems wie de[n] einer Lösung"[1397].

Dass ein solches Bewusstsein für die Fragilität der jeweils eigenen Identität als Bestandteil der Darstellung von Individualität bereits in der Frühromantik lesbar wird, habe ich in der Untersuchung insbesondere im Blick auf den Vers Schlegels unterstrichen:

> Eines schickt sich nicht für alle,
> Sehe jeder wie er's treibe,
> Sehe jeder wo er bleibe,
> Und wer steht daß er nicht falle.[1398]

Auch die Einsicht, die Schleiermachers im Monolog formulieren kann, „der Vollendung Ziel" sei für den Einzelnen nie zu „erreichen",[1399] habe ich im Kontext als Verweis auf ein Selbstbewusstsein interpretiert, das sich seiner selbst niemals endgültig sicher weiß.[1400] Die Problematik einer nicht mehr zu gewährleistenden Stabilität des Selbstverständnisses

---

[1393] AaO. 396.

[1394] Heiko Schulz hat dieses Thema in jüngster Zeit wieder aufgegriffen, indem er indessen nicht an Ricœur anknüpft, sondern vielmehr insbesondere die Überlegungen Siegfried Krakauers aufgreift (vgl. SCHULZ, Ereignis und Geschichte, in: Gräb-Schmidt/Leppin [Hgg.], Geschichte als Thema der Theologie, Marburger Jahrbuch Theologie XXXII [2020], 97–124). Dabei verortet Schulz den Geschichtsbegriff in „eine[r] eigentümlich schwebende[n] Stellung zwischen verschiedenen Seins-, Erkenntnis- und Erfahrungsbereichen" (aaO. 102), indem er drei Bedeutungsebenen des Begriffs aufzeigt: die ontologische Ebene (Geschichte als Erfahrung temporal bestimmter Wirklichkeit), die erkenntnistheoretische Ebene (Geschichte als Historie) und die Ebene der Ästhetik (die Geschichte als Kunstform der Erzählung). Schulz betont hier, dass diese Ebenen gerade nicht in Rein-, sondern vielmehr in vielfältigen Mischungsverhältnissen anzutreffen seien, da es sich bei ihnen um „irreduzible und *wechselseitig aufeinander bezogene* Aspekte ein und derselben Entität handelt, die wir Geschichte nennen" (aaO. 102f).

[1395] BLUMENBERG, Arbeit am Mythos (1979), 329.

[1396] Vgl. RICŒUR, Zeit und Erzählung, Bd. III (Temps et récit, tome III [1985]), 399.

[1397] Vgl. ebd. (Einfügung: AS).

[1398] KA II, 372: ÜdU. (Ich zitiere einen Ausschnitt aus dem Gedicht, mit dem Friedrich Schlegel seinen Aufsatz *Über die Unverständlichkeit* abschließt).

[1399] *MoKGA* I/3, 52.

[1400] Im Kontext dieser Überlegungen habe ich in der Untersuchung auf Franks verwiesen, der in diesem Zusammenhang u. a. von der Entdeckung der „Ungeborgenheit […] des menschlichen Charakters", die sich in romantischer Ästhetik vermittelt, wodurch sich letztere „von einer optimistischen, sei's gottfrohen, sei's metaphysischen Tradition drastisch" abzugrenzen suche (FRANK, Einführung in die frühromantische Ästhetik [1989], 297; vgl. dazu in dieser Untersuchung im Abschnitt III.2.4: 198ff).

wird damit mE. nicht etwa verdeckt, wie Luhmann kritisiert. Vielmehr wird in den obigen Beispielen deutlich, dass im Blick auf Schlegel wie auf Schleiermacher die Instabilität des Individualitätsbewusstseins nicht nur als integraler Bestandteil seiner Darstellung betrachtet werden kann. Sie wird im Medium vielmehr als unumgänglicher Anlass, mit dem die Autoren in den infinit verstandenen Darstellungs- bzw. Bildungsprozess eintreten, zugänglich.[1401]

4. Sichtbar verborgen

Um den Übergang von dem Geschehen, dem gewissermaßen in der Zeit vereinzelten Faktum, zur erzählten Geschichte darzustellen, greift Heiko Schulz auf die Metapher der Einkleidung des bis dahin *nackten* zurück.[1402] Im Anschluss an Kants Darlegungen zur Urteilskraft kann diese *Kleidung* mE. auch als Symbol jenes Unterschiedes zwischen dem Geschehnis bzw. dem historischen Ereignis und seiner (ästhetischen) Form betrachtet werden. Das Bild des Einkleidens von Nacktheit kann dabei nicht zuletzt dazu einladen, die biblische Urszene im Garten aus einem neuen Blickwinkel heraus zu lesen.

Mit dem Bewusstsein für die Differenz von Gut und Böse, das mit dem Verzehr der Frucht jenes verbotenen Baumes *in der Mitte des Gartens* einsetzt, aus dem heraus der Erzähler dieser Geschichte das Bewusstsein für die Differenz von Mensch und Gott (die Vertreibung aus dem Paradies) entwickelt, ist im Hinblick auf den Menschen mit der Erkenntnis der eigenen Nacktheit untrennbar verknüpft. Sie führt zu seinem ersten Versuch, sich zu bedecken. Blätter werden *zu Schurzen* umfunktioniert (Gen 3.7), dem Prototyp der Kleidung so könnte man sagen. Mit der hinzutretenden Anwesenheit Gottes im Garten, erscheint dieser Schutz jedoch nicht mehr ausreichend. Es wird erzählt, dass sich der Mensch vor dem Angesicht Gottes zusätzlich genötigt sieht, sich zwischen den Bäumen zu verstecken (Gen 3.8). Gott seinerseits bearbeitet die Ungleichheit, die die Scham und die mit ihr verbundene Furcht, gesehen zu werden[1403], im Hinblick auf den Menschen und seinen Schöpfer sichtbar macht, indem er den Menschen einkleidet (Gen 3.21). Dass diese Kleider von Gott nun anstatt aus Blättern aus Tierfellen hergestellt werden (die im Gegensatz zu dem ersten Material einem erheblich langsameren Vergehen unterliegen), kann auch als Verweis dafür in den Blick genommen werden, dass hier ein Zustand konstatiert wird, der auf *Dauer* überführt ist. Die Kleidung markiert damit zunächst den Verlust der Unmittelbarkeit im Hinblick auf die Erfahrung. Dazu kann sie als Indiz für die Konsequenz betrachtet werden kann, die sich für den Menschen daraus ableitet: der Trieb zur (Selbst-) Darstellung, der in der hier aufgerufenen Referenzerzählung als Kleidung buchstäblich anschaulich wird. Der Umstand, dass der Vorgang der *Einkleidung* mit der Genesiserzählung vor den Augen des imaginierenden

---

[1401] Vgl. LUHMANN, Gesellschaftsstruktur und Semantik, Bd. I (1993), 223f; vgl. dazu meine Überlegungen in dieser Untersuchung im Abschnitt III.2.4: 198ff.

[1402] Vgl. SCHULZ, Ereignis und Geschichte, in: Gräb-Schmidt/Leppin (Hgg.), Geschichte als Thema der Theologie, Marburger Jahrbuch Theologie XXXII (2020), 97–124, 106.

[1403] Man könnte auch von einer Furcht vor dem Durchschaut-Werden sprechen, denn das Verbergen indiziert im Kontext ja zugleich die verbotene Tat.

Lesers zu einem Bild ausgestaltet wird, verweist dabei nicht zuletzt auf ein Wechselspiel, bei dem sich Bild und Sprache aufeinander beziehen, indem sie sich wechselseitig anreichern.

In der Untersuchung ist Bildlichkeit als ein wesentlicher Bestandteil der Sprachwelten Schleiermachers und Schlegels hervorgetreten, während beide Autoren sich dabei der Bearbeitung der Frage nach Individualität widmen. Beide zeigen darüber hinaus einen weitgreifenden Blick für die mediale Dimension der Konstitution von Individualität.[1404]

Während Schleiermacher in den *Reden* die Beziehung von Religion und Kunst noch eher zurückhaltend als die zweier miteinander befreundeter „Seelen, deren innere Verwandtschaft, ob sie sie gleich ahnden ihnen doch noch unbekannt ist" beschreibt[1405], sucht Schlegel auf der anderen Seite mit der Poesie eine Größe zu konstruieren, mit der unterschiedliche Formen der Darstellung zu umgreifen sind.

> Jede Kunst und jede Wissenschaft die durch die Rede wirkt, wenn sie als Kunst um ihrer selbst willen geübt wird, und wenn sie den höchsten Gipfel erreicht, erscheint als Poesie. […] Und jede, die auch nicht in den Worten der Sprache ihr Wesen treibt, hat einen unsichtbaren Geist, und der ist Poesie.[1406]

Deutlich tritt im Zitat das Anliegen hervor, die Diversität der vielfältigen Erfahrungsgebiete, die zu der Entwicklung eines individuellen Selbstbildes beitragen, unter der Perspektive ihres ästhetischen Potentials zu einen. Dieses Anliegen baut auf der oben eingeführten Prämisse auf, dass jede Erfahrung das werdende Individuum wieder mit der Aufgabe konfrontiert, die Spannung zwischen der in der Darstellung vorläufig gewonnen Einheit und dem sich erneuernden Erlebnis von Differenz zu bearbeiten. Schleiermacher vergleicht den sich dabei vermittelnden Eindruck mit einer Erschütterung des Bodens, die das sich entwickelnde Selbstverständnis in einen Schwindelzustand versetzt und es mit dem Bedürfnis nach Stabilität konfrontiert.[1407] Freilich hat Schleiermacher mit diesem Bild vor allem die zeitgenössische gesellschaftspolitische Situation im Blick. Indessen kann die Metapher mE. durchaus auch zur Darstellung der Problematik herangezogen werden, vor die sich ein Subjekt grundlegend gestellt sieht. Gehlen hat, wie ich oben in der Untersuchung vermerkt habe, das Stabilisierungsbedürfnis, als fundamentale anthropologische Prämisse herausgearbeitet. Dass der Autor in diesem Zusammenhang insbesondere den Darstellungsprozess in seiner Stabilität konstituierenden Funktion betrachtet (wobei für Gehlen der Kult im Fokus

---

[1404] Dabei kann Schleiermacher in einem Brief an die Freundin Henriette Herz auch auf den oben mit Schulz eingeführten Begriff der Einkleidung zurückgreifen, um den Darstellungsvorgang zu umschreiben. So formuliert Schleiermacher im Blick auf seine *Monologen* den Gedanken: „Solche aber welche das Subjektive [darin] nicht recht verstehen verweise ich noch immer auf das Objective, und sie mögen sich jenes, wie es ihnen ursprünglich zugedacht war nur als Einkleidung nehmen" (KGA V/6, 152: Schleiermacher an H. Herz: Stolp, Donnerstag, 16.09.1802). Der Umstand, dass der Autor hier die Möglichkeit der Darstellung relativiert, indem er sie „nur als Einkleidung" des Objektiven bezeichnet, lese ich Verweis darauf, dass der Autor Grenzen der Möglichkeit, sich seinem Gegenüber durch die Darstellung verständlich zu machen, sieht. So betont Schleiermacher hier, seine Leser sollten über den Versuch, sich durch eine Darstellung verständlich zu machen, hinaussehen; die Darstellung soll mithin im Sinne von Kants Symbolbegriff als etwas Vorläufiges betrachtet werden, die hinter dem zurückstehen muss, auf das sie verweist.
[1405] *Re*KGA I/2, 169 (Hervorhebung: AS).
[1406] KA II, 304: GüdP.
[1407] Vgl. *Re*KGA I/2, 136f.

steht[1408]), hat Moxter in seiner Interpretation hervorgehoben. In der Darstellung werde die Erfahrung des *Bruches* zwischen innerer (erlebter oder erfahrener) Welt und äußerer Welt in eine Ordnung gebracht.[1409] Gehlen, der zum Beleg seiner These, bei der Betrachtung des „archaischen Menschen" ansetzt, findet den „Interessenkomplex", um den es ihm geht, im Übrigen besonders „gefühlsstark" und „bildbesetzt[]" bei Hardenberg versprachlicht, den er dem „archaischen Menschen" im Grad der „in der Reflexion ausdrucksfähige[n] Erlebnisverarbeitung" gegenüberstellt. Die Frühromantik, die ich in der Untersuchung im Anschluss an Koselleck als Erfahrungs- und Denkraum betrachtet habe, wird mithin auch von Gehlen als der *Ort* in den Blick genommen, an dem der anthropologisch gegründete Stabilisierungsbedarf in besonderer Weise an Reflexionsgehalt und Darstellungskraft gewinnt. Zugleich lenkt Gehlen mit Dewey den Fokus darauf, dass die Bearbeitung des Stabilisierungsbedürfnisses in Form der Darstellung bereits diesseits des Kult-Raumes, mithin bei der alltäglichen Erfahrung ansetzt.[1410]

Ich nehme Gehlen hier zum Anlass, an dieser Stelle nochmals Überlegungen Deweys aufzugreifen. Denn dieser Autor scheint dem zeitlichen und geographischen Diskursraum, in dem ich mich in der Untersuchung primär bewegt habe, nur auf den ersten Blick gänzlich fern zu stehen. Und er bietet dazu anschlussfähige Überlegungen, die in ihrer Prägnanz in dem Interessenfeld dieser Untersuchung bereits weiterführen konnten. Indem Dewey den Menschen unter der Prämisse betrachtet, dass dieser sich mit der Erfahrung seiner Umwelt stets aufs Neue mit einer Verunsicherung konfrontiert sieht, zeigt er sich in seinen Überlegungen von dem Interesse geleitet, das aufzudecken, was im Anschluss an diesen Autor als Problembearbeitungsstrategien benannt werden kann.[1411] Dazu kann Dewey dieselbe Metapher wie Schleiermacher anwenden, indem er die destabilisierende Erfahrung als einen erschütternden Impuls beschreibt, der nach Gestaltung verlangt.

[1408] Vgl. GEHLEN, Urmensch und Spätkultur (1956), vgl. hier insbesondere 78ff. Gehlen betrachtet den Vorgang der Darstellung zunächst als die „*Überführung* in die *Kategorie des Beisichbehaltens* und der Dauer", wodurch die „Ablösung der vergänglichen Außenweltdaten [...] von der Zufälligkeit des Vorhandenseins" erfolgt, zum Zweck der Stabilisierung der Außenwelt. Womit er ein grundlegendes anthropologisches Bedürfnis befriedigt findet. Diesen Vorgang sieht er zunächst „in vivo" als imitatorischen Ritus realisiert, „erst sekundär als Darstellung in materia" (vgl. aaO. 54ff, Zitat siehe 55). Der religionssoziologischen Spur, die zu Gehlen führt und von dort auf Durkheim zurückweißt, bin ich weiter oben in dieser Untersuchung nachgegangen. Wenn dies auch nicht in dem Umfang geschehen konnte, wie es dieser *Spur* angemessen wäre (vgl. in dieser Untersuchung 42ff: Abschnitt II.1.5 und hier besonders Anm. 246 aaO. 48f).

[1409] Vgl. MOXTER, Szenische Anthropologie, in: Gräb-Schmidt/Preul (Hgg.), Anthropologie, Marburger Jahrbuch Theologie XXIX (2017), 56–84, 71.

[1410] Vgl. GEHLEN, Urmensch und Spätkultur (1956), 82. Gehlen bezieht sich in seinen Überlegungen auf DEWEY, Art as Experience (1934).

[1411] Im Anschluss an Heller, der in seiner Untersuchung zum Bildungsbegriff eine Verbindungslinie von Dewey über James zu Schleiermacher gezeichnet hat, habe ich oben Dewey zu Überlegungen im Hinblick auf die Möglichkeit der Identifizierung einer Epoche als Individuum hinzugezogen (vgl. in dieser Untersuchung im Abschnitt III.1.4: 182ff).

> The impulse that seethes as a commotion demanding utterance must undergo as much and as careful management in order [[1412]] to receive eloquent manifestation as marble or pigment, as colors and sounds.[1413]

Dewey betrachtet den Menschen, wie sich zeigt, ebenso wie Gehlen unter der Prämisse seines Verlangens, sich zu seiner Umwelt ins Verhältnis zu setzen – Ganzheit herzustellen, die in ihrer Abwesenheit die Erfahrung bestimmt.

> The need that is manifest in the urgent impulsions that demand completion through what the environment – and it alone – can supply, is a dynamic acknowledgment of this dependence of the self for wholeness upon its surroundings.[1414]

Indem Dewey die ästhetische Produktivität als notwendige Reaktion auf die verunsichernde Erfahrung beschreibt, wird sie ihm zu einem unentbehrlichen Baustein, wenn es um eine vollständige Bearbeitung der Frage nach dem Menschen (nicht allein dem Künstler) geht. Anders ausgedrückt, wird gewissermaßen jeder Mensch zum Künstler, der die Kunst erlernt[1415], seine Erfahrung fruchtbar zu einem geordneten Ganzen zu verarbeiten.[1416] Auf diese Weise verbindet sich darstellendes Handeln für Dewey dynamisch mit dem Alltag. Indem er diesem Gedankengang entwickelnd das Zusammenwirken des Unterbewussten mit Esprit und Willen („‚wit [[1417]] and will'") eines Lebewesens ins Auge fasst, entdeckt er in der ästhetischen Produktivität das, was alle Handlungen („acts") einer Person miteinander verbindet: „below the level of intention".[1418] Bedeutsam ist es in diesem Punkt mE. nicht zuletzt, dass der Autor die Erfahrung dieses dem ästhetischen Akt vorausgehenden Reifungsprozesses, in der religiösen Erfahrung wiederfindet, wie William James sie beschreibt. Im Anschluss an James konstatiert Dewey: „When patience has done its perfect work, the man is taken possession of by the appropriate muse and speaks and sings as some god dictates."[1419]

Dabei zeigt sich Dewey, während er etwa in *Democracy and Education* (1916) der Theologie allein im historischen Rückblick auf die Entwicklung der Erziehung Beachtung entgegenbringt, in seiner Vorlesungsreihe *Art as Experience* (1934), aus der ich oben zitiere, nun zumindest religionstheoretisch deutlich interessierter. Indem er die Sehnsucht nach einer verlorenen Einheit zum Mittelpunkt einer Gesellschaftskritik ausarbeitet, bei der die ästhetische Kommunikation zum vermittelnden Element zwischen auseinanderklaffenden

---

[1412] Gehlen übersetzt, indem er Dewey zitiert „careful management in order" mE. im Sinne Deweys treffend als „sorgfältige Durchordnung" (GEHLEN, Urmensch und Spätkultur [1956], 82).

[1413] DEWEY, Art as Experience (1934), 72f (Einfügung: AS).

[1414] AaO. 59.

[1415] Dewey denkt, wie sich im Text zeigt, durchaus konkret an eine ästhetische Erziehung („esthetic education"): aaO. 98: IV. The Expressive Object.

[1416] Im deutschen Diskursraum greift Blumenberg den Begriff der „Lebenskunst" wieder auf, um die zu erlernende Fertigkeit des Menschen zu benennen, mit sich selbst und mit „der für ihn wahrzunehmende[n] Umwelt" „umzugehen und hauszuhalten". Auch Blumenberg denkt dabei, wie sich im Verlauf der Argumentation zeigt, an einen Ordnungsprozess, den er unter dem Stichwort „Arbeit am Mythos" betrachtet (BLUMENBERG, Arbeit am Mythos [1979], 13).

[1417] Ich übersetze hier „wit" mit dem französischen Lehnwort *Esprit* im Anschluss an meine Überlegungen im Untersuchungsabschnitt zum Witz (vgl. in dieser Arbeit 202ff: Abschnitt III.2.4.1).

[1418] Dewey, Art as Experience (1934), 73. Ich übersetze *intention* hier als *Absicht*.

[1419] Ebd.

Erfahrungen von Individuen avanciert,[1420] führen seine Überlegungen auf den Schluss zu, dass die Verarbeitung von Erfahrung durch ein Element bestimmt wird, das sich dem Erfahrungszugriff entzieht. Zugleich wird Religion im Anschluss an Deweys Überlegungen als „Suchbewegung"[1421] nach Darstellungsformen der menschlichen Erfahrung entzogener Einheit verstehbar.[1422] Als solche fordert sie mE. über Säkularisierungsdebatten hinausweisend Aufmerksamkeit für sich ein. Zugleich kann eine zunehmende Pluralisierung von Darstellungsformen, wie sie die Gegenwart auszeichnet, auf der Grundlage eines solchen Religionsverständnisses produktiv Eingang in die Diskurse finden.

Die Frage nach der Bedeutung von Individualität als eine solche Darstellungsform gewinnt unter dieser Perspektive ein neues Profil. Indem der Mensch die Möglichkeit einer Bildung zum Individuum für sich in Anspruch nimmt, wählt er zugleich eine bestimmte Form, die *innere* Welt der je eigenen Erfahrung und die *äußere* Welt zueinander ins Verhältnis zu setzen. Mit der Wahl dieser Form beginnt die *Erzählung* einer Geschichte, die nicht zuletzt als Problemgeschichte verstanden sein will, mit der die Einsicht verarbeitet wird, im Ausgriff auf die ersehnte Einheit auf eine Größe verwiesen zu sein, die außerhalb des Eigenen liegt. Dass damit zugleich eine Unergründlichkeit im Blick auf das je Eigene erspürt ist, die sich auf die Frage auswirkt, in wieweit das Individuum sich selbst gegenüber dem Anderen aussprechen kann, habe ich bereits im Eingang dieser Untersuchung mit Borsche herausgestellt.[1423] Dazu habe ich auf die Formel *individuum est ineffabile* verwiesen, mit der Goethe gegenüber Lavater diesen *dunklen Punkt*[1424] innerhalb der Geschichte der Individuation verbalisiert.[1425] Abschließend soll diese Formel nun noch einmal unter drei gesonderten Aspekten näher betrachtet werden, da mit ihr sowohl die Bedeutung, die das durch sie zur Sprache gebrachte Differenzbewusstsein für das Selbstverständnis des Einzelnen entfaltet, als auch die sich daraus entwickelnde Konsequenz für das Gottesverständnis beleuchtet wird.

[1420] AaO. 105: V. The Expressive Object.

[1421] Ich wähle diesen Begriff im inhaltlichen Anschluss an STEINMEIER, Im Bildnis des Lebens, in: Moxter/Smith (Hgg.), Theologie und Religionsphilosophie in der frühen Weimarer Republik (2023), 165–183. Steinmeier fokussiert in diesem Aufsatz das Subjekt und seine unhintergehbare Frage nach der Bedeutung des Lebens aus der Perspektive der Psychoanalyse. Dabei nimmt sie im Anschluss an die Arbeit von Lou Andreas-Salomé Bezug auf die spielende Bewegung des Unbewussten mit den Bildern der Erinnerung, in der *Sinn-Bilder* entwickelt werden, mit denen das Subjekt seinen Zugang zum Leben gestaltet.

[1422] Auf die Verbindungslinie zwischen Kunst und Religion, die sich für Dewey über den auf beiden Gebieten in unterschiedlicher Weise kultivierten *Sinn für das Ganze* erschließt, der vermittelt durch die Kraft der Imagination im Ideal zur Darstellung kommt, hat etwa Christoph Seibert verwiesen (vgl. DERS., Spielräume des Handelns. John Dewey über Erfahrung, Imagination und Handlung, in: Polke/Firchow/Seibert [Hgg.], Kultur als Spiel [2019], 141–163 [besonders 161f]).

[1423] Vgl. Artikel: *Individuum, Individualität*: Kobusch/Oeing-Hanhoff/Borsche, in: HWPh, Bd. 4 (1976): Abschnitt III.2: Borsche.

[1424] Schlegel spricht von einem „solchen Punkte, der im Dunkeln gelassen werden muß, dafür aber das Ganze trägt und hält" (KA II, 371: ÜdU; vgl. dazu in dieser Untersuchung besonders 130ff: Abschnitt II.4.4).

[1425] GOETHE, Briefe: Historisch-kritische Ausgabe, Bd. 4/1 (2020), 136–138, 138: Goethe Wolfgang Goethe an Johann Caspar Lavater: Ostheim am 21. September 1780.

5. Ausgesprochene Unaussprechlichkeit

Erstens indiziert die Reformulierung der theologischen Einsicht *deus est ineffabile*, die Resakralisierung *eines Raumes*, an dem die Grenzen der Einsichtnahme, die die Erfahrungswissenschaft eröffnet, sichtbar werden. In der Bemühung um intersubjektive Verständigung – die sich bei Schleiermacher ebenso wie bei Schlegel als Kern des Bildungsanliegens markieren lässt[1426] – gewinnt dieser *Raum*, dessen Inneres sich nie ganz erhellt, konkrete Umrisse. Indem der Einzelne seine Bildungsaufgabe als Annäherung an das Unendliche begreift, bei der er sich als Individuum immer nur vorläufig auf den Begriff bringen kann, wird Individualität bzw. das sich ausbildende Selbstbewusstsein zum Medium der Gotteserkenntnis.

Zweitens kann Goethes Formel als Verweis auf die Bedeutung eines solchen Grenzbewusstseins für die Stellung des Begriffs selbst gelesen werden. Indem Begriffe, die auf Ganzheit ausgreifen, in eine symbolische Funktion einrücken, die hinter ihrem Inhalt zurückbleibt, werden sie zu einem gewissen Grad austauschbar.[1427] Das hat auch theologische Konsequenzen. Sie kommen als solche zur Darstellung, wenn Schleiermacher anstelle des Gottesbegriffs in seiner zweiten Rede den Begriff des Universums wählt. Diese Substitution vollzieht er nicht, ohne hinzu zu setzen, dass es im Bildungsprozess darauf ankomme, die eigene Anschauung auf bestimmte Begriffe zu bringen. Dabei kann Schleiermacher in den *Reden* durchaus auch auf traditionelle Gestaltungsmotive zurückgreifen.[1428] Entscheidend ist in der Argumentation in erster Linie, dass das Gestaltungsmotiv in einer lebendigen Anschauung des einzelnen Subjekts wurzelt.[1429] Unter dieser Perspektive sucht der Autor auch noch in der Glaubenslehre die „Vorstellung von einer Perfectibilität des Christenthums"[1430] gegen Hegel insofern abzuwehren, als er die bestimmte Religion keinesfalls allein als ableitbaren Durchgangspunkt in der Geschichte der Vervollkommnung von Religion betrachtet wissen will. Die unableitbare Erfahrung, die das unendliche Anliegen im Individuum aktualisiert, ist Schleiermacher unaufgebbar. Indem der Zugang zum Allgemeinen damit im Individuum verortet wird, rückt die Frage nach dessen Personalität in den Fokus der Aufmerksamkeit. Daraus entwickelt sich drittens ein Aspekt, den Friedrich Schlegel

---

[1426] Nicht zuletzt werden beide Autoren in ihrem Ringen, einander zu verstehen, in ihrem Briefwechsel lesbar: Vgl. KA XXIV, 296: Friedrich Schlegel an Schleiermacher: Berlin, gegen Ende Juni oder Anfang Juli 1799.

[1427] Ein Umstand, der an der Wende zum zwanzigsten Jahrhundert zu einer Diskussion zwischen Barth, Tillich und Gogarten führt (vgl. BARTH/H. BARTH/BRUNNER, Anfänge der dialektischen Theologie, Teil I [1977], 175–189; und hier besonders 180f: Barth, Von der Paradoxie des *Positiven Paradoxes*: Antworten und Fragen an Paul Tillich [Theologische Blätter, 2. Jg. 1923, Sp. 287–296]).

[1428] „Und so besagen alle jene Ausdrüke [sic] nichts, als die unmittelbare Beziehung einer Erscheinung aufs Unendliche, aufs Universum" (*ReKGA* I/2, 117f.)

[1429] Auch in diesem Punkt zeigt sich Schleiermacher dem Kontext der frühromantischen Konstellation nachhaltig verbunden, in dem im Anschluss an Kant die Einsicht entwickelt wird, dass jenes Element, das Schlegel u. a. als „kombinatorische[n] Geist" darzustellen sucht, die bewusste und damit lebendige Verbindung zwischen Individuen erschafft (KA XII, 403f [Einfügung: AS]: Die Entwicklung der Philosophie in zwölf Büchern [Köln 1804- 1805]: Zweites, drittes und viertes Buch: Die Psychologie als Theorie des Bewusstseins; vgl. dazu in dieser Untersuchung im Abschnitt III.2.4: 198ff).

[1430] KGA I/7.1, 62: DcG¹, §18.1.

scharfsichtig kommentiert, indem er den Entstehungsprozess der *Reden* begleitend nach der Erstlektüre der zweiten Rede kritisch anmerkt: „Etwas mager [...] kam mir Dein Gott vor. Ich hoffe Du wirst an dieser Stelle in der Folge schon tiefer graben"[1431].

Diese Bemerkung kann den Blick darauf lenken, dass die Bemühung um eine Darstellung des Individuums als Person sich mit einer Entpersonalisierung des Gottesbegriffs verbindet. Doch ist bei Schleiermacher auch zu sehen, dass das Individuum dabei buchstäblich ins Mittel zu treten vermag. Schon in den *Reden* ist die Person des Mittlers zentral[1432], die mit der fünften Rede deutlich christologische Züge annimmt. In der Glaubenslehre schließlich wird der Mittler-Gedanke zur Christologie ausgestaltet. Die Vermittlung zwischen Gott und Mensch vollzieht sich hier wesentlich durch das „Bild des Erlösers", „daß in jedem frommen Gemüthszustand" „mit vorkommt".[1433] So gewinnt das Gottesbild also gewissermaßen in seiner personalen Einkleidung durch das Christusbild wieder Profil.[1434] Darin wird mE. auch deutlich, dass eine Theologie, die in einer Subjektivitätstheorie wurzelt, auf den Einzelnen verwiesen bleibt.[1435] Sie ist in ihrem Kern die erzählte Begründungsfigur der Erfahrung, dass das Individuum nicht bei sich bleiben kann bzw. immer schon aus sich heraus in die Gemeinschaft (mit Gott) *hineingerufen* ist – um an dieser Stelle sprachlich nochmals an die oben aufgegriffene Paradieserzählung anzuknüpfen.[1436]

Dass Schleiermacher den Erlöser noch in der Glaubenslehre *im Bild* vor Augen hat, lenkt den Fokus auf die Bedeutung der je eigentümlich verfassten Einbildungskraft als

---

[1431] KA XXIV, 247f: Friedrich Schlegel an Schleiermacher: Berlin, März 1799.

[1432] Vgl. *ReKGA* I/2, 302f.

[1433] KGA I/7.1, 67: DcG¹, § 18.4.

[1434] In seiner Auseinandersetzung mit dem „Problem der Personalität Gottes", kommt Christian Polke in seinen ersten Überlegungen zu der Frage, wann dieses „Problem" für das theologische Nachdenken eigentlich virulent geworden ist, zu dem Schluss, dieser Zeitpunkt sei im letzten Drittel des 18. Jh. zu verorten, da die Streitigkeiten um „*Göttliche Dinge*" in der Luft zu liegen beginnen: DERS., Expressiver Theismus (2020), 1; 3 (Hervorhebungen im Original). Für Polke steht die Rede von der Personalität Gottes im konkreten Zusammenhang mit dem Glauben an einen „verantwortlichen Gott[]". Den „Sinn personaler Rede von Gott" erkennt er darin, „dass Menschen sich in ihren religiösen Praxisvollzügen und [...] in ihrem Alltag [...] in einen umfassenden Interpretations- und darin eben Verantwortungszusammenhang gestellt" finden. „Dergestalt verortet werden sie für sich und andere, und letztlich vor Gott zu Personen" (aaO. 506 [Hervorhebung im Original]). Vor diesem Hintergrund kann mit Polke auch die personale Rede von Gott zu einer „lebendigen religiösen Option" werden. (aaO. 507).

[1435] Hier liegt mE. eine Möglichkeit der Antwort auf die von U. Barth formulierte Anfrage, warum Schleiermacher trotz seines Gespürs für die Herausforderung, die in der Individuation liegt, die sich über einen Personenbegriff vermittelt, dennoch eine Lehre von der Person Christi in Angriff nimmt, anstatt von einer Personenlehre Abstand zu nehmen, wie Barth vorschlägt: vgl. U. BARTH, Hermeneutik der Evangelien als Prolegomena zur Christologie, in: Danz/Murrmann-Kahl (Hgg.), Zwischen historischem Jesus und dogmatischem Christus [2010], 275–305, 277.

[1436] Sie wird im Übrigen auch von Schleiermacher in seiner zweiten Rede wirkungsvoll interpretiert, indem er es zur Notwendigkeit erklärt, dass der Mensch sich durch *den Anderen* zu einer Antwort auf die Frage nach sich selbst herausgefordert erfährt (vgl. *ReKGA* I/2, 88; vgl. dazu in dieser Untersuchung besonders Abschnitt II.2.1: 51ff). Christoph Jamme hat auf die Verbindung zwischen dem Mythos und der Gegenwartskunst verwiesen. Zwar gingen dabei die mythischen Inhalte in ihrer „sozial-orientierenden Vorbildlichkeit" verloren, da deren Aneignung einem individuellen kreativen Prozess unterworfen sei. Indessen sieht Jamme auf dieser Ebene nicht allein den Raum für Rezeption geöffnet, sondern ebenso für Aktualisierung und gar für die Schöpfung neuer Mythen, mit deren Hilfe die Erfahrung der Welt Bearbeitung erfahre (vgl. JAMME, *Gott an hat ein Gewand* [1991], 299f [Zitat 299]).

Entscheidungsträgerin in der Frage, *wie* sich ein Bild im Gemüt einzeichnet und in der Folge die Frömmigkeit im Einzelnen darstellt. Auch hierin wird die nachhaltige Verbindung Schleiermachers mit der Erfahrungs- und Denk-Konstellation[1437] der Frühromantik sichtbar, in der sich die Einsicht in die zentrale Funktion der Fantasie im Bildungsprogress des (frommen) Selbstbewusstseins entwickelt.[1438] Allein dadurch, dass der einzelne Mensch seine Erfahrung durch die Vorstellungskraft *einverleibt*, wird diese Erfahrung zu einem Teil seiner Individualisierungsgeschichte und damit mitteilbar.

U. Barth hat anhand der von Schleiermacher in Gang gesetzten Bemühung um eine Jesus-Biographie die Überlegung geäußert, das poetologische Prinzip weise in dieser Unternehmung die deutliche Tendenz auf, über den Bereich der Ästhetik hinauszudrängen, indem es auch für die wissenschaftliche Historiographie Geltung beansprucht.[1439] Im Hintergrund der damit markierten *Bewegung* zeigt sich mE. das Erbe des frühromantischen Anliegens wirksam, die verschiedenen Bereiche der Erfahrung in der Dimension der medialen Darstellung zu verbinden. Die Spur zu einer Begründung dafür, dass dieses Anliegen im Anschluss an die Frühromantik nicht etwa an Bedeutung verliert, sondern vielmehr lebendig bleibt bzw. sich gar verstärkt, kann im Anschluss an Luhmanns Überlegungen in dem Umstand gesucht werden, dass die Ausdifferenzierung der verschiedenen Lebensbereiche nicht etwa an einem bestimmten Punkt zum Erliegen kommt, sondern sich vielmehr fortsetzt. Sie bleibe, erläutert Luhmann, im Hinblick auf das Interesse an einer Erzählung (und damit an einer Form der Darstellung) von Einheit[1440] als eine Art Katalysator wirksam.[1441] Die Bemühung Deweys, ein Entsprechungsverhältnis zwischen dem sinnstiftenden Aspekt der ästhetischen Dimension und der Sehnsucht des Menschen nach einer Einheit von *Kunst* („works of art") und *Leben* („common life"),[1442] geltend zu machen, gibt mE. ein Beispiel, das Luhmanns These im Blick auf den Übergang vom 19. ins 20. Jh. bestärkt. Dewey geht sogar so weit, seine Überlegung auf eine tiefsitzende Erinnerung („deep-seated memory") an eine zugrundeliegende Harmonie („underlying harmony") zurückzuführen, ohne indessen auf den Ursprung und die Beschaffenheit dieser Erinnerung näher einzugehen.[1443] Im Anschluss an Gehlen habe ich die Sehnsucht, Einheit zu schaffen, wo sie als verloren erfahren wird, mit dem

---

[1437] Den Begriff der Konstellation habe ich im Eingang dieser Untersuchung im Anschluss an Henrich (s. Anm. 88 in der Hinführung zu dieser Untersuchung im Abschnitt I.7: 17) aufgenommen.

[1438] Vgl. zur Bedeutung der Fantasie für die Ausgestaltung des Glaubens in den Reden etwa: R*e*KGA I/2, 129. In der Glaubenslehre dann leitet Schleiermacher von den unterschiedlichen sinnlichen Zuständen des Selbstbewusstseins die verschiedenen „Gestaltungen der Frömmigkeit" ab (KGA I/13.1, 76: DcG², §9.1).

[1439] Vgl. U. BARTH, Hermeneutik der Evangelien, in: Danz/Murrmann-Kahl (Hgg.), Zwischen historischem Jesus und dogmatischem Christus [2010], 275–305, 291.

[1440] Luhmann hat, wie sich zeigt, seinerseits die stabilisierende Funktion der Geschichte im Prozess der „Selbstfestlegung" im Blick (vgl. LUHMANN, Gesellschaftsstruktur und Semantik, Bd. 1 [1993], 218f [Zitat siehe 219]; vgl. dazu in der Hinführung zu dieser Untersuchung 5ff: Abschnitt I.2).

[1441] Vgl. aaO. 218f.

[1442] DEWEY, Art as Experience (1934), 8. Später beschreibt Dewey diese Differenz auch als den Gegensatz zwischen dem Nützlichen (als dem Ergebnis eines auf Zwecke ausgerichteten gesellschaftlichen Lebens) und dem Produkt der Kunst („the fine") als Ergebnis der industriellen Entwicklung (vgl. aaO. 27).

[1443] AaO. 17.

anthropologischen Grundbedürfnis nach Stabilität im Hinblick auf ein Selbstverständnis identifiziert, das sich, so kann man nun mit Luhmann hinzusetzen, mit der Belastung verstärkt, der sich das Subjekt ausgesetzt sieht, indem es gilt, eine sich vervielfältigende Zahl sozialer Rollen *zu einem Bild* zu vereinen. Die Frühromantik rückt an diesem Punkt nicht zuletzt als ein *Zeit-Raum* in den Blick, in dem die Vielfalt kreativer Gestaltungsmittel als Weg erschlossen wird, diese Herausforderung zu bewältigen.

6. (K)ein Abschluss

Diese Untersuchung konnte nicht den Rahmen bieten, allen dabei relevanten Spuren in dem Maße nachzugehen, wie es jeweils notwendig wäre. Indem ich etwa den Akzent meiner Arbeit von Beginn an explizit auf zwei Autoren aus dem frühromantischen Kreis gelegt habe, hat sich die Perspektive auf dessen Zusammensetzung und die darin wirksame Dynamik verengt. So hätte es sich durchaus angeboten, den Blick erheblich stärker auf strukturelle und inhaltliche Parallelen bei Schleiermacher und Hardenberg zu richten. Dem Einfluss Spinozas wäre nachzugehen gewesen. Ein anderer Weg, dem ich bei meiner Arbeit nur ein kurzes Stück weit gefolgt bin, hätte sich an der Frage nach dem Einfluss Fichtes im Hinblick auf Entwicklung des Bewusstseins für Individualität orientiert. Friedrich Schlegel hebt die Bedeutung dieses Denkers immer wieder hervor, auch indem er ihn Schleiermacher im Besonderen anempfiehlt.[1444] Ich habe mich indessen im Verlauf der Untersuchung entschieden, die Spur aufzunehmen, die von der Relevanz der Darstellung im Individuationsprozess zu Kants Symbolverständnis geführt hat. Damit hat sich auf dieser Seite für meine Arbeit ein Schwerpunkt herausgebildet, der wiederum in anderer Richtung selektierende Wirkung entfaltet hat.

Der Blick auf die Fragmentarität als Spezifikum frühromantischer Darstellung und Wahrnehmung von Individualität, kann auf eine Untersuchung der vorliegenden Art bezogen die Problemanzeige ebenso verstärken wie in ihrer Last abfangen. Denn einerseits bleibt unter dieser Perspektive stets mit der Ergänzungsbedürftigkeit durch andere zu rechnen, andererseits wird der Blick darauf gelenkt, dass an einer Arbeit immer noch etwas ungetan bleibt. Eine Einsicht aus der Schleiermacher folgern kann: „Nie werd ich mich alt dünken, bis ich fertig bin; und nie werd ich fertig sein, weil ich weiß und will, was ich soll."[1445]

In diesem Sinn muss jeder Abschluss vorläufig bleiben.

[1444] Vgl. etwa KA XXIV, 147: Friedrich Schlegel an Schleiermacher: Dresden, Juli 1798. Hier begrüßt Schlegel das Schleiermachers „am Kant" sei und insistiert dazu: „Nur nimm ja den Fichte mit".

[1445] *Mo*KGA I/3, 58.

LITERATURVERZEICHNIS

1. Quellenschriften von Friedrich D. E. Schleiermacher

- Friedrich Daniel Ernst Schleiermacher, Kritische Gesamtausgabe (= KGA): Im Auftrag der Berlin-Brandenburgischen Akademie der Wissenschaften und der Akademie der Wissenschaften zu Göttingen, Hermann Fischer u. a. (Hgg.):

  Abteilung I: Schriften und Entwürfe:
  - Bd. 2: Schriften aus der Berliner Zeit: 1796–1799, Günter Meckenstock (Hg.), Berlin/New York 1984.
  - Bd. 3: Schriften aus der Berliner Zeit 1800–1802, Günter Meckenstock (Hg.), Berlin/New York 1988.
  - Bd. 5: Schriften aus der Hallenser Zeit 1804–1807, Hermann Patsch (Hg.), Berlin/New York 1995.
  - Bd. 7: Teilbd. 1: Der christliche Glaube. Nach den Grundsätzen der evangelischen Kirche im Zusammenhange dargestellt (1821/22), Hermann Fischer (Hg.), Berlin/New York 1980.
  - Bd. 13: Teilbd. 1: Der christliche Glaube nach den Grundsätzen der evangelischen Kirche im Zusammenhange dargestellt (Zweite Auflage 1830/31), Rolf Schäfer (Hg.), Berlin/New York 2003.
  - Bd. 13: Teilbd. 2: Der christliche Glaube nach den Grundsätzen der evangelischen Kirche im Zusammenhange dargestellt (Zweite Auflage 1830/31), Rolf Schäfer (Hg.), Berlin/New York, 2003.
  - Bd. 14: Kleine Schriften 1786–1833, Matthias Wolfes/Michael Pietsch (Hgg.), Berlin/New York 2003.

  Abteilung II: Vorlesungen:
  - Bd. 4: Vorlesungen zur Hermeneutik und Kritik, Wolfgang Virmond/Hermann Patsch (Hgg.), Berlin/New York 2013.
  - Bd. 10, Teilbd. 1: Vorlesungen über die Dialektik, Andreas Arndt (Hg.), Berlin/New York 2002.
  - Bd. 13: Vorlesungen über die Psychologie, Dorothea Meier (Hg.) unter Mitwirkung von Jens Beljan, Berlin/Bosten 2018.
  - Bd. 14: Vorlesungen über die Ästhetik, Holden Kelm u. a. (Hgg.), Berlin/Bosten 2021.
  - Abteilung V: Briefwechsel und biographische Dokumente, Bd. 3: Briefwechsel 1799–1800, Andreas Arndt u. Wolfgang Virmond (Hgg.), Berlin/New York 1992.

  Abteilung V: Briefwechsel und biographische Dokumente:
  - Bd. 4 Briefwechsel 1800, Andreas Arndt/Hermann Fischer, Berlin/New York 1994.
  - Bd. 5: Briefwechsel 1801–1802, Andreas Arndt/Wolfgang Virmond (Hgg.), Berlin/New York 1999.
  - Bd. 6: Briefwechsel 1802–1803, Andreas Arndt/Wolfgang Virmond (Hgg.), Berlin/New York 2005.
  - Bd. 7: Briefwechsel 1803–1804, Andreas Arndt/Wolfgang Virmond (Hgg.), Berlin 2005.

- Friedrich Schleiermacher, Sämtliche Werke (= SW):

  Abteilung I: Zur Theologie:
  - Band 12: Die christliche Sitte nach den Grundsätzen der evangelischen Kirche im Zusammenhange. Aus Schleiermachers handschriftlichem Nachlasse und handgeschriebenen Vorlesungen, Ludwig Jonas (Hg.), Berlin 1843.

  Abteilung III: Zur Philosophie:
  - Band 5: Entwurf eines Systems der Sittenlehre. Aus Schleiermachers handschriftlichem Nachlasse, Alexander Schweizer (Hg.), Berlin 1835.

- Friedrich Schleiermacher, Psychologie. Aus Schleiermachers handschriftlichem Nachlasse und nachgeschriebenen Vorlesungen, Leopold George (Hg.), Berlin 1862.

2. Weitere Quellenschriften

– Aristoteles: de anima/Über die Seele, Griechisch-Deutsch, Übersetzt mit einer Einleitung und Anmerkungen von Klaus Corcilius (Hg.), Hamburg 2017.
– Ders.: de anima, de sensu, de memoria, de somno similique argumento, Immanuel Becker (Hg.), Berlin/Boston 2021.
– von Aquin, Thomas: Summa theologiae, Textum Leoninum Romae 1888 editum.
– Barth, Karl/Barth, Heinrich/Brunner Emil: Anfänge der dialektischen Theologie, Teil I, Jürgen Moltmann (Hg.), München 1977.
– Bellah, Robert N.: Religion in Human Evolution. From the Paleolithic to the Axial Age, Cambridge/London 2011.
– Blumenberg, Hans: Arbeit am Mythos (1979), Frankfurt a. M. 1996 (Sonderausgabe: folgt der fünften Auflage 1990).
– Ders.: Aspekte der Epochenschwelle: Cusaner und Nolaner, Frankfurt a. M. 1976.
– Ders.: Die Sorge geht über den Fluss (1987), 6. Auflage, Frankfurt a. M. 2017.
– von Canterbury, Anselm: Monologion. Proslogion: Die Vernunft und das Dasein Gottes, Lateinisch-deutsche Ausgabe, Lambert Schneider/Peter Bachem (Hgg.), übersetzt eingeleitet und erläutert von Rudolf Allers, Köln 1966.
– de Condorcet, Jean Antoine Nicolas de Caritat: Esquisse d'un tableau historique des progrès de l'esprit humain (1794)/Entwurf einer historischen Darstellung der Fortschritte des menschlichen Geistes, Wilhelm Alff (Hg.), Französisch-Deutsch, Deutsche Übertragung von Wilhelm Alff in Zusammenarbeit mit Hermann Schweppenhäuser, Frankfurt a. M. 1963.
– Durkheim, Émile: Les formes élémentaires de la vie religieuse: le système totémique en Australie, 2. ed. rev, Felix Alcan (Librairie), Paris 1925.
– Ders.: Die elementaren Formen des religiösen Lebens, Übersetzt von Ludwig Schmidts, Frankfurt a. M. 1981.
– Dewey, John: Art as Experience (1934), New York 1980.
– Ders.: Logic. The Theory Of Inquiry, New York 1938.
– Ende, Michael: Über das Ewig-Kindliche. Vortrag vor der J.B.B.Y. in Tokyo (1986), in: ders., Zettelkasten, Skizzen und Notizen, Roman Hocke (Hg.), München 2011, 177–198.
– Fichte, Johann Gottlieb: Gesamtausgabe der Bayrischen Akademie der Wissenschaften, Reinhard Lauth/Hans Jacob (Hgg.), Reihe I: Werke, Bd. 2: Werke 1793–1795, Reinhard Lauth/Hans Jacob/unter Mitwirkung von Manfred Zahn (Hgg.), Stuttgart-Bad Cannstatt 1965.
– Freud, Sigmund: Gesammelte Werke. Chronologisch geordnet, Bd. II u. Bd. III: Die Traumdeutung: Über den Traum (1900), Anna Freud u. a. (Hgg.), London 1948.
– Gadamer, Hans-Georg: Wahrheit und Methode. Grundzüge einer philosophischen Hermeneutik, Tübingen 1960.
– Gehlen, Arnold: Urmensch und Spätkultur. Philosophische Ergebnisse und Aussagen, 5. Auflage mit fünf Abbildungen, Wiesbaden 1986 (Erste Auflage 1956).
– Ders.: Philosophische Ergebnisse und Aussagen, 5. Auflage, Wiesbaden 1986.
– Goethe, Johann Wolfgang: Goethes Werke, Hamburger Ausgabe in 14 Bänden, Bd. XII: Schriften zur Kunst. Schriften zur Literatur. Maximen und Reflexionen, Hamburg, 4. Auflage, 1960.
– Ders.: Briefe: Historisch-kritische Ausgabe, Georg Kurscheidt/Norbert Oellers/Elke Richterin (Hgg.), in Verbindung mit der Sächsischen Akademie der Wissenschaften zu Leipzig und der Mainzer Akademie der Wissenschaften und der Literatur im Auftrag der Klassik Stiftung Weimar, Goethe- und Schiller-Archiv: Band. 4, Teil 1 (Text): 1780–1781, Elke Richter/Héctor Canal (Hgg.), unter Mitarbeit von Bettina Zschiedrich, Berlin/Boston 2020.
– von Hardenberg, Friedrich: Novalis Schriften. Die Werke Friedrich von Hardenbergs (= HKA), Paul Kluckhorn/Richard Samuel (Hgg.):
    – Bd. II: Das philosophische Werk I, Richard Samuel (Hg.), Stuttgart u. a. 1981.
– Hegel, Georg Wilhelm Friedrich: Gesammelte Werke, In Verbindung mit der Deutschen Forschungsgemeinschaft herausgegeben von der Nordrhein-Westfälischen Akademie der Wissenschaften und Künste:
    – Bd. 4: Jenaer Kritische Schriften, Hartmut Buchner/Otto Pöggeler (Hgg.), Hamburg 1968.
    – Bd. 9: Phänomenologie des Geistes (1807), Wolfgang Bonsiepen/Reinhard Hedde (Hgg.), Düsseldorf 1980.

- Bd. 14, Teilbd. 1: Grundlinien der Philosophie des Rechts, Klaus Grotsch/Elisabeth Weisser-Lohmann, Düsseldorf 2009.
- Bd. 27, 1: Vorlesungen über die Philosophie der Weltgeschichte, Bernadette Collenberg-Plotnikov (Hg.): Nachschriften zu dem Kolleg des Wintersemesters 1822/23, Düsseldorf 2015.

–Ders.: Sämtliche Werke: Jubiläumsausgabe in zwanzig Bänden, Hermann Glockner (Hg.), Bd. 7: Grundlinien der Philosophie des Rechts oder Naturrecht und Staatswissenschaft im Grundrisse (1820), Stuttgart 1952.

–Ders.: Mythologie der Vernunft. Hegels *ältestes Systemprogramm des deutschen Idealismus* (1796/1797), Christoph Jamme/Helmut Schneider (Hgg.), Frankfurt a. M. 1984.

–Heidegger, Martin: Sein und Zeit (1927), 11. unveränderte Auflage des als 9. Auflage erschienen Neudrucks, Tübingen 1967.

–Hölderlin, Friedrich: Sämtlich Werke: Grosse Stuttgarter Hölderlin-Ausgabe (= HGSA). Im Auftrag des Württembergischen Kultministeriums:
- Bd. 1/I: Gedichte bis 1800: Hälfte 1: Text, Friedrich Beissner (Hg.), Stuttgart 1964.
- Bd. 2/I: Gedichte nach 1800: Hälfte 1: Text, Friedrich Beissner (Hg.), Stuttgart 1951.

–Husserl, Edmund: Gesammelte Werke – Husserliana, Bd. III: Ideen zu einer reinen Phänomenologie und phänomenologischen Philosophie. Erstes Buch: Allgemeine Einführung in die reine Phänomenologie. Neue, auf Grund der Handschriftlichen Zusätze des Verfassers erweiterte Auflage, Walter Biemel (Hg.), Tübingen 1950.

–Jaspers, Karl: Gesamtausgabe, Herausgegeben im Auftrag der Heidelberger Akademie der Wissenschaften und der Akademie der Wissenschaften zu Göttingen, Thomas Fuchs/Jens Halfwassen/Jens Schulz (Hgg.): Abteilung 1: Werke, Bd. 13: Der Philosophische Glaube angesichts der Offenbarung, Bernd Weidmann (Hg.), Basel 2016.

–Kant, Immanuel: Kants Werke, Königlichen Preußischen Akademie der Wissenschaften (Hg.): Akademie Textausgabe (= AA), 1902 begonnene Ausgabe:

Abteilung I: Werke:
- Bd. III: Kritik der reinen Vernunft (1787²), Berlin 1968 (1904/11).
- Bd. IV: Kritik der reinen Vernunft (1781¹). Prolegomena. Grundlegung zur Metaphysik der Sitten. Metaphysische Anfangsgründe der Naturwissenschaften, Berlin 1968 (1903/11).
- Bd. V: Kritik der praktischen Vernunft. Kritik der Urteilskraft (1788), Berlin 1968 (1908/13).
- Bd. VII: Der Streit der Fakultäten. Anthropologie in pragmatischer Hinsicht (1798), Berlin 1968 (1907/17).

Abteilung II: Briefwechsel:
- Bd. XX: Briefwechsel: Bd. 1: 1747–1788, Berlin 1969 (1922).

Abteilung III: Handschriftlicher Nachlass:
- Bd. XV.1: Handschriftlicher Nachlass: Bd. 2: Hälfte 1: Anthropologie, Berlin 1923.
- Bd. XVI: Handschriftlicher Nachlass: Bd. 3: Logik, Berlin 1924.

–Kierkegaard, Søren: Gesammelte Werke (= GW), Hayo Gerdes/Emanuel Hirsch (Hgg.):
- Vierte Abteilung: Furcht und Zittern. Dialektische Lyrik von Johannes de Silentio (Frygt og Bæven [1843]), übersetzt von Emanuel Hirsch, Düsseldorf/Köln 1950.
- Abteilung 31: Über den Begriff der Ironie mit ständiger Rücksicht auf Sokrates (Om begrebet ironi med stadigt hensyn til Socrates [1841]), Rose Hirsch (Mitwirkung), Emanuel Hirsch (Übersetzung), Düsseldorf/Köln 1961.

–von Kleist, Heinrich: Sämtliche Werke und Briefe, Bd. 2, Helmut Sembdner (Hg.), 4. rev. Auflage, München 1965.

–Koselleck, Reinhart: Vergangene Zukunft (1989), 11. Auflage, Frankfurt a. M. 2020.

–Leibniz, Gottfried Wilhelm: Discours de métaphysique, la monadologie, principes de la nature et de la grâce fondés en raison/Monadologie und andere metaphysische Schriften, Französisch-Deutsch, herausgegeben und übersetzt von Ulrich Johannes Schneider, Hamburg 2002 (Philosophische Bibliothek Bd. 537).

–Lessing, Gotthold Ephraim: Nathan der Weise. Ein dramatisches Gedicht in fünf Aufzügen (1779), Reprint Berlin/Boston 2021.

–Locke, John: An Essay concerning human understanding (1690): collated and annotated, with prolegomena, biographical, critical and historical, by Alexander Cambell Fraser, Vol. 1, Oxford 1894.

– Nietzsche, Friedrich: Werke. Kritische Gesamtausgabe, Giorgio Colli/Mazzino Montinari (Hgg.), Abt. 6: Bd. 1: Also sprach Zarathustra. Ein Buch für alle und keinen (1883), Berlin/New York 1968.

– Platon: die Werke, Gesamtausgabe im vollständigen Text in deutscher Sprache mit beigefügten griechischen und lateinischen Textfassungen, zusammengestellt von Rudolf Haller, Markgröningen 2017.

– Ricœur, Paul: Zeit und Erzählung, Band III: Die erzählte Zeit (Temps et récit, tome III. Le temps raconté [Paris 1985]), München 1991.

– Rousseau, Jean-Jacques: Discours sur L'inégalité (1754)/Diskurs über die Ungleichheit, Kritische Ausgabe des integralen Textes. Mit sämtlichen Fragmenten und ergänzenden Materialien nach den Originalausgaben und den Handschriften neu ediert, übersetzt und kommentiert von Heinrich Meier, Paderborn u. a. 1984.

– Schelling, Friedrich Wilhelm Joseph: System des transzendenten Idealismus (1800), Vollständiger, durchgesehener Neusatz mit einer Biographie des Autors bearbeitet und eingerichtet von Michael Holzinger, Berlin 2014.

– Schiller, Friedrich: Schillers Werke: Nationalausgabe (= NA): Begründet von Julius Petersen. Fortgeführt von Lieselotte Blumenthal, Norbert Oellers (Hg.) im Auftrag der Stiftung Weimarer Klassik und des Schiller-Nationalmuseums in Marbach:
- Bd. XX: Philosophische Schriften: Teil 1, Benno Wiese (Hg.), Weimar 1862.
- Bd. XXI: Philosophische Schriften: Teil 2, Benno Wiese (Hg.), Weimar 1963.
- Bd. XXII: Vermischte Schriften, Herbert Meyer (Hg.), Weimar 1958.

– von Schlegel, August Wilhelm: Sämtliche Werke, Bd. 2, Eduard Böcking (Hg.), Leipzig 1846.

– Schlegel, Friedrich: Kritische Friedrich-Schlegel-Ausgabe (= KA), Ernst Behler unter Mitw. von Jean-Jacques Anstett und Hans Eichner (Hgg.):
- Bd. I: Erste Abteilung: Studien des klassischen Altertums, eingeleitet und herausgegeben von Ernst Behler, München/Paderborn/Wien 1979.
- Bd. II: Erste Abteilung: Charakteristiken und Kritiken I (1796–1801), Hans Eichner (Hg.), München/Paderborn/Wien 1967.
- Bd. V: Erste Abteilung: Kritische Neuausgabe: Dichtungen, Hans Eichner (Hg.), München/Paderborn/Wien 1962.
- Bd. VII: Erste Abteilung: Kritische Neuausgabe: Bd. 6: Studien zur Geschichte und Politik, Ernst Behler (Hg.), München/Paderborn/Wien 1966.
- Band XII: Zweite Abteilung: Schriften aus dem Nachlaß: Bd. 2: Philosophische Vorlesungen: 1800–1807: Teil 1, Jean-Jacques Anstett (Hg.), München/Paderborn/Wien 1964.
- Bd. XVI: Zweite Abteilung: Schriften aus dem Nachlaß: Fragmente zur Poesie und Literatur: Erster Teil, Hans Eichner (Hg.), München/Paderborn/Wien 1981.
- Bd. XVIII: Zweite Abteilung: Schriften aus dem Nachlaß: Bd. 6: Philosophische Lehrjahre 1796–1806; nebst philosophischen Manuskripten aus den Jahren 1796–1828: Teil 1, Ernst Behler (Hg.), München/Paderborn/Wien 1963.
- Bd. XXIII: Dritte Abteilung: Briefe von und an Friedrich und Dorothea Schlegel: Band 1: Bis zur Begründung der romantischen Schule: 15.September 1788–15.Juli 1797, Ernst Behler (Hg.), München/Paderborn/Wien 1987.
- Bd. XXIV: Dritte Abteilung: Briefe von und an Friedrich und Dorothea Schlegel: Band 2: Die Periode des Athenäums: 25. Juli 1797–Ende August 1799, Raymond Immerwahr (Hg.), München/Paderborn/Wien 1985.
- Bd. XXV: Dritte Abteilung: Briefe von und an Friedrich und Dorothea Schlegel: Band 3: Höhepunkt und Zerfall der romantischen Schule (1799–1802), Hermann Patsch (Hg.), Paderborn/München/Wien 2009.

– Ders.: Kritische Schriften (= KS), Wolfdietrich Rasch (Hg.), München ²1964.

– Spalding, Johann Joachim: Kritische Ausgabe, Albrecht Beutel (Hg.), Erste Abteilung: Schriften, Bd. 5, Religion eine Angelegenheit des Menschen, Georg Friedrich Wagner (Hg.), Tübingen 2001.

– Taylor, Charles: Sources of the self: the making of modern identity (1931), Cambridges/Massachusetts 1989.

– Ders.: Quellen des Selbst. Die Entstehung der neuzeitlichen Identität, übersetzt von Joachim Schulte, Frankfurt a. M. 1994.

– Tieck, Ludwig: Erinnerungen aus dem Leben des Dichters nach dessen mündlichen und schriftlichen Mittheilungen, Rudolf Köpke (Hg.), 2. Theil, Leipzig 1855.

– Wackenroder, Wilhelm Heinrich: Sämtliche Werke und Briefe, Historisch-Kritische Ausgabe, Silvio Vetta/Richard Littlejohns (Hgg.), Bd. 1: Werke, Silvio Vetta (Hg.), Heidelberg 1991.
– Waldenfels, Bernhard: Sozialität und Alterität. Modi sozialer Erfahrung, Berlin 2015.
– Wittgenstein, Ludwig: Über Gewißheit (1969), Gertrude Elizabeth Margaret Ancombe/Georg Henrik von Wright (Hgg.), 16. Auflage, Frankfurt a. M. 2023.

2.1 Lexikonartikel

– *Bildungsstufe:* Gertrude Harlass, in: Goethe-Wörterbuch (= GWb), Berlin-Brandenburgische Akademie der Wissenschaften (Hg.), Bd. 2, Stuttgart 1989, Sp. 715.
– *Bildungsstufe, f.,* in: Deutsches Wörterbuch von Jacob und Wilhelm Grimm (= ¹DWb), 16 Bde. in 32 Teilbänden, Leipzig 1854–1961 (Quellenverzeichnis 1971), Berlin-Brandenburgische Akademie der Wissenschaften (Hg.), Bd. 2 (1860), Sp. 24, Z. 38.
– *Bildungsstufe, f.,* in: Deutsches Wörterbuch von Jacob und Wilhelm Grimm (= ²DWb), 16 Bde. in 32 Teilbänden, Leipzig 1854–1961 (Quellenverzeichnis 1971)/Neubearbeitung (A-F), Berlin-Brandenburgische Akademie der Wissenschaften (Hg.), Bd. 5 (2012), Sp. 244, Z. 22.
– *Erfindsamkeit, f.,* in: Deutsches Wörterbuch von Jacob und Wilhelm Grimm (= ¹DWb), 16 Bde. in 32 Teilbänden, Leipzig 1854–1961 (Quellenverzeichnis 1971), Berlin-Brandenburgische Akademie der Wissenschaften (Hg.), Bd. 3 (1862), Sp. 800, Z. 25.
– *Erfindsamkeit, f.,* in: Deutsches Wörterbuch von Jacob und Wilhelm Grimm (= ²DWb), 16 Bde. in 32 Teilbänden, Leipzig 1854–1961 (Quellenverzeichnis 1971) /Neubearbeitung (A-F), Berlin-Brandenburgische Akademie der Wissenschaften (Hg.), Bd. 8 (1999), Sp. 1716, Z. 41.
– *Gesinnen, verb.,* in: Deutsches Wörterbuch von Jacob und Wilhelm Grimm (= ¹GWb), 16 Bde. in 32 Teilbänden, Leipzig 1854–1961 (Quellenverzeichnis 1971), Berlin-Brandenburgische Akademie der Wissenschaften (Hg.), Bd. 5 (1897), Sp. 4117, Z. 53.
– *Individualität*: Bernd Hamacher, in: Goethe-Wörterbuch (= GWb), Berlin-Brandenburgische Akademie der Wissenschaften (Hg.), Bd. 4: Geschäft-inhaftieren, Stuttgart 2004, Sp. 1520-.
– *Sehnen, verb.,* in: Deutsches Wörterbuch von Jacob und Wilhelm Grimm (= ¹DWb), 16 Bde. in 32 Teilbänden, Leipzig 1854–1961 (Quellenverzeichnis 1971), Berlin-Brandenburgische Akademie der Wissenschaften (Hg.), Bd. 16 (1905), Sp. 151, Z. 19.
– *Witz, m.,* in: Deutsches Wörterbuch von Jacob und Wilhelm Grimm (= ¹DWb), 16 Bde. in 32 Teilbänden, Leipzig 1854–1961 (Quellenverzeichnis 1971), Berlin-Brandenburgische Akademie der Wissenschaften (Hg.), Bd. 30 (1960), Sp. 861, Z. 21.
– *Zeit, f.,* in: Deutsches Wörterbuch von Jacob Grimm und Wilhelm Grimm (= ¹DWb), 16 Bände in 32 Teilbänden, Leipzig 1854–1961. Quellenverzeichnis Leipzig 1971, Berlin-Brandenburgische Akademie der Wissenschaften (Hg.), Bd. 31 (1956), Sp. 521, Z. 66.

3. Forschungsliteratur

– Arndt, Andreas: Eine literarische Ehe. Schleiermachers Wohngemeinschaft mit Friedrich Schlegel, in: ders. (Hg.), Wissenschaft und Geselligkeit. Friedrich Schleiermacher in Berlin 1796–1802, Berlin/New York 2009, 3–14.
– Barth, Ulrich: Christentum und Selbstbewußtsein. Versuch einer Rekonstruktion des systematischen Zusammenhangs von Schleiermachers subjektivitätstheoretischer Deutung der christlichen Religion, Göttingen 1983.
– Ders.: Das Individualitätskonzept der *Monologen*. Schleiermachers ethischer Beitrag zur Romantik, in: ders., Aufgeklärter Protestantismus, Tübingen 2004, 291–327.
– Ders.: Die Religionstheorie der *Reden*. Schleiermachers theologisches Modernisierungsprogramm, in, ders., Aufgeklärter Protestantismus, Tübingen 2004, 259–289.
– Ders.: Hermeneutik der Evangelien als Prolegomena zur Christologie, in: Christian Danz/Michael Murrmann-Kahl (Hgg.), Zwischen historischem Jesus und dogmatischem Christus: Zum Stand der Christologie im 21. Jahrhundert, Tübingen 2010, 275–305.
– Ders.: Was heißt *Anschauung des Universums*? Spinozistische Hintergründe von Schleiermachers Jugendschrift, in: ders., Kritischer Religionsdiskurs, Tübingen 2014, 222–243.

– Bauer, Manuel: Schlegel und Schleiermacher. Frühromantische Kunstkritik und Hermeneutik, in: Zeitschrift für neuere Theologiegeschichte (ZNThG), Mark D. Chapman/Friedrich Wilhelm Graf/Theodore M. Vial (Hgg.), Jr.: 19 (2012)/2, 309–341.

– Behler, Ernst: Die Konzeption der Individualität in der Frühromantik, in: Thomas Sören Hoffman/Stefan Majetschak (Hgg.), Denken der Individualität (Festschrift für Josef Simon zum 65. Geburtstag), Berlin 1995, 121–150.

– Ders.: Klassische Ironie. Romantische Ironie. Tragische Ironie: Zum Ursprung dieser Begriffe, Darmstadt 1972.

– Ders.: Unendliche Perfektibilität. Europäische Romantik und Französische Revolution, Paderborn u. a. 1989.

– Burdach, Konrad: Faust und die Sorge, in: Deutsche Vierteljahrsschrift für Literaturwissenschaft und Geistesgeschichte I (1), Stuttgart 1923, 1–60.

– Cassirer, Ernst: Die Methodik des Idealismus in Schillers philosophischen Schriften, in: ders., Gesammelte Werke: Bd. 9: Birgit Recki (Hg.), Aufsätze und kleine Schriften (1902–1921), Hamburg 2001, 316–345.

– Crossley, John P.: The Religious Ethics implicit in Schleiermacher´rs doctrine of creation, Journal of Religious Ethics 2006, 585–608.

– Dilthey, Wilhelm: Leben Schleiermachers, Erster Band, Berlin 1870.

– Dierken, Jörg: Glaube und Lehre im modernen Protestantismus. Studien zum Verhältnis von religiösem Vollzug und theologischer Bestimmtheit bei Barth und Bultmann sowie Hegel und Schleiermacher, (Beiträge zur historischen Theologie, Johannes Wallmann [Hg.], Bd. 92), Tübingen 1996.

– Dierken, Jörg: Riskiertes Selbstsein. Individualität und ihre (religiöse) Deutung, in: Wilhelm Gräb/Lars Charbonnier (Hgg.), Individualität: Genese und Konzeption einer Leitkategorie, Berlin 2012, 329–350.

– Dierkes, Hans: Die problematische Poesie. Schleiermachers Beitrag zur Frühromantik, in: Kurt-Viktor Selge (Hg.), Internationaler Schleiermacher-Kongreß Berlin 1984: Schleiermacher –Archiv, Hermann Fischer u. a. (Hgg.), Bd. I, Teilband 1, Berlin/New York 1985, 61–98.

– Dockhorn, Klaus: Epoche, Fuge und *Imitatio*, in: ders., Macht und Wirkung der Rhetorik. vier Aufsätze zur Ideengeschichte der Vormoderne, Bad Homburg v.d.H. u. a. 1968, 105–124.

– Elias, Norbert: Die Gesellschaft der Individuen, Michael Schröter (Hg.), Frankfurt a. M. 1987.

– Firchow, Markus: Das freie Spiel der Bilder. Vernunft und Fantasie bei Schleiermacher, Leipzig April 2023.

– Frank, Manfred: Das individuelle Allgemeine. Textstrukturierung und -interpretation nach Schleiermacher, Frankfurt a. M. 1977.

– Ders.: Einführung in die frühromantische Ästhetik. Vorlesungen, Frankfurt a. M. 1989.

– Ders.: Subjektivität und Individualität: Überblick über eine Problemlage, in: ders., Selbstbewußtsein und Selbsterkenntnis: Essays zur analytischen Philosophie der Subjektivität, Stuttgart 1991, 9–49.

– Geyer-Hindemith, Christian: Koselleck und Mannheim. Quellenangabe bitte nicht immer erwarten, Frankfurter Allgemeine Zeitung, 25.04.2023.

– Gräb, Wilhelm: Individualität als Manifestation eines Selbstgefühls. Schleiermachers Konzept der religiösen Fundierung und kommunikativen Realisierung humaner Individualitätskultur, in: Wilhelm Gräb/Lars Charbonnier (Hgg.), Individualität: Genese und Konzeption einer Leitkategorie humaner Selbstdeutung, Berlin 2012, 267–291.

– Grove, Peter: Gefühl und Selbstbewusstsein: der Begriff der Subjektivität in Schleiermachers philosophischer Ethik, in: Niels Jørgen Cappelørn u. a. (Hgg.), Schleiermacher und Kierkegaard: Subjektivität und Wahrheit/subjectivity and truth: Akten des Schleiermacher-Kierkegaard-Kongresses in Kopenhagen (Oktober 2003), Berlin 2006, 107–123.

– Heller, Oliver: Die Bildung des Selbstbestimmten Lebens. Identität und Glaube aus der Perspektive von F. D. E. Schleiermacher, W. James und J. Dewey, Berlin 2011.

– Henrich, Dieter: Konstellationen: Probleme und Debatten am Ursprung der idealistischen Philosophie (1789–1795), Stuttgart 1991.

– Herms, Eilert: Herkunft, Entfaltung und erste Gestalt des Systems der Wissenschaft bei Schleiermacher, Gütersloh 1974.

– Ders.: *Theorie für die Praxis*. Aktuelle Antwort auf die Frage nach der *Einheit der Theologie in der Vielfalt ihrer Disziplinen*, Göttingen 2023.

– Hornig, Gottfried: Perfektibilität. Eine Untersuchung zur Geschichte und Bedeutung dieses Begriffs in der deutschsprachigen Literatur, in: Karlfried Gründer (Hg.) in Verbindung mit Hans-Georg Gadamer u. Joachim Ritter, Archiv für Begriffsgeschichte, Bd. 24, Bonn 1980, 221–257.
– Jamme, Christoph: *Gott an hat ein Gewand*. Grenzen und Perspektiven philosophischer Mythos-Theorien der Gegenwart, Frankfurt a. M. 1991.
– Jiang, Manke: Religion und Individualität bei Schleiermacher, Berlin/Boston 2020.
– Jureit, Ulrike: Erinnern als Überschritt. Reinhart Kosellecks geschichtspolitische Interventionen, Göttingen 2023.
– Käfer, Anne: *Die wahre Ausübung der Kunst ist religiös*. Schleiermachers Ästhetik im Kontext der zeitgenössischen Entwürfe Kants, Schillers und Friedrich Schlegels, Tübingen 2006.
– Kindt, Tom: Epoche machen! Zur Verteidigung eines umstrittenen Begriffs der Literaturgeschichte, in: Daniel Fulda/Sandra Kerschbaumer/Stefan Matuschek (Hgg.), Aufklärung und Romantik. Epochenschnittstellen, Paderborn 2015, 11–22.
– König, Christian: Unendlich gebildet. Schleiermachers kritischer Religionsbegriff und seine inklusivistische Religionstheologie anhand der Erstauflage der *Reden*, Tübingen 2016.
– Krause, Peter D.: Unbestimmte Rhetorik. Friedrich Schlegel und die Redekunst um 1800, Tübingen 2001.
– Löwe, Matthias: Epochenbegriff und Problemgeschichte: Aufklärung um Romantik als konkurrierende Antworten auf dieselben Fragen, in: Daniel Fulda/Sandra Kerschbaumer/Stefan Matuschek (Hgg.), Aufklärung und Romantik. Epochenschnittstellen, Paderborn 2015, 45–68.
– Luhmann, Niklas: Gesellschaftsstruktur und Semantik. Studien zur Wissenssoziologie der modernen Gesellschaft, Bd. I, Frankfurt a. M. 1993.
– Mannheim, Karl: Eine soziologische Theorie der Kultur und ihrer Erkennbarkeit [Konjunktives und kommunikatives Denken], in: ders., Strukturen des Denkens, Volker Meja/Nico Stehr (Hgg.), Frankfurt a. M. 1980, 155–322.
– Ders.: Mensch und Gesellschaft im Zeitalter des Umbaus, Darmstadt 1958.
– Marquard, Odo: Zur Geschichte des philosophischen Begriffs *Anthropologie* seit dem Ende des achtzehnten Jahrhunderts, in: Ernst-Wolfgang Böckenförde (Hg.), Collegium Philosophicum. Studien Joachim Ritter zum 60. Geburtstag, Basel/Stuttgart 1965, 209–239.
– Mennemeier, Franz Norbert: Friedrich Schlegels Poesiebegriff dargestellt anhand der literaturkritischen Schriften. Die romantische Konzeption einer objektiven Poesie, München 1971.
– Mergenthaler, May: Zwischen Eros und Mitteilung. Die Frühromantik im Symposium der *Athenaeums*-Fragmente, Paderborn u. a. 2012.
– Moxter, Michael: Anthropologie in systematisch-theologischer Perspektive, in: Jürgen van Oorschot (Hg.), Mensch, Tübingen 2018, 141–183.
– Ders.: Das Individuum und seine Geschichte. Protestantische Individualitätstheorien zwischen Totalität und Fragmentarität, in: Hermann Deuser/Saskia Wendel (Hgg.), Dialektik der Freiheit, Tübingen 2012, 11–30.
– Ders.: Erfüllungsfiguren im Zeitalter ihrer Fragmentierung, in: *Paragrana*: Internationale Zeitschrift für Historische Anthropologie, Vol. 30, No. 1, 2021, 103–118.
– Ders.: Erzählung und Ereignis. Über den Spielraum historischer Repräsentation, in: Jens Schröter/Ralph Brucker (Hgg.), Der historische Jesus. Tendenzen und Perspektiven der gegenwärtigen Forschung, Berlin/New York 2002, 67–88.
– Ders.: Güterbegriff und Handlungstheorie. Eine Studie zur Ethik Friedrich Schleiermachers, Kampen 1992.
– Ders.: Szenische Anthropologie. Eine Skizze, in: Elisabeth Gräb-Schmidt/Reiner Preul (Hgg.), Anthropologie, Marburger Jahrbuch Theologie XXIX, Leipzig 2017, 56–84.
– Ders.: Urteilskraft und Intersubjektivität. Zur Eigenart theologischer Reflexion, in: Klaus-Michael Kodalle/Anne M. Steinmeier (Hgg.), Subjektiver Geist. Reflexion und Erfahrung im Glauben (= FS Traugott Koch), Würzburg 2002, 25–36.
– Ders.: Pneumatologie als Differenztheorie, in: Freiheit denken. Protestantische Transformationen in der Gegenwart, Beiträge zur rationalen Theologie: Bd. 25, Malte Dominik Krüger/Constantin Plaul/Christian Polke/Arnulf von Scheliha (Hgg.), Berlin/Bern/Wien 2021, 31–47.
– Nowak, Kurt: Schleiermacher und die Frühromantik, Göttingen 1986.
– Ders.: Schleiermacher. Leben, Werk und Wirkung, Göttingen 2001.
– Oberdorfer, Bernd: Geselligkeit und Realisierung von Sittlichkeit. Die Theorieentwicklung Friedrich Schleiermachers bis 1799, Berlin 1995.

- Pannenberg, Wolfhart: Problemgeschichte der neueren evangelischen Theologie in Deutschlands: Von Schleiermacher bis zu Barth und Tillich, Göttingen 1997.
- Paulin, Roger: Autoren der mittleren Romantik: Brentano, Arnim, Hoffmann, Schütz, Fouqué, in: Claudia Stockinger/Stefan Scherer (Hgg.), Ludwig Tieck: Leben – Werk – Wirkung, Berlin/Boston 2011, 84–94.
- Polke, Christian: Expressiver Theismus. Vom Sinn personaler Rede von Gott, Tübingen 2020.
- Recki, Birgit: Das Schöne als Symbol der Freiheit. Zur Einheit der Vernunft im ästhetischen Selbstgefühl und praktischer Selbstbestimmung bei Kant, in: Hermann Parret (Hg.), Kants Ästhetik. Kant's Aesthetics. L'esthétique de Kant, Berlin/New York 1998, 386–402.
- Reble, Albert: Schleiermachers Kulturphilosophie. Eine entwicklungsgeschichtlich-systematische Würdigung, Erfurt 1935.
- Ribbat, Ernst: Poesie und Polemik. Zur Entstehung der romantischen Schule und zur Literatursatire Ludwig Tiecks, in: ders. (Hg.), Romantik. Ein literaturwissenschaftliches Studienbuch, Königstein 1979, 85–79.
- Schanze, Helmut: Romantische Rhetorik, in: ders. (Hg.), Handbuch der Romantik, Stuttgart 1994, 336–350.
- von Scheliha, Arnulf: Der Islam im interreligiösen Dialog. Studien zum interreligiösen Dialog, Bd. 6, Hans-Christoph Großmann/André Ritter (Hgg.), Münster u. a. 2004.
-    von Scheliha, Arnulf: Moderner Individualismus als politisches Problem, in: Wilhelm Gräb/Lars Charbonnier (Hgg.), Individualität. Genese und Konzeption einer Leitkategorie, Berlin 2012, 351–371.
- Schlenke, Dorothee: *Geist und Gemeinschaft*. Die systematische Bedeutung der Pneumatologie für Friedrich Schleiermachers Theorie der christlichen Frömmigkeit, Berlin/Boston 1998.
- Schmidt, Sarah: Die Konstruktion des Endlichen. Schleiermachers Philosophie der Wechselwirkung: Quellen und Studien zur Philosophie, Jürgen Mittelstraß/Dominik Perler/Wolfgang Wieland (Hgg.), Bd. 67, Berlin/Ney York 2005.
- Schnyder, Peter: Die Magie der Rhetorik. Poesie, Philosophie und Politik in Friedrich Schlegels Frühwerk, Paderborn u. a. 1999.
- Scholtz, Gunter: Ethik als Theorie der modernen Kultur. Mit vergleichendem Blick auf Hegel, in: ders., Ethik und Hermeneutik. Schleiermachers Grundlegung der Geisteswissenschaften, Frankfurt a. M. 1995, 35–64.
- Schröder, Christoph: Vollkommenheit und Fragmentarität. Evangelische Vollkommenheitsdiskurse im Horizont spätmoderner Selbstoptimierungsimperative, Tübingen 2024.
- Schulz, Carl H.: Zur Kritik der Krankheits- und Genesungstheorien. Die Verjüngung des Menschen durch die Mauser der Krankheit, Motto: Die Genesung ist eine wahre Zeugung (Genesis), in: Arnold Ruge/Theodor Echtermeyer (Hgg.), Hallische Jahrbücher für deutsche Wissenschaft und Kunst, Zweiter Jahrgang, 31. Mai/No. 130, Leipzig 1839, Sp. 1032–1038.
- Schulz, Heiko: Ereignis und Geschichte. Eine theologische Skizze, in: Elisabeth Gräb-Schmidt/Volker Leppin (Hgg.), Geschichte als Thema der Theologie, Marburger Jahrbuch Theologie XXXII, Leipzig 2020, 97–124.
- Schwab, Martin: Einzelding und Selbsterzeugung, in: Manfred Frank/Anselm Haverkamp (Hgg.), Poetik und Hermeneutik, Bd. XIII: Individualität, München 1988, 35–75.
- Schweiker, William: Consciousness and the Good: Schleiermacher and Contemporary Theological Ethics, in: Theology Today, Vol 56, Issue 2, 1999, 180–196.
- Seibert, Christoph: Spielräume des Handelns. John Dewey über Erfahrung, Imagination und Handlung, in: Christian Polke/Markus Firchow/Christoph Seibert (Hgg.), Kultur als Spiel. Philosophisch-theologische Variationen, Leipzig 2019, 141–163.
- Stierle, Karlheinz: Renaissance. Die Entstehung eines Epochenbegriffs aus dem Geist des 19. Jahrhunderts, in: Reinhart Herzog/Reinhart Koselleck (Hgg.), Epochenschwelle und Epochenbewusstsein, München 1987, 453–492.
- Stock, Hans: Friedrich Schlegel und Schleiermacher, Marburg 1930.
- Strawson, Peter F.: Individuals. An Essay in Descriptive Metaphysik (1959), London u. a. 1984.
- Sockness, Brent W.: The Forgotten Moralist: Friedrich Schleiermacher and the Science of Spirit, in: The Harvard Theological Review, Vol. 96, No. 3 (Jul. 2003), 317–348.
- Ders.: Schleiermacher and the Ethics of Authenticity. The *Monologen* of 1800 in: Journal of Religion Ethics, Volume 32, Issue 3 (Winter 2004), 477–517.

– Steinmeier, Anne: Im Bildnis des Lebens. Formprozesse des Religiösen im Werk der Psychoanalytikerin Lou Andreas-Salomé, in: Michael Moxter/Anna Smith (Hgg.), Theologie und Religionsphilosophie in der frühen Weimarer Republik, Tübingen 2023, 165–183.
– Szondi, Peter: Friedrich Schlegel und die romantische Ironie. Mit einer Beilage über Tiecks Komödie, in: ders., Satz und Gegensatz. Sechs Essays, Frankfurt a. M. 1964, 5–24.
– Tönnies, Ferdinand: Gemeinschaft und Gesellschaft. Grundbegriffe der reinen Soziologie, Neudruck der 8. Auflage von 1935, 3. unveränderte Auflage, Darmstadt 1991.
– Zeuch, Ulrike: Das Unendliche: Höchste Fülle oder Nichts? Zur Problematik von Friedrich Schlegels Geist-Begriff und dessen geistesgeschichtlicher Voraussetzungen, Würzburg 1991.
– Weidner, Daniel: *Gruß aus den Exilen*. Religiöses jenseits der Religion im Medium der Zeitschrift Die Kreatur, in: Michael Moxter/Anna Smith (Hgg.), Theologie und Religionsphilosophie in der frühen Weimarer Republik, Tübingen 2023, 103–119.
– Wenz, Gunther: Neuzeitliches Christentum als Religion der Individualität, in: Poetik und Hermeneutik, Bd. XIII: Manfred Frank/Anselm Haverkamp (Hgg.), Individualität, München 1988, 123–131.

3.1 Lexikonartikel

– *Antiqui/moderni (Querelle des Anciens et des Modernes):* Hans Robert Jauss, in: Historisches Wörterbuch der Philosophie (= HWPh), Joachim Ritter/Kalfried Gründer/Gottfried Gabriel (Hgg.): Bd. 1, Basel/Darmstadt 1971, Sp. 410-.
– *Epoche:* Günter Figal, in: Religion in Geschichte und Gegenwart (RGG), Leiden 2015-: online: http://dx-1doi-1org-1008bedvl00e6.erf.sbb.spk-berlin.de/10.1163/2405-8262_rgg4_SIM_04451 (eingesehen am 09 April 2020).
– *Individuum, Individualität:* Theo Kobusch/Ludger Oeing-Hanhoff/Tilman Borsche, in: Historisches Wörterbuch der Philosophie (= HWPh), Joachim Ritter/Karlfried Gründer (Hgg.), Bd. 4, Basel 1976, Sp. 300-.
– *Institution*: Karl-Siegbert Rehberg, I. Soziologische Perspektiven, Version 08.06.2022, 09:10 Uhr, in: Staatslexikon8 online, URL: https://www.staatslexikon-online.de/Lexikon/Institution (eingesehen am 21.05.2024).
– *Perfektibilität:* Richard Baum/Sebastian Neumeister/Gottfried Hornig, in: Historisches Wörterbuch der Philosophie (= HWPh), Joachim Ritter/Karlfried Gründer (Hgg.), Bd. 7, Basel 1989, Sp. 238-.
– *Schweben*: Reinhard Loock, in: Wörterbuch der philosophischen Metaphern (= WphM), Ralf Konersmann (Hg.), Darmstadt 2007, 355–367.
– *Witz:* Gottfried Gabriel, in: Historisches Wörterbuch der Philosophie (= HWPh), Joachim Ritter/Karlfried Gründer (Hgg.), Bd. 12, Sp. 983-, Basel 2005.

VERZEICHNIS DER SIGLEN

An dieser Stelle werden nur die Siglen in alphabetischer Reihenfolge aufgeführt, die in der vorliegenden Untersuchung in Ergänzung oder Abweichung zu den Abkürzungen des Schwertner-Abkürzungsverzeichnisses eingeführt worden sind. Die Siglen werden in zwei Abschnitten aufgeführt.

Abkürzungen, die sich auf Gesamtausgaben und Wörterbücher beziehen:

AA	Kant, Akademie-Textausgabe
[1]DWb	Deutsches Wörterbuch von Jacob und Wilhelm Grimm
[2]DWb	Deutsches Wörterbuch von Jacob und Wilhelm Grimm/Neubearbeitung
GWb	Goethe-Wörterbuch
GW	Søren Kierkegaard, Gesammelte Werke
HGSA	Grosse Stuttgarter Hölderlin-Ausgabe
HKA	Novalis Schriften. Die Werke Friedrich von Hardenbergs
KA	Kritische Friedrich-Schlegel-Ausgabe
KGA	Schleiermacher, Kritische Gesamtausgabe
KS	Fr. Schlegel, Kritische Schriften
NA	Schiller, Nationalausgabe
SW	Schleiermacher, Sämtliche Werke
WphM	Wörterbuch der philosophischen Metaphern

Abkürzungen, die sich auf einzelne Quellenschriften beziehen:

ÄE	Schiller, Über die Ästhetische Erziehung des Menschen (1795)
Anth	Kant, Anthropologie in pragmatischer Hinsicht (1798)
AthF	Athenäums-Fragment: Fragmente, die zu dieser Sammlung gehören, an der u. a. Fr. Schlegel, sein Bruder August Wilhelm Schlegel und Schleiermacher mitwirken, erscheinen 1798 im I. Stück des 1. Bandes der Zeitschrift *Athenäum*, die in insgesamt sechs Heften im Zeitraum von 1798–1800 erscheint.
AthN	Athenäum: Notiz. Schriften, die mit dieser Sigle gekennzeichnet sind, sind in den sechs Heften der Zeitschrift *Athenäum* im Zeitraum von 1798–1800 erschienen. Das Erscheinungsdatum der jeweiligen Notiz wird in den Anmerkungen mit dem Titel der Notiz angegeben.
BlstF	Blütenstaub-Fragment: Die Blütenstaub-Fragmente erscheinen 1798 im *Athenäum*. Vier der Fragmente werden Fr. Schlegel zugerechnet. Die Übrigen zählen zum Werk Fr. von Hardenbergs (Novalis).
CR	Fr. Schlegel, Condorcet-Rezension (1795)
DcG[1]	Schleiermacher, Der christliche Glaube (Erste Auflage 1821/22)
DcG[2]	Schleiermacher, Der christliche Glaube (Zweite Auflage 1830/31)
GrdMS	Kant, Grundlegung zur Metaphysik der Sitten (1785)
GüdP	Fr. Schlegel, Gespräch über die Poesie (1800)
Id	Fr. Schlegel, Ideen: Die Fragmente, die Schlegel unter diesem Namen veröffentlich, erscheinen zuerst 1800 im I. Stück des 3. Bandes der Zeitschrift *Athenäum*.
KdpV	Kant, Kritik der praktischen Vernunft (1788)
KdrV[1]	Kant, Kritik der reinen Vernunft (Erste Auflage: 1781)
KdrV[2]	Kant, Kritik der reinen Vernunft (Zweite Auflage: 1787)
KdU	Kant, Kritik der Urteilskraft (1790)
Luc	Fr. Schlegel, Lucinde (1799)
LycF	Fr. Schlegel, Lyceum-Fragment: In der Zeitschrift *Lyceum der schönen Künste* erscheinen 1797 erste Fragmente Schlegels unter der Bezeichnung *Kritische Fragmente*.
*Mo*KGA I/3	Schleiermacher, Monologen. Eine Neujahrsgabe (1800)

PhilF	Fr. Schlegel, Philosophisches Fragment: Die unter dieser Sigle angeführten Fragmente sind Schlegels sog. Philosophischen Lehrjahren zuzurechnen und in den Zeitraum zwischen 1796–1806 einzuordnen.
RAnth	Kant, Reflexionen zur Anthropologie. Diese Schriften stammen aus dem handschriftlichen Nachlass Kants.
ReKGA I/2	Schleiermacher, Reden über die Religion (1799)
StdA	Fr. Schlegel, Über das Studium der griechischen Poesie (1795–97). Dieser Aufsatz wird in dieser Untersuchung kurz als *Studienaufsatz* genannt.
StF	Kant, Der Streit der Fakultäten (1798)
ÜdU	Fr. Schlegel, Über die Unverständlichkeit (1800)
VBüLuc	Schleiermacher, Vertraute Briefe über Friedrich Schlegels Lucinde (1800)
VThGB	Schleiermacher, Versuch einer Theorie des geselligen Betragens (1799)

NAMENSREGISTER

Abraham 83, 206
Alff, Wilhelm 215
Andreas-Salomé, Lou 241
Arendt, Hannah 235
Aristoteles 1, 192
Arndt, Andreas 11
Antonio (*literarische Figur Fr. Schlegels*) 60, 109, 127
von Aquin, Thomas 2, 4

Bauer, Manuel 25
Barth, Heinrich 198, 242
Barth, Karl 198, 242
Barth, Ulrich 7, 13, 20, 243, 244
Behler, Ernst 12, 13f, 16, 32, 62, 131, 213–215, 220f
Bellah, Robert N. 91
Bernhardi, das Ehepaar (*Sophie geb. Tieck u. August Ferdinand*) 171, 179
Bernhardi, Sophie (*geb. Tieck*) 177, 188
Blanchot, Maurice 230
Blumenberg, Hans 91–93, 168–170, 236, 240
Böckenförde, Ernst-Wolfgang 212
Böhmer, Caroline (*spätere Schlegel und Schelling*) 40, 58, 179, 215, 217
Böhmer, Auguste 178
Borsche, Tilmann 1–4, 241
von Brinckmann, Carl Gustav 13f, 42, 53, 65, 72, 171f, 177f
Brunner, Emil 199, 242
Brucker, Ralph 235
Burdach, Konrad 92

Camilla (*literarische Figur Fr. Schlegels*) 127
von Canterbury, Anselm 62
Cappelørn, Niels Jørgen 39
de Caritat de Condorcet, Jean Antoine Nicolas 215–220, 227
Cassirer, Ernst 95
Chapman, Marc D. 25
Charbonnier, Lars 4, 10
Crossley, John P. 10

Danz, Christian 243f
Deuser, Hermann 4f
Dewey, John 84, 183f, 187, 239–241, 244
Dierken, Jörg 4, 223–225
Dierkes, Hans 6, 12, 15f, 76
Dilthey, Wilhelm 9, 104, 177
Dockhorn, Klaus 36
Durkheim, Émile 49, 239

Echtermeyer, Theodor 21
Eichner, Hans 32, 128, 153, 199, 205
Elias, Norbert 4
Ende, Michael 95

Fichte, Johann Gottlieb 15, 131–133, 171f, 186, 188, 196, 221, 245
Figal, Günter 166
Firchow, Markus 202, 241
Fischer, Hermann 6, 12, 15, 76
Forster, Georg 178, 198
Frank, Manfred 4–8, 21, 113, 190, 192–194, 196–199, 207, 221, 229, 234, 236
Freud, Sigmund 103
Fulda, Daniel 189

Gadamer, Hans-Georg 174
Gehlen, Arnold 48f, 238–240, 244
Geyer-Hindemith, Christian 170
Gogarten, Friedrich 198, 242
Goethe, Johann Wolfgang 2f, 38, 55, 116, 168, 170–172, 179, 220, 225, 241, 242
Gräb, Wilhelm 4, 10
Gräb-Schmidt, Elisabeth 49, 236f, 239
Graf, Friedrich Wilhelm 25
von Griesheim, Gustav 214
Grimm, Jacob und Wilhelm 167, 200, 207
Grove, Peter 39
Gründer, Karlfried 212f
Grunow, Eleonore 105, 138, 187

Hamacher, Bernd 3
von Hardenberg, Friedrich (*Novalis*) 11, 14, 58, 86, 133, 147, 171, 179, 181, 195, 197f, 205, 233, 239, 245
Harlass, Gertrude 225
Haverkamp, Anselm 5, 7f, 113
Haym, Rudolf 19
Hegel, Georg Wilhelm Friedrich 3, 9, 15f, 167, 195f, 214, 221, 242
Heidegger, Martin 91–93, 235
Heller, Oliver 42f, 84, 183, 239
Henrich, Dieter 16, 182, 244
Herms, Eilert 6, 57, 174
Herzog, Reinhart 166
Herz, Henriette 10, 106, 156f, 177, 238
Herz, Markus 190
Hirsch, Emanuel 206f
Hölderlin, Friedrich 193
Homer 21

Hörisch, Jochen 25
Hornig, Gottfried 211–214
Hülsen, August Ludwig 171, 209
von Humboldt, Wilhelm 3
Husserl, Edmund 166f
Hyginus, Gaius Iulius 92

Immerwahr, Raymond 126

Jacobi, Friedrich Heinrich 40, 65
James, William 84, 183, 239f
Jamme, Christoph 243
Jaspers, Karl 223
Jauss, Hans Robert 211
Jiang, Manke 13
Julius (*literarische Figur Fr. Schlegels*) 36f, 90, 93f, 125f, 131, 160, 231
Jureit, Ulrike 169

Kant, Immanuel 6, 15, 28, 32, 46, 50, 52f, 89, 97, 99, 105, 109, 128, 132, 148, 153, 178, 181, 188, 190–195, 197, 200–203, 209, 211–214, 216f, 221, 223, 226, 228f, 234f, 237f, 242, 245
Käfer, Anne 5f
Kerschbaumer, Sandra 165, 168, 182, 184, 188f
Kierkegaard, Søren 39, 74, 83, 123, 206f
Kindt, Tom 165, 168, 173
Kobusch, Theo 3, 241
Kodalle, Klaus-Michael 192, 224, 229
Koselleck, Reinhart 166, 168, 169, 170f, 173–176, 182, 188, 239
König, Christian 7
Körner, Josef 11
Krakauer, Siegfried 236
Krause, Peter D. 90

Lavater, Johann Caspar 3, 55, 241
Leibniz, Gottfried Wilhelm 2, 47, 79
Leppin, Volker 236f
Lessing, Gotthold Ephraim 145, 178, 204
Levi, Rahel 177
Locke, John 200
Lodovico (*literarische Figur Fr. Schlegels*) 65
Loock, Reinhard 132f
Lothario (*literarische Figur Fr. Schlegels*) 65,88
Lucinde (*literarische Figur Fr. Schlegels*) 36f, 90, 94, 125f, 131, 231
Löwe, Matthias 182–184, 188f
Luhmann, Niklas 5f, 8, 48, 84, 176f, 185, 187, 206, 237, 244f

Majetschak, Stefan 12f
Mannheim, Karl 169
Marquard, Odo 212
Matuschek, Stefan 165, 168, 182, 184, 188f
Mennemeier, Franz Norbert 12, 96
Mergenthaler, May 205

Minor, Jacob 125, 215
Moxter, Michael 4f, 24, 49, 104, 178, 192, 204, 210,224, 229, 235,239, 241
Murrmann-Kahl, Michael 243f

Neumeister, Sebastian 211f
Nowak, Kurt 11, 16, 84, 105, 115, 170–173, 175–178
Novalis (*s. von Hardenberg, Friedrich*)
Nietzsche, Friedrich 95
von Nuys, Elisabeth Wilhelmine 179

Oberdorfer, Bernd 25
Oeing-Hanhoff, Ludger 1, 3, 241
van Oorschot, Jürgen 24

Pannenberg, Wolfhart 7
Patsch, Hermann 172, 178, 180f
Parret, Hermann 190f
Paulin, Roger 171
Platon 21, 33, 181
Pöggeler, Otto 195
Polke, Christian 241, 243
Preul, Reiner 49, 239

Rasch, Wolfdietrich 33, 125
Reble, Albert 39
Recki, Birgit 190f
Rehberg, Karl-Siegbert 49
Reichhardt, Johann Friedrich 178
Ricœur, Paul 235f
Ritter, Johann Wilhelm 172
Ribbat, Ernst 19, 171
Rousseau, Jean-Jacques 212f, 216
Ruge, Arnold 21

Schanze, Helmut 11, 29, 169
von Scheliha, Arnulf 4, 229
Schiller, Friedrich 95, 107, 127–131, 134, 139, 147, 153, 155, 163f, 166, 193–195, 217, 225
Schelling, Friedrich Wilhelm Joseph 133, 172, 179, 196, 221
Schelling, Caroline (*s. Böhmer, Caroline*)
Scherer, Stefan 171
Schlegel, August Wilhelm 11, 14, 19, 151, 171, 178–181, 199, 202, 233
Schlegel, Caroline (*s. Böhmer, Caroline*)
Schlegel, Dorothea (*s. Veit, Dorothea*)
Schlegel, Friedrich 1, 3, 6, 9, 11f, 14–16, 19, 21, 25, 31–44, 46–48, 50f, 53–55, 57f, 60–66, 71f, 76f, 81, 84–91, 93–100, 102, 104, 106f, 114, 116, 118, 123–140, 142, 144, 147f, 151–156, 159–165, 170–172, 176–182, 185–188, 190, 193–199, 202–207, 211, 213, 215–227, 229, 231–233, 236–243, 245
Schleiermacher, Friedrich Daniel Ernst 6–34, 36–91, 93f, 96, 98–128, 130, 132–152, 155–

165, 169–172, 175–188, 190, 193, 195f, 198,
202–205, 207, 209, 211, 215, 222–234, 236–
239, 242–245
Schlenke, Dorothee 229
Schmidt, Sarah 9, 10, 13, 113
Schnyder, Peter 53
Scholtz, Gunter 39
Schröter, Jens 235
Schulte, Joachim 209
Schulz, Carl H. 21
Schulz, Heiko 236–238
von Schütz, Wilhelm 171
Schwab, Martin 4f, 41
Schwarz, Friedrich H. C. 54f, 71
Schweiker, William 10
Seibert, Christoph 241
Selge, Kurt-Viktor 6, 12, 15, 76
Shakespeare, William 66, 96f
de Silentio, Johannes (*Pseudonym Søren Kierkegaards, s. dort*)
Smith, Anna 178, 241
Sockness, Brent W. 10, 13
Sokrates 21, 206
Spalding, Johann Joachim 52
Steinmeier, Anne M. 192, 224, 229, 241
Stockinger, Claudia 171
Stock, Hans 16, 26
Strawson, Peter F. 4f
Szondi, Peter 97, 131

Taylor, Charles 6, 10, 207–210
Tieck, Ludwig 19, 171, 177, 179
Tieck, Sophie (*s. Bernhardi, Sophie*)
Tillich, Paul 198, 242
Tönnies, Ferdinand 110f

Veit, Dorothea Brendel (*spätere Schlegel*) 37, 41,
63, 106, 124f, 138f, 171f, 177–182, 188
Veit, Simon 106
Vial, Theodore M. 25

Wackenroder, Wilhelm Heinrich 151, 19, 171
Waldenfels, Bernhard 230
Weidner, Daniel 178
Wendel, Saskia 4f
Wenz, Gunther 7f, 113
Wilhelmine, die kleine (*literarische Figur Fr. Schlegels*) 53, 93, 163, 179
Winckelmann, Johann Joachim 225
Wittgenstein, Ludwig 4, 66

Zeuch, Ulrike 132